Beck'sche Reihe
BsR 449

Das Jahrbuch Dritte Welt

• informiert in Übersichten und Einzelbeiträgen über die wichtigsten Ereignisse, Tendenzen und Probleme der Entwicklungsländer im Berichtszeitraum

• zeigt Zusammenhänge auf, analysiert Ursachen und weist auf Folgeprobleme hin

• gibt geographische, ethnologische, historische, wirtschaftliche, ökologische, gesellschaftliche, kulturelle und politische Hintergrundinformationen

• konzentriert und veranschaulicht die Informationen durch Tabellen, Chroniken, Schaubilder und Karten

• weist für die gezielte Weiterarbeit auf ausgewählte Literatur hin

• entwickelt sich mit jedem Band zu einem umfassenderen, jeweils auf dem neuesten Stand befindlichen Handbuch der Dritten Welt

• enthält deshalb jeweils ein Gesamtregister der in den bisherigen Jahrbüchern erschienenen Beiträge sowie eine Chronik der wichtigsten Dritte-Welt-Ereignisse im Berichtszeitraum

• wendet sich an alle, die fundierte und aktuelle Informationen über die Entwicklungsländer – über ihr Verhältnis untereinander und zur übrigen Welt – suchen: Entwicklungsfachleute und Entwicklungshelfer, Politiker, Geschäftsleute, Journalisten, Wissenschaftler und Lehrer, Studenten und Schüler, an die gesamte breite entwicklungspolitisch interessierte Öffentlichkeit.

Jahrbuch
Dritte Welt
1992

Daten · Übersichten · Analysen

Herausgegeben vom
Deutschen Übersee-Institut
Redaktion: Joachim Betz, Volker Matthies

VERLAG C.H.BECK MÜNCHEN

Mit Karten und Tabellen

Die Deutsche Bibliothek – CIP-Einheitsaufnahme

Jahrbuch Dritte Welt ...: Daten, Übersichten, Analysen / hrsg.
vom Deutschen Übersee-Institut. – München : Beck.
    Erhielt früher e. ff-Aufnahme
    ISSN 0724-4762
    Orig.-Ausg. 1992 (1991) (Beck'sche Reihe; 449)
    ISBN 3-406-34041-5

NE: GT

Originalausgabe
ISBN 3 406 34041 5

ISSN 0724-4762

Einbandentwurf von Uwe Göbel, München
© C.H.Beck'sche Verlagsbuchhandlung (Oscar Beck), München 1991
Gesamtherstellung: Appl, Wemding
Printed in Germany

Inhalt

IV. Aktuelle Entwicklungsprobleme

Die Entwicklung bisher/Die ASEAN im Übergang/Die APEC: Hüterin der multilateralen Kooperation/Die EAEG: Regionalismus schlecht verschleiert

VII. Anhang

Verzeichnis der Karten

Verzeichnis der Tabellen

I. DIE DRITTE WELT
IM BERICHTSZEITRAUM

1. Weltwirtschaft im Überblick

Die Verlangsamung des weltwirtschaftlichen Wachstums, die sich schon 1989 abgezeichnet hatte, setzte sich fort. Insgesamt fiel die Wachstumsrate auf etwa 2%; dabei fiel das Wachstum der Industrieländer auf 2,6%, die niedrigste Rate seit 1986, und das der Entwicklungsländer auf 2,3%, also unterhalb des Bevölkerungswachstums. Ausschlaggebende Faktoren für die gedämpfte weltwirtschaftliche Entwicklung waren seit dem Spätsommer die Golfkrise und die damit verbundenen höheren Ölpreise, stärker aber noch die straffere Geldpolitik in einigen Industrieländern zur Dämpfung der Inflation. Angesichts einer deutlichen Rezession in wichtigen Industrieländern (USA, Großbritannien) und Produktionsrückgängen in Osteuropa wird für 1991 mit einer weiteren Verlangsamung des weltwirtschaftlichen Wachstums gerechnet.

Im Berichtszeitraum trugen der Anstieg der Ölpreise und das Nachlassen der sonstigen Rohstoffpreise zu einer Verschlechterung der Austauschbedingungen der meisten Entwicklungsländer bei. Etliche Länder im Mittleren Osten und Asien wurden auch im Handel und Tourismus sowie durch fallende Gastarbeiterüberweisungen negativ von der Golfkrise betroffen. Besonders die afrikanischen Länder litten unter höheren Öl- und niedrigeren Rohstoffpreisen. Ihr Wachstum fiel auf 2% und bescherte der Region damit ein weiteres Zurückgehen des Pro-Kopf-Einkommens auf den Stand von vor etwa 20 Jahren. Die Situation stellte sich besonders in den von Bürgerkriegen betroffenen Ländern (Äthiopien, Sudan, Mozambique) düster dar, wo auch Hungersnöte drohten. Ansonsten entwickelte sich zumindest die Nahrungsmittelerzeugung, die über dem Bevölkerungswachstum lag, erfreulich. Das Bild der afrikanischen Wirtschaftsentwicklung ist freilich nicht einheitlich schlecht: in Ländern mit fortgesetzter Anpassungspolitik (Madagaskar, Ghana, Kenya, Nigeria, Togo) zog das Wirtschaftswachstum deutlich an.

In Lateinamerika nahm die gesamtwirtschaftliche Produktion 1990 ab (um 1%), die Inflationsraten, die Arbeitslosigkeit, die Zahlungsrückstände gegenüber den Gläubigern und die Handelsbilanzdefizite dagegen deutlich zu. Der Einbruch konzentrierte sich auf Brasilien, Argentinien und Peru, die unter hoher wirtschaftlicher Instabilität litten, während Kolumbien und Venezuela eine erfreulichere Entwicklung aufwiesen.

Nach wie vor zeigten die asiatischen Entwicklungsländer fortgesetzte wirtschaftliche Dynamik. Insgesamt lag das Wachstum der Region bei 5,5%, in Malaysia und Thailand gar bei 10%. Diese beiden Länder kämpften denn auch eher mit konjunktureller Überhitzung und infrastrukturellen Defiziten. Der Handelsbilanzüberschuß der ostasiatischen Länder schrumpfte, wie im Vorjahr, deutlich. Gründe waren die höheren Ölpreise, die schwache amerikanische Nachfrage, Währungsaufwertung, aber auch eine starke Binnennachfrage. Aus dem positiven Bild der asiatischen Region fielen diesmal Indien und die Philippinen heraus, die starke gesamtwirtschaftliche Instabilitäten zeigten.

Die weltweite konjunkturelle Abkühlung trug auch zum Nachgeben der Rohstoffpreise bei; zusätzlich wirkten nach wie vor hohe Lagerbestände dämpfend. Im Jahre 1990 fielen die Rohstoffpreise um 7,5%, bis Mitte 1991 um weitere 2,5%. Bei den Genußmitteln war der Rückgang am größten, bei Metallen wirkte die Ausweitung der Förderkapazitäten (im Boom 1987–89) preisdrückend ebenso wie die Produktionsausweitung bei Nahrungsmitteln. Im Gegensatz dazu stieg der Ölpreis im Zuge der Golfkrise steil von 15 $/Faß (Juli 1990) bis 30 $ (September) an; er fiel jedoch bis Februar 1991 fast wieder auf Vorkrisenniveau.

Die OPEC zeichnete sich im Berichtszeitraum zunächst weiterhin durch mangelnde Förderdisziplin aus. Hauptsünder waren Kuwait und die Vereinigten Arabischen Emirate, die ihre Quote deutlich überschritten. Der Irak forderte dagegen eine deutliche Rücknahme der Fördermengen und setzte Kuwait diesbezüglich bereits im Juli 1990 unter Druck. Auf der Halbjahreskonferenz der OPEC einigten sich die Mitglieder auf die Anhebung des Referenzpreises von 18 auf 21 $/Faß und in etwa gleichbleibende Fördermengen. Die Annexion Kuwaits durch den Irak und der nachfolgende Boykott gegen irakische und kuwaitische Erdölprodukte nahm mehr als 8% der weltweiten Ölfördermenge aus dem Markt und führte zu einer Verdoppelung der Ölpreise. In der Folge waren vor allem Saudi-Arabien und Venezuela bestrebt, die Ausfälle durch eigene Mehrförderung auszugleichen, um der Verdrängung des Öls durch andere Energieträger entgegenzuwirken, und beantragten eine Sondersitzung der OPEC, die Ende August 1990 diesem Begehren entsprach.

Zu Beginn des Golfkrieges setzte die Internationale Energie-Agentur einen Notstandsplan zur Sicherung der Ölversorgung in den westlichen Industrieländern in Kraft, der die Regierungen aufforderte, Öl aus ihren strategischen Reserven bereitzustellen. Nach Ende der Kampfhandlungen wurde der Plan Anfang März außer Kraft gesetzt. Kurz danach beriet die OPEC erneut über die künftige Förderpolitik. Der Iran und Algerien versuchten, eine kräftige Verringerung der Förderung durchzusetzen, die inzwischen – hauptsächlich durch Saudi-Arabien – in die Höhe getrieben worden war. Es gelang jedoch nur die Einigung auf eine minimale Kürzung. Die vereinbarte Fördermenge wurde auch auf der OPEC-Konferenz im Juni 1990 beibehalten, obwohl der Ölpreis inzwischen um etwa vier Dollar unter der Zielgröße (21 $/Faß) lag. Saudi-Arabien zeigte sich nach wie vor als Hauptgegner einer deutlichen Fördereinschränkung.

Die wenigen noch verbleibenden Rohstoffabkommen bewegten sich am Rande der Selbstauflösung. Brasilien lehnte eine Kürzung seiner Kaffeequote ab und machte damit Hoffnungen auf Erneuerung des Kaffeeabkommens zunichte, die insbesondere die afrikanischen Länder gehegt hatten. Das Internationale Kakaoabkommen, das unter niedrigen Kakaopreisen, Höchstlagerbeständen und Zwist der Produzentenländer leidet, wird wohl nicht über 1992 hinaus als Abkommen mit wirtschaftlichen Klauseln (also mit einem Lager) weiterbestehen.

Das Jahr 1990 brachte eine Rekordgetreideernte. Auch in den Entwicklungsländern erhöhte sich die Produktion deutlich, insbesondere bei Weizen und regional in den afrikanischen und asiatischen Ländern. Die Ergebnisse waren aber gemischt. In den von Bürgerkriegen heimgesuchten afrikanischen Ländern (Sudan, Äthiopien, Mozambique, Liberia, Angola und Somalia) spitzte sich die Ernährungslage ebenso wie im Sahelraum dramatisch zu und verlangte nach erheblich gesteigerten Nahrungsmittellieferungen.

Das Leistungsbilanzdefizit der Entwicklungsländer insgesamt ist 1990 nochmals deutlich auf 8,2 Mrd. $ gesunken und betrug damit weniger als 1% ihres Bruttoinlandprodukts; es soll aber nach der Prognose des IWF 1991 bereits wieder auf 94 Mrd. $ steigen, bedingt hauptsächlich durch zurückgehende Öleinnahmen der Ölexporteure. Die Leistungsbilanzentwicklung war allerdings uneinheitlich; einem nicht unbeträchtlichen Überschuß der Ölexporteure standen gleichbleibende Defizite der restlichen Entwicklungsländer gegenüber, die allerdings dieses Mal trotz sinkender Rohstoffpreise und höherer Ölrechnungen erwirtschaftet wurden.

Die ausländische Kapitalaufnahme der Entwicklungsländer erreichte 1990 geschätzte 60 Mrd. $, die höchste Summe seit 1983. Sie erklärt sich aus steigenden Zahlungsrückständen vor allem lateinamerikanischer Schuldner (also unfreiwilliger Kreditvergabe), aber auch vermehrten Ausleihungen kreditwürdiger Staaten in Asien. Die stärkere Verfügbarkeit ausländischer Kredite für Drittweltstaaten schien auch 1991 anzuhalten. Dieser Kapitalzustrom führte zu einem deutlichen Anstieg der Devisenreserven von Entwicklungsländern, namentlich bei den hochverschuldeten Staaten.

Die Auslandsschulden der Dritten Welt erreichten zum Jahresende 1990 1.341 Mrd. $ und lagen damit um 6% höher als

14

vor Jahresfrist; der Anstieg geht aber zur einen Hälfte allein auf Wechselkurseffekte zurück, zur anderen Hälfte auf Neukredite. Die Verschuldungsindikatoren der Drittweltstaaten haben sich verbessert, da das Exportwachstum das Schuldenwachstum übertraf. Im Berichtszeitraum schlossen etliche Entwicklungsländer Umschuldungsabkommen ab, darunter auch Abkommen zur Schuldenerleichterung mit den Banken im Rahmen des Brady-Planes (Costa Rica, Mexiko, Philippinen, Chile, Senegal, Niger).

Weiterhin gelangten die Entwicklungsländer in den Genuß verbesserter Umschuldungsbedingungen im Rahmen des Pariser Klubs, die 1990 auf Länder mit mittlerem Einkommen ausgedehnt wurden. Durch diese Aktionen und fortgesetzte Anpassungsbemühungen der Schuldner hat sich die Verschuldungssituation in der Dritten Welt entspannt. Die Krise ist aber noch nicht ausgestanden; private Bankkredite an die Problemschuldner blieben nach wie vor minimal und die Nettotransfers (Kapitalzuflüsse minus Schuldendienst) negativ. Besonders problematisch blieb auch die Situation der schwarzafrikanischen Länder, die lediglich die Hälfte ihrer Zahlungsverpflichtungen leisteten. Die internationalen Geschäftsbanken beklagten sich im Berichtszeitraum mehrfach über den Verlust an Zahlungsdisziplin bei den hochverschuldeten Staaten, die trotz zuweilen hoher Exportüberschüsse erhebliche Zahlungsrückstände gegenüber den Banken hätten auflaufen lassen. Der Löwenanteil der Zahlungsrückstände in Höhe von 27,6 Mrd. $ (April 1991) entfiel auf Argentinien, Brasilien und Peru. Die Banken beklagten, daß die Regierungen der Industrieländer und die Internationalen Finanzorganisationen tatenlos zusähen, wie die Zinsrückstände wüchsen und forderten letztere auf, keine Kredite an säumige Zahler zu vergeben.

2. Nord-Süd-Verhandlungen

Die Palette der Nord-Süd-Verhandlungen war auch im Berichtszeitraum wieder mager und von mangelnden konkreten Ergebnissen geprägt. Im September 1990 fand die zweite

UNO-Konferenz über die ärmsten Entwicklungsländer statt, die wie die erste Konferenz 1981 über ein neues Aktionsprogramm beraten sollte. Mittlerweile hatte sich die wirtschaftliche Situation der ärmsten Länder dramatisch verschlechtert; das Pro-Kopf-Einkommen war zurückgegangen, ebenso wie die Nahrungsmittelproduktion und die Ausgaben für Gesundheit und Erziehung. Das neue Aktionsprogramm war im wesentlichen eine Auflistung finanzieller Forderungen an die Industrieländer, die darauf bestanden, daß man auch die Rahmenbedingungen für aussichtsreiche Hilfestellungen – gemeint waren Stärkung der Marktkräfte, Reduzierung der Rüstungsausgaben und Respektierung der Menschenrechte – zum Gegenstand der Verhandlungen machen müsse. Die Konferenz blieb ohne Ergebnis: Die Vertreter der ärmsten Länder konnten die Industriestaaten nicht auf eine konkrete Festlegung des Umfangs ihrer finanziellen Hilfeleistungen verpflichten, noch konnten sie einen Erlaß ihrer Schulden gegenüber internationalen Organisationen durchsetzen.

Die im September 1986 begonnene Uruguay-Runde der GATT-Verhandlungen, die auch erstmals Verhandlungen über umstrittene und bislang ausgeklammerte Bereiche (Landwirtschaft, Textil, Dienstleistungen etc.) führte, auf deren Abschluß große Hoffnungen gesetzt worden waren, mußte im wesentlichen wegen unterschiedlicher Auffassungen über die Liberalisierung des Agrarhandels zwischen den Vereinigten Staaten und der EG im Dezember 1990 vertagt werden (vgl. Beitrag Uruguay-Runde). Hoffnungen auf eine Steigerung ihrer Exporterlöse durch Liberalisierung insbesondere des Textil- und des Agrarhandels mußten die Entwicklungsländer vorläufig begraben.

Bei der Jahrestagung des Internationalen Währungsfonds und der Weltbank im Herbst 1990 standen die Armut in der Dritten Welt und die Schuldenfrage ganz im Hintergrund. Thematisch waren im Mittelpunkt die Golfkrise und der Umwandlungsprozeß in Osteuropa. Um die Frontstaaten (gegen den Irak) bei der Stange zu halten, setzten die Vereinigten Staaten für diese Länder ein Sofortprogramm durch, das von einer Koordinationsgruppe der sieben großen Industrieländer betreut werden und ein Volumen von 14 Mrd. $ umfassen sollte. Die anderen, von der Ölkrise betroffenen Länder wurden auf den Internationalen Währungsfonds verwiesen, der hierfür einen Kreditspielraum von sieben Mrd. $ einräumen sollte. Ansonsten wurde der Pariser Klub aufgefordert, weitere Möglichkeiten zur Milderung der ärmsten Schuldnerländer zu prüfen. Die wichtigsten Industrieländer sahen auf dem Treffen keine Möglichkeit, die Geldpolitik zu lockern und damit zu einer allgemeinen Zinssenkung beizutragen.

Jeden Tag sterben auf der Erde etwa 40 000 Kinder an vermeidbaren Krankheiten und Unterernährung. Um ihr Überleben und den Schutz von Kindern auf der ganzen Welt ging es beim ersten Weltgipfeltreffen für Kinder Ende September 1990 in New York, das von der UNICEF organisiert wurde. Ziel war die Verabschiedung eines Aktionsplans, mit dem sich die teilnehmenden Staaten verpflichten sollten, die Situation der Kinder in den 90er Jahren entscheidend zu verbessern. Das vereinbarte Aktionsprogramm zielte auf eine Verringerung der Kinder- und Müttersterblichkeit und der Unterernährung um $1/3$ bzw. die Hälfte bis zum Jahre 2000, allgemeinen Zugang zu sauberem Trinkwasser und zur Grundschulausbildung sowie auf die Halbierung des Analphabetismus bei Frauen.

3. Wirtschaftliche Liberalisierung

Generell kann für den Berichtszeitraum eine weitere Liberalisierung und Deregulierung der Wirtschaft in den meisten Entwicklungsländern beobachtet werden. Im asiatischen Raum, der dabei stets Vorreiterfunktion übernommen hatte, wurden davon auch Südasien (erleichterter Zugang für private Direktinvestitionen und Aufhebung der Devisenkontrollen in Pakistan, neue Industriepolitik in Sri Lanka) erfaßt, allerdings mit der Ausnahme Indiens, dessen politische Instabilität wirtschaftspolitische Reformen nicht erlaubte (vgl. Beitrag Indien). Die ostasiatischen Schwellenländer mußten ein sinkendes Exportwachstum und steigende Inflationsraten hinnehmen, sie sind nun zur Erhaltung ihrer Wettbewerbsfähigkeit darauf angewiesen, den Technologiegehalt ihrer Exporte zu steigern, arbeitsintensive Fertigungen in die Nachbarländer auszulagern und Lohnzurückhaltung zu fordern. Ein Sonderfall hierbei ist Hongkong, aus dessen Territorium wegen der ungewissen Lage nach 1997 im Berichtszeitraum zunehmend Firmen und Facharbeiter abwanderten. In der VR China versuchte die Partei, die sich zuspitzende Wirtschaftskrise (zerrüttete Staatsfinanzen, niedrige Kapitalerträge etc.) mit den Rezepten von vorgestern zu bekämpfen: Die Staatswirtschaft soll nach dem neunten Fünfjahresplan den Vorrang beibehalten, das freie Spiel von Angebot und Nachfrage nur eine nachgeordnete Funktion erhalten. Das insgesamt erfreuliche Bild der Entwicklung im asiatischen Raum wird auch getrübt durch die Philippinen, die durch ein steigendes Außenhandelsdefizit, Inflation, die Goldkrise und einen Vertrauensverlust der Unternehmer in die Politik der Präsidentin Aquino geplagt wurden.

Die Wirtschaftspolitik in Lateinamerika war im Berichtszeitraum von der Fortsetzung marktorientierter Wirtschaftsreformen und vom oft mühseligen Kampf der Regierungen gegen die Hyperinflation gekennzeichnet. Brasilien hatte dabei zunächst mit einem harten Stabilisierungsprogramm (Streichungen von Subventionen, Massenentlassungen im öffentlichen Dienst, Einfrierung der Bankeinlagen) einen gewissen Erfolg, bei allerdings starker Zunahme der Armut im Lande. Die Preise stiegen aber 1991 wieder deutlich an, worauf die Regierung mit einem Einfrieren von Löhnen und Preisen antwortete. Diese Politik brachte die Unternehmer gegen die Wirtschaftsministerin Cardoso de Mello derart auf, daß sie im Mai den Hut nahm. Immerhin erreichte sie vorher noch eine Einigung mit den Gläubigerbanken. Auch die Bekämpfung der Inflation in Argentinien brachte eine schwere wirtschaftliche Depression und die weitere Verarmung der Bevölkerung. Trotz Furcht vor einer sozialen Explosion wurde die Konsolidierungspolitik im September 1990 weiter verschärft. Privatisierung, eine marktnahe Wirtschaftsordnung und freie Lohn- und Preisbildung standen auf dem Programm. Auch der neue peruanische Präsident Fujimoro verordnete seinem Land im August 1990 ein radikales Wirtschaftsprogramm, das neue Steuererhöhungen und drastische Subventionsstreichungen vorsah und den Kampf ums Überleben schwieriger machte. Peru erlebte eine heftige Rezession, viele Betriebe machten Konkurs und eine große Zahl qualifizierter Kräfte verließ das Land. Politiker aller Schattierungen kritisierten das Programm, sahen sich aber zu Gegenvorschlägen nicht in der Lage. Die ohnedies darniederliegende kubanische Wirtschaft muß nun mit der Verschlechterung der Beziehungen zur Sowjetunion fertig werden, die seit Ende 1990 nur noch den Austausch zu Weltmarktpreisen vorsehen.

Nicht alle Länder Lateinamerikas mußten ihre Stabilisierung mit so hohen Opfern erkaufen wie die bislang genannten. In Chile, das bei den internationalen Geldgebern als Musterland der Anpassung gilt, setzte der neue Präsident Alwyn das Programm seines Vorgängers fort, strebte aber eine gleichmäßigere Verteilung des Sozialprodukts an. Die Ausfuhr entwickelte sich ausgesprochen positiv und das Land konnte nach acht Jahren wieder an den internationalen Kapitalmarkt zurückkehren. Mexikos Stabilisierungsprogramm, das die Inflation zurückdrängte und die Kapitalflucht umkehrte, gleichzeitig aber auch die Mittelklasse zum Verschwinden brachte, wurde von Präsident Salinas mit Privatisierungen, Anstrengungen zur Marktöffnung und Handelsliberalisierung sowie mit Verhandlungen über ein Freihandelsabkommen mit den Vereinigten Staaten fortgesetzt. Auch die Regierung Paz Zamora in Bolivien setzte die Stabilisierungspolitik fort und versuchte, ausländische Unternehmen zu Investitionen zu ermutigen. Die Auslandsverschuldung des Landes ist deutlich zurückgegangen, das Wirtschaftswachstum nahm erneut zu. Auch in Venezuela wurde die Stabilisierungspolitik der sozialdemokratischen Regierung fortgesetzt mit einem Programm, das in vielem an das Chile der 80er Jahre erinnert. Auslandskapital soll angelockt und die Petrochemie ausgebaut werden. In Nicaragua hatte die Regierung Chamorro gewisse Erfolge bei dem Versuch, die während der Zeit der Sandinisten ruinierte Wirtschaft zu sanieren. Notstandsmaßnahmen brachten die Senkung der Inflationsrate,

und Überbrückungsdarlehen zur Beseitigung der Zahlungsrückstände eröffneten dem Land im Mai 1991 wieder den Zugang zu internationalen Krediten.

In Afrika wurden weiterhin die Reste einer staatswirtschaft-
lich orientierten Politik beseitigt. Zimbabwe stellte im April
1991 ein Reformpaket vor, mit dem der Staat in eine sozial
orientierte Marktwirtschaft überführt werden soll. Halbstaat-
liche Unternehmen sollen geschlossen oder veräußert, der öffentliche Dienst drastisch verringert werden. Auch Algerien be-
schritt seit Anfang 1991 den Weg in die Marktwirtschaft und
räumte ausländischen Partnern bisher nicht gekannte Investi-
tionsmöglichkeiten ein. Die Liberalisierung des Außenhandels
und die Konvertierbarkeit der Währung wurden angekündigt.
Auch Mozambique versuchte, sich für Auslandsinvestitionen
attraktiver zu machen und die Exportwirtschaft anzukurbeln,
bislang allerdings mit mäßigem Erfolg. In Ägypten wurden der
Wechselkurs im Februar 1991 freigegeben, Privatisierungen
und der Abbau der Subventionen angezielt.

4. Politische Systeme im Wandel

In vielen Verlautbarungen des Berichtszeitraumes wurde ein
enger Zusammenhang zwischen Demokratisierung, politischer
Verantwortlichkeit und wirtschaftlicher Entwicklung hergestellt und auch gefordert, daß sich die Vergabe von Entwicklungshilfe stärker an der Beachtung der Menschenrechte und
demokratischer Praktiken ausrichten müsse. Die französische
Regierung war bemüht, dies gegenüber den afrikanischen Staaten durchzusetzen. Nicht nur deswegen, sondern auch wegen
der Liberalisierung in Osteuropa und der Wandlungen in Südafrika, mehr aber noch, weil sich die afrikanischen Völker nicht
mehr von den Herrschenden einschüchtern ließen, setzte sich in
einer großen Zahl afrikanischer Staaten die Demokratisierung
fort bzw. wurde die Wende hierzu eingeleitet.

In Sambia unterzeichnete Präsident Kaunda im Dezember
1990 eine Verfassungsänderung, die die Einführung des Mehrparteiensystems vorsah. Das Parlament der VR Kongo verab-

schiedete im gleichen Monat eine Verfassungsänderung, die die führende Rolle der regierenden Arbeiterpartei beendet und die Einführung eines Mehrparteiensystems vorschreibt. Ebenfalls im Dezember nahm der Nationalkongreß von Burkina Faso den Entwurf einer neuen Verfassung an, der die Wahl des Parlaments und des Präsidenten sowie die Zulassung von Parteien vorsieht. Die Regierungspartei sagte sich zudem im März 1991 vom Marxismus-Leninismus los. Die Nationalversammlung in Angola billigte Ende März 1991 ein Gesetz, das die Gründung neuer Parteien erlaubt. Bei der Eröffnung hatte Präsident dos Santos das Scheitern des sozialistischen Systems in Angola eingestanden. In Mozambique trat Ende November eine neue Verfassung in Kraft, nach der der Präsident künftig vom Volk gewählt wird. Die neue Verfassung garantiert die individuellen Grundrechte, das Streikrecht und das Recht zur Bildung unabhängiger Gewerkschaften. Der Begriff Sozialismus kommt in der neuen Verfassung nicht mehr vor. Die Bevölkerung von Guinea sprach sich im Dezember 1990 in einem Referendum für die Einführung einer neuen Verfassung und die Machtübergabe an eine Zivilregierung aus. Mit der Wahl eines neuen Präsidenten kam die Demokratisierung und politische Erneuerung in Benin zum Abschluß. Unter dem Eindruck schwerer Unruhen im Frühjahr 1991 beschloß das togolesische Parlament die Zulassung oppositioneller Parteien und eine Amnestie für Regimegegner. Die ersten freien Wahlen der Kapverdischen Inseln endeten im Januar 1991 mit einem deutlichen Sieg der Oppositionspartei. Nach tagelangen schweren Zusammenstößen zwischen der Armee und Demonstranten, die das Ende der Diktatur forderten, wurde der Staatschef von Mali, Moussa Traoré, im März 1991 von den Streitkräften entmachtet. Damit endete eine der längsten und korruptesten Diktaturen Schwarzafrikas. Ein nationaler Versöhnungsrat übernahm die Macht; eine Nationalkonferenz soll eine neue Verfassung erarbeiten, freie Wahlen wurden für Anfang 1992 versprochen.

In Kenya wurde die Demokratisierung von Präsident Moi im Alleingang vorangetrieben: Das Wahlrecht wurde Ende Dezember 1990 so abgeändert, daß weniger Kandidaten automatisch ins Parlament rutschen. Über die Kandidaten der Einheitspartei entscheiden die Mitglieder wieder in geheimer Abstimmung.

Die Demokratisierung in Zaire (März 1991) war eher zweifelhafter Natur, da Präsident Mobutu eine Vielzahl von ihm beeinflußter Parteien in die Verfassunggebende Versammlung einschleuste und die Wahltermine zu seinen Gunsten manipulierte. In Algerien sollten die Gemeinde- und Regionalwahlen im Juni 1990 zu einem ersten Testfall der Demokratisierung werden. Diese wurden für die regierende FLN zu einem Desaster; die oppositionelle Islamische Heilsfront gewann die Wahlen haushoch. Sie drängte danach auf eine rasche Machtübernahme im Lande und scharte radikalisierte, häufig arbeitslose Jugendliche um sich. Ende Mai 1991 organisierte sie einen vergleichsweise erfolglosen Generalstreik, der Änderungen des Wahlgesetzes erzwingen sollte, da dieses nach Meinung der FIS die Regierungspartei für die Ende Juni 1991 angesetzten Parlamentswahlen begünstigt hätte. Nach einer Kundgebungswelle, bei der es überall im Lande zu blutigen Zusammenstößen kam, griff die Regierung Anfang Juni hart durch, verhängte den Ausnahmezustand und verschob die Wahlen (vgl. Beitrag Fundamentalismus im Maghreb).

Eine Liberalisierung in anderem Sinne ging im Berichtszeitraum in Südafrika zu Ende: Bereits im August 1990 schlossen die südafrikanische Regierung und der African National Congress (ANC) eine Vereinbarung, die den Weg zu einer neuen Verfassung und damit zur Abschaffung der Rassentrennung freimachte. Die Regierung versprach, bis Ende April 1990 alle politischen Gefangenen freizulassen und die restriktiven Sicherheitsgesetze zu überprüfen. Der ANC setzte dafür mit sofortiger Wirkung seinen bewaffneten Kampf aus. Am 1. Februar 1991 kündigte Präsident de Klerk die Aufhebung jener Rassentrennungsgesetze an, die als die letzten großen Säulen der Apartheid galten (Gesetze über Landerwerb, über getrennte Wohngebiete und über die Registrierung). Mit der Aufhebung dieser Gesetze wurde auch die Begrenzung der Freizügigkeit der Nichtweißen beendet. Parallel zu dieser Entwicklung verschärfte sich aber seit August 1990 der Kampf zwischen dem

ANC und der rivalisierenden schwarzen Inkatha-Partei, bei dem Hunderte den Tod fanden. Die Polizei Südafrikas verhielt sich dabei untätig und unterstützte nach Meinung des ANC gar die Inkatha. Zwei Treffen der beiden Parteiführer brachten kein Ende des Blutvergießens. Im April 1991 war die Geduld des ANC erschöpft; er drohte, ultimativ die Verhandlungen mit der Regierung über eine neue Verfassung abzubrechen, falls diese nicht in der Lage sei, bis Anfang Mai einschneidende Schritte zur Beendigung der Gewalt zu ergreifen.

Auch in Asien gab es, wenn auch zahlenmäßig geringere, Demokratisierungsfortschritte. Bei den Wahlen in Nepal im Mai 1991, die den Endpunkt der Liberalisierung der einstmals autoritären Monarchie darstellten, kam es zu einem Sieg der Kongreßpartei, allerdings auch zu einem erstaunlich guten Abschneiden der linken Gruppierungen, während die tribalistischen Parteien weit abgeschlagen wurden. Bei den im Februar durchgeführten Parlamentswahlen in Bangladesh ging die BNP unter Khaleda Zia als Siegerin hervor. Es war dies die erste demokratische Abstimmung im Lande seit vielen Jahren (vgl. Beitrag Bangladesh). Wenn man das Ende einer politischen Dynastie als Demokratisierungsanzeichen deuten will, so waren die Wahlen in Indien, die dem Lande im Juni 1991 mit Narasimha Rao einen nicht der Familie Nehru-Gandhi entstammenden Premier brachten, entsprechend einzuordnen. Sie beendeten gleichzeitig eine Periode ausgesprochen schwacher Minderheitsregierungen (vgl. Beitrag Indien). In Malaysia fanden im Oktober 1990 vorgezogene Parlamentswahlen statt, die von der Regierungskoalition „Nationale Front" mit einer $^2/_3$-Mehrheit gewonnen wurden. Erstmals in der Geschichte des Landes konkurrierten zwei malaiische Parteien um die Gunst der Stimmbürger. Regierungschef Mahathir wurde dabei von seinem ehemaligen Industrieminister herausgefordert. Während ihrer Jahresversammlung Ende 1990 bestellte Malaysias führende UMNO-Partei ihre Führung neu. Als Präsident der Partei wurde Regierungschef Mahathir bestätigt (vgl. Beitrag Malaysia).

Allerdings zeigten sich in Asien auch Erstarrungserscheinungen. Notorisch war das Ausbleiben von Veränderungen in

Nordkorea. Selbst der Personenkult um Kim il Sung blieb ungebrochen. Die burmesische Generalsjunta unterdrückte mit stets rüder werdenden Methoden – Verhaftung von Abgeordneten, der buddhistischen Mönche etc. – die Proteste gegen die Verhinderung der Machtübergabe an die im Mai 1990 bei den Parlamentswahlen siegreiche Opposition. Im Februar 1991 stürzten die thailändischen Streitkräfte die gewählte Regierung unter Premier Choohovan. Die neuen Machthaber hoben die Verfassung und das Parlament auf und verhängten das Kriegsrecht. Später versuchten sie v. a., den Einfluß der Gewerkschaften gesetzlich zu brechen. Die pakistanische Premierministerin Benazir Bhutto ist im August 1990 auf Druck des Militärs durch den Präsidenten des Landes abgesetzt worden. Als Gründe wurden Amtsmißbrauch und Korruption genannt. Bei den für den Oktober angesetzten Neuwahlen siegte die den Militärs und dem Präsidenten nahestehende Islamische Allianz.

In Lateinamerika waren Konsolidierungsfortschritte auf dem Wege zur Demokratisierung zu verzeichnen, bei zum Teil dramatischen politischen und sozio-ökonomischen Herausforderungen. Bei den ersten freien, international gelobten Kommunalwahlen in Paraguay im Mai 1991 erlitt die alte Stroessner-Partei „Partido Colorado" empfindliche Stimmverluste. In ca. 30 Gemeinden mußte sie die Macht abgeben. Innerhalb der Partei verschärfte sich der Streit zwischen den Kräften der Beharrung und der auf mehr Demokratisierung drängenden Fraktion. In Brasilien fanden im Oktober 1990 Wahlen zu den Sitzen im Kongreß, im Senat, in den Länderparlamenten und zu den Gouverneursposten statt. Diese Wahlen sowie die Stichwahlen zu den Gouverneursämtern im November 1990 veränderten die politischen Gewichte zuungunsten der seit März 1990 im Amt befindlichen Regierung des Staatschefs Collor de Mello. Die Wähler verpaßten der Regierung einen Denkzettel wohl nicht zuletzt für ihr unpopuläres Anti-Inflationsprogramm. In wichtigen Teilstaaten fielen die Gouverneursposten an Kandidaten der Opposition. Argentinien erlebte im Dezember 1990 die vierte Rebellion unzufriedener argentinischer Militärs seit der Wiedereinführung der Demokratie im Jahre 1983 bzw. seit dem Ausbruch der ersten Rebellion im Jahre 1987. Nachdem rechtsextreme Militärs, die sogenannten „Carapinta-das" (rußgeschwärzte Gesichter), dreimal gegen den ehemaligen Präsidenten Raoul Alfonsin geputscht hatten, versuchten sie nunmehr ihr Glück gegen Präsident Menem. Mit unklaren politischen Zielen besetzten sie unter Inkaufnahme von mehreren Toten den Sitz des argentinischen Generalstabes in Buenos Aires. Doch da das Gros der Armee loyal zum Präsidenten hielt, brach die Rebellion bald zusammen. Menem blieb Sieger in dieser Machtprobe und die demokratische Ordnung gewahrt. Auch die junge Demokratie auf Haiti bestand eine harte Bewährungsprobe. Auch hier scheiterte ein Putschversuch ehemaliger Anhänger des Diktators Duvalier Anfang Januar 1991 am Widerstand der Armee. Hiermit wurde das Ergebnis der ersten freien, sauberen und international beobachteten Wahlen vom Dezember 1990 bestätigt, das den Befreiungstheologen und Priester Aristige zum designierten Präsidenten der afro-karibischen Republik bestimmt hatte.

5. Kriege im Schatten des Golf-Konflikts

Im Mittelpunkt der weltöffentlichen Wahrnehmung des Kriegsgeschehens in der Dritten Welt stand im Berichtszeitraum eindeutig der Golfkrieg. Zweifelsohne kam diesem Krieg zwischen dem Irak und einer multinationalen Staatenkoalition unter Führung der USA eine überragende regionalpolitische und weltpolitische Bedeutung zu (vgl. die Beiträge von Hippler und Steinbach zum Golfkrieg). Er war der erste größere Regionalkonflikt nach dem Ende des Kalten Krieges und trug keine west-östlichen Stellvertreter-Elemente in sich. Wenngleich der Golfkrieg auch durchaus Züge eines „Nord-Süd-Krieges" aufwies, so war er dennoch kein Modell-Fall für einen kriegerischen Austrag des „Nord-Süd-Konflikts". Der Golf-Konflikt verdeutlichte zudem in aller Schärfe das kritische Problem der Weiterverbreitung von modernen konventionellen Rüstungsgütern sowie von Massenvernichtungsmitteln und Raketen in die Dritte Welt. Schließlich war es vor allem auch der Einsatz

der Umwelt als Waffe in diesem Krieg, der weltweit Angst aus-
löste. Die verheerenden Humankosten des Krieges (Tote, Verletzte, Flüchtlinge, zerstörte Infrastrukturen) und dessen spektakuläre ökologische Folgen (Ölverschmutzung des Meeres
und weitflächige Ölbrände mit negativen Auswirkungen auf
Klima, Flora und Fauna) führten der Weltöffentlichkeit auf erschreckende Weise die Destruktivkräfte eines Krieges in der
Dritten Welt vor Augen. Die bislang wenig erfolgreichen Bemühungen, nach dem Ende des Krieges eine stabile Nachkriegs-
ordnung in der Region zu schaffen, machten auf ernüchternde
Weise deutlich, wieviel leichter es ist, einen Krieg zu führen und
zu gewinnen, als einen dauerhaften Frieden zu stiften.

Weit weniger spektakulär als am Golf spielte sich das Kriegs-
geschehen in anderen Regionen der Dritten Welt ab. Weitgehend im Schatten des Golfkonflikts standen vielfältige Süd-
Süd-Konflikte, vor allem innerstaatliche Bürgerkriege, die
weniger weltwirtschaftliche und/oder weltpolitische Bedeutung als der Golfkrieg besaßen und dementsprechend auch weniger weltöffentliche Publizität genossen. Dies gilt selbst für
solche Kriege in Asien, Afrika und Lateinamerika, die, wie etwa
die Konflikte in Kambodscha, in Afghanistan, im südlichen
Afrika oder in Mittelamerika, zu Zeiten des Ost-West-Konflikts als Stellvertreterkriege eine erhebliche internationale Bri-
sanz aufwiesen. Nach Ende des Kalten Krieges galten sie jedoch
allenfalls noch als lästige „Erblasten", derer man sich möglichst
rasch entledigen mußte. Immerhin trug das verminderte Interesse und der Druck der Supermächte in einigen Fällen, wie etwa in Angola, dazu bei, langjährige Kriege zu einem Ende zu
bringen. In den meisten anderen Fällen hielten jedoch die
Kriegshandlungen weiter an, trotz verschiedener lokaler, regionaler und internationaler Bemühungen zur Beendigung der Ge-
walttätigkeiten. In etlichen dieser weithin vergessenen Kriege
waren und sind die Humankosten der Auseinandersetzungen
(Tote und Verletzte, Entwurzelte und Flüchtlinge, zerstörte Infrastrukturen und Hungersnöte) weitaus größer als am Golf,
ohne daß ihnen jedoch eine vergleichbare Aufmerksamkeit und
Hilfsbereitschaft zuteil würde. Dies gilt namentlich für die seit

Jahren von den Schrecken des Krieges heimgesuchten Bürgerkriegsgebiete Afrikas, für Äthiopien und Somalia, für den Sudan, für Mosambique und Liberia.

Das erfreulichste Ereignis in Afrika war im Berichtszeitraum das förmliche Ende des Bürgerkrieges in Angola. Nach 16 Jahren Krieg gelang hier im Mai 1991 der historische Durchbruch zum Frieden. Unter Vermittlung der alten Kolonialmacht Portugal sowie infolge der Druckausübung von USA und UdSSR auf ihre jeweiligen Klienten, die Oppositionsbewegung UNITA und die MPLA-Regierung, wurde in Lissabon ein Waffenstillstands-Abkommen zwischen den Kontrahenten unterzeichnet. In einem von der UNO überwachten Friedensprozeß sollen die bewaffneten Kräfte in gemeinsame nationale Verbände überführt sowie bis zum November 1992 im Rahmen eines Mehrparteiensystems freie Wahlen abgehalten werden. Ob die Demobilisierung der bewaffneten Kräfte, die nationale Aussöhnung und der Wiederaufbau des zerstörten Landes problemlos gelingen werden, bleibt abzuwarten. In Mosambique, wo seit dem Jahre 1976 die Terrorbanden der Renamo das Land verwüsten, förderte die anhaltende militärische und machtpolitische Patt-Situation Gespräche zwischen den Rebellen und der Regierung. Im Dezember 1990 unterzeichneten die Kontrahenten unter Vermittlung Italiens einen regional begrenzten Waffenstillstand und hielten weitere Gespräche in Rom ab. Auch in Mosambique scheint sich ein Ende des Krieges und ein Dialogangebot im Rahmen eines Mehrparteiensystems abzuzeichnen. Nach 15 Jahren Krieg kam auch in der Westsahara vielversprechende diplomatische Bewegung in die verhärteten Fronten. In zähen Verhandlungen mit Marokko und der Polisario vermochte der Generalsekretär der UNO einen neuerlichen Friedensplan vorzulegen und die Kontrahenten auf einen Waffenstillstand zu verpflichten. Nach diesem Plan vom Frühjahr 1991 ist für den September 1991 ein Waffenstillstand sowie ein Austausch von Gefangenen vorgesehen, sowie im Februar 1992 eine Volksabstimmung über den künftigen Status des umstrittenen Gebiets, die von der UNO überwacht werden soll. Das Hauptproblem eines Referendums bleibt jedoch die mögliche Manipulierung des Wahlregisters durch Marokko. Am Horn von Afrika gingen mit dem Sturz der Diktatoren Mengistu und Barre in Äthiopien und Somalia langjährige Kriege zu Ende (vgl. den Beitrag zum Horn von Afrika). Der abgeschlossene „Dreißigjährige Krieg" um Eritrea könnte die Bildung eines neuen, unabhängigen Staates in der Region zur Folge haben. In Äthiopien und Somalia steht nunmehr die Schaffung geordneter und stabiler politischer Verhältnisse auf der Tagesordnung, die Bewältigung schwieriger „Nachkriegs- zeiten", die Bekämpfung der Hungersnöte und die Re-Integra- tion von Hunderttausenden von Flüchtlingen. Im Sudan hinge- gen hält der blutige Bürgerkrieg auch weiterhin an. Durch die kombinierte Wirkung von Krieg und Dürre sind Millionen von Menschen im Lande von Hungersnot bedroht. Doch scheint die islamisch-fundamentalistische Militärregierung unter Omar El-Beshir die Nahrungsmittelhilfe an die Bedürftigen zu behin- dern. Während die südsudanesische Befreiungsbewegung SPLM den größten Teil des Südens kontrolliert, können sich die Regierungstruppen nur noch in wenigen Garnisonsstädten halten. Auch im westafrikanischen Liberia hielt der Ende 1989 ausgebrochene Bürgerkrieg weiterhin an (vgl. Beitrag zu Libe- ria). Nicht nur im Lande selbst blieb die politische und militä- rische Lage prekär und instabil, der Krieg weitete sich gar über die Grenze hinaus nach Sierra Leone aus, wo die Anhänger der Taylor-Fraktion sich durch Plünderungen schadlos hielten und die ansässige Bevölkerung in ihren Dörfern terrorisierten. Auch das Eingreifen der westafrikanischen Eingreiftruppe ECO- MOG konnte infolge von Spannungen zwischen frankophonen und anglophonen Mitgliedsländern (besonders zwischen der Elfenbeinküste und Nigeria) keine afrikanische Lösung des Bürgerkrieges herbeiführen. Ein Ende November 1990 erzielter Waffenstillstand schrieb gleichsam nur die gespaltenen Macht- verhältnisse zwischen der Übergangsregierung in Monrovia und den Rebellen-Fraktionen fest. Hauptopfer des Bürgerkrie- ges waren und sind Hunderttausende von Flüchtlingen, die aus Furcht vor den Kampfhandlungen und Massakern das Land verließen. Seit Oktober 1990 wurde auch das ostafrikanische

Rwanda wieder von Krieg heimgesucht. Aus Uganda fielen mehrere Tausend bewaffnete Exil-Rwander in das Land ein, um die Regierung des im Jahre 1974 an die Macht gelangten Staatspräsidenten Juvenal Habyarimgana zu stürzen. Der Konflikt stellte offensichtlich eine neuerliche Runde in der alten Auseinandersetzung zwischen den ethnischen Gruppen der Hutu und Tutsi dar, nachdem in früheren Jahren die Hutu als Bevölkerungsmehrheit die Tutsi entmachtet und Zehntausende von ihnen als Flüchtlinge in die Nachbarstaaten vertrieben hatten. Zum Schutz der Europäer entsandten Frankreich und Belgien Truppen nach Rwanda, während Uganda und Tansania sich um eine Vermittlung zwischen den Kriegsparteien bemühten. Zunächst im Oktober 1990, dann nochmals im Februar 1991 kam es zu einem Waffenstillstand zwischen den Regierungstruppen und den Rebelleneinheiten. Wiederum von kriegerischen Auseinandersetzungen betroffen wurde auch der Tschad. Nach dreiwöchigen schweren Kämpfen zwischen aus dem Sudan eindringenden Rebellenverbänden, die angeblich von Libyen unterstützt wurden, stürzte Rebellenchef Idriss Deby den amtierenden Präsidenten Hissane Habre und übernahm selbst die Macht. Während der Kämpfe hatte Frankreich seine im Tschad stationierten Truppen sichtlich verstärkt.

Auch in Asien gingen langjährige Bürgerkriege zunächst weiter, zum Teil jedoch auch ihrem möglichen Ende zu. In Afghanistan gab es auch noch zwei Jahre nach Abzug der sowjetischen Truppen keinen Frieden. Auf niedrigerem Gewaltniveau wurde der dortige Bürgerkrieg trotz der anhaltenden Unterstützung der Kriegsparteien von seiten der UdSSR und der USA zu einem von der Weltöffentlichkeit weithin „vergessenen Krieg". Doch erzielten nach Jahren der militärischen Stagnation die Rebellen erstmals im Jahre 1991 nennenswerte Erfolge. Nach zweiwöchigen schweren Kämpfen gelang ihnen im März 1991 die Einnahme der strategisch wichtigen Stadt Khost im Osten Afghanistans. Im Mai 1991 gelang angeblich die Eroberung einer weiteren Stadt. Ob die USA sich künftig verstärkt von den Rebellen distanzieren werden, die im Golfkrieg zum Teil starke Sympathien für den Irak gezeigt hatten, bleibt abzuwarten. In Kambodscha scheinen die UdSSR und die VR China zunehmend ihr Interesse an den dortigen Kriegshandlungen zu verlieren und ihre Klienten zu einem Friedensschluß zu drängen. Wachsender internationaler Druck bewegte auch die lokalen Kontrahenten immer wieder zu Gesprächen untereinander. Im August 1990 legte die UNO einen Plan zur Befriedung des Landes vor. Vorgesehen ist ein international überwachter Waffenstillstand und die Abhaltung freier Wahlen. Bis dahin läge die Regierungsverantwortung in den Händen eines „Obersten Nationalrates" (je zur Hälfte zusammengesetzt aus der Regierung und der Widerstandskoalition), während die Administration des Landes weitgehend von UN-Vertretern übernommen würde. Im Juni 1991 erzielten die Bürgerkriegsparteien in Pattaya/Thailand Einigung über einen unbegrenzten, landesweiten Waffenstillstand sowie einen Stop externer Waffenlieferungen, dessen Überwachung und Kontrolle sich jedoch recht schwierig gestalten dürfte. Auf Sri Lanka kam es seit Juni 1990 zu einer neuerlichen Verschärfung des dortigen Bürgerkrieges zwischen der singhalesischen Armee und der separatistischen, tamilischen Guerilla-Organisation LTTE. Nach dem Abzug der indischen „Friedenstruppen" Ende März 1991 hielt der brüchige Friede kaum drei Monate lang. Dann gingen die tamilischen „Befreiungs-Tiger" in die Offensive und fügten der Armee schwere Schläge zu. Beide Seiten kämpften mit großer Brutalität und Rücksichtslosigkeit. Hauptleidtragender der Kampfhandlungen wurde die Zivilbevölkerung im Osten und Norden des Landes, die zu Hunderttausenden ihr Heil in der Flucht suchte. Seit Anfang Mai 1991 führt die Armee eine Gegen-Offensive im Norden des Landes, um das Basisgebiet der Rebellen zu treffen. Die tamilische Hauptstadt des Nordens, Jaffna, wurde schwer bombardiert, ohne daß jedoch die Kampfkraft der Rebellen darunter litt. Hoffnungsvolle Entwicklungen stellten sich im bürgerkriegsgeplagten Libanon ein. Mit der Niederlage des Rebellen-Generals Aoun im Oktober 1990 konnte sich die Regierung der nationalen Versöhnung unter Staatschef Elias Hrawi mit syrischer Unterstützung konsolidieren. Sie machte ihren Anspruch auf volle

Souveränität über Beirut und das ganze Land geltend, betrieb die Entwaffnung der Milizen und die Neuordnung der nationalen, libanesischen Streitkräfte. Schließlich brachte sie gar mit militärischer Gewalt auch den Süden des Libanon wieder unter ihre Kontrolle, gegen den erbitterten Widerstand der PLO. Nach 16 Jahren Bürgerkrieg besteht nun erstmalig die realistische Chance auf eine anhaltende Normalisierung und Stabilisierung der Lebensbedingungen im Libanon, allerdings um den Preis einer massiven Einflußnahme Syriens. Im Mai 1991 wurden die syrisch-libanesischen Beziehungen in einem „Vertrag der Brüderlichkeit, Freundschaft und Zusammenarbeit" festgeschrieben.

In Lateinamerika ging der seit 11 Jahren in Peru anhaltende Bürgerkrieg zwischen der maoistischen Guerillaorganisation „Sendero Luminoso" und der Armee ohne Aussicht auf baldige Beendigung weiter. Dieser Krieg trug wesentlich zur wirtschaftlichen Zerrüttung und zum sozialen Niedergang des Landes bei. Die Armee hatte bei der Abwehr der Guerilla nur begrenzte Erfolge, vor allem in der Provinz Ayacucho. Demgegenüber gelang es dem „Leuchtenden Pfad" jedoch, seinen Einfluß vom Hochland auf das zentralperuanische Urwaldgebiet, sowie auf die Umgebung von Lima und die Hauptstadt selbst (Armenviertel von Lima) auszuweiten. In Kolumbien gab es hoffnungsvolle Anzeichen für ein mögliches Ende des dortigen Bürgerkrieges, besonders nachdem im Dezember 1990 die frühere Guerillabewegung M-19 in den Wahlen zur Verfassunggebenden Versammlung überraschend gut abgeschnitten hatte. Doch zugleich unternahm die Armee während der Wahlen eine Offensive gegen die FARC, die größte noch kämpfende Guerilla-Gruppe des Landes. Im Juni 1991 kam es zu Gesprächen zwischen der Regierung und dem Guerilla-Dachverband Simon Bolivar (CGSB). In Caracas/Venezuela sprach man über ein mögliches Ende der Kämpfe, über die Rolle der Armee in Kolumbien sowie über die sozio-ökonomische Lage des Landes. Nach dreiwöchigem Meinungsaustausch gingen die Gespräche jedoch ohne Einigung zu Ende. Hauptprobleme waren die Überwachung von Waffenstillständen und die Größe der

Rückzugsgebiete für die Guerillagruppen. Anfang Juni 1991 schien sich zumindest der seit 2 Jahren anhaltende „Drogenkrieg" zu entschärfen. Nachdem der Staat die Garantie dafür übernommen hatte, keine kolumbianischen Staatsbürger ins Ausland auszuliefern, stellten sich führende Mitglieder des „Medellin-Kartells", darunter dessen Boß Pablo Escobar, den Behörden. In Mittelamerika gingen die zehnjährigen Bürgerkriege in El Salvador und in Guatemala trotz verstärkter Friedensbemühungen zunächst einmal weiter. In El Salvador demonstrierte die Guerilla seit Ende 1990 durch den Einsatz von Boden-Luft-Raketen und den Abschuß von Flugzeugen ihre militärische Stärke. Anläufe zu Gesprächen zwischen den Kriegsparteien lösten sich immer wieder mit heftigen Kämpfen ab. Trotz der anhaltenden Unterstützung der Regierung durch die USA schien eine militärische Bezwingung der Guerilla nicht möglich zu sein. Nach Gesprächen in Mexiko-Stadt im Frühjahr 1991 gab es eine neue Verhandlungsrunde im Mai 1991 in Caraballeda/Venezuela. Doch wurde auch hier keine Einigung über einen Waffenstillstand und eine drastische Reduzierung der Armee erzielt; Mitte Juni 1991 weitete die FMLN ihre militärische Offensive aus und stand bald am Rand der Hauptstadt San Salvador. Seit Ende 1989 hatte sich auch der Bürgerkrieg im bevölkerungsreichsten Land Mittelamerikas, in Guatemala, wieder intensiviert. Gespräche zwischen der Regierung und der Guerilla-Gruppe UNRG gingen im Juni 1991 in Mexiko ergebnislos zu Ende. Hauptleidtragender des langjährigen Krieges ist die indianische Bevölkerung des Hochlandes, die zu Hunderttausenden im Lande entwurzelt und nach Mexiko geflohen ist (vgl. Beitrag zu Guatemala).

Joachim Betz/Volker Matthies (Institut für Allgemeine Überseeforschung, Hamburg)

II. JAHRBUCH-FORUM

Demokratie in der Dritten Welt:
Zwischen normativer Zustimmung und praktischen
Realisierungsproblemen

1. Demokratie – eine politische Norm mit Hochkonjunktur

„Demokratie" ist bekanntlich ein schillernder Allerweltsbegriff; er verfügt unter anderem über die faszinierende Eigenschaft – oder suggeriert diese –, als oberste Werteinstanz politische Herrschaft legitimieren zu können. Auch die finstersten Diktatoren dieses Jahrhunderts haben selten darauf verzichtet, ihrer Herrschaft einen Schein von demokratischer Legitimation zu geben. In der Regel waren politische Wahlen – organisiert als obligatorische Rituale der Bestätigung einer auf Polizeigewalt und Terror beruhenden Partei- oder Cliquenherrschaft – das beliebteste Mittel zur Stabilisierung diktatorischer Regime. Demokratische Partizipation erschöpfte sich in formalen Wahlen ohne programmatische Auswahl, ein Konzept, das mit dem passenden Begriff der Fassaden-Demokratie belegt worden ist.

Virtuos haben lateinamerikanische, asiatische und afrikanische Diktaturen solche pseudo-demokratischen Praktiken gehandhabt: Auch wenn sie dadurch bei der eigenen Bevölkerung wohl kaum weniger verhaßt waren, so verfehlten die inszenierten Akklamationswahlen für Präsidenten vom Schlage Pinochets (Chile), Somozas (Nicaragua) oder Marcos' (Philippinen) doch nicht ihren guten Eindruck im westlichen Ausland zur Zeit des Kalten Krieges, vor allem bei leichtgläubigen Senatoren und Abgeordneten des US-amerikanischen Kongresses.

Trotz dieser Möglichkeiten permanenten Mißbrauchs der demokratischen Legitimationsformel ist nicht zu verkennen, daß mit dem Ende des Ost-West-Konflikts pluralistische Demokratie Hochkonjunktur bekommen hat wie nie zuvor. Dieses Phänomen ist insofern bemerkenswert, als die westlichen Wohlstands-Gesellschaften in dem Augenblick – teilweise wenigstens – zum Vorbild für viele außereuropäische Staaten und Völker mit anderen Kulturen und Traditionen werden, in dem die unermeßlich hohen Kosten dieses wirtschaftlichen und politischen Erfolgsmodells ins Bewußtsein treten. Wer westliche Demokratie gutheißt – und wer könnte sich dem ernsthaft versagen? –, der muß auch ihre organisatorisch-materielle Basis, nämlich Wettbewerb und Marktwirtschaft, akzeptieren, und der müßte auch redlicherweise die ökologischen und klimatologischen Gefährdungen der modernen Weltgesellschaft als immensen Kostenfaktor in Rechnung stellen. Heute stellt sich ernsthaft die Frage, ob eine dauerhafte Entwicklung auch für die nachkommenden Generationen – nach ca. 250 Jahren Industriekapitalismus – noch möglich erscheint. Rationale Überlegungen bezüglich der Chancen der Bewahrung einer bewohnbaren Erde eröffnen eher düstere Perspektiven.

Gültig bleibt dennoch: Zur Zeit hat liberale Demokratie politische Konjunktur wie noch nie zuvor. Man fühlt sich an die euphorische Prognose von *Alexis de Tocqueville* erinnert, der im Revolutionsjahr 1848 „von dem nahen, unaufhaltsamen, allgemeinen Aufstieg der Demokratie in der Welt" sprach, als Ausdruck der Vereinheitlichung der Bedingungen für soziale Gleichheit. Knapp 150 Jahre später – nach Imperialismus, Kolonialismus und zwei Weltkriegen – legte das *Pariser Gipfeltreffen* der Regierungs- und Staatschefs der *34 KSZE-Staaten vom November 1990* in ihrer „Charta für ein neues Europa" ein unzweideutiges Bekenntnis zur kompetitiven Demokratie als einzigartiger und universell gültiger Regierungsform ab. In der Charta wird ein „neues Zeitalter der Demokratie, des Friedens und der Einheit" eingeläutet: „Wir verpflichten uns, die Demokratie als die einzige Regierungsform unserer Nation aufzubauen, zu festigen und zu stärken." Konkret werden dann vier zentrale Bestandteile dieses Demokratiebegriffs genannt:

(1) „Menschenrechte und Grundfreiheiten sind allen Menschen

34

von Geburt eigen: sie sind unveräußerlich und werden durch das Recht gewährleistet … Ihre Achtung ist wesentlicher Schutz gegen staatliche Übermacht." Das ist das klassische westlich-individualistische Menschenrechtskonzept – das sich abhebt von der sozialistischen Forderung nach staatlicher Allgewalt zur Sicherung wirtschaftlicher Gleichheit und sozialer Gerechtigkeit (das Menschenrecht der 2. Generation).

(2) „Demokratische Regierung gründet sich auf den Volkswillen, der seinen Ausdruck in regelmäßigen, freien und gerechten Wahlen findet". Vom Prinzip her wird dieser Grundsatz weltweit akzeptiert, wenn auch nicht praktiziert.

(3) Demokratie sei „ihrem Wesen nach repräsentativ und pluralistisch" und erfordere deshalb „Verantwortlichkeit gegenüber der Wählerschaft, Bindung der staatlichen Gewalt an das Recht sowie eine unparteiische Rechtspflege. Hier schon beginnt es problematisch zu werden: Die Rechtsbindung der Politik ist vielen Staatspräsidenten des 20. Jahrhunderts – darunter zahlreichen afrikanischen – eher ein fremder Gedanke, wenn nicht eine Zumutung.

2. Kulturelle und religiöse Vorbehalte gegen das Gleichheitsgebot der säkuralen Demokratie

Problematisch ist vor allem die vierte Komponente dieses (in ihrem Ursprung wohl europäischen) Demokratiekonzepts der Europa-Charta, die da lautet: „Wir bekräftigen, daß die ethnische, kulturelle, sprachliche und religiöse Identität nationaler Minderheiten Schutz genießen muß und daß Angehörige nationaler Minderheiten das Recht haben, diese Identität ohne jegliche Diskriminierung und in voller Gleichheit vor dem Gesetz frei zum Ausdruck zu bringen, zu wahren und weiterzuentwickeln". Angesichts der zunehmenden Militanz bei inter-ethnischen und inter-religiösen Konkurrenzen und Konflikten in der Dritten, der Zweiten Welt und teilweise sogar in der Ersten Welt sind Zweifel angebracht, ob dieses Nicht-Diskriminierungsgebot als Prinzip universell konsensfähig ist, von der Herstellbarkeit seiner Verwirklichungsbedingungen ganz zu schweigen.

Vor allem beim Verhältnis zwischen fundamentalistischen Gläubigen und den säkularen Bevölkerungsgruppen der Nicht- oder Andersgläubigen innerhalb einer Staatsbevölkerung scheint das Gleichheitsgebot ausgelöscht oder doch gefährdet zu sein. Wirkt nicht die „Sharia" (in ihrer extremen Interpretation des Korans) in religiös nicht völlig homogenen Staaten wie dem Sudan, Pakistan oder Iran demokratie-hinderlich, weil es über letzte Fragen der menschlichen Existenz (Glaubensgrundsätze) keine politisch verbindlichen Regelungen geben kann, geben sollte? Oder sollte es einen nicht-westlichen Demokratie-Begriff geben, der die Rechtsungleichheit seiner Bürger, differenziert etwa nach Rechtgläubigen, Gläubigen und Ungläubigen, zum ethischen Gebot erhebt? Eine solche Konstruktion wäre freilich mit dem modernen Verfassungsstaat westlicher Bauart, der Unparteilichkeit und Rechtsgleichheit ohne Ansehen der Person proklamiert, unvereinbar.

Grundsätzlich ist wohl in streng muslimischen Gesellschaften – in denen nach Lehre des Korans nicht das Volk der Souverän ist, sondern letztlich nur Allah bzw. dessen belehnte Statthalter auf Erden – die Grundlage für politische Demokratie eine andere als in den säkularen Gesellschaften Europas, die mit der Trennung von Staat und Kirche als Folge der Religionskriege die Volksherrschaft als letzte Quelle der Souveränität einsetzen. Es gibt vermutlich – gemessen am staatlich-demokratischen Anspruch – keine logische Alternative zum Prinzip der Gleichheit aller Bürger und Bürgerinnen vor dem säkularen Gesetzgeber – da nur so die Legitimation von Herrschaft durch gleiche und gerechte Verfahren garantiert werden kann.

Nicht entschieden ist damit freilich der soziale Inhalt von Demokratie, d. h. die Frage der Prioritäten beim Einsatz stets zu knapper öffentlicher Güter zur Befriedigung spezifischer Bedürfnisse unterschiedlich wohlhabender Segmente der Gesellschaft. Hier sind durchaus Alternativen zum abendländischen Typ der am Individuum orientierten Freiheits- und Wohlstandsgesellschaft des 20. Jahrhunderts vorstellbar.

Überhaupt muß eine bedingungslose Menschenrechtsverkündung, wie sie heute so freigebig angeboten wird, sich den

Vorrang der sozialen Grundforderungen entgegenhalten lassen: Was nutzt die Beschwörung universell gültiger Demokratie- und Menschenrechtsideale, wenn nicht gleichzeitig mit demselben Ernst von den Begüterten dafür Sorge getragen wird, etwa durch eine gerechtere Weltwirtschaftsordnung, gewisse notwendige Rahmenbedingungen für die Bestandsfähigkeit von Demokratie in der Dritten und Vierten Welt zu schaffen?

Wir können den Demokratie-Optimisten zustimmen: Mit der vielleicht einzigen Ausnahme des fundamentalistischen Islam (z. B. in der Ausprägung der sudanesischen Muslim-Brüder unter Führung von Dr. El Turabi) entwickelt sich heute – allem Anschein nach – im Bewußtsein der Macht- und Funktionseliten der modernen Weltgesellschaft von oben nach unten ein gemeinsames Grundverständnis von demokratisch legitimierter Herrschaft möglichst zum Nutzen aller, d. h. von einer vom Volk als dem politischen Souverän gebilligten Regierungsform, die im Unterschied zu allen früheren Staatsformen die Unparteilichkeit des Staates als Voraussetzung von Rechtsgleichheit und sozialer Gerechtigkeit zum Prinzip erklärt. Bestehen bleiben aber die Ungewißheiten, ob demokratisches Bewußtsein auch in nicht durchkapitalisierten Gesellschaften der Dritten Welt in demokratische Politik umgesetzt werden kann und ob sich die demokratischen Regeln auch unter wirtschaftlichen und sozialen Krisenbedingungen behaupten können.

3. Sozialismus und Fundamentalismus als Schranken der universellen Reichweite des Demokratie-Ideals?

Es ist wohl kein Zufall, daß die Frage nach der Universalität von Demokratie als politischer Norm heute vielerorts eine enorme Dringlichkeit gewonnen hat, vor allem bei Menschen im Osten und im Süden der heutigen Weltgesellschaft, die Erfahrungen mit anderen Gesellschaftssystemen gemacht haben. In der sog. Zweiten Welt wie auch in der sog. Dritten Welt – den Entwicklungsländern – sind Versuche einer realen Alternative zum demokratischen System der kapitalistischen Markt- und Wohlstandsgesellschaften wohl nicht endgültig, aber auf absehbare Zeit erst einmal gescheitert. Weder der real existierende Sozialismus in den Staaten Mittel- und Osteuropas noch die meist weniger ernst praktizierten Varianten von afrikanischem oder arabischem „Sozialismus" haben den Bürgern und Bürgerinnen jenes Maß an Zufriedenheit gebracht, das offensichtlich bei der Mehrzahl der Menschen in Schweden, der Schweiz, Westdeutschlands, Englands oder Frankreichs existiert.

Nicht, daß verkannt werden dürfte, daß es auch in allen westlichen Demokratien Minderheiten gibt, die höchst unzufrieden und wohl auch unglücklich über das System sind, in dem sie leben müssen – man denke an pflegebedürftige alte Menschen mit magerer Rente, von der Sinnkrise ihres Lebens geplagte Jugendliche oder an arbeitsuchende In- und Ausländer, Asylbewerber, Drogensüchtige etc. –, aber erstens handelt es sich in der Regel doch eben um Minderheiten und zweitens bieten liberale Demokratien immerhin die Chance der Veränderung, d. h. systemimmanente Möglichkeiten, daß sich – vermittelt durch freie Wahlen, eine lebendige kritische Medienöffentlichkeit und Demonstrationszüge – an den gesellschaftlichen Zuständen noch einiges verbessern ließe. Besteht diese Chance bei unterprivilegierten Gruppen nicht mehr, ist auch der Glaube an die Demokratie als legitimes Verfahren zur Veränderung von Herrschaftsverhältnissen erschüttert. Dann läuft Demokratie Gefahr, in ihr logisches Gegenteil zu entarten – nämlich entweder in die Diktatur einer Minderheit über die Bedürfnisse und Erwartungen der Mehrheit, die kaserniert und mundtot gemacht wird, oder in den Fundamentalismus als „Flucht aus dem Anspruch der Moderne auf Begründung, Pluralismus, Toleranz, Relativismus, Demokratie und Menschenrechte".

4. Sind alle post-kolonialen Gesellschaften „reif für die Demokratie"?

Damit wären wir beim Kern des Themas: Ist politische Demokratie westlicher Herkunft, manifest geworden in periodisch abgehaltenen Wettbewerbswahlen, gesellschaftlichem Pluralismus und wechselnden Regierungen, ein Wert, der in seiner Gültigkeit auf den europäisch-nordamerikanischen Kulturraum beschränkt ist oder aber sein sollte, um eurozentristische Arroganz zu vermeiden? Hatte nicht der Schah von Persien recht, wenn er wiederholt versicherte, die parlamentarische Demokratie mit ihrem Recht auf legale Opposition passe nicht zu den Empfindungen und Traditionen der Menschen im Iran? Ist es nicht nachvollziehbar, daß auch die autoritären Präsidenten in Indonesien, Singapur, Philippinen oder Süd-Korea aus eben solchen Gründen von „gelenkter Demokratie" als politischer Norm sprachen, bei der der Präsident, die Militärjunta oder die Avantgardepartei eine Art Vormundschaft über das zur wahren Demokratie angeblich noch nicht reife Volk ausüben? Ist es nicht zu verstehen, daß der jetzige Staats- und Regierungschef von Sudan, General Beschir, gleich nach geglücktem Militärputsch im Juni 1989 versicherte, politische Parteien seien ab sofort und endgültig verboten, denn das parlamentarische Verfassungssystem sei eine Erfindung des Westens und passe nicht für muslimische arabische Gesellschaften? Dabei hatte er das dreimalige Scheitern von parlamentarischen Regierungssystemen im Sudan seit der Unabhängigkeit 1956 vor Augen: Dreimal hatten sich die durch faire Wahlen an die Macht gelangten Zivilregierungen außerstande gezeigt, effektiv zu regieren, politische Kompromisse zwischen Parteien auszuhandeln und sie dann auch durchzusetzen.

Halten wir fest: demokratische Experimente hat es in fast allen Regionen der Welt im Laufe dieses Jahrhunderts gegeben, aber als dauerhafte Regierungsform hat sich Demokratie außerhalb des europäisch-nordamerikanischen Kulturkreises bisher kaum behauptet, sie kann nirgends als „konsolidiert" (durch mehrere freie Wahlen bewährt) gelten. Theoretisch bieten sich für diesen Sachverhalt zwei Erklärungsansätze an: Der erste hält liberale Demokratie für eine seltene historische Sonderform oder auch für eine Spätform des entwickelten Industriekapitalismus; für Entwicklungsländer könne sie daher höchstens ein anzustrebendes Ideal sein, nicht aber schon eine realisierbare politisch-gesellschaftliche Verfassungsrealität. Die andere logisch denkbare Position würde die liberale Demokratie des Westens als eine unter mehreren anderen Möglichkeiten ansehen. Doch worin könnte konkret eine solche Alternative bestehen? Oder anders gefragt: Welche Elemente der liberalen Demokratie wären verzichtbar oder austauschbar durch Äquivalente anderer Gesellschaftsentwürfe? Bisher ließen sich m. E. in der Dritten Welt keine lebensfähigen Alternativentwürfe für Gesellschaftsordnungen entdecken, die sowohl die Menschenrechte garantieren als auch die Steuerungsfähigkeit eines modernen Rechts- und Interventionsstaates sicherstellen könnten. Mao Tse-tungs sozialistisches Modell der Volkskommunen z. B. konnte wohl eine Zeitlang die Energien der Massen mobilisieren, versagte aber schließlich – unter anderem – vor der Aufgabe, den Lebensstandard der Massen über optimale Indienststellung von Wissenschaft und Technik zu heben. Die defizitäre demokratie-resistente Form der kommunistischen Parteiherrschaft ist für die Lähmung der Entwicklung der Produktivkräfte verantwortlich zu machen: Kann man dem Physiker und Regimekritiker *Fang Lizhi* widersprechen, wenn er 1987 diagnostizierte: Ohne politische Demokratie gäbe es in China keine dauerhafte wirtschaftliche Entwicklung. Um China wirklich zu modernisieren, reiche es nicht aus, ein paar große Computer zu importieren, sondern „wir müssen den Geist der westlichen Wissenschaft in China einführen".

Fazit: der häufig zu hörende Vorwurf (v. a. seitens Dritte-Welt-Sympathisanten weißer Hautfarbe), die Propagierung der liberalen Demokratie im Gewand des modernen Rechtsstaates sei eurozentristisch und daher eine Zumutung für andere Nationen, geht am Kern der Sache vorbei. Die Meinung, die rechtliche Einbindung des Staates sei für uns sensible Europäer zwar unerläßlich, für die Dritte Welt aber entbehrlich, ist zurecht als „eine subtile Form weißen Hochmuts und moralischer Indifferenz gegenüber den andersfarbigen Völkern" kritisiert worden. Wie im folgenden gezeigt werden soll, gibt es gute Gründe für die Annahme, daß sich die Menschheit seit der Aufteilung der Welt in souveräne Territorialstaaten in einer „demokratischen Weltrevolution" befindet, die schubweise und – stets als Reaktion auf Katastrophen – vorankommt. Ihre Zwillingsschwester scheint die kapitalistische Produktionsweise zu sein, der Karl Marx die gleiche Wucht der Vernichtung aller vor-modernen Traditionen zutraute wie Alexis de Tocqueville der Demokratie amerikanischer Provenienz.

5. Die „Stockholmer Initiative zu globaler Sicherheit und Weltordnung" – ein weltweites Bekenntnis zur Demokratie

Die These, daß kompetitive Demokratie tatsächlich zu einer universell anerkannten politischen Norm zu werden tendiert, hat jüngst eine beeindruckende Bestätigung durch die Deklaration *„Gemeinsame Verantwortung in den 90er Jahren"* der *„Stockholmer Initiative zu globaler Sicherheit und Weltordnung"* erfahren. In ihr haben sich 33 Persönlichkeiten aus aller Welt zu Demokratie und Menschenrechten bekannt, darunter Ex-Präsident Julius Nyerere aus Tansania, die inzwischen gestürzte Wahlsiegerin und Ministerpräsidentin Benazir Bhutto aus Pakistan, Friedensnobelpreisträger Willy Brandt, Ex-Weltbankpräsident Robert McNamara, der Präsident der Tschechoslowakei Vaclav Havel und die Herausgeberin des Brundtlandreports, die norwegische Ministerpräsidentin Gro Harlem Brundtland. In diesem Dokument vom 22. April 1991 heißt es: „Wir erkennen Demokratie und Menschenrechte als wahrhaft universelle Werte an. Sie haben ihren Ursprung und ihre Geschichte in Gesellschaften auf allen Kontinenten. Während der letzten Jahre wurden sie zu immer stärkeren Idealen. Auf der ganzen Welt haben sie politische Strukturen erschüttert und Gesellschaften umgeformt. Wir glauben, daß Demokratie und Menschenrechte in den nächsten Jahren noch an Bedeutung gewinnen werden, da sie für die Aufrechterhaltung der Entwicklung entscheidend und gegen Entwicklungsrückschläge empfindlich sind".

Die Verfasser der Stockholmer Initiative verstehen unter Demokratie den idealen Fluchtpunkt einer gesellschaftlichen Entwicklung zu Freiheit und Wohlstand: „Demokratie entwickelt sich nicht auf Befehl von außen, sondern muß sich infolge einer

41

internen „Nachfrage" herausbilden. Demokratie wird nicht von oben nach unten verordnet, sondern muß sich von der Basis aus entwickeln – aus lokalen und kommunalen Strukturen, die eine gleichberechtigte Beteiligung von Männern und Frauen an überzeugender parlamentarischer Vertretung auf nationaler und föderaler Ebene zulassen."

Wenn nicht alle Anzeichen trügen, dann handelt es sich bei den sozialen Protestbewegungen gegen etablierte undemokratische Herrschaft in Afrika und Asien heute um so einen *innergesellschaftlichen Gärungsprozeß*, in welchem konfliktfähige und partizipationswillige Gruppen (wie Studenten, Gewerkschaften, berufsständische Vereinigungen, Geistliche) Strukturreformen verlangen. Freilich geschieht dies nicht aus Liebe zu den schönen Idealen der Demokratie, sondern vielmehr in der Hoffnung, daß dieser Typ von Herrschaft die unter anderen Herrschaftsformen erfahrenen Leiden und Entbehrungen verringern könnte. Der politische Hoffnungsträger Demokratie ist also in der Dritten Welt mit der ungeheuren Verheißung belastet, die institutionellen Rahmenbedingungen für das Überleben von Menschen, die großenteils immer mehr verarmen, verbessern zu können. In Lateinamerika gibt es die ersten konkreten Hinweise darauf, daß demokratisch durch Wahlen legitimierte Regierungen (Argentinien, Peru, Nicaragua, Haiti; Philippinen usw.), an dem schweren ökonomischen Erbe scheitern, das ihnen die Diktaturen hinterlassen haben. Wenn sich diese mögliche Tendenz zur Regel entwickeln sollte, dann wäre politische Demokratie nur ein illusionsträchtiges ziviles Übergangsstadium von einer Form der autoritären Herrschaft zu einer anderen Form autoritärer Herrschaft – eine düstere Perspektive, die Ohnmacht und Verzweiflung aufkommen läßt.

Unter Berücksichtigung dieser Problematik haben die Unterzeichner der oben zitierten „Stockholmer Initiative" eine handlungsorientierte Schlußfolgerung aus ihrem Bekenntnis zur Demokratie gezogen: „Unterstützung sollte in erster Linie den sozialen Einrichtungen gewährt werden, die einen demokratischen Wandel verlangen. Da die bürgerliche Gesellschaft im

Laufe des Entwicklungsprozesses selbst geschaffen wird, läßt sich das Eintreten für die Demokratie im allgemeinen nicht von der Art der Entwicklungsförderung trennen. Deshalb ist unzulängliche Entwicklung eine so gefährliche Bedrohung für die demokratische Entwicklung".

Damit wird die Erkenntnis zum Ausdruck gebracht, daß eine wirtschaftlich verkrüppelte „Entwicklung" auch nur eine deformierte Form politischer Demokratie hervorbringen könnte und umgekehrt: In den meisten Fällen brachten „Entwicklungsdiktaturen" Diktaturen ohne Entwicklung zum Vorschein.

6. Resümee und Ausblick: sechs Thesen

(1) Politische Demokratie (westlich-liberaler Prägung) stand nirgends und steht nicht am Anfang einer nachzuholenden sozio-ökonomischen Entwicklung, sondern entwickelt sich – wenn überhaupt – im Zusammenhang mit Industrialisierung, Urbanisierung und den sozialen, keineswegs immer friedlichen Forderungen von Unter- und Mittelschichten nach Partizipation an Entwicklungsfortschritten. Demokratie braucht zu ihrer Realisierung konfliktbereite Demokraten, d.h. ein *historisches Subjekt*, das sich befreien will. In vielen Staaten der Dritten Welt spielen Studenten, Industriearbeiter, Büroangestellte und die „professionals" der urbanen Mittelschichten diese Rolle.

(2) Mit zunehmender Komplexität von Wirtschaft und Gesellschaft im Zuge der Modernisierung wachsen die Chancen, daß sich die Unter- und Mittelschichten, einschließlich der in Berufsverbänden organisierten konfliktfähigen Gruppen, mit politischen Forderungen nach mehr Demokratie durchsetzen bzw. sich in Teilen des Staatsapparats Gehör und Sympathien verschaffen. Die Entwicklung in den *asiatischen Schwellenländern* (Taiwan, Süd-Korea, Singapur) wie auch in der Türkei oder auf Mauritius scheint diese These zu bestätigen: wirtschaftliche Wachstumsmodelle entfalten eine soziale Dynamik, die zu dem Prokrustesbett des Einpartei- oder Militärregimes immer weniger paßt.

43

Die scheinbar trendwidrige Entwicklung in der VR China lehrt jedoch, daß jede Variante von Geschichtsdeterminismus die unberechenbare politische Wirklichkeit verfehlen würde. Zwar ist politische Demokratie als Sehnsucht selbständig denkender (vor allem junger) Menschen wohl universell vorhanden, lokal sehr unterschiedlich sind jedoch die politisch-institutionellen Hindernisse auf dem Zickzackweg ihrer Realisierung. Es gibt immer auch etablierte Gruppen, die durch Demokratie verlieren und so als deren *„natürliche Gegner"* betrachtet werden müssen.

(3) Gerade die mißglückten Demokratieexperimente in der VR China – aber auch in Burma, in Argentinien, Peru und Kolumbien, auf den Philippinen, in Nigeria, in Ghana, im Sudan und in Burkina Faso oder in Rumänien – weisen auf die Tatsache hin, daß liberale Demokratie an eine *spezifische politische Kultur* gebunden ist, d. h. an Vorbedingungen, die sich nicht ohne weiteres herstellen und schon gar nicht schematisch auf andere Kulturen übertragen lassen. Es ist z. B. nicht a priori festlegbar, ob politische Demokratie in Entwicklungsländern unter allen Umständen auch den freien Wettbewerb zwischen mehreren Parteien (welchen Typs?) beinhalten müsse. Tansania unter Nyereres Einparteiregime kann man vielleicht als ein Beispiel für eine relativ ernsthaft praktizierte innerparteiliche Demokratie gelten lassen – wenigstens für eine Initialphase von nationaler Entwicklung.

(4) In Hinblick auf Staaten mit fundamentalistisch-islamischer Gesellschaftsordnung läßt sich die Hypothese aufstellen, daß die *Trennung von Staat und Religion* in zentralen Verfassungsfragen eine Voraussetzung für das dauerhafte Funktionieren von pluralistischer Demokratie darstellt. Die Gleichheit als Rechtsgrundsatz und der Anspruch eines jeden auf Teilhabe an Entwicklung im Rahmen der gegebenen Möglichkeiten – diese beiden Grundsätze unterscheiden die moderne Demokratie von ihren klassischen Vorbildern ebenso wie von politischen Vorformen in anderen Kulturen. In denen waren auch demokratische Elemente wie soziale Machtkontrolle, Pflichten von Herrschern, der Respekt der Sitten und Gebräuche, das Recht auf

Widerspruch und der Anspruch auf kollektive Güter zur Sicherung des Überlebens angelegt – allerdings beschränkten sich diese sittlichen Errungenschaften in der Regel auf ethnische oder religiöse Gemeinschaften, nicht auf säkulare „nationale" Territorialstaaten.

(5) *Gefahren für die Realisierung* von pluralistischer Demokratie in der Dritten Welt sind unter der Annahme von zwei leider sehr realistischen Szenarien zu erwarten: Erstens wenn politische Herrschaft die Form ethnisch geprägter Monopolansprüche auf die Staatsmacht annimmt, und zweitens, wenn das formale Mehrheitsprinzip zur inhaltlichen Tyrannei der Mehrheit ausartet, die Minderheiten marginalisiert oder gar diskriminiert.

Der periodische Ethnozid der Tutsis an den Schülern und Intellektuellen unter dem Mehrheitsvolk der Hutus in Burundi während der vergangenen dreißig Jahre ist ein Beispiel für das erstgenannte Szenario; der von vier Regierungen in Khartum veranstaltete oder zugelassene Mord an den nicht-muslimischen Völkern und Ethnien des Südsudan ist ein ebenso schrecklicher Beleg für das zweite Szenario. Die Verfolgung religiöser *Minderheiten* im Iran, der Kurden in der Türkei, der schwarzen Ethnien und Nationen in Südafrika (bis vor kurzem) oder der Juden in Europa im Laufe der vergangenen Jahrhunderte – all dies sind Beispiele für die Inkompatibilität von politischer Demokratie und religiösem bzw. rassistisch-nationalistischem *Fanatismus*. Wird die Gleichheit vor dem Gesetz in Frage gestellt, ist die Rechtsbindung der Politik gefährdet, dann wird „Demokratie" zur tyrannischen Farce.

(6) Demokratie in multi-ethnischen und religiös heterogenen Staaten kann sich nur entfalten, wenn *Toleranz* zum Grundelement der politischen Kultur wird. Toleranz gegenüber Minderheiten aller Art ist die Grundlage für eine pluralistische, offene, zivile Gesellschaft, die Menschenrechte respektiert. Dabei sind *drei politische Spielregeln* zu beachten: Die erste besagt, daß die aus allgemeinen Wahlen hervorgegangenen Mehrheiten und die von ihnen getragenen Regierungen zu verbindlichen Entscheidungen berufen sind. Es muß aber ausgeschlossen sein,

nach Erlangung der Macht auf legalem Wege die Regeln so zu verändern, daß die eigene Vorherrschaft unkontrollierbar gemacht wird. Das war der erste politische Sündenfall der gewählten Führer der Unabhängigkeitsbewegung in Afrika und Asien.

Die zweite Grundregel besagt, daß die Machtbefugnisse vom Volk – vom Souverän – immer *nur auf Zeit* verliehen werden und daß die Regierungen den Regierten über ihre Politik Rechenschaft schuldig sind. Daß heute freie Wahlen immer häufiger unter Beteiligung internationaler Beobachterkommissionen (Philippinen, Chile, Nicaragua, Namibia, Äthiopien, Angola) stattfinden und stattfinden sollen, ist ein bemerkenswerter Schritt zur Respektierung dieser Regel.

Zu den Spielregeln gehört drittens, daß sich siegreiche politische Mehrheiten *Zurückhaltung* gegenüber Minderheiten auferlegen. Sie dürfen, obwohl – auf Zeit – im Besitz der Staatsgewalt, nicht als Monopolisten der Wahrheit und des Gemeinwohls auftrumpfen. Die demokratische Mehrheitsregel eignet sich nicht zur Klärung letzter Fragen: In ihren Grundüberzeugungen an den Rand oder in den Untergrund gedrängte Minderheiten werden stets „die Wahrheit" gegen die Tyrannei der Mehrheit ins Feld führen – vor allem dann, wenn sie sich für die Zukunft eine faire Chance für die Durchsetzung ihrer Hoffnungen nicht ausrechnen können. Dasselbe gilt freilich auch für Minderheiten. Nehmen sie für sich das absolute Wahrheitsmonopol in Anspruch, begeben sie sich in die Illegalität oder gefährden den demokratischen Grundkonsens, ja überhaupt die Regierbarkeit eines Staates.

Fazit: die im Thema aufgeworfene Frage ist prinzipiell, aber konditioniert zu bejahen. Liberale Wettbewerbs-Demokratie als Verfahren der Legitimierung von politischer Herrschaft ist weltweit attraktiv geworden – sie ist nicht eurozentrisch aufgezwungen, sondern das *vernünftige Gebot einer geeigneten Ordnung für aufgeklärte mündige Bürger*. Demokratie im Sinne der Rechtsbindung von Politik und des Respekts der Menschenrechte ist ebenfalls als verbindliche Norm für alle Mitgliedstaaten der Weltgesellschaft anzusehen – sie sollte eine demokratische Minimalforderung an alle Mitgliedsstaaten der Vereinten Nationen darstellen.

Allerdings ist hier die Gefahr der politischen Überforderung ressourcenschwacher Staaten einzukalkulieren: Wenn die materiellen und kulturellen Voraussetzungen zur Realisierung dieser revolutionären Normen (noch) sehr unterschiedlich entwickelt sind, ergibt sich aus dem heutigen Bewußtsein von der Erde und der Menschheit als „one world" die Verpflichtung seitens der reicheren Gesellschaften zur Solidarität, den weniger gut ausgestatteten Gesellschaften bei der Verwirklichung demokratischer Prinzipien wenigstens nicht im Wege zu stehen (durch unrealistische Schulden-Rückzahlungspflichten, diskriminierende GATT-Bestimmungen etc.). In diesem Sinne verliert Demokratie ihren elitären Charakter als glücklich gelungene Form nationalstaatlicher Herrschaft in der westlichen Welt der Industriestaaten. Sie ist nicht nur (tendenziell) universelles Ideal und Verheißung von Freiheit und Wohlstand, sondern auch eine *globale Gestaltungsaufgabe.* Der Grad ihrer Erfüllung im einzelstaatlichen Rahmen wird auch durch das Ausmaß internationaler Kooperationsbereitschaft konditioniert. Es geht in Zukunft wohl weniger darum, für die pluralistische Demokratie weltweit die Werbetrommel zu schlagen, sondern sie vielmehr durch materielle Hilfen und institutionelle Vorkehrungen anderenorts *bestandsfähig* zu machen. Ihre Konsolidierungschancen in absehbarer Zukunft sind ohnehin nicht als groß einzuschätzen.

Rainer Tetzlaff (Universität Hamburg)

Literaturhinweise

KSZE (Konferenz für Zusammenarbeit und Entspannung in Europa) 1990: Die „Charta für ein neues Europa". Pariser Gipfeltreffen im November 1990. In: Frankfurter Allgemeine Zeitung vom 22. 11. 1990, S. 4.
Kriele, Martin, Die demokratische Weltrevolution. München/Zürich 1987.
von Krockow, Christian Graf, Die liberale Demokratie. In: *Iring Fetscher und Herfried Münkler (Hrsg.),* Politikwissenschaft, Begriffe ... Ein Grundkurs. S. 432–462, Reinbek bei Hamburg 1985.

Meyer, Thomas, Fundamentalismus. Aufstand gegen die Moderne, Reinbek 1989.

Nohlen, Dieter, Mehr Demokratie in der Dritten Welt?. In: Aus Politik und Zeitgeschichte. Beilage zur Wochenzeitung Das Parlament, vom 17. Juni 1988, B 25–26/88, S. 3–18.

Stockholmer Initiative zu globaler Sicherheit und Weltordnung, 1991, Gemeinsame Verantwortung in den 90er Jahren. In: Texte der Stiftung Entwicklung und Frieden, Bonn 1991.

Tetzlaff, Rainer, Demokratisierung von Herrschaft und gesellschaftlichem Wandel in Afrika. Perspektiven der 90er Jahre. Friedrich-Ebert-Stiftung, Bonn 1991.

de Tocqueville, Alexis, Über die Demokratie in Amerika, Stuttgart, 2 Bände, 1959 (1840).

III. ÜBERREGIONALE BEITRÄGE

Die Uruguay-Runde: Krise des GATT?

Seit mehr als fünf Jahren wird im Rahmen der achten Verhandlungsrunde (Uruguay-Runde) zum Allgemeinen Zoll- und Handelsabkommen (GATT = General Agreement on Tariffs and Trade) über Fragen der internationalen Handelspolitik verhandelt. Die im September 1986 durch eine ehrgeizige Erklärung der zuständigen Minister der GATT-Vertragsparteien in Punta del Este (Uruguay) nach jahrelangen konfliktreichen Vorverhandlungen gestartete Verhandlungsrunde sollte Ende 1990 durch eine Ministerkonferenz abgeschlossen werden; diese Konferenz fand zwar wie vorgesehen Anfang Dezember 1990 in Brüssel statt, sie konnte jedoch die in den Genfer Verhandlungen zutage getretenen Kontroversen nicht einmal durch politische Formelkompromisse beenden. Mühsam mußten die Verhandlungsparteien in den ersten Monaten 1991 nach einer neuen Verhandlungsstruktur suchen, die ein zügiges Weiterverhandeln in den handelspolitischen Konfliktbereichen ermöglicht.

Vordergründig lagen die Ursachen des handelspolitischen Desasters von Brüssel im Agrarbereich: Die USA hatten es verstanden, die Agrarpolitik immer mehr zum Angelpunkt der ganzen Verhandlungen zu machen und damit der EG den Schwarzen Peter zuzuspielen, nicht nur im unmittelbaren Interesse der US-amerikanischen Landwirtschaft und Agrarindustrie, sondern auch, um sich die Unterstützung wichtiger Entwicklungsländer in der Frage einer Einbeziehung „neuer" Bereiche in das GATT-Regelwerk zu sichern: den internationalen Handel mit Dienstleistungen (Banken, Versicherungen, Transport, Kommunikation), Schutz geistiger Eigentumsrechte

(Patente, Lizenzen, Urheber- und Namensrechte), sowie den gerade für Entwicklungsländer hochsensiblen Bereich investitionspolitischer Maßnahmen. So konnte ein unzureichendes Angebot der EG in der Frage der Agrarsubventionen die Brüsseler Ministerkonferenz und damit die bisherigen GATT-Verhandlungen zum Scheitern bringen, und erst nach Zusicherungen der EG in der Frage des Abbaus von Agrarsubventionen, von landwirtschaftlichen Exportbeihilfen, internen Stützungen und Außenschutzmaßnahmen war ernsthaft an eine erfolgversprechende Wiederaufnahme der Verhandlungen zu denken.

Das alles darf nicht darüber hinwegtäuschen, daß die gegenwärtige Krise der GATT-Verhandlungen keineswegs auf den Agrarbereich beschränkt ist und daß immer nachdrücklicher die grundsätzliche Frage nach dem Beitrag des GATT zur Entwicklung der Nord-Süd-Handelsbeziehungen gestellt wird.

1. Das Programm von Punta del Este

Die Voraussetzungen für eine nachhaltige Verbesserung der Rahmenbedingungen für die weitere Entwicklung der Außenwirtschaftsbeziehungen gegenüber den Entwicklungsländern schienen noch zu Beginn der laufenden GATT-Verhandlungen günstiger denn je:

– Nach dem Beitritt zahlreicher Entwicklungsländer gerade in jüngster Zeit ist das GATT mit seinen jetzt 100 Mitgliedsländern von der Mitgliederstruktur her durchaus nicht mehr jener Industrieländerklub, als der es vielfach angesehen wurde.

– Die Entwicklungsländer haben sich intensiv an den langwierigen und oft von heftigen Kontroversen zwischen verschiedenen Ländergruppen gekennzeichneten Verhandlungen beteiligt. Dies nicht zuletzt auch nach den Erfahrungen, die sie in und nach der Tokyo-Runde hatten machen müssen. Hier war die Beteiligung der Masse der Entwicklungsländer an den zum großen Teil sehr technischen Verhandlungen mehr oder weniger marginal geblieben; die in der Tokyo-Runde ungelöst gebliebenen Fragen – vor allem im Bereich der verschiedensten nichttarifären (zollunabhängigen) Handelshemmnisse – hatten das entstehen lassen, was wir gemeinhin unter dem Schlagwort des „neuen Protektionismus" zusammenfassen.

– Schließlich stand am Ende dieser konflikt- und kompromiß- trächtigen Vorverhandlungen ein Verhandlungsmandat, das – gerade was handelspolitisch wichtige Nord-Süd-Fragen angeht – ehrgeizig wie keines zuvor ausgefallen war.

Die Erklärung von Punta del Este enthält – neben Festlegun- gen auf allgemeine Ziele wie Beseitigung des Protektionismus und Rückkehr zu einem funktionsfähigen Welthandelssystem und auf ebenso allgemeine Grundsätze wie etwa Berücksichti- gung der Wirtschafts- und Verschuldungslage – eine Reihe konkreter Vereinbarungen.

Während der Dauer der neuen Runde sollen keine neuen, GATT-widrigen handelsbeschränkenden Maßnahmen ergriffen werden (stand still); bis zum formalen Abschluß der Uruguay- Runde sollen bestehende GATT-widrige Maßnahmen abgebaut sein (roll back); „stand still" und „roll back" werden von einem eigens dafür eingesetzten Organ im Rahmen des GATT über- wacht.

Die Verhandlungen zum Warenverkehr werden in 13 Unter- gruppen entsprechend den Verhandlungsgegenständen der Erklärung von Punta del Este aufgeteilt: Zölle; sonstige, nicht- tarifäre Handelshemmnisse; bestimmte Rohstoffe und Verar- beitungsprodukte wie Aluminium, Blei, Kupfer, Holz und Fi- schereierzeugnisse; Textilien und Bekleidung; Landwirtschaft; tropische Produkte; Überprüfung der in der Tokyo-Runde beschlossenen GATT-Sonderübereinkommen; Schutzmaß- nahmen; Subventionen und Ausgleichszölle; gewerblicher Rechtsschutz, einschließlich Handel mit nachgeahmten Mar- kenerzeugnissen; Investitionsfragen; Streitschlichtung im Rah- men des GATT; Entscheidungs- und Überwachungsverfahren im Rahmen des GATT und Beziehungen zu anderen internatio- nalen Organisationen.

Die Einbeziehung des Dienstleistungshandels in die GATT- Verhandlungen war lange Zeit zwischen Industrie- und Ent- wicklungsländern heftig umstritten. Auf Antrag der Gruppe der Zehn (Entwicklungsländer unter Wortführerschaft Indiens und Brasiliens) wurde in Punta del Este beschlossen, die Verhandlungen über Dienstleistungen zwar im Rahmen des GATT durchzuführen, jedoch organisatorisch getrennt von den Verhandlungen in der Gruppe Warenverkehr. Während die anwesenden Minister in ihrer Funktion als Vertreter der GATT-Vertragsparteien die Verhandlungen über den Güterverkehr einleiteten, wurde der Beschluß zum Thema Dienstleistungen durch die Minister in ihrer Funktion als Ressortchefs für Wirtschaft bzw. Handel herbeigeführt. Die aus diesem rein verfahrenstechnischen Kompromiß hervorgegangene Verhandlungsgruppe Dienstleistungen hatte sich mit folgenden fünf Teilbereichen zu befassen: Abgrenzungsfragen; allgemeine Leitlinien für die Aufstellung von Grundsätzen und Regeln; möglicher Umfang eines Rahmenabkommens zum Dienstleistungsverkehr innerhalb des GATT; bestehende Übereinkünfte in diesem Bereich; politische Maßnahmen der teilnehmenden Staaten zur Förderung oder Behinderung des internationalen Dienstleistungsverkehrs.

Mit dieser Tagesordnung war zweierlei gelungen:

– Der „klassische" GATT-Bereich der Liberalisierung war erweitert um „neue" regelungsbedürftige Bereiche in den internationalen Wirtschaftsbeziehungen; damit waren – wenn auch begrenzt – Anpassungen des GATT an veränderte weltwirtschaftliche Erfordernisse in die Wege geleitet.

– Die Verbesserung des Marktzugangs für agrarische, gewerbliche und tropische Produkte war aus der Sicht der Entwicklungsländer ein zentrales Anliegen; umgekehrt entsprachen aus der Sicht der Industrieländer die Liberalisierung des Dienstleistungsverkehrs, die Verbesserung des Schutzes geistiger Eigentumsrechte und eine Regelung investitionspolitischer Maßnahmen wirtschaftlichen Eigeninteressen. Damit schienen auch notwendige Voraussetzungen für einen umfassenden Nord-Süd-Interessenausgleich geschaffen.

Die Ergebnisse der Verhandlungen in den einzelnen Teilbereichen sollten für die Verhandlungsparteien nur dann und insoweit Verbindlichkeit haben, wie über das Gesamtergebnis der Runde Einigkeit erzielt worden ist. Wieweit die Verhandlungen gegenwärtig noch von diesem Ziel entfernt sind und daß keineswegs allein im Agrarbereich die Verhandlungen noch nicht zu einem Abschluß gekommen sind, wird deutlich, wenn man sich die in den ersten Monaten dieses Jahres erarbeitete Struktur der weiteren Verhandlungen ansieht; danach soll in sieben Gruppen weiterverhandelt werden: Landwirtschaft; Textil und Bekleidung; Dienstleistungen; Regeln und Disziplinen des GATT; handelsbezogene Investitionsmaßnahmen und handelsrelevante Aspekte des Schutzes geistigen Eigentums; Streitbeilegung und Schlußakte der Uruguay-Runde; Marktzugang.

Nachdem der US-Kongreß die Verhandlungsvollmacht des Präsidenten nach dem Fast-Track-Verfahren für weitere zwei Jahre verlängert hat, das heißt die US-Administration in Genf verbindliche Verpflichtungen ohne den Vorbehalt der späteren Zustimmung des Kongresses zu allen Einzelheiten des Verhandlungsergebnisses eingehen kann, ist jetzt eine Wiederaufnahme der Sachverhandlungen möglich.

Wie schwierig diese Sachverhandlungen noch werden dürften, sei an einzelnen, aus der Sicht der Nord-Süd-Wirtschaftsbeziehungen zentralen Fragen dargestellt.

2. Marktzugang

Nach den aus der Sicht vieler Entwicklungsländer enttäuschenden Erfahrungen mit den Ergebnissen der Tokyo-Runde, die wiederholt zu Forderungen nach eigenen Welthandelsverhandlungen für die Länder der Dritten Welt durch die Gruppe der 77 geführt hatten, waren „stand still" und „roll back", das heißt die Verpflichtung der Verhandlungsteilnehmer, keine neuen Protektionsmaßnahmen zu ergreifen bzw. getroffene Maßnahmen zurückzunehmen, in der Vorbereitungsphase wesentliche Forderungen der Entwicklungsländer. Die Erwartung, durch weitere Handelsverhandlungen das Ausmaß der gegen ihre Exporte im Agrar- und Fertigwarenbereich berichteten Protektionsmaßnahmen der Industrieländer verringern zu können, war gewissermaßen die Grundlage für die Einwilligung der Entwicklungsländer zu einer neuen GATT-Runde und zur

Einbeziehung der „neuen" Bereiche, in denen in erster Linie die Industrieländer ein Export- und dementsprechendes Liberalisierungsinteresse hatten.

Um „stand still" und „roll back" ist es im Laufe der Verhandlungen auffallend still geworden. Das in diesem Zusammenhang eingerichtete Überwachungsorgan führt ein Schattendasein, immer mehr handelspolitische Streitigkeiten werden am Überwachungsorgan vorbei in die Streitschlichtungsorgane des GATT hineingetragen.

Im tarifären Bereich versprechen die bisherigen Verhandlungen sicherlich vorzeigbare Ergebnisse. Hinsichtlich der viel wichtigeren, nichttarifären Handelshemmnisse ist nach den Erfahrungen der Tokyo-Runde und vor allem auf Grund der Verhandlungen im Zusammenhang mit der Halbzeitbilanz der Uruguay-Runde (Schutzklauselbestimmungen des GATT) gewisse Skepsis angebracht.

Vor allem aber ist an die Vielzahl neuer Protektionsmaßnahmen zu erinnern, die trotz der Stillhalteverpflichtung von Punta del Este in den letzten Jahren getroffen worden sind. In einem soeben erschienenen Bericht zeichnet das UNCTAD-Sekretariat ein eindrucksvolles Bild von den neueren, nichttarifären Protektionsmaßnahmen der Industrieländer. Deren Häufigkeit zeigt in den letzten Jahren keineswegs eine abnehmende Tendenz. UNCTAD schätzt den Außenhandelsverlust der Entwicklungsländer infolge des Protektionismus der Industrieländer – bei Ausklammerung des Textilbereichs – auf weit über 5 Mrd. US $.

Wenn man sich den bisherigen Verhandlungsverlauf der aktuellen GATT-Runde insgesamt ansieht, gibt es noch einen weiteren Grund zur Skepsis: Die Angebote im Bereich der Marktzugangsbeschränkungen dürften mit Hinblick auf erwartete Verhandlungserfolge in allen Teilbereichen der Verhandlungen gemacht worden sein; inwieweit diese Angebote bei ungenügenden Ergebnissen auf den übrigen Verhandlungsfeldern wieder eingesammelt werden, muß derzeit noch dahingestellt bleiben.

Was die Fähigkeit der Genfer Verhandlungsrunde zu einer durchgreifenden Überwindung der „politischen Ökonomie des Protektionismus" angeht, so haben die Verhandlungen zum

Agrarbereich, aber auch zum Textilbereich wohl klargemacht, wie wenig Außenwirtschaftspolitik *Außen*wirtschaftspolitik ist.

Neueren Theorieansätzen zufolge ist es zwar gerade die Funktion multilateraler Übereinkommen, dem von der politischen Ökonomie des Protektionismus beschriebenen innenpolitischen bzw. binnenwirtschaftlichen Kräftespiel eine neue Ebene hinzuzufügen – nämlich die international eingegangenen Verpflichtungen. Hierauf ist gegenwärtig jedoch umso weniger Verlaß, als der Konsens des Freihandelsgrundsatzes, der gewissermaßen die Vertragsgrundlage des GATT darstellt, immer mehr in Frage gestellt ist. An dessen Stelle ist ein tiefgreifender, quer durch die weltwirtschaftliche Nord-Süd-Konstellation gehender Konflikt zwischen Freihändlern und Protektionisten im internationalen Handel getreten, für dessen Lösung die Regeln des Vertragswerkes nicht konstruiert sind.

3. Textilien

Der Welthandel mit *Textilien* ist bekanntlich gegenwärtig noch durch das Multifaserabkommen geregelt. Dieses ist in seinem Kern ein striktes Quotensystem, das mit den Grundsätzen des GATT kaum vereinbar ist.

Die zunehmenden Marktanteile der Entwicklungsländer auf den Importmärkten der Industrieländer für Textilien und Bekleidung sowie die weit über dem Durchschnitt der Fertigwaren liegenden Zuwachsraten der Exporte der Entwicklungsländer in diesem Sektor schienen dafür zu sprechen, daß das Multifaserabkommen die Exporte der Entwicklungsländer nicht wesentlich zu beeinträchtigen vermochte. Dennoch belegt der ständige und zunehmende Rückgriff der Importländer auf die Möglichkeiten des Multifaserabkommens, daß die Anbieterländer in der Dritten Welt in erheblichem Umfang um wirtschaftlich gegebene Export- und damit Wachstumsmöglichkeiten gebracht worden sind.

Schätzungen kommen zu dem Ergebnis, daß die Beseitigung tarifärer und nichttarifärer Handelshemmnisse im Textil- und

Bekleidungsbereich zu einer Steigerung der Exporte der Entwicklungsländer auf die wichtigsten OECD-Märkte um 82% bei Textilien und 93% bei Bekleidung führen könne. Auch wenn man davon ausgehen muß, daß diese Schätzungen die möglichen Exportsteigerungen für Entwicklungsländer übertreiben, weil sie die zumindest kurzfristig vorhandenen Angebotsprobleme nicht berücksichtigen und andererseits auch die Wirksamkeit des Quotensystems überschätzen, wird man doch davon ausgehen müssen, daß im Bereich der Textil- und Bekleidungsexporte der Entwicklungsländer erhebliche Expansionsmöglichkeiten liegen. Vor allem wird man langfristig – was in den vorliegenden Schätzungen nicht berücksichtigt wurde – die Wirkungen auf die Investitionsentscheidungen der Unternehmen in Industrie- und Entwicklungsländern zur Verlagerung bzw. zum Aufbau von Produktionskapazitäten in den fraglichen Sektoren der Entwicklungsländer berücksichtigen müssen. Ferner wird eine Liberalisierung im Textilbereich mit Sicherheit dazu führen, daß ganz generell in den Entwicklungsländern der Übergang zu einer konsequenteren, stärker exportorientierten Wachstumspolitik erleichtert wird.

Ein Ausgleich der Interessen von Industrie- und Entwicklungsländern im Textilbereich ist nicht zuletzt auch deswegen schwierig, weil die traditionellen Lieferländer in der Dritten Welt zwar einerseits ein Interesse an einem möglichst freien Marktzugang in den Importländern haben, andererseits aber das bestehende System eine gewisse Sicherheit ihrer Marktposition und damit zusätzliche Renditen bietet.

Wieweit die Positionen der Industrieländer in der Frage einer Reintegration des Textilsektors in das GATT noch immer auseinandergehen, zeigen die Vorschläge der EG und der Vereinigten Staaten. Die EG schlägt einen schrittweisen Abbau bestehender Restriktionen unter der Voraussetzung gleichzeitiger Verbesserungen in anderen handelspolitischen Bereichen vor – Neuformulierung von Schutzbestimmungen, Verschärfung von Antidumpingregelungen, besserer Schutz geistiger Eigentumsrechte – und verlangt volle Reziprozität. Demgegenüber schlagen die USA ein Verfahren vor, nach dem in der Übergangsphase mengenmäßige Grenzen für das Wachstum des Welttextilhandels festgesetzt und einzelne Quoten durch Verhandlungen neu festgesetzt werden; für einzelne Anbieterländer aus der Dritten Welt ist dieser Vorschlag schon deswegen unannehmbar, weil er die Inlandsproduktion der Importländer unberührt läßt.

Angesichts dieser Situation wundert es nicht, daß die wirtschaftlichen Sachprobleme einer Reintegration des Textilsektors in das GATT auch in Brüssel nicht gelöst werden konnten und die weiteren Verhandlungen sich offensichtlich zunächst auf mehr oder weniger technische Fragen konzentrieren.

4. Dienstleistungen

Im *Dienstleistungsbereich* sind die Probleme noch ähnlich weit von einer Lösung entfernt. Im internationalen Handel mit Dienstleistungen gibt es noch kein so ausgeprägtes Exportinteresse der Entwicklungsländer wie im Textilbereich. Das Liberalisierungsinteresse liegt hier dementsprechend in erster Linie bei den Industrieländern. Gleichzeitig gibt es aber auch gerade bei jenen Ländern, die einen leistungsfähigen Dienstleistungssektor aufbauen, ein entwicklungsstrategisch begründetes Protektionsinteresse; es waren vor allem diese Länder – unter ihnen vor allem Indien und Brasilien –, die sich einer Einbeziehung des Dienstleistungshandels in die Verhandlungen widersetzten.

Auch im Dienstleistungsbereich sind sachliche Fragen von grundsätzlicher Bedeutung noch immer ungeklärt: die Frage der Anwendbarkeit des Meistbegünstigungsprinzips ebenso wie wesentliche Definitionsfragen, sowie der mögliche sektorale Umfang eines Abkommens zum internationalen Handel mit Dienstleistungen im Rahmen des GATT.

5. Investitionspolitik

Sieht man davon ab, daß die GATT-Vertragsparteien bereits 1955 in einer recht allgemein gehaltenen Resolution die entwicklungspolitische Bedeutung positiver Investitionsbedingun-

gen betonten, läßt sich sagen, daß die Einbeziehung handelsbe-
zogener Investitionsmaßnahmen in die Diskussionen des GATT
erst in den 80er Jahren erfolgte; 1982 unternahmen die USA
im GATT-Ministerrat einen Versuch, handelsbezogene Investitionsmaßnahmen (TRIMs) auf die Tagesordnung zu setzen,
konnten sich jedoch damit nicht durchsetzen. In den folgenden
Jahren wurden TRIMs im Rahmen des GATT fast ausschließlich im Zusammenhang mit der Frage der Einbeziehung der
„neuen" Bereiche in zukünftige GATT-Verhandlungen diskutiert. Im Vorbereitungsausschuß zur Uruguay-Runde erhoben
die Vereinigten Staaten, Japan und die Europäische Gemeinschaft die Forderung, die gesamte Palette investitionspolitischer Maßnahmen – sowohl Investitions-Anreize als auch Auf-
lagen hinsichtlich des geschäftspolitischen Verhaltens der
Investoren, wie etwa Anteile der Exportproduktion, Mindest-
anteile inländischer Wertschöpfung – in die zukünftigen
GATT-Verhandlungen aufzunehmen.

Demgegenüber vertraten die Entwicklungsländer – an ihrer
Spitze Brasilien und Indien – die Auffassung, daß investitionspolitische Fragen außerhalb der Zuständigkeit des GATT liegen. Da die Gruppe der Entwicklungsländer in dieser Frage jedoch nicht einig bzw. unterschiedlich kompromißfähig war,
konnte der von der Zehnergruppe aus der Dritten Welt im Vorbereitungsausschuß vorgelegte Deklarationsentwurf weder zu
TRIMs noch zu den anderen „neuen" Bereichen Aussage treffen.

So wurde die Einbeziehung der TRIMs in die Uruguay-Runde erst durch ein schweizerisch-kolumbianisches Kompromißpapier ermöglicht, das zwischen den unmittelbaren Handelsef-
fekten von Investitionsmaßnahmen einerseits und Fragen des
umfassenden Zusammenhanges von Investitions- und Handelspolitik andererseits unterschied und das Schwergewicht auf die
Behandlung des erstgenannten Problembereiches legte. Dieses
Kompromißpapier ermöglichte es, TRIMs ohne große Debatten und Kontroversen – wie sie etwa zum Dienstleistungsbereich oder zum Agrarhandel geführt worden waren – auf die
Tagesordnung der Uruguay-Runde zu setzen. Erst im Laufe der

Verhandlungen der Uruguay-Runde solle sich immer deutlicher herausstellen, daß das im Vorbereitungsausschuß ausgehandelte Kompromißpapier zwar verfahrenstechnische Fragen lösen konnte, nicht jedoch die zugrundeliegenden Interessenkonflikte in der Sache selbst hatte überwinden können.

Für die Industrieländer sind Maßnahmen, mit denen der Kapitalverkehr ebenso liberalisiert wird wie der Handelsverkehr, nichts Neues. Bereits 1961 wurde im Rahmen der OECD der Kodex zur Liberalisierung des gegenseitigen Kapitalverkehrs geschlossen, der den in den 40er und 50er Jahren entstandenen Liberalisierungsrückstand des Kapitalverkehrs gegenüber dem Warenverkehr aufheben sollte. Die Erklärung der OECD-Staaten zu internationalen Investitionen und multinationalen Unternehmen aus dem Jahr 1976 geht in ihren Zielsetzungen einen Schritt weiter; Ziel war es, innerhalb der OECD-Länder ausländische Investoren mit Inlandsinvestoren gleichzustellen. Seither beobachtet die OECD systematisch die Investitionspolitiken nicht nur der Industrie-, sondern auch der Entwicklungsländer.

Schon seit Ende der 70er Jahre versuchten die Vereinigten Staaten, die Entwicklungsländer in formale und politische Gespräche über Fragen der Investitionspolitik einzubeziehen, wobei unter Beteiligung der Weltbank und des Internationalen Währungsfonds ein Ausschuß gebildet wurde, dem hochrangige Politiker sowohl aus Industrie- als auch aus Entwicklungsländern angehören. Dieser Ausschuß kam jedoch in der entscheidenden Nord-Süd-Kontroverse nicht weiter. Während die Frage der Investitionsanreize mehr oder weniger einvernehmlich behandelt wurde, konnte Einigkeit in der Frage der Verhaltensauflagen für ausländische Investoren zwischen Industrie- und Entwicklungsländern nicht erzielt werden.

Aus der Sicht der Entwicklungsländer stellt die Einbeziehung investitionspolitischer Maßnahmen in internationale Abkommen aus verschiedenen Gründen eine problematische Konzession an die Interessen der Industrieländer als den wichtigsten Kapitalexporteuren dar. Investitionspolitische Maßnahmen sind aus ihrer Sicht die wichtigsten Instrumente, um ein ihrer Meinung nach fehlerhaftes Funktionieren der internationalen Kapitalmärkte zu korrigieren, insbesondere auch durch Einflußnahme auf das Verhalten multinationaler Unternehmen. Investitionsanreize und Verhaltensauflagen für ausländische Investoren sind aus der Sicht der Entwicklungsländer nicht Störungen des Marktzusammenhanges, sondern notwendiges Korrektiv für die Unvollkommenheit der Märkte. Darüberhinaus stellen Verhaltensauflagen eine notwendige Ergänzung entwicklungspolitischer Grundentscheidungen dar: Soweit nämlich diese dazu führen, daß bei Produzenten – etwa als Folge von Außenschutzmaßnahmen – Protektionsgewinne entstehen, müsse der Abfluß derartiger Gewinne aus inländischer Produktion ins Ausland verhindert werden.

Schließlich stellt aus der Sicht der Entwicklungsländer die Investitionspolitik ein Instrument dar, das sehr viel feiner auf die Belange einzelner Industriesektoren, Branchen, Unternehmen und Regionen abgestimmt werden kann und das im Zeitablauf von Fall zu Fall je nach augenblicklichen Bedürfnissen variiert werden kann, als dies bei handelspolitischen Maßnahmen der Fall ist. Angesichts dieser in den politischen Grundfragen gegensätzlichen Ausgangspositionen wundert es nicht, daß nach vier Jahren Verhandlungen in der Uruguay-Runde der Brüsseler Abschlußkonferenz keine Entschließungsvorlage zu TRIMs vorgelegt werden konnte. Die Meinungsgegensätze beziehen sich auf die Frage des Umfangs eines Abkommens zu handelsbezogenen Investitionsmaßnahmen, mit dem durch ein solches Abkommen in die nationale Entscheidungsfreiheit eingegriffen werden soll und schließlich auf die Frage, wie und inwieweit sich Entwicklungsländer gegen restriktive Geschäftsmaßnahmen multinationaler Unternehmen zur Wehr setzen können.

Die weiteren Verhandlungen werden – wie die bisherigen schon – nicht nur mit dem politischen Problem der unterschiedlichen Grundpositionen befaßt sein, auch die Vielfalt der administrativen Ansatzmöglichkeiten im investitionspolitischen Bereich werden weiterhin ein schwerwiegendes Problem darstellen. Diese Probleme gewinnen dadurch an Gewicht, daß investitionspolitische Maßnahmen mit einem Höchstmaß an Flexibilität einzelfallbezogen eingesetzt werden können und daß hier nachgeordneten Verwaltungsinstanzen in einzelnen Ländern erhebliche Spielräume gelassen werden. Eine internationale Vereinbarung müßte, wenn sie wirklich wirksam sein soll, in diese Spielräume eingreifen.

6. Die Sonderstellung der Entwicklungsländer im GATT

In den verschiedenen Ansätzen zur Neuordnung der Weltwirtschaft nach dem Kriege im Zusammenhang mit der Errichtung der Bretton-Woods-Institutionen gehörte die Förderung der Entwicklung der Länder der Dritten Welt zu den expliziten und unbestrittenen Zielsetzungen. So hielt Artikel 1 der Havanna-Charta als Zielsetzung der zu schaffenden Welthandelsordnung unter anderem die Förderung und Unterstützung der wirtschaftlichen und allgemeinen Entwicklung der Entwicklungsländer fest; dies nicht nur für den Bereich des Welthandels, sondern auch für die internationale Investitionstätigkeit.

Die Unterzeichner der Charta und die Mitglieder der zu schaffenden internationalen Handelsorganisation verpflichteten sich, die Entwicklung der armen Länder zu unterstützen, Kapital, Ausrüstungsgüter und Technologie zu angemessenen Bedingungen bereitzustellen und insbesondere auch den Zugang der Entwicklungsländer zu den eigenen Märkten zu erleichtern. Darüber hinaus wurde in der Charta eine Ermächtigung zu Präferenzabkommen zugunsten der Entwicklungsländer vorgesehen.

Diese weitgesteckten Zielsetzungen waren mit dem Nichtzustandekommen der internationalen Handelsorganisation überholt. Bei den Verhandlungen zur Ausarbeitung des Allgemeinen Zoll- und Handelsabkommens machte sich zwar der Interessenkonflikt zwischen Nord und Süd bemerkbar, dessen Lösung wurde jedoch auf die Bestimmungen des späteren Artikel XVIII des GATT beschränkt. So konnte es nicht ausbleiben, daß das GATT nicht nur aufgrund seiner ursprünglichen Mitgliederstruktur – zwölf Industriestaaten, sechs Entwicklungsländer –, sondern auch materiell als Instrument zur Regelung von Industrieländerinteressen angesehen wurde. Probleme einer Sonderbehandlung der Entwicklungsländer durch das GATT blieben an der Tagesordnung. Nachdem 1955 die Vertragsparteien erklärt hatten, durch zusätzliche Investitionen zur Stärkung der wirtschaftlichen Entwicklung der Länder der Dritten Welt beitragen zu wollen und damit der zunehmenden Abschottung dieser Länder vom Weltmarkt durch protektionistische Importsubstitutionspolitik begegnen zu wollen, setzten die Vertragsparteien 1957 eine Expertengruppe ein, die die Ursache des ungenügenden Wachstums der Exporte der Entwicklungsländer untersuchen sollte. Der ein Jahr später veröffentlichte Bericht dieser Gruppe (Haberler-Report) nannte folgende wesentliche Ursachen: die insbesondere durch die Rohstoffpreisentwicklung bedingten Exporterlösschwankungen der Entwicklungsländer, die zunehmenden Zahlungsbilanzprobleme vieler Länder, die Verschlechterung der Terms of Trade der Entwicklungsländer während der 50er Jahre und schließlich den zunehmenden Agrarprotektionismus der Industrieländer. Die Behandlung dieser Probleme durch die vom GATT eingesetzten Ausschüsse und anschließend durch die Dylan-Runde blieb aus der Sicht der Entwicklungsländer unbefriedigend. Erst mehr als fünf Jahre nach dem Haberler-Bericht, unter dem Eindruck massiver Kritik durch UNCTAD und ihren Generalsekretär Prebisch, trat *am 27. Juni 1966* ein neuer, auf die besonderen Bedürfnisse der Entwicklungsländer abgestimmter Teil des GATT in Kraft.

Dieser Teil IV gliedert sich in drei Artikel, wobei – von einer Ausnahme abgesehen – lediglich allgemeine Zielvorstellungen und Grundsätze festgehalten werden: In Artikel 36 erklären die Vertragsparteien, daß sie unter Berücksichtigung der speziellen Lage der Entwicklungsländer für eine Steigerung der Exporterlöse der weniger entwickelten Vertragsparteien eintreten und Anstrengungen unternehmen, die Entwicklungsländer am Wachstum des Welthandels teilnehmen zu lassen. Artikel 37 des GATT fordert den Abbau von Handelshemmnissen gegenüber der Dritten Welt, Artikel 38 schließlich enthält das Versprechen der Vertragsparteien, daß diese in- und außerhalb des GATT zusammenarbeiten, um die in Artikel 36 des GATT ausgesprochenen allgemeinen Ziele und Grundsätze zu verwirklichen. Nur an einer Stelle stößt Teil IV des GATT zu verbindlichen Normen vor: In Absatz 8 erklären die Vertragsparteien, daß die Industriestaaten in Verhandlungen mit den Entwicklungsländern das Prinzip der Reziprozität nicht anwenden werden.

Seit in den späten 50er und frühen 60er Jahren ein allgemeines Präferenzsystem im Rahmen von UNCTAD zur Diskussion stand, lag die Forderung der Entwicklungsländer nach Gewährung von Zollpräferenzen durch die Industrieländer im Rahmen des GATT auf dem Tisch. Auch in diesem Falle kam es erst sehr viel später – mit Wirkung vom November 1979 – zu einer Regelung im Rahmen des GATT: Durch die im Rahmen der Tokyo-Runde ausgearbeitete „Enabling Clause" gestatteten sich die Vertragsparteien, in Abweichung von dem zentralen GATT-Grundsatz der Meistbegünstigung, den Entwicklungsländern eine differenzierte und günstigere Behandlung zu gewähren, ohne diese Behandlung den anderen Vertragsparteien zukommen zu lassen. Die „Enabling Clause" findet Anwendung bei präferentieller Zollbehandlung für Waren mit Ursprung in Entwicklungsländern nach dem Allgemeinen Präferenzsystem, auf die im Rahmen des GATT bzw. nach den Bestimmungen des GATT ausgehandelten nichttarifären Maßnahmen, auf regionale und globale Präferenzabkommen der Entwicklungsländer sowie auf die besondere Behandlung zugunsten der am wenigsten entwickelten Länder der Dritten Welt.

Sieht man sich Artikel XVIII des GATT näher an, so kann man durchaus an seinem entwicklungspolitischen Wert zweifeln. Nach Abschnitt A des Artikels XVIII sind Entwicklungsländer berechtigt, die im Rahmen des GATT durch Listen gebundene Zölle nach eigenem Ermessen und ohne Zustimmung der übrigen Vertragsparteien zu ändern, um im Aufbau befindlichen Industriezweigen in ihren Ländern einen für erforderlich gehaltenen Zollschutz zu gewähren. Gemäß Absatz C und D können Entwicklungsländer mit dem gleichen Ziel andere, nicht mit dem GATT vereinbare Maßnahmen – in erster Linie quantitative Restriktionen – ergreifen. Teil B erlaubt es den Entwicklungsländern, weitgehende handelspolitische Maßnahmen, insbesondere auch mengen- und wertmäßige Beschränkungen der Importe zu ergreifen, wenn dies aus Zahlungsbilanzgründen für erforderlich gehalten wird.

Empirische Untersuchungen zur praktischen Bedeutung des Artikels XVIII des GATT sind nur von begrenztem Wert; dies zum einen, weil Entwicklungsländer es weitgehend vermeiden, Zollisten dem GATT zu notifizieren und damit zu binden, zum anderen sind Informationen über tarifäre und nichttarifäre Maßnahmen der Entwicklungsländer, die sich auf Artikel XVIII des GATT stützen, ausgesprochen lückenhaft. Empirische Untersuchungen deuten hierauf hin, daß der Ermessensspielraum, der den Entwicklungsländern in Absatz B des Artikels XVIII gewährt wird, zunehmend weniger für allgemeine Restriktionen aus Zahlungsbilanzgründen, als vielmehr auch und in erster Linie für sektorspezifische Maßnahmen der Entwicklungsländer herangezogen wird.

Wie auch immer die praktische Anwendung des Artikels XVIII des GATT bewertet wird, ist doch nicht darüber hinweg zu sehen, daß hiermit den Entwicklungsländern ein erhebliches Maß handelspolitischer Willkür ermöglicht wird. Dies macht handelspolitische Zugeständnisse der Entwicklungsländer weitgehend wertlos, weil durch Rückgriff auf Artikel XVIII eine Rücknahme dieser Zugeständnisse faktisch unbegrenzt möglich ist. Das aber führt dazu, daß Industrieländer kaum bereit sein werden, mit Entwicklungsländern in normale GATT-Handelsverhandlungen einzutreten. Gleichzeitig beeinträchtigt Artikel XVIII die Möglichkeit der Entwicklungsländer, in Handelsverhandlungen mit Industrieländern ernstzunehmende handelspolitische Angebote zu machen. Überspitzt formuliert: Artikel XVIII des GATT ist zwar entwicklungspolitisch gut gemeint, handelspolitisch auch aus der Sicht der Entwicklungsländer jedoch kontraproduktiv.

Was den Teil IV des GATT angeht, der sich mit den spezifischen Problemen der Entwicklungsländer befaßt, wurde bereits darauf hingewiesen, daß im wesentlichen allgemeine Absichts-erklärungen und Zielsetzungen angesprochen werden, daß lediglich Artikel XXXVI Absatz 8 eine verbindliche Norm setzt, nämlich den Verzicht der Industrieländer auf die Anwendung des Reziprozitätsgrundsatzes. Auch diese Norm weist sich bei näherer Betrachtung als entwicklungspolitisch wenig hilfreich: Die Verpflichtung, auf handelspolitische Gegenleistungen der Entwicklungsländer zu verzichten, beeinträchtigt die Bereitschaft der Industrieländer, handelspolitische Zugeständnisse zu gewähren. Da die Entwicklungsländer gemäß Artikel XVIII des GATT ohnehin in der Lage sind, handelspolitische Zugeständnisse verhältnismäßig willkürlich zurückzunehmen, erscheint der in Teil IV des GATT ausgesprochene Verzicht auf Reziprozität weitgehend überflüssig. Bei Analyse des Teils IV wird nur allzu leicht übersehen, daß lediglich Bedingungen festgeschrieben werden, zu denen handelspolitische Zugeständnisse gewährt werden (Nicht-Reziprozität), nicht jedoch Verpflichtungen übernommen werden, derartige handelspolitische Konzessionen zu machen.

Da der Begriff der „Reziprozität" weitgehend interpretationsfähig ist, wird auch durch den Grundsatz der Nicht-Reziprozität nicht ausgeschlossen, daß handelspolitische Zugeständnisse der Industrieländer überhaupt an Gegenleistungen der begünstigten Entwicklungsländer geknüpft sind.

Die Sonderbehandlung der Entwicklungsländer auf der Grundlage der „Enabling Clause" fand deutlichen Ausdruck in den während der Tokyo-Runde ausgehandelten Sondervereinbarungen, die einzelne Teilbereiche nichttarifärer Handelshemmnisse erfassen. Zu diesen gehören Subventionen, Antidumping, das Normenwesen, öffentliches Beschaffungswesen, Zollwertbestimmungen und Lizenzverfahren. Diese Sondervereinbarungen sind z.T. nur vage formuliert, so etwa der Antidumping-Kodex, nach dem entwickelte Länder verpflichtet sind, teilweise „konstruktive" Gegenmaßnahmen als die Erhebung von Antidumping-Zöllen auf entsprechende Exporte der Entwicklungsländer zu prüfen. Andere Kodices enthalten sehr weit und deutlich formulierte Ausnahmen zugunsten der Entwicklungsländer, etwa der Kodex über Subventionen; dieser erlaubt es Entwicklungsländern, Subventionen als Bestandteil ihrer Wirtschaftsentwicklungsprogramme einzusetzen und u. a. auch Exportsubventionen zu gewähren, soweit nicht dadurch eine ernsthafte Schädigung des Handels oder der Produktion eines anderen Unterzeichners hervorgerufen werden.

Auch die Sonderstellung der Entwicklungsländer in den Abkommen über nichttarifäre Maßnahmen hat nur begrenzten Wert: Zum einen haben nur wenige Entwicklungsländer diese Sonderabkommen unterzeichnet, sodaß sie ohnehin nicht den Verpflichtungen der einzelnen Abkommen unterliegen, zum anderen haben die in der Tokyo-Runde ausgehandelten Sonderabkommen über nichttarifäre Handelshemmnisse das Umsichgreifen nichttarifärer Protektionismen in immer neuen, von den Tokyo-Vereinbarungen z. T. gar nicht erfaßten Formen verhindern können. Exportsubventionen im Agrarbereich sind – worauf Kritiker aus der Dritten Welt immer wieder hinweisen – nach wie vor möglich.

Unter Rückgriff auf die „Enabling Clause" ist es den Entwicklungsländern ferner möglich, unter Wahrung der aus der Mitgliedschaft im GATT resultierenden Vorteile auf dem Weltmarkt, sich gegenseitig Handelspräferenzen einzuräumen.

Hierzu ist zunächst anzumerken, daß das GATT derartige Präferenzabkommen als Abweichung vom Prinzip der Meistbegünstigung nicht etwa fördert, sondern lediglich duldet. Bei aller Bedeutung, die der Süd-Süd-Zusammenarbeit in der Programmatik der Entwicklungsländer und ihrer Organisationen zukommt, kann nicht übersehen werden, daß der Beitrag derartiger Präferenzabkommen zur Entwicklung des Gesamtaußenhandels der Entwicklungsländer nach wie vor bescheiden ist. Das auf die Caracas-Erklärung der Gruppe der 77 aus dem Jahr 1981 zurückgehende „Globale System von Handelspräferenzen der Entwicklungsländer" ist noch nicht weit über ein erstes Rahmenabkommen hinausgekommen. Die Bedeutung der regionalen Integrationsgruppen im Rahmen des Außenhandels der Entwicklungsländer ist trotz immer wieder unternommener Versuche zur Belebung der regionalen wirtschaftlichen Zusammenarbeit der Entwicklungsländer noch immer verhältnismäßig gering; den höchsten Grad der gegenseitigen Handelsverflechtung erreichen die ASEAN-Länder mit 17% Anteil des gruppeninternen Handels an den Gesamtexporten, gefolgt von den Ländern des Zentralamerikanischen Gemeinsamen Marktes, die rd. 14% ihrer Gesamtexporte untereinander handeln. Die Bedeutung der Präferenzabkommen für die Entwicklung der jeweiligen integrationsinternen Handelsströme – etwa im Vergleich zu natürlichen, infrastrukturellen oder allgemein politischen Gegebenheiten – ist überdies kaum nachweisbar. Außerdem muß in Anbetracht der zentralen Rolle der Süd-Süd-Zusammenarbeit in der Programmatik der Entwicklungsländer bezweifelt werden, ob Präferenzräume in der Dritten Welt ohne die Ermöglichung durch die „Enabling Clause" entstanden wären.

Die „Enabling Clause" räumt den Entwicklungsländern auch insoweit eine Vorzugsstellung ein, als es den Industrieländern in Abweichung vom Prinzip der Meistbegünstigung gestattet ist, den Entwicklungsländern Zollpräferenzen zu gewähren. Dies geschieht durch die Allgemeinen Präferenzsysteme, die von den Industrieländern – wenn auch in unterschiedlicher Weise – den Entwicklungsländern gewährt werden.

Verfolgt man die Entstehungsgeschichte dieser Allgemeinen Präferenzsysteme der Industrieländer, so wird deutlich, daß die Rolle des GATT weniger darin bestand, diese zu fördern, als vielmehr darin, die Präferenzgewährung zugunsten der Entwicklungsländer trotz des GATT-Grundsatzes der Meistbegünstigung zu ermöglichen. Das GATT bietet keinerlei Grundlage für eine Verpflichtung der Industrieländer zur Präferenzgewährung. Die Industrieländer sind vielmehr in der Lage, die jeweiligen Allgemeinen Präferenzsysteme aufzuheben oder zu modifizieren.

Empirische Arbeiten zum entwicklungspolitischen Wert dieser Allgemeinen Präferenzsysteme zeigen überwiegend, daß zwar die Exporte der Entwicklungsländer im Bereich der präferenzierten Produkte gefördert werden, daß jedoch – vor allem infolge der relativ eng begrenzten Palette der geförderten

Produkte – die Wirkung auf die Gesamtexporte der Entwicklungsländer so gut wie nicht nachweisbar ist. Ebenfalls nicht nachweisbar ist ein Zusammenhang zwischen den handelspolitischen Präferenzmaßnahmen und der Entwicklung neuer, exportfähiger Industriezweige bzw. der Diversifizierung der Industriestruktur in den begünstigten Ländern. In diesem Zusammenhang wird gerade von Kritikern der Allgemeinen Präferenzsysteme darauf hingewiesen, daß Hauptnutznießer der Präferenzsysteme die ohnehin leistungsfähigen Schwellenländer Ostasiens sind; nach dem Ergebnis einer neueren Untersuchung entfällt knapp die Hälfte der den Allgemeinen Präferenzsystemen zuzurechnenden Außenhandelsgewinne auf die Länder Hongkong, Südkorea und Taiwan. Jedes dieser Länder erzielt in etwa einen dreimal so großen Gewinn aus den Allgemeinen Präferenzen wie der viertgrößte Außenhandelsgewinner, Brasilien.

Gerade dies macht verständlich, daß in der Diskussion um die handelspolitische Sonderstellung der Entwicklungsländer die „Graduierung", d. h. der schrittweise Ausschluß der weiterentwickelten, handelspolitisch nicht mehr „hilfsbedürftigen" Entwicklungsländer von den entwicklungspolitisch motivierten Handelsförderungsmaßnahmen immer mehr an Bedeutung gewinnt. Das mit diesem Begriff bezeichnete handelspolitische Konfliktpotential wird deutlich, wenn man sich vor Augen führt, daß die Gruppe der 77 in ihrem Arusha-Programm von 1979 jede Art handelspolitischer Graduierung strikt ablehnt, da sie den entwickelten Ländern ein Instrument in die Hand gebe, um willkürlich zwischen Entwicklungsländern zu unterscheiden. Andererseits ist wohl kaum zu bestreiten, daß ein Festhalten an handelspolitischen Sondermaßnahmen zugunsten der Entwicklungsländer unabhängig von deren Entwicklungsstand das gesamte System sehr bald sprengen könnte.

In diesen aktuellen Diskussionen um die „Graduierung" spiegelt sich zum einen natürlich das politische Interesse der Entwicklungsländer wider, die Einheit des Blocks der Entwicklungsländer nicht durch eine handelspolitische Zersplitterung aufs Spiel zu setzen. Aus ökonomischer Perspektive wird offen-

kundig, daß und wie sehr die Sonderstellung der Entwicklungsländer im Rahmen des GATT in erster Linie auf handelspolitischen Zugeständnissen beruht und weniger auf entwicklungspolitisch begründeten Überlegungen zur Rolle einzelner
Instrumente der nationalen Handelspolitik im Entwicklungsprozeß.

Aus einer entwicklungspolitischen Perspektive, für die die
Integration der Entwicklungsländer in den Weltmarktzusam-
menhang langfristig optimale Entwicklungsbedingungen
schafft, muß die Sonderstellung der Entwicklungsländer im
Rahmen des GATT kontraproduktiv erscheinen. Aus dieser
Sicht leistet sie einen langfristig verhängnisvollen Beitrag zur
Aufrechterhaltung entwicklungspolitisch und zahlungsbilanz-
politisch fragwürdiger Protektionsmaßnahmen in den „begünstigten" Entwicklungsländern.

7. Probleme und Regelungsbedarf jenseits des GATT

Selbst *wenn* am Ende der Uruguay-Runde einvernehmliche Beschlüsse der Verhandlungspartner zu allen Teilproblemen des
umfangreichen und ambitiösen Verhandlungspakets von Punta
del Este stehen, selbst *wenn* vorzeigbare Ergebnisse im Bereich
der Liberalisierung des Waren- und Dienstleistungshandels erreicht werden und selbst *wenn* die deutlich gewordenen Konflikte zwischen Nord und Süd in irgendeiner Form geregelt
werden können: es ist nicht zu übersehen, daß sich gerade in
letzter Zeit jene Stimmen mehren, die darauf hinweisen, daß
selbst bei erfolgreichem Abschluß der Uruguay-Runde noch eine Reihe schwerwiegender Probleme im Bereich der Nord-Süd-
Handelspolitik auf die Tagesordnung internationaler Verhandlungen zu setzen sind.

So äußerte UNCTAD-Generalsekretär Dadzie vor kurzem,
man müsse bereits jetzt weiterführende Verhandlungen ins Auge fassen, da die in der Uruguay-Runde nicht behandelten Probleme der Nord-Süd-Wirtschaftsbeziehungen eine außerordentliche Bedeutung für die weitere Entwicklung des
internationalen Handelssystems hätten.

Den Kreis dieser Probleme umriß Dadzie unter Hinweis auf die Notwendigkeit einer besseren Kohärenz verschiedener Bereiche der internationalen Wirtschafts- und Entwicklungspolitik, die schnelle Entwicklung der Technologie, das Auftreten umfangreicher Kapitalströme, die mit Handelsströmen in Zusammenhang stünden, Wechselkursinstabilitäten, die Entwicklung bilateraler und anderer wirtschaftlicher Integrationsabkommen, denen die wichtigsten Welthandelspartner angehörten, die Rolle transnationaler Unternehmen im internationalen Handel sowie die verstärkte Einbeziehung nichtmarktwirtschaftlich verfaßter Volkswirtschaften in das Welthandelssystem.

In Anbetracht der vielfältigen kurz- und langfristigen wirtschaftlichen und politischen Determinanten für die Entwicklung der Außenwirtschaftsbeziehungen kann die Rolle auch eines um die „neuen" Bereiche erweiterten GATT immer nur eine begrenzte sein. Daneben ist es natürlich auch eine Frage des politischen und entwicklungspolitischen Standorts, wo und wieweit man einen zusätzlichen, über die gegenwärtigen und absehbaren Möglichkeiten des GATT hinausgehenden Regelungsbedarf für den internationalen Handel sieht. Auch aus eben diesem Grunde muß eine Antwort auf die Frage nach dem Beitrag des GATT und der gegenwärtigen internationalen Handelspolitik zur langfristigen Stabilisierung der wirtschaftlichen Nord-Süd-Beziehungen zwiespältig bleiben.

Benno Engels (Deutsches Übersee-Institut, Hamburg)

Literaturhinweise

Jackson, John H., Restructuring the GATT System. London 1990.
Oxley, Alan, The Challenge of Free Trade. New York 1990.
Senti, R., GATT Allgemeines Zoll- und Handelsabkommen als System der Welthandelsordnung. Zürich 1986.

Entwicklung jenseits des Wachstums

1. Das verlorene Jahrzehnt

In den achtziger Jahren endete die atemlose Aufholjagd der Dritten Welt, zumindest vorerst.

Die Weltbank, bislang durch übermäßigen Pessimismus nicht aufgefallen, zieht eine vernichtende Bilanz: „Vielen Entwicklungsländern ist nicht nur mißlungen, mit den Industrieländern Schritt zu halten; ihre Einkommen sind vielmehr absolut gesunken." Und weiter heißt es: „Für viele Arme in der Welt waren die achtziger Jahre ein verlorenes Jahrzehnt – in der Tat eine Katastrophe." (Weltbank, S. 7 ff.). Parallel dazu weiteten sich lokal begrenzte Naturkatastrophen zu einer globalen Umweltkrise aus, die in den Gazetten unter den Schlagworten: „Treibhauseffekt, Ozonloch und Vernichtung der tropischen Regenwälder" vermarktet wird.

Auch ohne zu apokalyptischen Untergangsvisionen zu neigen, kann man argumentieren, daß in den kommenden Jahrzehnten zwei zentrale Themen die internationale Agenda beherrschen werden: die Verringerung der Armut und der Schutz unserer natürlichen Lebensgrundlagen.

Bestand bislang die Neigung, die eine Thematik von der anderen zu trennen – und sie der gesonderten Behandlung spezialisierter Sozialingenieure zu überlassen –, so besteht dazu in der Einen Welt keinerlei Anlaß mehr. Vermutlich sind Armut und Naturzerstörung zwei Seiten ein und derselben Medaille, nur zeitlich versetzt. Armut reduziert die Lebenschancen gegenwärtiger Generationen, Umweltzerstörung die Chancen künftiger Generationen.

Die theoretische und moralische Debatte über diesen Zusammenhang hat erst begonnen. Und so könnte man im Vorgriff auf künftige Beiträge von einem System struktureller Gewalt sprechen, das (auch) gegen die Zukunft des ‚Raumschiffs der Erde' arbeitet.

2. Vom Mythos des Fortschritts

Wenn nicht alles täuscht, deutet sich damit ein Zusammenbruch des konventionellen Entwicklungsmodells an; eines Modells, das seine unbestreitbare Faszination aus dem optimistischen Fortschrittsglauben der europäischen Aufklärung bezieht – und nirgendwo unkritischere Apologeten findet als in der Dritten Welt.

Unabhängig von seinen kapitalistischen und kommunistischen Varianten, von Brasilien bis zur VR China, beruht das überkommene Entwicklungsmodell auf folgenden Annahmen:
– Entwicklung wird mit forciertem Wirtschaftswachstum und solider Bürokratisierung gleichgesetzt bzw. darauf reduziert. Wachstumsgewinne – so die Erwartung – werden gleichsam automatisch zu den ärmeren Regionen und Bevölkerungsgruppen der Dritten Welt ,durchsickern' (Trickledown-These).
– Eine Integration der ,rückständigen' Welt in das System – kapitalistischer oder sozialistischer – internationaler Arbeitsteilung führt zur Maximierung des Wohlstands aller (Integrationsthese). Ein einheitlicher Weltmarkt verheißt nicht nur ein goldenes Zeitalter der Prosperität, sondern auch dauerhaften Frieden. Handel schafft Abhängigkeit, und Abhängigkeit zähmt, so lautet die Logik.
– Das überkommene Wachstumsmodell sieht dem wirtschaftlich-technischen Fortschritt der Menschheit keine prinzipiellen Grenzen gesetzt. Es beruht auf jenem anthropozentrischen Weltbild, nach dem der Mensch das Maß aller Dinge sei, und sich die Natur untertan machen könne – ja sogar müsse. Die Gefährdung der natürlichen Lebensgrundlagen liegt jenseits des Horizonts einer materialistischen Wachstumslogik (These von der ökologischen Blindheit).

Der Imperativ wirtschaftlichen Wachstums wird zum geschichtstheologischen Glaubensbekenntnis. Und die ,Rundum'-Entwicklung ganzer Gesellschaften wird einer neuen Klasse von Sozialingenieuren überantwortet, vor allem in der ,rückständigen' Dritten Welt.

3. Die Entwicklung der Unterentwicklung

Sämtliche Annahmen des konventionellen Wachstumskonzepts haben sich als problematisch, wenn nicht gar als falsch erwiesen. Tatsächlich kann man argumentieren, daß europäische Gesellschaftsmodelle nicht kritiklos von außereuropäischen Kulturen imitiert werden können, zumindest nicht ohne erhebliche soziale Kosten.

Hierfür sprechen theoretische wie empirische Überlegungen: Der Anteil der Entwicklungsländer am Weltsozialprodukt sinkt in den achtziger Jahren von 23 auf 15 Prozent. Die Zahl der Armen – nach Weltbank-Definition – steigt auf 1,1 Mrd. Mehr als ein Fünftel der Weltbevölkerung lebt gegenwärtig in absoluter Armut.

Ausgerechnet in den ärmsten Ländern wollte sich trotz energischer Bemühungen wirtschaftliches Wachstum nicht einstellen. Im Gegenteil: In 43 Staaten Schwarzafrikas und Südasiens sank der Lebensstandard – teilweise auf spätkoloniales Niveau (freilich bei wesentlich höheren Bevölkerungszahlen). Die Hungerländer sind durch gesellschaftliche Desorganisation und wirtschaftlichen Verfall gekennzeichnet, nicht durch Fortschritt.

In semi-industriellen Schwellenstaaten war zwar ein historisch beispielloses Wachstum zu verzeichnen, nicht selten aber auch eine beschleunigte Zunahme von Armut, Arbeitslosigkeit und Unterernährung. Brasilien etwa avancierte zum zehntgrößten industriellen Erzeuger und rückte gleichzeitig auf der Liste der Hungerländer auf Platz 6 vor. Zweifellos wäre es absurd, dieses Ergebnis als ‚Entwicklung‘ zu bezeichnen.

Nur wenige ‚late modernizers‘ schafften den Anschluß, etwa die 4 kleinen Tiger Südostasiens; einen Anschluß freilich, dessen soziale und ökologische Kosten bislang nicht abzusehen sind. Diese Hoffnungsträger des neoklassischen Establishments werden vermutlich die erklärungsbedürftige Ausnahme bleiben, nicht das nachahmensmögliche Vorbild. Wirtschaftliche Fortschritte wurden, wenn sie sich denn einstellten, weitgehend von den Bereicherungsdiktaturen in der armen Welt abgeschöpft: Der erhoffte Trickle-down-Effekt fand nicht oder zumindest nicht hinreichend statt. Der Begriff „Entwicklungsländer" – so das World Watch Institute – sei zur „grausamen Parodie" geworden.

Auch die weltwirtschaftliche Integration der Dritten Welt scheiterte. Der Anteil der Entwicklungsländer am Welthandel, die Öl- und Schwellenstaaten ausgenommen, sinkt von 18,7 Prozent (1950) auf 3,5 Prozent (1990). Der Verlust an internationaler Konkurrenzfähigkeit (Stichworte: Verschlechterung der Terms of Trade, steigende Auslandsverschuldung) manifestiert sich auch in einer Ausgrenzung aus den internationalen Kapitalmärkten. Weite Teile der Dritten Welt werden für privates Kapital unattraktiv und müssen mühsam durch staatliche Entwicklungshilfe über Wasser gehalten werden. Die Konkurrenz osteuropäischer Märkte und die tendenziellen Abschließungseffekte einer künftigen ‚Festung Europa' dürften diese Marginalisierung des Südens eher beschleunigen. Die Folge: Seit Mitte der achtziger Jahre findet ein Nettoressourcentransfer von Süd nach Nord statt, nicht umgekehrt. Die unfreiwillige Abkoppelung der Dritten Welt aus der Weltwirtschaft verringert mögliche Entwicklungsoptionen drastisch. Mehr noch: Sie droht einen ganzen Kontinent, Afrika, zu einem Sozialfall zu machen.

Die kosmopolitische Vorstellung, ein System der internationalen Arbeitsteilung werde ‚Wohlstand für alle' produzieren, erwies sich als Illusion. Die beispiellosen Wohlfahrtsgewinne der Nachkriegszeit akkumulierten sich in den ‚économies dominantes' der I. Welt. Aggressiv ausgedrückt: „Das System der internationalen Arbeitsteilung ist so organisiert, daß einer der beiden sich aufs Verhungern spezialisiert, während der andere die schwere Last des weißen Mannes auf sich nimmt, Profite einzustreichen …" (P. Baran, S. 102). Entgegen naiven Verschwörungstheorien sind hegemoniale Leistungs- und Innovationsvorsprünge nicht das Ergebnis einer Ausbeutung anderer Gesellschaften, sondern die Folge beispielloser Produktivitätsdurchbrüche in der eigenen Ökonomie, theoretisch formuliert: die Summe erarbeiteter Entwicklungskompetenzen. Sie sind

74

„man-made" (D. Lorenz). Unter diesen Bedingungen ist internationale Aufwärtsmobilität für Drittwelt-Gesellschaften die Ausnahme, ihre monokulturelle Ausrichtung auf die Bedürfnisse der Spitzenökonomien die Regel – mit dem Preis wirtschaftlicher und soziokultureller Regression (vgl. D. Senghaas).

Schließlich scheiterte das überkommene Wachstums- und Industrialisierungsmodell auch ökologisch, allerdings nicht in den armen, sondern in den reichen Gesellschaften. Die Fakten sind fast bis zum Überdruß bekannt, umstritten sind ‚nur' noch Tempo und Ausmaß des Zerstörungsprozesses: die Vernichtung großräumiger Ökosysteme (z. B. tropischer Regenwälder), der irreversible Verlust von Überlebensflächen (Desertifikation), schließlich die Erwärmung der Erdatmosphäre (Treibhauseffekt, Ozonloch).

Zwar hat, verglichen mit Kalkutta oder Rio, das Ruhrgebiet Kurortqualität, verantwortlich aber für die Umweltzerstörung sind primär die industriellen Wachstumsgesellschaften der nördlichen Hemisphäre. Gegenwärtig verbrauchen 25 % der Weltbevölkerung in den Industrieländern 79 % des Stahls, 80 % der Energie und 85 % des Papiers. Und nicht weniger als 77 % der weltweiten Kohlendioxyd-(CO_2)-Emissionen werden im industrialisierten Norden produziert.

Was bei niedrigem Entwicklungsniveau noch als offenes System arbeitete (Ökonomie und Ökologie funktionierten nebeneinander), verdichtet sich bei exponentiell wachsendem Umwelt- und Ressourcenverbrauch zu einem geschlossenen System. Das Wachstumsmodell stößt an systemimmanente, natürliche Grenzen. Die Natur schlägt zurück.

Die ökologischen Kosten der „Ramboökonomie" (E. U. von Weizsäcker) sind gesamtwirtschaftlich als absolute Schrumpfung des Naturkapitals zu interpretieren. Und das bedeutet eine anhaltende Verringerung der Lebenschancen künftiger Generationen.

Die einzigartige Dynamik des tradierten Wachstumsmodells erzeugte so Entwicklung auf der einen – und Unterentwicklung auf der anderen Seite. Verkürzt ausgedrückt: Die Reichen wurden gegenüber den Armen privilegiert, und die Gegenwart gegenüber der Zukunft. „Und wenn wir dies erkennen, müssen wir alle Überzeugungen begraben, an denen sich unsere westliche Zivilisation in den letzten zweihundert Jahren berauscht hat." (G. Picht, S. 45)

4. Konzepte und Perspektiven dauerhafter Entwicklung

Die orthodoxe Sicht, unbegrenztes Wachstum sei eine Art ewiges Gesetz, muß revidiert werden – so die Vertreter des Eco-Development. Unendliches Wachstum ist in einer Welt mit endlichen Ressourcen weder möglich noch wünschenswert. Andererseits ist eine generelle Fortschrittsfeindlichkeit auch nicht angezeigt, da es keinerlei vernünftigen Grund dafür gibt, den Wachstumsmythos durch einen Mythos vom Null-Wachstum zu ersetzen.

Statt Wachstum einer Ramboökonomie sei dauerhafte Entwicklung notwendig. „Dauerhafte Entwicklung ist eine Entwicklung, die die Bedürfnisse der Gegenwart befriedigt, ohne zu riskieren, daß künftige Generationen ihre eigenen Bedürfnisse nicht befriedigen können." (Brundtland-Kommission, S. 46). Nur auf diese Weise könne die Zukunft der Menschheit mit einiger Wahrscheinlichkeit gesichert werden.

Folgt man den diversen Öko-Theoretikern, so wird das Überleben des Raumschiffs Erde von zwei Seiten bedroht: vom Überkonsum in den reichen – und vom Unterkonsum in den armen Gesellschaften; wenn man so will, von einer doppelten Fehl-Entwicklung der Menschheit. In Überflußgesellschaften ist Umweltzerstörung die Folge exzessiven Wachstums, ungebremster Nachfrage und steigender materieller Produktion – ohne daß ein Ende abzusehen wäre. In Drittwelt-Gesellschaften hingegen ist Raubbau an der Natur primäre Folge von Armut, nicht von Überfluß. Da ein System struktureller Gewalt den Armen den Zugang zu ‚an sich' vorhandenen Produktionsmitteln – Agrarflächen, Bodenschätzen, Kapital, Bildung – verwehrt, bleibt ihnen häufig nichts anderes übrig, als jene natürlichen Ressourcen – freies Land, Wälder, Seen – auszubeuten, zu denen sie (noch) Zugang haben. Angesichts ungebrochener Bevölkerungsdynamik ist eine weitere Ressourcenerosion und der Rückzug der Armen in ökologisch fragile Regionen abzusehen. Armut ist unter diesen gesellschaftlichen Bedingungen eine zentrale Ursache der Umweltzerstörung. Und Umweltzerstörung ist umgekehrt eine zentrale Ursache von Armut.

Gesucht wird daher ein Entwicklungsmodell, das eine Quadratur des Kreises leistet: Dem Problem der Überentwicklung einerseits und dem der Unterentwicklung andererseits ist gleichzeitig beizukommen. Nur auf diese Weise kann die ökologische Tragfähigkeit der Erde bewahrt und das Überleben künftiger Generationen auf Dauer gesichert werden. Die Debatte um die konkrete Ausgestaltung eines Modells ‚dauerhafter Entwicklung' steckt noch in den Anfängen. Wahlweise werden Begriffe wie ‚alternative', ‚angepaßte' oder ‚gerechte' Entwicklung eingebracht, um die neue Qualität von Entwicklung zu umschreiben.

Einigkeit scheint allerdings darüber zu bestehen, daß jedes globale Modell dauerhafter Entwicklung folgende notwendige, möglicherweise sogar hinreichende Bedingungen erfüllen muß:
– Die Beseitigung der absoluten und unfreiwilligen Armut, d. h. die Sicherung eines materiellen Mindeststandards (‚floor') für alle. Nach Lage der Dinge hat sich eine derartige basic-needs-Strategie auf die Ärmsten der Armen, auf jenes Lumpenproletariat aus Landlosen, Entrechteten und Frauen in der Dritten Welt zu konzentrieren. Das konventionelle Wachstumskonzept wird praktisch vom Kopf auf die Füße gestellt: Wirtschaftswachstum ist nicht mehr Voraussetzung eines effektiven Kampfes gegen die Armut, sondern seine Folge.
– Die Definition und Einhaltung global tolerierbarer Maximalstandards (‚ceilings') für die Entnahme von Umweltkapital bzw. für die Schadstoffbelastung. Diese Forderung richtet sich in erster Linie an die überentwickelten Industriegesellschaften mit ihren oligarchischen Produktions- und Konsumstandards. Begrenzung des Wirtschaftswachstums bedeutet dabei nicht notwendigerweise Verschlechterung der Lebensqualität. Eine wachstumsfreie Gesellschaft muß nicht entwicklungslos sein.

Die Brundtland-Kommission, sie gilt als wichtigste Protagonistin einer dauerhaften Entwicklung, hat diese vagen Vorstellungen weiter konkretisiert:

(1) *Bevölkerung und menschliche Ressourcen:* Das Bevölkerungswachstum muß gestoppt und ‚brachliegendes' Humankapital mobilisiert werden. Das Problem ist nicht exzessives Bevölkerungswachstum an sich – sondern sein Verhältnis zu den verfügbaren Ressourcen.

(2) *Nahrungsmittelversorgung:* Die High-Chem-Landwirtschaft der Industriegesellschaften muß ihre Überschüsse reduzieren, die vernachlässigte Subsistenzökonomie in der Dritten Welt ihr Potential ausbauen.

(3) *Globale Öko-Systeme:* Die voranschreitende Vernichtung der Artenvielfalt und natürlicher Öko-Systeme muß gestoppt, ein globales Netzwerk von Schutzzonen aufgebaut werden.

(4) *Energieverbrauch:* Der Konsum insbesondere nicht erneuerbarer Energien muß drastisch gesenkt, das Potential regenerierbarer Energien forciert ausgebaut werden.

(5) *Industrielle Produktion:* Die industrielle Erzeugung muß – vor allem in Entwicklungsländern – auf der Basis ressourcen- und umweltschonender Technologien gesteigert werden.

(6) *Urbanisierung:* Das unkontrollierte Wachstum der Metropolen ist zu stoppen. Mobilisierung der städtischen Armen im informellen Sektor ist notwendig.

Schließlich muß eine globale Ordnungspolitik diese nationalen bzw. sektoralen Strategien ergänzen:

– Internationale Organisationen, vor allem die UN, sind aufzuwerten und zu demokratisieren (Ansätze einer Weltregierung).

– Globale Ökosysteme (Ozeane, Antarktis, Weltraum) sind unter die gemeinsame Verantwortung der Staatengemeinschaft zu stellen.

– Eine Reform der Weltwirtschaft muß einen Ressourcentransfer von reichen zu armen Ländern garantieren, (a) durch freien Handel und Kapitalverkehr sowie (b) durch verstärkte Entwicklungshilfe.

Nicht zuletzt muß weltweite Abrüstung Mittel für eine dauerhafte Entwicklung freisetzen (‚Friedensdividende'), um der

Menschheit die schmerzhafte Wahl zwischen Butter und Kanonen zu ersparen.

5. Von der Machbarkeit des Notwendigen

Das Konzept der dauerhaften Entwicklung steht am vorläufigen Ende einer langen Reihe negativer Utopien; Utopien, welche eine Zukunft entwerfen, die verhindert werden soll. Diese ‚Doomsday'-Modelle (Grenzen des Wachstums, Global 2000) sind von den Adressaten kurzerhand zu einer Art Science Fiction auf gehobenem Niveau erklärt – und zu den Akten gelegt worden.

Mit dem Modell der dauerhaften Entwicklung wird man es schwerer haben: Es vermeidet jegliche Rhetorik über eine drohende Apokalypse, flüchtet aber auch nicht in naive Extrapolationen. Beide Zukunftsvisionen zementieren bekanntlich den Status quo. Die letztere, weil sie an den Symptomen kuriert, und die erstere, weil sie die Grenzen des politisch Machbaren sprengt und daher erst gar nicht angegangen wird.

Natürlich bedeutet dies nicht, daß damit auch nur eine der großen Kontroversen der letzten Jahrzehnte gelöst wäre. Vor allem drei Problembereiche sind unverändert umstritten:

(1) Quantitatives vs. qualitatives Wachstum

Überraschenderweise plädieren die meisten Protagonisten einer dauerhaften Entwicklung unverändert für forciertes Wirtschaftswachstum und industrielle Entwicklung. Die Brundtland-Kommission etwa spricht von einer „neuen Ära kraftvollen Wirtschaftswachstums" und nennt Zuwachsraten von mehr als 5 Prozent in der Dritten Welt und immerhin 3–4 Prozent in den Industrienationen. Diese Wachstumsraten gelten als notwendige Bedingung, um den Teufelskreis aus Armut, Arbeitslosigkeit und Umweltzerstörung zu durchbrechen (ähnliche Vorstellungen hat jüngst die Süd- bzw. Nyerere-Kommission entwickelt).

Das läuft auf eine naive Fortschrittsgläubigkeit hinaus, etwa nach dem Motto: „Das Wachstum hat uns die Umweltprobleme gebracht, das Wachstum wird sie auch lösen." Und um diese Falle zu vermeiden, muß man zu einem ehernen Glaubenssatz Zuflucht nehmen: „Diese Wachstumsraten können dauerhaft in Bezug auf die Umwelt sein, wenn die Industrienationen weiterhin, wie kürzlich, ihr Wachstum derart verändern, daß weniger material- und energieintensiv gearbeitet wird" (Brundtland-Kommission, S. 55).

Einem derartigen industriellen Wachstumsmodell ist entgegengehalten worden, es propagiere statt ‚dauerhafter Entwicklung' möglicherweise ‚nicht-dauerhafte Entwicklung'. Die Alternative scheint in der Formulierung eines angepaßten, qualitativen Wachstumsmodells zu liegen. Es orientiert sich an den spezifischen kulturellen Bedingungen (im Sinne historisch erlernter Lebensmuster) einer spezifischen Region, an ihrem Wirtschaftspotential und der natürlichen Umwelt. Entwicklung bedeutet dann die optimale Nutzung des vorhandenen Potentials, so daß das kulturökologische System (als äußere Grenze) erhalten und die Grundbedürfnisse der Menschen (als innere Grenze) befriedigt werden.

(2) *Integration vs. Dissoziation*

Auch die alte Debatte über Eingliederung oder Abkoppelung der Dritten Welt aus dem internationalen System lebt wieder auf, wenngleich nunmehr unter dem Vorzeichen einer ökologischen Weltwirtschaftsordnung.

Dauerhafte Entwicklung – so die Väter dieses Konzepts – ist ohne beschleunigte Integration in die Weltwirtschaft nicht möglich (ein indirektes Eingeständnis, daß die diversen self-reliance-Strategien vom autozentrierten sozialistischen Modell der VR China bis hin zu den bürgerlichen Importsubstitutionsmodellen Lateinamerikas gescheitert sind). Dazu ist allerdings eine Reform des Weltwirtschaftssystems (Abbau des IL-Protektionismus, Diversifizierung der EL-Exportstrukturen) unumgänglich. Das erhoffte Resultat wird dann ein ständiger Ressourcentransfer von Nord nach Süd sein, als Folge von „Mehr Handel + mehr Hilfe".

Damit aber wird international exakt jenes nachholende

Wachstumsmodell propagiert, das national (und auch global) als Haupthindernis einer dauerhaften Entwicklung gilt. Wirtschaften unter freihändlerischen Bedingungen bedeutet für (kompetenz-)rückständige Staaten die Gefahr weiterer Marginalisierung. Kein geringerer als Friedrich List hat seinerzeit die Gefahr erkannt, von starken Handelspartnern überrollt zu werden – und daher protektionistischen Schutz vor ruinösem Verdrängungswettbewerb durchgesetzt. Das Modell ‚dauerhafte Entwicklung' bleibt hier merkwürdig realitätsfern. Freihandel war in der Wirtschaftsgeschichte – auch der Industrieländer – immer eher die Ausnahme als die Regel. Angesichts mehrfach gescheiterter Versuche, kollektive self-reliance in der Dritten Welt zu verwirklichen, wird neuerdings als Alternative ihre „aktive und selektive Weltmarktintegration" gefordert (L. Mármora/D. Meissner, S. 181); allerdings als Ergänzung, nicht als Ersatz einer Neustrukturierung der internationalen Macht- und Wirtschaftsbeziehungen. Weder Anschluß an die Industrienationen – im Sinne von „kopierter Entwicklung" – noch Abkoppelung von ihnen sei die Lösung.

Selektive Integration bedeutet aber umgekehrt immer auch selektive Des-Integration. Und es ist nicht ganz klar, in welchen Sektoren von Überlebensökonomien das eine und in welchen Sektoren das andere möglich sein könnte. Langfristige Handels- und Kompetenzgewinne verspricht vor allem der superindustrielle High-Tech-Bereich. Folglich müßten die Drittwelt-Gesellschaften ihre Wirtschafts- und Herrschaftssysteme so reformieren, daß industriell produktive, durchrationalisierte und auf den Weltmärkten konkurrenzfähige Arbeit möglich wird – ohne ihre kulturellen Eigenheiten zu zerstören. Das sind freilich zwei Forderungen, die einander weitgehend ausschließen. Denn so sehr individuelle oder kollektive Arbeit dem kargen Lebensunterhalt in der Dritten Welt dient, so wenig ist diese Tätigkeit industriell organisierte Arbeit. Und so muß gegenwärtig offenbleiben, wie denn die Industriellen Revolutionen verschiedenen Typs in agrarische (Unter-)Entwicklungsländer exportiert werden können, zumindest ohne katastrophale soziale und ökologische Kosten. Gegenwärtig jedenfalls versuchen zahlreiche Drittwelt-Staaten, sich durch gezieltes Umweltdumping mühsam auf den Weltmärkten zu behaupten, um akkumulierte Auslandsschulden abzutragen.

(3) *Ökologische Modernisierung vs. strukturelle Ökologiepolitik*

Die erste Runde der Debatte zwischen ‚harten‘ Ökonomen und ‚harten‘ Ökologen ist inzwischen beendet. Konsens konnte über zwei simple Sachverhalte erzielt werden:
– Umweltschutz ist Menschenschutz (um es dramatisch auszudrücken).
– Das Naturkapital wird in Zukunft zur wichtigsten Erdressource aufrücken.

Was diese Erkenntnis für eine Strategie dauerhafter Entwicklung konkret bedeutet, ist allerdings unverändert umstritten.

Verfechter eines Konzepts ökologischer Modernisierung, wie etwa die Brundtland-Kommission, setzen auf eine technozentrische Erdpolitik. Sie umfaßt das gesamte Repertoire bekannter polizeirechtlicher, vor allem aber preispolitischer Interventionen und hofft auf eine technologische Revolution. Wenn die Preise auch für Naturprodukte wie Wasser, Energie, Boden die „ökologische Wahrheit" (E. U. von Weizsäcker) sagen, ist Umwelt nicht mehr ein freies Gut, sondern wird den Gesetzen ökonomischer Knappheit unterworfen. Natur wird – auch für den einzelnen Betrieb und Haushalt – teurer. Und diese neue, ökologische Rentabilitätsrechnung löst eine Effizienz-Revolution aus. So sind etwa durch den breitenwirksamen Einsatz bereits bekannter Technologien Energieeinsparungen bis zu 80 % möglich – ohne jeglichen Wachstumsverzicht. Kurz: Das ökologische Wohlfahrtsmodell arbeitet mit arbeitsintensiven, ressourcenschonenden Verfahren und ist zugleich technologisch hoch innovativ.

Diesem technozentrischen Ansatz hat man entgegengehalten, er verkenne angesichts des fragilen ökologischen Weltzustands die Notwendigkeit vorbeugenden und globalen Handelns. De facto heiße ökologische Modernisierung Industrialisierung des Umweltschutzes durch kurative Nachsorge (die angesichts von time-lags und der Irreversibilität von Umweltschäden zu spät komme). Die globale technologische Apartheid führe zu einer Öko-Apartheid– Umweltkonservierung im Norden, Umweltvernichtung im Süden. Und die ökonomische Bewertung der Natur heiße notwendig, sie zur Ware zu machen, sie zu entwerten. Angesichts des unersetzlichen Charakters mancher Naturgüter könnten Schäden durch keine noch so hohe Bezahlung wiedergutgemacht werden. Ein eher praktisches Killer-Argument kommt hinzu: Selbst wenn in den Industrieländern in den nächsten dreißig Jahren eine Halbierung des Energieverbrauchs gelänge, würde der weltweite Energiekonsum um mehr als 50 % wachsen, falls sich die heutigen Trends in der Dritten Welt fortsetzen (so das Freiburger Öko-Institut).

Verfechter einer Strategie struktureller Ökologisierung bestehen daher auf einem Konzept des Eco-Development, das antizipativ und global wirkt. Es reagiert nicht mehr nachträglich auf spezielle Problemlagen, sondern wirkt in einer globalen Risikogesellschaft ,unspezifisch' und problemverhindernd (vgl. H.-J. Harborth).

Eine ökozentrische Strukturpolitik ist allerdings erst in fragmentarischen Ansätzen erkennbar, etwa in der Stadt- und Verkehrspolitik, im Energiesektor, im Bereich des Eco-Farming.

Festzuhalten bleibt: Die Dritte Welt kann nicht mehr so werden, wie die Erste jetzt ist, und die Erste wird nicht mehr so bleiben, wie sie noch ist (vgl. L. Mármora/D. Meissner).

6. Macht und Moral

Im Zeichen ungewollter Selbstzerstörung stehen Ziel und historischer Sinn moderner Gesellschaften zur Disposition. Die doppelte Erkenntnis von der Unerreichbarkeit einstiger Entwicklungsziele und der Unhaltbarkeit erreichter Wohlstandsmuster kollidiert mit der gesellschaftlichen Fortschrittslogik in Nord und Süd. Um einer schmerzhaften Umsetzung dieser Einsicht zu entkommen, flüchtet man in autistische Erkenntnisverweigerung oder in die fröhliche Zuversicht, daß der Gang der Geschichte unverändert fortgesetzt werden könne. Beides scheint dem „Prinzip Verantwortung" (H. Jonas) unangemessen.

Ohne an dieser Stelle ein realpolitisches Konzept dauerhafter Entwicklung entwerfen zu können, sei dreierlei angemerkt:

1. Ein derartiges Konzept darf nicht die Schaffung eines ‚neuen' Menschen zur Voraussetzung seiner Verwirklichung machen. Der neue Mensch hat sich bislang selten eingestellt –und wenn, sah er dem ‚alten' Menschen verblüffend ähnlich.

2. Die globale Wachstums- und Umweltkrise ist primär das Produkt der reichen, nicht der armen Welt. Und da es reichen Staaten objektiv leichter fällt, alternative Lebensmuster zu entwickeln als armen, müssen die Reichen eine Vorreiterrolle spielen. Den Armen bleibt als Alternative zum gegenwärtigen (Über-)Lebensstil oftmals nur das Verhungern.

3. Mit dem Zwang zur Begrenzung oder Kanalisierung des technisch-materiellen Fortschritts ist der Ruf nach einer Öko-Diktatur laut geworden. Dieser Ruf verwechselt Wirkung mit Ursache. Wenn überhaupt, dann reagiert die Politik auf Gefährdungslagen nur durch gesellschaftlichen Druck von unten. Statt der „Schönen Neuen Welt" einer Öko-Diktatur ist eine ökologische Basis-Demokratie Voraussetzung für eine dauerhafte Entwicklung der Menschheit.

Allerdings: Als Ökonomen haben wir gelernt, daß jede Sache ihren Preis hat. Und so stellt sich für die Zukunft die Frage: Welchen Preis hat dauerhafte Entwicklung?

Gerald Braun (Arnold Bergstraesser-Institut, Freiburg)

Literaturhinweise

Baran, Paul, Unterdrückung und Fortschritt. Frankfurt am Main 1966.
Braun, Gerald und *Hillebrand, Karl,* Dritte Welt. Fortschritt und Fehlentwicklung. Paderborn 1991.
Brundtland-Bericht, Unsere Gemeinsame Zukunft. Greven 1987.
Harborth, Hans-Jürgen, Dauerhafte Entwicklung (Sustainable Development). Berlin 1989.

Mármora, Leopoldo und *Meissner, Dirk,* Lehren aus dem Desaster? Zur Kritik eindimensionaler Entwicklungskonzepte. In: Vierteljahresberichte der Friedrich-Ebert-Stiftung, Nr. 124, Juni 1991.

Picht, Georg, Die Bedingungen des Überlebens. In: *v. Nußbaum, Heinrich* (Hrsg.), Die Zukunft des Wachstums. Düsseldorf 1973.

Senghaas, Dieter, Die moderne Entwicklungsproblematik und ihre Implikationen für Friedenspolitik. AFB-Texte Nr. 1/91, Bonn 1991.

v. Weizsäcker, Ernst Ulrich, Erdpolitik. Darmstadt [2]1990.

Weltbank, Weltentwicklungsbericht 1990. Washington D.C. 1990.

Krieg am Golf – Modellkrieg für die Dritte Welt?

Die Krise und der Krieg am Golf, die aus der irakischen Besetzung Kuwaits Anfang August 1990 resultierten, stellten einen
neuen Konflikttypus für Regionalkrisen in der Dritten Welt
dar. Darüber hinaus handelte es sich um den ersten Konflikt in
und mit der Dritten Welt, bei dem der Ost-West-Konflikt keine
Rolle spielte. Die US-Intervention in Panama zu Weihnachten
1989 und sogar schon die Bombardierung Libyens im April
1986 hatten beide ebenfalls schon außerhalb des überkommenen Kalten-Kriegs-Schemas stattgefunden. Der Golfkrieg allerdings war der erste größere Regionalkonflikt, der nach dem
„offiziellen" Ende des Ost-West-Konflikts (Deklaration der
NATO in London vom Juli 1990) stattfand. Zugleich war es
der erste Konflikt, bei dem die USA und die Sowjetunion nicht
miteinander konkurrierten oder nur zwecks Lösung eines noch
aus der Zeit der Blockkonfrontation stammenden Konflikts
kooperierten, sondern von vornherein eine gemeinsame politische Front gegen ein Land der Dritten Welt bildeten. Der Golfkrieg hatte nicht einmal ansatzweise Charakteristika der früheren Supermachtkonkurrenz.

Der Krieg am Golf wurde nicht aus juristischen oder ideolo-
gischen Gründen geführt, wie etwa der Sicherung historischer
Ansprüche auf Kuwait als „eigentlich" irakischem Staatsgebiet,
oder zur Durchsetzung des Völkerrechts. Diese Argumentatio-
nen spielten eine wichtige Rolle bei der Legitimation des Krieges, dürften auch in der Psychologie einiger Akteure bedeutsam
gewesen sein, sind als Kriegsursachen aber wenig plausibel. Die
irakische Regierung ist mit ihren eigenen Begründungen für die
Invasion und Annexion Kuwaits so beliebig und sprunghaft
umgegangen, daß zweifelhaft war, wie ernst sie diese selbst
nahm. Die US-amerikanische Betonung des Völkerrechts war
zwar sachlich zutreffender, kam aber als Ursache ihrer Politik
ebenfalls nicht in Betracht: Sie konnte nie erklären, warum die

Mißachtung des Völkerrechts im Falle Kuwait/Irak einen Krieg gegen den Aggressor rechtfertigte, in Fällen wie Libanon/Syrien oder Palästina/Israel oder Zypern/Türkei oder anderen dagegen nicht. Auch in diesen Fällen wurde schließlich gewaltsam fremdes Staatsgebiet besetzt gehalten.

Beide Konfliktparteien verfügten durchaus über genug handfeste Interessen für ein gewaltsames Vorgehen, als daß man zur Erklärung des Krieges auf die offiziellen Verlautbarungen der Kriegsparteien zurückgreifen müßte. Man sollte daran denken, daß in Kriegszeiten Erklärungen der Konfliktparteien zur Förderung der Kriegsziele und nicht als Beitrag zur Wahrheitsfindung abgegeben werden.

1. Ursachen des Krieges: Interessen des Irak

Die Kriegsursachen liegen in der Konstellation der Interessen beider Seiten, genauer: in deren Unvereinbarkeit. Die Gründe des Irak zur Eroberung Kuwaits liegen zum Teil im strategischen, zum Teil im ökonomischen Bereich. Ausgangspunkt war das irakische Streben nach regionaler Vorherrschaft am Persisch-Arabischen Golf, möglichst auch im arabischen Raum. Bereits der erste Golfkrieg, der ebenfalls durch einen irakischen Überfall auf ein Nachbarland begonnen worden war (Irak/Iran, 1980–88), hatte vor allem diesem Ziel dienen sollen. Entgegen einer in Europa weit verbreiteten Auffassung endete der erste Golfkrieg nicht durch eine gleichmäßige Schwäche beider Seiten, sondern – trotz schwerer irakischer Rückschläge vor allem 1986 – durch einen eindeutigen militärischen Sieg des Irak 1988. Damit war ein entscheidender Schritt zur regionalen Dominanz getan, der alte Gegner und Hauptrivale Iran auf absehbare Zeit niedergerungen. Die Besetzung Kuwaits war der Versuch, die neue irakische Stärke zugleich auszunutzen und noch einen Schritt weiterzuentwickeln.

Wirtschaftlich hätte eine erfolgreiche Annexion Kuwaits dem Irak entscheidende Vorteile verschafft, die nicht nur die ökonomische Erholung nach dem kostspieligen Krieg gegen Iran hätten erleichtern können, sondern auch sonst von hoher

Bedeutung gewesen wären. Bei einer Übernahme der kuwaitischen Ölfelder hätte Irak seine nachgewiesenen Ölvorkommen fast verdoppelt und damit über rund 20 % der gesamten Welt-Erdölvorkommen verfügt. Entsprechende Einnahmeerhöhungen wären die Folge gewesen. Zugleich hätte sich die irakische Position bei der Öl-Preisgestaltung im Rahmen der OPEC verbessert – das eigene Gewicht wäre verdoppelt, zudem der alte Gegenspieler Kuwait (das immer auf relativ niedrige Ölpreise achtete) ausgeschaltet worden: So wären die Preise möglicherweise leichter zu steigern gewesen.

Darüber hinaus schuldete der Irak Kuwait etwa 12–14 Mrd. US-Dollar aus der Zeit des ersten Golfkrieges. Der Status dieses Betrages war zwischen beiden Ländern umstritten, da Bagdad ihn nicht als Schuld(en) akzeptierte, sondern als kuwaitischen „Beitrag" zum Krieg gegen Iran betrachtete – trotzdem wären diese Schulden und der mit ihnen verbundene Streit durch eine Annexion Kuwaits natürlich erledigt worden. Auch eine denkbare Übernahme der beträchtlichen kuwaitischen Auslandsvermögen (Schätzungen reichen von 100–200 Mrd. US-Dollar) wäre wirtschaftlich durchaus attraktiv gewesen. Und schließlich hätte die Annexion Kuwaits den großen Vorteil gehabt, den unzureichenden irakischen Meereszugang wesentlich zu erweitern. Der kuwaitische Hafen hatte sich für den Irak ja bereits während des Krieges gegen Iran als wichtig erwiesen, vor allem nach dem Verlust der Fao-Halbinsel 1986. Vor dem Hintergrund dieses Bündels von Interessen werden die Gründe der irakischen Aggression deutlich. Die Thesen eines – nie erfolgten – „Hilferufs der kuwaitischen revolutionären Jugend" oder historischer Ansprüche sind zur Begründung nicht erforderlich.

2. Ursachen des Krieges: Interessen der USA

Auch die USA und ihre Verbündeten verfügten für ihre massive militärische Reaktion auf die Besetzung Kuwaits und den Beginn des Luft- und Bodenkrieges über Gründe, die mit strategischen und ökonomischen Erwägungen mehr zu tun hatten als mit den Prinzipien des Völkerrechts. Ein Berater des Präsidenten formulierte den Grund der aktuellen Militäraktion mit besonderer Deutlichkeit:

„Wir brauchen das Öl. Es klingt gut, vom Eintreten für die Freiheit zu reden. Aber Kuwait und Saudi-Arabien sind auch nicht gerade Demokratien. Wenn ihre wichtigsten Exportprodukte Orangen wären, dann hätte ein mittlerer Beamter des Außenministeriums eine Stellungnahme [zur irakischen Aggression] abgegeben, und wir hätten das Außenministerium für den August geschlossen." (Time, 20. 8. 1990, S. 11).

Zweifellos sind diese Äußerungen realistischer als die bloße Betonung juristischer Kategorien. Trotzdem greifen sie zu kurz. So notwendig es ist, auch die US-amerikanische Politik von ihren Interessen und nicht ihrer Rhetorik her zu begreifen, so falsch wäre es, in schematischer Weise den zweiten Golfkrieg und den Konflikt mit Irak als eine bloße Auseinandersetzung um Öl auffassen zu wollen. Zuerst einmal sollte daran erinnert werden, daß die Ölversorgung aus dem Golf durch die Annexion Kuwaits nicht bedroht war. Auch ein gestärkter Irak würde Öl exportieren wollen – und müssen. Schließlich waren seine sonstigen Exportmöglichkeiten gering, und die Annexion Kuwaits sollte der wirtschaftlichen Stärkung des Iraks dienen, auch dem Export kuwaitischen Öls auf irakische Rechnung.

Es ließe sich alternativ vortragen, daß nicht der Fluß des Öls durch den Krieg gesichert werden sollte, sondern ein niedriges Preisniveau. Diese Einschätzung erscheint deutlich realistischer, wäre aber ebenfalls kein ausreichender Kriegsgrund gewesen: Der Vorteil eines geringfügig niedrigeren Ölpreises müßte gegen die potentiellen Kosten und Risiken des Krieges aufgerechnet werden. Während der Phase der Kriegsvorbereitung war aber ungesichert, ob ein Krieg so glatt ablaufen würde wie tatsächlich erfolgt, oder ob er die gesamte Region (einschließlich Saudi-Arabiens) einbeziehen würde. Es bestand das Risiko, daß der Aufwand eines Krieges den begrenzten preislichen Nutzen auf dem Ölmarkt übersteigen könnte, oder daß kriegsbedingt die Ölpreise erst recht und möglicherweise dauerhaft außer

Kontrolle geraten könnten. Das bedeutet nicht, daß die Ölfrage bedeutungslos gewesen wäre, sondern daß sich schematisierende Erklärungsmuster verbieten.

3. Die Furcht der USA vor Regionalmächten der Dritten Welt

Das US-amerikanische Interesse am Krieg gruppierte sich – fast spiegelbildlich zum irakischen Interesse – um zentrale strategische Erwägungen. Nachdem die USA den Irak im ersten Golfkrieg zunehmend unterstützt hatten, um einen Sieg der fundamentalistischen Führung des Iran zu verhindern, bemühten sie sich bis ins zweite Halbjahr 1990 – eigentlich sogar bis Ende Juli – um eine Intensivierung der Zusammenarbeit mit Bagdad. Der Irak war durch den Sieg gegen Iran zur Schlüsselmacht am Golf geworden, seine Bindung an die USA und den Westen insgesamt wäre eine wichtige Maßnahme gewesen, die zugleich die regionale Stabilität hätte sichern helfen und die westlichen Interessen gewahrt hätte. Die Eroberung Kuwaits durch den Irak demonstrierte, daß diese Politik nicht funktionierte. Der Irak war offensichtlich nicht im gleichen Maße instrumentalisierbar, wie früher der Schah des Irans oder noch immer Saudi-Arabien. Er hatte demonstriert, daß er sich ausschließlich vom nationalistischen Eigeninteresse hatte leiten lassen. Damit bestand die Gefahr, daß der Irak zu einer unbestrittenen Vormacht im Golf würde – aber zu einer Vormacht, die kaum instrumentalisierbar und kontrollierbar wäre. Der Irak würde ein entscheidender Machtblock am Golf, eine Macht, die von außen kaum noch zu beeinflussen wäre. Das lag aus strategischen Gründen nicht im US-amerikanischen oder westlichen Interesse.

Der Punkt wird besonders deutlich, wenn man sich vorstellt, was die Eroberung Kuwaits für die Machtverhältnisse in der Region bedeutet hätte, falls die USA und ihre Alliierten sie nicht rückgängig gemacht hätten. Eine Tolerierung der Annexion eines engen Partners des Westens durch Irak hätte in der Region den Eindruck erweckt, daß der Westen keinen Schutz gegen innere und äußere Bedrohung biete. Dieser Verdacht war bereits früher aufgekommen, als die USA ihre Truppen 1984 fast fluchtartig aus dem Libanon abgezogen hatten, nachdem ihr Hauptquartier einige Monate zuvor Opfer eines Bombenangriffs geworden war. Eine Tolerierung der irakischen Annexion hätte den kleineren Golfstaaten, möglicherweise auch Saudi-Arabien, kaum eine andere Lösung gelassen, als sich nach einer anderen Schutzmacht umzusehen. Und nach Lage der Dinge – Iran kam aus politischen und militärischen Gründen nicht in Frage – hätte das nur der Irak sein können. Diese Situation aber, eine irakische Vorherrschaft von der türkischen Grenze bis zur Straße von Hormuz, wäre aus US-amerikanischer Sicht nicht akzeptabel gewesen, da es sich nicht um einen pro-westlichen „Stabilitätsfaktor", sondern eine nicht zu kontrollierende, eigenständige Macht gehandelt hätte. Genau an dieser Stelle bekommt das Argument der Ölversorgung doch noch einen hohen Stellenwert. Die Golfregion wird in den USA als Region von strategischer Bedeutung betrachtet, auch wenn man selbst nur 10 % seiner Ölimporte von dort bezieht. Frankreich bezieht mehr als ein Drittel, Japan fast zwei Drittel seiner Ölimporte aus der Region. Der Persisch-Arabische Golf sei daher von strategischer Bedeutung für die Weltwirtschaft, zusätzlich seien der Irak und der Iran im geographischen Sinne die Verlängerung der NATO-Südflanke. Mit der Kontrolle dieser Region durch eine fremde Macht, sei es – wie früher befürchtet – die Sowjetunion, seien es der Iran oder der Irak – könne man sich nicht abfinden. Bereits seit der Brown-Doktrin und der Carter-Doktrin in der zweiten Hälfte der siebziger Jahre galt die Region offiziell als Gegend von „entscheidender Bedeutung" für die USA, die auch unter Einsatz von Gewalt „verteidigt" werden sollte. Präsident Bush selbst drückte den Zusammenhang von Ölpolitik, regionaler Vorherrschaft und amerikanischer Politik so aus:

„Der Irak selbst kontrolliert etwa 10 Prozent der Welterdölreserven. Mit Kuwait kontrolliert der Irak die doppelte Menge. Ein Irak, dem es gestattet wäre, Kuwait zu schlucken, würde die wirtschaftliche und militärische Macht, aber auch die Arroganz besitzen, seine Nachbarn einzuschüchtern und unter

Druck zu setzen – Nachbarn, die den Löwenanteil der übrigen Welterdölreserven kontrollieren. Wir können es nicht zulassen, daß solch lebenswichtige Bodenschätze von jemandem beherrscht werden, der so rücksichtslos handelt. Und wir werden es nicht zulassen" (U.S. Policy Information and Texts, 12.9. 1990, S. 2 f.).

Bei der US-Politik im Golfkrieg spielte der Gedanke eine entscheidende Rolle, einer unabhängigen Regionalmacht der Dritten Welt den Aufstieg zu verwehren – in einer Region, die man selbst für zentral hielt. Ausdruck dieses Strebens war auch das US-Kriegsziel, den Kern des militärischen Potentials des Irak zu zerstören. Als Folge des irakischen Dominanzstrebens verfügte das Land über beträchtliche militärische Kapazitäten, sowohl im konventionellen Bereich als auch in bezug auf Chemiewaffen, ansatzweise bei der Raketentechnologie. Forschungen bezüglich atomarer und biologischer Waffensysteme waren im Gange, Details waren aber kaum bekannt. Bis zu 5500 Panzer, davon etwa 500 moderne sowjetische T-72, und bis zu 1 Million Mann unter Waffen waren nur zwei Indizien für die Stärke des irakischen Militärs.

Die Stärke des irakischen Militärapparates korrespondierte mit Diskussionen in Washington, die nach dem Ende des Kalten Krieges nach „neuen Bedrohungen" suchten, gegen die das eigene Militär nützlich sein konnte. Das Feindbild Sowjetunion war ja spätestens seit 1990 nicht mehr glaubwürdig, der früher konzeptionell im Zentrum amerikanischer Militärpolitik stehende potentielle Krieg in Europa würde nicht stattfinden. Neue „Bedrohungen" oder „Risiken" wurden zunehmend im Süden ausgemacht, in der Dritten Welt. Dabei handelte es sich um „Konflikte niedriger Intensität", wie lokale Aufstände, Unruhen, „Drogenkrieg", Terrorismus und ähnliches. Diese Bedrohungen wurden bereits seit Beginn der achtziger Jahre stärker beachtet. Neu war seit Ende der achtziger Jahre, daß in der Dritten Welt nun auch konventionelle militärische Bedrohungen durch Regionalmächte zu befürchten waren.

Der Abteilungsleiter für politische Angelegenheiten im US-Verteidigungsministerium, Paul Wolfowitz, sprach im Februar

1990 über die „Nationale Sicherheitsstrategie für die neunziger Jahre" und brachte dabei die „neue Bedrohung" auf den Punkt:

„Eine [...] elementare Tatsache ist, daß wir uns mit einer Welt konfrontiert sehen, in der immer mehr Staaten militärische Macht haben, die alle das Recht für sich beanspruchen, sie einzusetzen, wie es ihnen angebracht erscheint. Ihnen allen ist unsere Besorgnis über die Verbreitung ballistischer Raketen, chemischer Waffen und der Technologie zur Herstellung von Atomwaffen bekannt. Von ebensolcher Bedeutung ist, daß zahlreiche Staaten der sogenannten Dritten Welt über modernste konventionelle Waffen wie Marschflugkörper verfügen, und zwar in großer Zahl. Die Panzerflotte der irakischen Armee ist beispielsweise in ihrer Größe derjenigen der Bundeswehr vergleichbar. Potentielle Gegner in der Dritten Welt sind kein triviales militärisches Problem mehr – wenn sie das je waren: Grenada ist nicht die Art von Krisenherd, wie wir ihn voraussichtlich allzu häufig erleben werden, noch ist es die Herausforderung, an der wir unsere Erfordernisse messen sollen" (USIS, Amerikadienst, 13.12.1989, S.2).

Solche Formulierungen waren ein allgemeiner Ausdruck der Tatsache, daß die USA nach dem Ende des Kalten Krieges Regionalmächte der Dritten Welt als neue, besondere Bedrohung auffaßten. Der Irak war geradezu ein Symbol dieser Bedrohung: eine der stärksten Militärmächte der Dritten Welt, nicht unter Kontrolle zu bringen und in einer besonders wichtigen Region lokalisiert. Die Probleme der Massenvernichtungswaffen, der Raketentechnologie und einer starken konventionellen Rüstung gehörten in diesen Zusammenhang: Sie waren bedenklich, da sie einen realen oder potentiellen Gegner stärkten. Proamerikanische Regierungen konnten weiterhin mit massiven Rüstungslieferungen rechnen. Über deren Bestände oder Forschungen an Massenvernichtungswaffen wurde diskret hinweggesehen: Israel ist hier das deutlichste Beispiel, aber auch die neuen Rüstungsverkäufe der USA an Saudi-Arabien (bis 20 Mrd. US-Dollar) oder die Vereinigten Arabischen Emirate (2,1 Mrd. US-Dollar) sind von Interesse.

4. Verlauf des Krieges

Der Verlauf des Konfliktes überraschte durch seine politische und militärische Eindeutigkeit. Die USA und ihre Verbündeten verlangten den bedingungslosen Abzug des Iraks aus Kuwait, der Irak beharrte auf der Okkupation. Als dann im Januar 1991 der alliierte Luftkrieg begann, erwiesen sich die militärischen Auseinandersetzungen als ebenso eindeutig wie zuvor die politischen Positionen. Den irakischen Streitkräften wurde durch massive und präzise Luftangriffe die Verteidigungsmöglichkeit genommen, die kurze Bodenoffensive traf kaum noch auf kampffähige Verbände. Doch dieses Bild der Eindeutigkeit – so zutreffend es in groben Zügen auch ist – lenkt doch von einigen wichtigen Fragen ab. So blendet es die Frage völlig aus, ob der Krieg nicht vermeidbar gewesen wäre und inwiefern sich bestimmte Widersprüchlichkeiten der Akteure dahinter verborgen hielten. So gab es beispielsweise eine ganze Reihe von Indizien dafür, daß die irakische Führung zu einer Räumung Kuwaits bereit gewesen wäre.

Zuerst wäre ein solcher Rückzug an diverse Bedingungen gebunden gewesen, im Dezember und Januar wohl nur noch an Mechanismen der Gesichtswahrung. In den beiden Tagen vor Kriegsbeginn war deutlich, daß Saddam Hussein – der Not gehorchend – auch bedingungslos abziehen würde. Die dafür notwendige Zeit ließ man ihm nicht. Dieser Tatbestand ist ein Beleg dafür, daß die Befreiung Kuwaits zwar zweifellos ein amerikanisches – und alliiertes – Politikziel war, aber nicht das wichtigste. Schließlich ging es hauptsächlich um das strategische Ziel einer Ausschaltung des Irak als regionaler Vormacht; die Befreiung Kuwaits konnte dazu beitragen, war allein aber nicht genug.

Wichtig ist auch die Frage, warum es den USA mit solcher Geschwindigkeit und Eindeutigkeit gelang, eine der stärksten und kampferfahrensten Streitkräfte der Dritten Welt zu schlagen. In diesem Zusammenhang ist auch von Bedeutung, warum das irakische Militär nicht alle seine Mittel tatsächlich einsetzte – vor allem auf den Gebrauch der Luftwaffe weitgehend und den der chemischen Waffen völlig verzichtete – und sich zum Teil nicht einmal wirksam verteidigte. Der Schlüssel zur Beantwortung dieser Fragen liegt in der Kombination militärischer und politischer Faktoren. Ein Land der Dritten Welt, das sich zu den Bedingungen, nach den Regeln und mit den Waffen der Ersten Welt auf einen militärischen Konflikt einläßt (die Truppen der arabischen Alliierten waren politisch wichtig, militärisch aber von untergeordneter Bedeutung), hat bereits verloren. Der Irak hat versucht, die USA und ihre Verbündeten ausgerechnet in der Konfliktform zu bezwingen, in der diese am stärksten sind: in konventioneller militärischer Konfrontation, bei der die Menge und technische Qualität der Waffensysteme – und der Soldaten – den Ausschlag geben. Andere Optionen standen der irakischen Führung nach Lage der Dinge nicht zur Verfügung. Für einen Guerillakrieg (zur Verteidigung Kuwaits) beispielsweise bestanden in Kuwait und dem Südirak weder die topographischen noch die politischen Voraussetzungen, etwa die massive Unterstützung der Bevölkerung. Auf diese konnte Saddam kaum ernsthaft zählen: Selbst wenn sie den USA und der Kriegsdrohung mißtrauisch bis ablehnend gegenüberstand – eine Bewaffnung der irakischen Bevölkerung gegen den Kriegsgegner wäre für die irakische Regierung gefährlicher gewesen als für die Alliierten. Ein Kampf mit konventionellen Waffen gegen die stärkste denkbare konventionelle Militärkombination überhaupt war hoffnungslos. Die einzige Chance des Irak für einen Sieg hätte darin bestanden, durch politische Mittel – unter anderem durch einen rechtzeitigen, bedingungsarmen bis bedingungslosen Rückzug aus Kuwait – den Ausbruch eines solchen Krieges zu verhindern.

Nun erklärt das Argument der Aussichtslosigkeit eines Krieges unter den gegebenen Umständen zwar die irakische Niederlage, nicht aber deren ungeheure Geschwindigkeit und das Ausmaß. Dazu ist es nötig, sich die genaueren Umstände anzusehen, unter denen die Überlegenheit der Alliierten entstand. Zuerst einmal sollte man daran denken, daß bereits beim Beginn des Luftkrieges die irakischen Truppen in keinem guten Zustand mehr waren. Das internationale Embargo hatte die

Versorgung des Landes mit wichtigen Gütern praktisch völlig zum Erliegen gebracht, was auch die Streitkräfte in Mitleidenschaft zog. Die irakische Rüstungsindustrie, aber auch die Versorgung mit anderen Notwendigkeiten, etwa Schuhen oder Nahrungsmitteln, war schwer beeinträchtigt, so daß die irakischen Truppen in und um Kuwait oft schon beträchtlich geschwächt waren, als der Luftkrieg begann. Die im Zuge der Kämpfe später gefangenen oder desertierten irakischen Soldaten waren unzureichend gekleidet und hungrig, ihre Widerstandsfähigkeit und Kampfmoral gebrochen.

Die Luftangriffe führten zu einer weiteren, drastischen Schwächung der irakischen Truppen. Damit ist nicht allein oder vorwiegend eine quantitative Schwächung gemeint, obwohl diese beträchtlich war und bei bis zu einem Drittel gelegen haben dürfte. Noch entscheidender war die weitgehende Zerstörung der irakischen Kommunikations- und Kommandostruktur, der Nachschub- und Verbindungslinien, der Aufklärungs- und Informationsfähigkeiten. Die irakischen Verbände waren nicht nur von ihrem Nachschub weitgehend abgeschnitten, sondern auch von den nötigen Informationen über ihre eigenen Bewegungen oder die Operationen des Gegners. Selbst die Befehle der militärischen Führung erreichten die Einheiten vor Ort kaum noch. Ein gemeinsamer, koordinierter Kampf ist unter solchen Bedingungen ausgeschlossen. Als der Bodenkrieg begann, traf die technologische und taktische Überlegenheit der USA und ihrer Alliierten auf eine bereits geschlagene Truppe. Abgesehen von Teilen der Republikanischen Garden hielt sich darum der Widerstand in Grenzen.

Die Frage, warum der Irak trotz seiner Drohungen seine Chemiewaffen nicht eingesetzt hat, läßt sich aus militärischen und politischen Gründen heraus erklären. Militärisch wäre der Einsatz nur begrenzt wirksam gewesen: Für den effektiven Einsatz mit SCUD-Raketen fehlten dem Irak die entsprechenden Gefechtsköpfe, und ein – potentiell wirksamerer – Einsatz durch Hubschrauber oder Flugzeuge kam wegen der absoluten alliierten Luftüberlegenheit nicht in Betracht. Die Verwendung der C-Waffen als Artilleriemunition wäre möglich gewesen, hätte aber das militärische Gesamtbild nicht einmal ansatzweise geändert. In Zusammenhang mit diesen militärischen Einsatzproblemen waren politische Restriktionen von besonderer Bedeutung. Die US-Einheiten am Golf waren mit taktischen Atomwaffen ausgerüstet, und direkt vor Kriegsbeginn fragte Washington bei den wichtigsten Alliierten nach, ob diese unter bestimmten Bedingungen mit deren Einsatz einverstanden wären. Auf diplomatischen Kanälen wurde der irakischen Führung der Einsatz von Atomwaffen für den Fall angedroht, daß der Irak C-Waffen benutzen würde. Damit war der C-Waffeneinsatz durch Irak sinnlos: schwierig durchzuführen, militärisch fast bedeutungslos, aber mit der Gefahr amerikanischer Atombombenangriffe verbunden.

5. Ergebnisse und Folgen des Krieges

Wenn die Vorkriegspolitik beider Seiten und die Kriegführung selbst an Unzweideutigkeit nichts zu wünschen übrig ließen, so kann man das von den Kriegsergebnissen nicht sagen. Der Irak stellt als Ergebnis des Krieges in absehbarer Zeit keine ernsthafte militärische Bedrohung für seine Nachbarn oder die amerikanischen Interessen mehr dar. Das militärische Kriegsziel, die Zerschlagung des Kernbereichs der irakischen Militärmacht, wurde erreicht. Andererseits aber sind die Ergebnisse des Krieges alles andere als eindeutig oder hilfreich. Der Irak wurde von einem Land, das die regionale Ordnung – wenn man von einer solchen überhaupt sprechen möchte – durch seine Stärke und sein Hegemonialstreben bedrohte, zu einem Land, das diese Stabilität durch seine Schwäche im gleichen Maße untergräbt. Die Bedeutung des schiitischen Aufstandes für die zukünftige politische Stabilität in der Region ist noch schwer abschätzbar. Die neue, wenn auch schwierige Verbindung der irakischen Schiiten (immerhin die knappe Mehrheit der Bevölkerung) zu Teheran, der Einfluß des Aufstandes auf die schiitischen Minderheiten in Kuwait und Saudi-Arabien und damit auf die zukünftige Stabilität dieser Staaten sind direkte Kriegsfolgen mit ungewissem Ausgang. Die kurdische Flüchtlingstragödie hat nicht nur humanitäre Bedeutung, sondern wirkt sich auch auf die Stabilität der Südosttürkei und des Nordwestirans aus, sie hat außerdem die US-Regierung gegen ihren Willen gezwungen, eine begrenzte militärische Präsenz in und um den Nordirak aufrechtzuerhalten. Die Nicht-Unterstützung des kurdischen Aufstandes gegen Saddam Hussein durch die USA und die Alliierten hat die kurdischen Parteien – gegen den Willen ihrer Basis – gezwungen, mit der irakischen Regierung zu verhandeln. Insgesamt hat der Golfkrieg den bloßen Fortbestand des Irak als Staat in Frage gestellt – ein Ergebnis, das die Alliierten anschließend dadurch korrigieren wollten, die herrschende Baath-Partei zu unterstützen, ohne Saddam Hussein zu begünstigen. Diese Taktik führte natürlich zur indirekten Unterstützung Saddam Husseins.

Auch regional hat der Krieg die Lösung einer Reihe von Problemen entgegen den Erwartungen nicht erleichtert, sondern oft erschwert. Eine Verständigung zwischen Israelis und Palästinensern ist schwieriger als zuvor, die innenpolitischen Verhältnisse in Jordanien und Syrien sind nicht eben einfacher geworden. Und ein Ergebnis des Krieges bestand darin, daß die USA und ihre Alliierten die syrische Okkupation des Libanon und dessen Umformung zum syrischen Protektorat nunmehr als Preis für die syrische Teilnahme an der Kriegskoalition akzeptierten. Von den politisch-psychologischen Auswirkungen des Krieges auf die Innenpolitik so entfernter Länder wie Marokko, Algerien oder Pakistan kann in diesem Zusammenhang nicht ausführlich gesprochen werden.

Auch die Bilanz der Vereinten Nationen ist, entgegen den ersten Eindrücken bei Krisenbeginn, eher negativ. Die UNO hat im Golfkrieg trotz ihres hohen Profils in der Zeit von August bis November 1991 ihre Bewährungsprobe in der „Neuen Weltordnung" leider nicht bestanden. Der UNO-Sicherheitsrat wurde bis zur Verabschiedung seiner Resolution 678 – die indirekt zum Krieg ab Mitte Januar ermächtigte, falls Kuwait nicht geräumt würde – als Instanz zur Legitimation der Politik der Alliierten benötigt, was ihn zeitweise stärkte. Von diesem Zeitpunkt ab spielte er aber keine ernsthafte Rolle mehr, da er seine Legitimationsfunktion erfüllt hatte. Unabhängig davon, daß die Resolutionen des Sicherheitsrates unter völkerrechtlichen Gesichtspunkten in der Regel inhaltlich berechtigt waren, war er kaum mehr als das Instrument seiner ständigen Mitglieder zur völkerrechtlichen Rechtfertigung ihrer Machtinteressen, dabei angesichts der Machtverhältnisse vor allem das Instrument der USA, Großbritanniens und Frankreichs. Die Sowjetunion war aufgrund ihrer innenpolitischen Probleme und der Abhängigkeit von westlicher Wirtschaftshilfe, die VR China wegen ihres erstrebten Ausbruchs aus der Isolation nach dem Massaker in Peking nicht bereit und in der Lage, eine abweichende Rolle im UNO-Rahmen zu spielen. Die reale Funktion der Weltorganisation als Legitimationsinstanz andernorts getroffener Entscheidungen läßt sich nicht nur daran ablesen, daß es sich beim Golfkrieg eben nicht um einen Krieg der UNO und unter UNO-Kommando handelte, sondern auch daran, daß der UNO-Generalsekretär vom Kriegsbeginn nicht einmal vorher informiert wurde. Die Sowjetunion als Mitglied im Sicherheitsrat erfuhr vom Kriegsbeginn durch die USA eine Stunde zuvor.

6. Kriegerischer Austrag des Nord-Süd-Konflikts?

Es ist darüber gestritten worden, ob der Golfkrieg Ausdruck des Nord-Süd-Konfliktes gewesen sei, ob er gar als Krieg des Nordens gegen den Süden begriffen werden müsse, wie er sich in der Zeit nach dem Kalten Krieg öfter ereignen könne. Vor einer schnellen Antwort sollte man sich hier hüten. Einerseits trifft es offensichtlich zu, daß der Krieg wichtige Bestandteile eines Süd-Süd-Konfliktes enthielt. Der Irak hatte einen Nachbarn der Dritten Welt überfallen – wenn auch keinen typischen. Die irakischen Nachbarländer Saudi-Arabien, Syrien, Ägypten und die kleineren Golfstaaten sowie zahlreiche andere Staaten der Dritten Welt nahmen gegen den Irak Stellung. Das zu ignorieren und den Golfkrieg auf die Kategorie des Nord-Süd-Konfliktes zu reduzieren, würde bedeuten, die Staaten des Südens nicht als relevante, eigenständige Faktoren ernstzunehmen. Es würde bedeuten, den regionalen Konflikten nun nicht mehr das überholte Ost-West-Schema überzustülpen, sondern ein neues, nicht unbedingt präziseres. Als Ausgangslage des Konflikts müssen die Zwistigkeiten innerhalb der Dritten Welt zur Kenntnis genommen werden.

Andererseits wäre es ebenfalls vereinfacht, den entscheidenden Anteil der Länder des Nordens – vor allem der USA – an der Krisendynamik und am Krieg ignorieren oder herunterspielen zu wollen. Ohne die massive Reaktion der USA wäre es zum Krieg am Golf nicht gekommen, die arabischen Nachbarn hätten sich wohl oder übel mit dem Irak arrangiert. Selbst die Rolle Frankreichs oder Großbritanniens war militärisch nebensächlich und politisch nicht entscheidend, die Teilnahme der arabischen Alliierten für die Legitimation des Krieges wichtig, militärisch aber bedeutungslos. Auch der politische Einfluß der Regierungen in Kairo, Riyad oder Damaskus auf den Gang der Ereignisse war sehr begrenzt. Im machtpolitischen Kern stellte der Krieg am Golf den Kampf zweier Mächte um die Hegemonie in einer strategisch wichtigen Weltregion dar, den Kampf zwischen einer Macht des Nordens und einer des Südens. Angesichts dieser Tatsache wäre es höchst willkürlich, den Konflikt als bloßen Süd-Süd-Konflikt betrachten zu wollen. Auch die Einschätzung des Golfkriegs als Kampf des Nordens und des Südens gegen einen einzelnen Außenseiter, der eher zufällig aus der Dritten Welt stamme, trifft nicht den Punkt. Einerseits verlagerte sich zwischen August 1990 und Januar/Februar 1991 das Gewicht innerhalb der anti-irakischen Koalition immer eindeutiger auf die Staaten des Nordens, auf die USA, die schließlich allein über Krieg und Frieden entschieden. Außerdem ist es schwer vorstellbar, daß eine so breite Koalition zustandegekommen wäre, wenn sie sich nicht gegen ein Land des Südens gerichtet hätte: Völkerrechtsverletzungen – beispielsweise – Frankreichs, der USA, Israels oder auch der Sowjetunion hätten mit Sicherheit nicht zu einem Krieg des Restes der Welt gegen den jeweiligen Staat geführt. Zusammengenommen läßt sich formulieren, daß der Golfkrieg eine Konfliktform gewesen ist, die von einer Konfrontation innerhalb der Dritten

Welt ausging und bei der sich die Dominanzstrategie des mächtigsten Industrielandes gegen die einer Regionalmacht der Dritten Welt durchsetzte, unter Beteiligung weiterer Länder des Nordens und des Südens, die aber auf den Gang der Ereignisse keinen entscheidenden Einfluß hatten. Eine pauschalisierende Einordnung des Krieges in die Kategorie des Nord-Süd-Konfliktes würde nicht nur seinen Ausgangspunkt und die Rolle arabischer Staaten ignorieren, sondern auch Saddam Hussein indirekt zum Repräsentanten der Dritten Welt ernennen. Saddam als Vorhut der Dritten Welt gegen die Vormacht des Nordens – diese These wäre nicht nur grob vereinfachend, sondern auch gefährlich. Sie würde die Dritte Welt mit einer der repressivsten Diktaturen der Welt gleichsetzen und die Tendenz fördern, die Dritte Welt insgesamt, den Nahen und Mittleren Osten oder islamische Gesellschaften zum neuen Feindbild nach dem Ende des Kalten Krieges zu machen.

Jochen Hippler (Bonn)

Literaturhinweise

Bulloch, John und *Morris, Harvey,* Saddams Krieg. Reinbek 1991.
Hippler, Jochen, Die Neue Weltordnung. Hamburg 1991.
Krell, G. und *Kubbig, B.W.* (Hrsg.), Krieg und Frieden am Golf. Ursachen und Perspektiven. Frankfurt/Main 1991.
Tibi, Bassam, Konfliktregion Naher Osten. München 1991.

IV. AKTUELLE
ENTWICKLUNGSPROBLEME

Agrarentwicklung in der Dritten Welt

In der entwicklungstheoretischen Diskussion der vergangenen Jahre herrscht zwar eine gewisse Orientierungslosigkeit, doch über eines ist man sich weitgehend einig: über die zentrale Bedeutung der Landwirtschaft in den ersten Phasen des Entwicklungsprozesses – und zwar sowohl im Hinblick auf die Überwindung von Massenarmut als auch als Grundlage für die weitere Entwicklung der nicht-landwirtschaftlichen Sektoren. Damit aber endet die Einigkeit schon wieder, und leider ist es auch nicht damit getan, angeregte Debatten nachzuzeichnen, die meist nur über Teilaspekte landwirtschaftlicher Entwicklung geführt werden.

In diesem Überblick sollen drei Konzepte behandelt werden, die in der Diskussion der letzten Jahre im Vordergrund standen: Ernährungssicherung, Liberalisierung des Agrarhandels und Nachhaltigkeit der landwirtschaftlichen Produktion.

1. Ernährungssicherung zwischen Produktion von Grundnahrungsmitteln und Einkommensverteilung

„Ernährungssicherung" steht am Beginn jeder landwirtschaftlichen Produktion, ergänzt durch die Produktion landwirtschaftlicher Rohstoffe, die vor allem für Bekleidung und Verpackung auch in traditionellen Gesellschaften eine zentrale Rolle spielen. Die globale Nahrungsmittelknappheit zu Beginn der 1970er Jahre und die Hungersnöte in verschiedenen Teilen Afrikas führten zu der dringenden Frage, ob die Entwicklung der weltweiten Nahrungsmittelproduktion überhaupt mit dem

Wachstum der Weltbevölkerung wird Schritt halten können. Der vieldiskutierte erste Bericht an den Club of Rome, „Die Grenzen des Wachstums", befürchtete bereits vor dem Jahre 2000 eine hoffnungslose Knappheit des für die Nahrungsmittelproduktion geeigneten Ackerlandes, wenn das Bevölkerungswachstum mit den Raten der 60er Jahre anhalten würde.

Inzwischen hat sich zwar einerseits gezeigt, daß die im Rahmen der Verbreitung der „Grünen Revolution" mögliche Steigerung der Hektarerträge unterschätzt worden ist und daß trotz nur langsam zurückgehender Raten des Bevölkerungswachstums zumindest für dieses Jahrzehnt noch keine entsprechende Knappheit eintreten wird. Doch ist andererseits deutlich geworden, daß zumindest bei ungünstigen Witterungsbedingungen in den Haupterzeugerregionen Versorgungsprobleme auftreten können und daß weltweite Produktionsdaten noch nichts über die lokale und regionale Versorgungssituation aussagen. Diese Situation verweist auf ein Dilemma: Es werden zuviel Grundnahrungsmittel in den „falschen" Weltregionen, nämlich in den Industrieländern, erzeugt; die sich daraus ergebenden Versuche, die Überschußproduktion durch einen Abbau von Subventionen und Anreize zur Flächenstillegung zu reduzieren, könnten bedenkliche Folgen für die Weltgetreideversorgung haben. Rasch steigende Preise bei fehlender Kapazität, den eigenen Getreideanbau auszuweiten, haben für die armen Getreideimportländer katastrophale Konsequenzen. Andererseits behindern die durch die Dumping-Exporte der Industrieländer gedrückten Weltmarktpreise in vielen Ländern der Dritten Welt gerade den Aufbau einer konkurrenzfähigen Grundnahrungsmittelproduktion.

Die Diskussion über „Ernährungssicherheit" trägt sehr unterschiedliche Züge und kommt auch zu recht unterschiedlichen Schlußfolgerungen entsprechend der Ebene, auf die sie sich bezieht: Global betrachtet, ist die Notwendigkeit einer dem Bevölkerungswachstum entsprechenden Ausweitung der Grundnahrungsmittelproduktion offenkundig; Fragen der Expansion der Anbaufläche einerseits, der Entwicklung der Flächenproduktivität (und der damit zusammenhängenden technologischen, sozialen und ökologischen Probleme) andererseits sind von offensichtlicher Bedeutung. Im Hinblick auf die Ernährung der Weltbevölkerung spielt aber auch die Frage der Konsummuster und der damit zusammenhängenden „Veredlungsproduktion" eine zentrale Rolle: Die gleiche Fläche kann erheblich mehr Menschen ernähren, wenn das darauf produzierte Getreide direkt dem menschlichen Konsum dient, als wenn es durch die Mägen von Rindern oder Schweinen zu Fleisch „veredelt" wird.

Andererseits wird kaum jemand bezweifeln, daß es nicht ausreicht, wenn weltweit genügend Grundnahrungsmittel produziert werden (wie es z. Zt. der Fall ist), sondern daß auch gesichert werden muß, daß überall jeder seinen Bedarf an Grundnahrungsmitteln befriedigen kann, daß Ernährungssicherung also vor allem auch eine Verteilungsfrage ist. Dabei sollte „Verteilung" nicht primär im Sinne von „Distribution", sondern im Sinne der Sicherung eines den Kauf der nicht selbst produzierten Nahrungsmittel garantierenden Einkommens (etwa im Sinne eines Anspruchs auf Sozialhilfe oder auf Nahrungsmittel im Rahmen von Großfamilie, Dorfgemeinschaft o. ä. traditionellen Institutionen) gesehen werden.

Obwohl in der Diskussion immer wieder von der Notwendigkeit einer möglichst weitgehenden nationalen Selbstversorgung ausgegangen wird, ist doch sehr zweifelhaft, ob eine solche Strategie (da, wo sie aus geographischen Gründen überhaupt möglich ist) tatsächlich der beste Weg zur Garantie der Ernährungssicherheit der nationalen Bevölkerung darstellt. Aufgrund von Daten im Human Development Report des UNDP läßt sich errechnen, daß die 15 Entwicklungsländer mit einem hohen Niveau an „Human Development" einen erheblich geringeren Grad an Nahrungsmittelselbstversorgung erreichen (Importabhängigkeit im Schnitt 48,7 %); die 15 Länder mit dem niedrigsten „Human Development Index", für die entsprechende Daten vorliegen, weisen im Schnitt lediglich eine Importabhängigkeit von 17,3 % auf. Das in den 70er Jahren häufig verwendete Argument, daß Importabhängigkeit bei Grundnahrungsmitteln eine hohe politische Abhängigkeit schaffe, ist sicherlich dort, wo die Ernährungssicherheit von Nahrungsmittelhilfe abhängt, nicht ganz von der Hand zu weisen, im allgemeinen schafft ein gewisses Niveau der Exporteinkünfte jedoch eine bessere Grundlage für eine ausreichende Verfügbarkeit von Grundnahrungsmitteln auf dem nationalen Markt als die reine Selbstversorgung. Zu bedenken ist vor allem, daß die Abhängigkeit dann nicht sinkt, wenn zur Produktion einer ausreichenden Menge von Grundnahrungsmitteln in großem Umfang Saatgut, Agrochemikalien und Geräte importiert werden müssen. Andererseits verschärft eine exportorientierte Agrarpolitik (Förderung der meist größeren Produzenten von Exportprodukten) häufig die Ungleichheit der Einkommensverteilung und erschwert damit für arme Bevölkerungsgruppen den Zugang zu Grundnahrungsmitteln.

Anders wiederum sind die Akzente zu setzen, wenn es um Ernährungssicherung im lokalen Bereich geht: Auch hier ist einerseits klar, daß die Produktion für den Weltmarkt bzw. für den gesamten nationalen Markt im allgemeinen mehr an Einkommen schafft als eine Strategie lokaler Selbstversorgung. Beispiele dafür gibt es in großer Zahl, andererseits gibt es ebenfalls eine Reihe von Beispielen dafür – das prominenteste ist wohl Indien –, daß die nationale Versorgung mit Grundnahrungsmitteln keineswegs die Ernährungssicherheit auf lokaler Ebene garantiert. Eine angemessene Einkommens- und Sozialpolitik sind Voraussetzung dafür, daß der Bedarf an Grundnahrungsmitteln tatsächlich in zahlungsfähige Nachfrage umgesetzt wird; auf lokaler Ebene kann – bei entsprechenden solidarischen Strukturen – die Eigenproduktion von Grundnahrungsmitteln tatsächlich eine gewisse Absicherung gegen schwankende Marktpreise und den mangelnden Zugriff auf nationale bzw. internationale Nahrungsmittelreserven bilden. Die Betonung liegt hierbei auf den solidarischen Strukturen; bei einer reinen Gewinnmaximierungsorientierung ist auch bei prinzipiell ausreichender lokaler Produktion die Ernährungssicherheit nicht gewährleistet.

2. Optimale Arbeitsteilung und höhere Einkommen durch Liberalisierung der Agrarmärkte?

Im Zusammenhang mit den gegenwärtigen GATT-Verhandlungen im Rahmen der Uruguay-Runde ist die Frage der Agrarhandelsliberalisierung immer wieder aufgeworfen worden; im Mittelpunkt steht dabei das Argument, daß Agrarprotektionismus und -subventionierung langfristig eine effiziente interregionale und -nationale Arbeitsteilung verhindern. Eine marktvermittelte Arbeitsteilung würde die Ernährungssicherheit durch höhere Erlöse der landwirtschaftlichen Produzenten (zumindest im Vergleich zur Subsistenzproduktion oder einer staatlich erzwungenen Nahrungsmittelproduktion bei niedrigen Agrarpreisen) einerseits und durch niedrigere Preise von Grundnahrungsmitteln für städtische Konsumenten andererseits verbessern.

Diese aktuelle Diskussion bezieht sich auf die Liberalisierung des Agrarwelthandels und damit also auf die globale Ebene; hier gibt es natürlich die gängigen Gegenargumente der ungleichen Verteilung der Handelsvorteile einschließlich der Gefahr, daß ganze Weltregionen an den Rand gedrängt werden. Auch Strategien einer marktorientierten Agrarförderung erkennen im allgemeinen die mit der Konzentration vieler Entwicklungsländer auf traditionelle Agrarexporte verbundenen Probleme an (z. T. extreme Preisschwankungen, Abhängigkeit von einem bzw. sehr wenigen Produkten, Probleme von Monokulturen) und konzentrieren sich meist primär auf die Diversifizierung der Exportstruktur und damit die Förderung sog. nicht-traditioneller Agrarexporte.

Auf nationaler Ebene ist die Orientierung der Agrarpolitik (Schutzzölle, interne Preispolitik, Förderung spezieller Sektoren) meist Gegenstand intensiver politischer Interessenskonflikte. Wenn auch grundsätzlich eine Steigerung der Exporteinkünfte und eine sich daraus ergebende Erhöhung der Einkommen der im Exportsektor tätigen Bevölkerung positiv zu werten sind, sind damit doch häufig eine Reihe struktureller Folgen verbunden, die evtl. diese Vorteile wieder zunichte machen:

– ungünstige Auswirkungen auf die Einkommensverteilung, da zwar nicht immer, aber doch sehr häufig größere Agrarunternehmen im Exportsektor dominieren und Kleinbauern meist Grundnahrungsmittel für den lokalen oder nationalen Bedarf produzieren;

– Freisetzung von Arbeitskräften, da eine erfolgreiche Agrarexportproduktion, häufig aber auch bereits eine modernisierte Produktion für den Binnenmarkt, meist weniger Arbeitskräfte pro Fläche auf dem Land bindet und die Land-Stadt-Migration verstärkt;

– Verstärkung regionaler Ungleichgewichte zwischen erfolgreichen Exportregionen und randständigen Regionen, die aufgrund ihrer natürlichen und/oder sozioökonomischen Gegebenheiten keine konkurrenzfähigen Standorte darstellen.

Die Forderung nach einer stärker marktorientierten landwirtschaftlichen Preispolitik wird allerdings seit Beginn der 70er Jahre immer wieder erhoben und bildet einen Grundpfeiler der Strukturanpassungspolitik der Weltbank. Ausgangspunkt war dabei die Feststellung, daß in vielen Ländern die Agrareinkommen politisch niedrig gehalten wurden, um den urban-industriellen Sektor zu fördern, und zwar einerseits durch niedrige Nahrungspreise und andererseits durch eine Umverteilung der Gewinne aus den Agrarexporten zwecks Förderung der industriellen Kapitalbildung (häufig aber auch: Finanzierung der staatlichen Bürokratie) – eine marktgerechte Agrarpreispolitik sollte dem entgegenwirken. Tatsächlich traf diese Politik allerdings auch den in einer Reihe von Ländern bisher subventionierten Nahrungsmittelsektor.

Aus lokaler Perspektive überwiegt die *Ambivalenz* zwischen verbesserten Einkommensmöglichkeiten durch stärkere Marktorientierung und größerem Risiko (sowohl im Vergleich zu einer bisher geschützten Marktproduktion als auch zu traditioneller Subsistenzproduktion). Das Risiko liegt sowohl im Bereich der landwirtschaftlichen Produktion selbst (Umsteigen auf andere, häufig bisher unbekannte Produkte) als auch in der Unsicherheit der Märkte (Problem der Preisentwicklung und des Marktzugangs). Darüber hinaus kann die zu erwartende soziale Differenzierung zwischen erfolgreichen Exportproduzenten und Subsistenzproduktion bzw. Arbeitslosigkeit durch Verlust des Landes aufgrund von Überschuldung (ein häufiger Effekt einer nicht-erfolgreichen Umorientierung von Bauern) zu erheblichen lokalen sozialen und politischen Spannungen führen.

3. Nachhaltige landwirtschaftliche Entwicklung – mehr Nahrungsmittel und höhere Agrareinkommen auch bei konsequenter Umweltorientierung?

Landwirtschaft ist von Natur her umweltorientiert, da sich ihre Praktiken in jahrtausendelanger Auseinandersetzung mit den natürlichen Grundlagen der Produktion entwickelt haben. Die landwirtschaftlichen Modernisierungsstrategien der Nachkriegszeit konzentrierten sich allerdings darauf, die natürlichen Schranken der Produktivität durch Technik (Saatgutentwicklung, Kunstdünger, Pestizide) zu verschieben; die Grenzen dieser technischen Möglichkeiten sind erst im vergangenen Jahrzehnt wieder voll ins Bewußtsein getreten. Bisher stehen allerdings einer globalen Diskussion über Umweltschäden (Klimaveränderung, Belastung von Meeren und Binnengewässern, Verlust der Bodenfruchtbarkeit, Verringerung des Artenreichtums usw.) kaum Konzepte einer umfassenden Umwandlung landwirtschaftlicher Entwicklungsstrategien gegenüber. Einzelne Erfolge des „standortgerechten Landbaus" einerseits, die Forderung nach einer stärkeren Orientierung an traditionell angepaßte Formen ländlicher Produktion andererseits geben kaum Anhaltspunkte dafür, wie eine konsequent umweltorientierte Landwirtschaft in der Lage sein könnte, mehr Nahrungsmittel für eine rasch wachsende Weltbevölkerung und wachsende Einkommen für die große Zahl der armen Bauern und Landarbeiter in der Dritten Welt hervorzubringen.

Die Diskussion um dauerhafte Entwicklung auf globaler Ebene (Brundtland-Bericht, Worldwatch-Reports) konzentriert sich im wesentlichen auf die Frage, wie die Erfolge der „Grünen Revolution" im Bereich des Wachstums der Produktion aufrechterhalten, aber gleichzeitig die umweltgefährdenden „Begleiterscheinungen" vermieden werden können. Das erscheint zunächst wie die Quadratur des Kreises, war doch die Kombination neues Saatgut + Agrochemikalien + Agrartechnik die Zauberformel, die das Produktionswachstum ermöglicht hat. In den internationalen Agrarforschungszentren, in denen die agrarwissenschaftliche Grundlage für die Grüne Revolution gelegt wurde, hat zwar inzwischen eine Umorientierung weg vom reinen System der Grünen Revolution begonnen, doch Alternativen, die in umweltverträglicher Weise eine weitere rasche Expansion der Nahrungsmittelproduktion erlauben, sind noch nicht in Sicht. Ähnliches gilt für die typischen Agrarexportprodukte jenseits des Grundnahrungsmittelsektors (etwa: Obst und Gemüse, Baumwolle, Zucker, Kaffee, Tee, Kakao usw.). Eine deutliche Ausweitung der Anbauflächen dürfte teilweise auf Kosten der extensiven Viehzucht möglich sein, doch ein großer Teil dieser Flächen ist von den natürlichen Bedingungen her für den Ackerbau nicht geeignet; eine Ausweitung auf Kosten von Waldgebieten ist unter dem Gesichtspunkt dauerhafter Entwicklung erst recht ausgeschlossen. So sind erhebliche Forschungsanstrengungen, aber auch sozio-politische Veränderungen (Förderung intensiv genutzten Kleinbesitzes) nötig, um eine Verbesserung der globalen Umweltsituation bei gleichzeitiger Verbesserung der weltweiten Ernährungssituation zu erreichen.

Auf der nationalen Ebene tritt dieser Zielkonflikt vor allem dann auf, wenn nationale Selbstversorgung als primäres Ziel angesehen wird. Häufig sind gewisse Agrarexportprodukte den ökologischen Bedingungen einer Region besser angepaßt als die traditionellen Grundnahrungsmittel (z. B. mehrjährige Baum- und Strauchkulturen wie Kaffee, Kakao, Tee und einige Gewürze in Gebirgsregionen), doch hier ist es die internationale Konkurrenz, die oft ökologischen Raubbau geradezu unerläßlich macht, wenn man kurzfristige Einkommenssteigerungen erreichen will. Hier geht es also darum, Ziele wie eine dem biologischen Pflanzenschutz förderliche Diversifizierung der Produktion, Boden- und Gewässerschutz ohne einschneidende Erlöseinbußen zu erreichen – ein Ziel, das sicher nur über eine internationale Verständigung über Methoden nachhaltiger Landwirtschaft und ein Verbot des sog. „ökologischen Dumpings" (Billigangebote auf der Basis ökologischen Raubbaus) zu erreichen sein wird.

Nachhaltige Landwirtschaft muß sich konkret in den einzelnen ländlichen Regionen durchsetzen. Gerade im lokalen Bereich sind einerseits ökologische Schäden besonders stark fühlbar (Erosion, Gewässerverschmutzung, Veränderung des lokalen Klimas durch Abholzung, Gesundheitsschäden durch Pestizideinsatz usw.) und hat die Propagierung von modernen Technologien auch häufig zu wirtschaftlichen Schwierigkeiten geführt, doch sind andererseits gerade Kleinbauern kaum in der Lage, größere Risiken durch Experimentieren mit neuen Produkten und neuen Anbaumethoden einzugehen, so daß Versuche, etwa die Chemisierung der Landwirtschaft rückgängig zu machen oder neue Kulturen zwecks Diversifizierung einzuführen, häufig auf erheblichen Widerstand stoßen. Gute Chancen dürften dort bestehen, wo an noch bestehende traditionelle Landbauformen angeknüpft werden kann, wobei es nötig sein dürfte, neue, kooperative Formen der Weiterentwicklung dieser traditionellen Methoden in Methoden eines ertragreichen standortgerechten Landbaus zu finden, die sich von den Mustern der von den herkömmlichen landwirtschaftlichen Forschungsinstituten und Beratungsdiensten betriebenen Modernisierungspolitik erheblich unterscheiden.

Übersicht (1) versucht, eine Art Synopsis der hier skizzierten Ansätze zur Agrarentwicklung zu geben; sie faßt die zentralen Ziele der drei Strategieansätze zusammen und verweist auf die jeweils bestehenden Zielkonflikte zwischen den verschiedenen Ansätzen. Eine erfolgreiche Entwicklung ländlicher Regionen in der Dritten Welt wird sich sicherlich darauf konzentrieren müssen, dauerhaft die Einkommenssituation der ländlichen Bevölkerung zu verbessern. Dies verlangt einerseits eine aktive Orientierung an den jeweiligen aktuellen, aber auch an den zukünftig erreichbaren (etwa durch gezielte strukturpolitische Maßnahmen) komparativen Vorteilen, eine Erhaltung bzw. wo

Typische Zielkonflikte zwischen „Ernährungssicherung", „Liberalisierung der Agrarmärkte" und „dauerhafter Agrarentwicklung"

Strategie Ebene	Ernährungssicherung	Liberalisierung der Agrarmärkte	Dauerhafte Agrarentwicklung
global	Vorrang des Anbaus von Grundnahrungsmitteln vs. Orientierung der Agrarproduktion am Weltmarkt „grüne Revolution" vs. ungünstige Verteilungs- und Umweltwirkungen	weltweit optimale Prod.standorte vs. ungünstige internationale Verteilungseffekte verstärkte Konkurrenzorientierung vs. Raubbau an der Umwelt	globaler Ressourcenschutz (Klima, Meere, Arten etc.) vs. Ertrags-Maximierung Umweltorientierte Handelshemmnisse vs. Liberalisierung der Agrarmärkte
national	Keine Importabhängigkeit bei Nahrungsmitteln vs. geringere Exporteinnahmen und evtl. höhere Umweltbelastung	höhere Einkommen und Optimierung der Exporterlöse durch Arbeitstlg. vs. langfristige Struktur- und Verteilungseffekte	nationaler Ressourcenschutz und wirtschaftl. Risikominderung (Diversifizierg., weniger Inputs, Boden-, Gewässerschutz) vs. Export- bzw. Ertragsmaximierung
lokal	Sicherheit durch Subsistenzproduktion vs. Verzicht auf Einkommenschancen, Risiko durch Naturkatastrophen	erhöhte Einkommenschancen durch effizientere Produktion vs. Verteilungseffekte, Preis- und Absatzrisiken	Schonung der eigenen Ressourcen, geringere Gesundheitsrisiken vs. kurzfristige Einkommens- und/oder Ertragsverluste

möglich, Verbesserung der natürlichen Voraussetzungen der Produktion, die Ergänzung der landwirtschaftlichen Produktion durch die Stärkung anderer wirtschaftlicher Aktivitäten (etwa im agroindustriellen Bereich) und eine höchste politische Sensibilität gegenüber der Ernährungssicherheit auf lokaler Ebene (etwa: Verringerung des Risikos durch Diversifizierung der Produktion und – wo nötig – durch ein gewisses Niveau an Eigenproduktion von Nahrungsmitteln sowie evtl. durch sozialpolitische Maßnahmen). Eine gezielte, d.h. den jeweiligen Charakteristika und Entwicklungschancen der Region angepaßte Verbesserung der Infrastruktur wird dabei immer vorausgesetzt.

Wolfgang Hein (Deutsches Übersee-Institut, Hamburg)

Literaturhinweise

Collins, Joseph und *Moore Lappé, Frances*, Vom Mythos des Hungers. Frankfurt/M. 1980.
Institute of Development Studies (Sussex), IDS Bulletin, Juli 1991 (Thema: Food Security and the Environment).
Körner, Heiko (Hg.), Probleme der ländlichen Entwicklung in der Dritten Welt. Berlin 1988.
Seitz, Klaus und *Windfuhr, Harald*, Landwirtschaft und Welthandelsordnung. Hamburg 1989.
Weltbank, Weltentwicklungsbericht 1986. Washington D.C. 1986.

Moloch Großstadt: Metropolisierung
in der Dritten Welt

1. Metropolisierung in der Dritten Welt

„Einst der Stolz der Zivilisation [sic?], ist die Stadt heute als eine Stätte des Schmutzes, der Zeitvergeudung, Isolation, psychologischen Aggressionen, Einsamkeit, selbst der Gefahr verschrien." Auf diesen Nenner brachte eine UNESCO-Studie die Problematik der großen Städte dieser Erde. Es ist der Blickwinkel der industrialisierten Länder, der hier seinen Ausdruck gefunden hat, Länder, in denen, wie wir sehen werden, u. a. aufgrund der obigen Erkenntnis das Wachstum der Großstadtkerne zum Erliegen gekommen ist und sich das Städtewachstum an der Peripherie, also suburban, abspielt und der Urbanisierungsprozeß längst das flache Land erreicht hat.

In der Dritten Welt dagegen scheinen die großen Städte eine ungebrochene Anziehungskraft zu haben. Die Landflucht führt zur Expansion bereits der kleineren und mittleren Städte, von dort ergießt sich ein Migrationsstrom in die Großstädte, um erst in den Metropolen zum Erliegen zu kommen. Dafür ist der Begriff „Etappenwanderung" geprägt worden. Der Endpunkt dieser neuen Völkerwanderung vom Land in die Stadt ist seit geraumer Zeit die nationale Metropole. Heute aber stehen wir angesichts des wachsenden Zustroms von politischen und wirtschaftlichen Asylanten in die Industriestaaten vor der Erkenntnis, daß der Metropolisierungsprozeß eine internationale Dimension erreicht hat und inzwischen droht, die Metropolitanstaaten der Erde zu erfassen.

Ist dieser Vorgang an sich schon geeignet, auf der humanitären Seite Mitleid und Hilfe auch in den Industriestaaten zu erzeugen, führt er zur Sensibilisierung durch die tägliche Begegnung mit den bedauernswerten Asylanten, so ist es eine letzte Dimension des Metropolisierungsprozesses, die uns unmittelbar zum Handeln zwingen müßte: Inzwischen erweist sich nämlich aufgrund der weltweiten Vernetzung unseres Ökosystems Erde unser eigener Lebensraum als zunehmend gefährdet. Dies gilt für das natürliche Ökosystem ebenso wie für das soziale. Die Metropolen sind Verursacher weitreichender Umweltschädigungen, die bis in das Weltklimasystem eingreifen, sie sind Konfliktherde ersten Ranges, von denen aus kaum absehbare Folgen für die innere Sicherheit der gesamten Erde ausgehen können. So gesehen wird die Metropolisierung in der Dritten Welt in zunehmendem Maße ein Problem für uns alle.

2. Der Umfang: Metropolisierung als statistisch/terminologisches Problem

Vor 50 Jahren lebte noch jeder 23. Erdenbürger, insgesamt 94 Mio. Menschen in einer Millionenstadt, 1980 wohnte in Städten dieser Größenordnung bereits jeder 7., d. h. insgesamt 600 Mio. In zehn Jahren, im Jahr 2000 also, wird jeder 5. Bewohner unserer Erde in einer Millionenstadt leben. Zwischen 1950 und dem Jahr 2000 verdoppelt sich die Landbevölkerung, die Stadtbevölkerung vervierfacht sich, die Metropolitanbevölkerung dagegen verzehnfacht sich. Differenziert man diesen Prozeß auf zwei Raumkategorien, die der Industrie- und der Entwicklungsländer, kann man feststellen, daß der Verstädterungs- und Metropolisierungsvorgang in den Ländern der Dritten Welt noch viel rascher vor sich geht: In den Städten des Weltentwicklungsgürtels verachtfacht sich die Bevölkerung, dort vervierzehnfacht sich die Einwohnerschaft der Metropolen. Im Jahr 2000 wird jeder zweite Städter Bürger einer Millionenstadt sein.

Solche und ähnliche Angaben, die sich in wissenschaftlichen Veröffentlichungen ebenso finden wie in der Tagespresse, täuschen eine terminologische und statistische Genauigkeit vor, die es in Wahrheit gar nicht gibt. Bislang ist weder eine einheitliche noch eine eindeutige Definition der zentralen Begriffe „Stadt", „Metropole", „Verstädterung", „Metropolisierung" erarbeitet worden. Dies gilt im besonderen für die Termini Stadt, Verstädterung, Urbanisierung.

Dies wird insbesondere deutlich, wenn man die Verstädterung nicht ausschließlich auf den quantitativen Aspekt beschränkt und auch als ein qualitatives, aus der spezifischen Lebensweise her begründetes Phänomen bzw. den damit verbundenen Prozeß fassen will. Noch gravierender vielleicht ist die Tatsache, daß sich Urbanisierung als Prozeß der Ausbreitung urbaner Lebensformen (Urbanität) in den Industrieländern heute zunehmend auch im ländlichen Raum abspielt und dabei kaum einen Niederschlag in den Statistiken findet, während auf der anderen Seite in den Entwicklungsländern zwar ein gewaltiges, statistisch meßbares Städtewachstum stattfindet, vielfach aber dabei Lebensformen des Landes in die Städte transferiert werden. Urbanisierung der Ruralräume in der Ersten Welt, Ruralisierung der urbanen Zentren in der Dritten Welt – auf diese stark generalisierte Formel könnte man diesen Gedanken bringen.

Gravierend ist auch das terminologische und statistische Dilemma bei dem Begriff der Metropolisierung. Dementsprechend werden die Begriffe Metropole, Metropolis, metropolitan area, metropolitan city, metropolitan center sehr unterschiedlich definiert. Dies gilt schon für die statistische Abgrenzung. Sie reicht von der Untergrenze bei 100 000 E. über 500 000 bis zu der von den UN (Population Division) zugrundegelegten 12,5 Mio-Grenze.

In der Forschung setzen viele Autoren den Begriff der Metropole mit dem der Hauptstadt gleich. Metropolisierung wäre demnach Hauptstadtwachstum. Länder, in denen nicht die größte Stadt auch zugleich Hauptstadt ist (USA, Bundesrepublik Deutschland bis 1990, Ecuador, Brasilien etc.) würden demnach keinem Metropolisierungsprozeß unterliegen, Berlin, Frankfurt, New York, Sao Paulo und Rio de Janeiro könnten nicht als Metropolen gelten.

Demgegenüber verstehen manche Forscher die jeweils größte Stadt (chief-city) eines Landes oder einer Region als Metropole. Da dabei auch topographische, strukturelle, funktionale, demographische, historische, ökonomische, kulturelle und prozessuale Gesichtspunkte einbezogen werden sollen, ist eine Zuordnung eines urbanen Zentrums zur Kategorie der Metropole dann nur nach detaillierten Einzelstudien möglich.

Andere Autoren verstehen unter der Metropole die Weltstadt, world city, Großagglomerationen also, die geistig, ökonomisch und politisch zwischen den Kontinenten vermitteln und Konzentrationspunkte der globalen Entwicklung geworden sind. Demnach bliebe die Zahl der Metropolen überschaubar, das Phänomen der Metropolisierung wäre ein im wesentlichen geistiges Phänomen, das nur wenige Staaten der Erde direkt beträfe.

Ein letztes Problem besteht darin, daß in den seltensten Fällen eine Übereinstimmung der Fläche des physiognomisch-strukturell metropolitanen Raumes mit dem Verwaltungsbezirk der entsprechenden Stadt besteht. Dies erschwert die statistische Erfassung der Metropolitanbevölkerung, weil zum Teil agrare Bevölkerung des Umlandes in Großräume (Groß-Buenos Aires etc.) einbezogen, zum Teil aber metropolitane Bevölkerung außerhalb des historisch definierten Stadtbezirks nicht berücksichtigt wird. So ist die Bevölkerung der Agglomeration Rio de Janeiro fast doppelt so groß wie die zumeist in den Statistiken angegebene Einwohnerzahl innerhalb der Stadtgrenze.

In Tab. 1 sind die Rangplätze der Weltmetropolen in den letzten dreißig Jahren aufgeführt. Bei einer Analyse dieser Statistik lassen sich folgende Erkenntnisse formulieren:

1. Die Bedeutung der Metropolen der Industrieländer nimmt in Relation zu denen der Entwicklungsländer ab. Waren 1966 unter den zehn größten Städten der Welt noch 7 Metropolen der Industrieländer, verloren diese in jeweils 10 Jahren immer mehr Spitzenränge. 1985 war das Verhältnis umgekehrt.

2. Die größten Zugewinne haben die Metropolen der Entwicklungsländer zu verzeichnen. Die Tabelle zeigt, daß Mexico-City, Sao Paulo und Kairo Boomstädte sind, in ähnlicher Weise Seoul, dagegen stagniert die Entwicklung in den Metropolen Amerikas (New York) oder Europas (Paris).

Im Vergleich der Entwicklung in Industrie- und Entwicklungsländern zeigt sich, daß das absolute Wachstum der Metropolen in der Dritten Welt exponentiell, in der Ersten Welt dage-

Tab. 1: Die größten Metropolen der Welt 1965–1985

Name der Stadt	ca. 1965 E. (Mio)	Rang	ca. 1975 E. (Mio)	Rang	ca. 1985 E. (Mio)	Rang
New York	14 759	1	16 037	1	17 800	3
Tokio	9 676	2	11 408	2	26 950	1
London	8 183	3	7 379	10	6 770	18
Moskau	7 884	4	7 734	7	8 730	12
Paris	7 370	5	8 197	6	8 710	13
Shanghai	7 100	6	10 820	3	6 900	17
Buenos Aires	6 763	7	8 353	5	9 930	7
Los Angeles	6 743	8	7 032	12	9 480	9
Chicago	6 221	9	7 524	9	6 660	19
Calcutta	5 501	10	7 031	13	9 200	10
México-City	4 636	11	10 290	4	20 500	2
São Paulo	3 820	15	5 241	16	15 280	4
Rio de Janeiro	3 307	21	4 316	20	10 220	5
Kairo	3 346	19	7 067	11	10 000	6
Seoul	3 376	18	5 510	15	9 630	8

Quelle: Petermanns Geogr. Mitteilungen, 1966, 1977, 1988.

gen linear verläuft. Asien und Lateinamerika sind die Kulturräume, in denen die Metropolisierung noch sehr rasch voranschreitet.

Noch ist die Metropolisierungsquote in den anglophonen Ländern Australien/Neuseeland und Nordamerika am höchsten. Unter den Entwicklungsländern nimmt Lateinamerika den Spitzenrang ein. Noch deutlicher wird die Wasserkopfbildung der Metropolen in Lateinamerika, wenn man den Anteil der metropolitanen Bevölkerung an der urbanen Bevölkerung des Kulturerdteils mißt. Hier nimmt Lateinamerika bereits den Spitzenrang ein.

Aus der quantitativen Analyse folgt auch, daß die Metropolisierung des Weltentwicklungsgürtels in Lateinamerika den höchsten Grad erreicht hat und daher die Folgen dort am gravierendsten sein müssen. Aus dieser Beobachtung begründet sich die Auswahl von Lateinamerika als Beispielregion für die Fallbeispiele in den folgenden Kapiteln.

Daß die Zuordnung zur Kategorie Millionenstadt allein

nicht für die Charakterisierung einer Metropole ausreichend ist, ist bereits belegt worden. Eine überragende Bedeutung einer Agglomeration im nationalen, aber auch im internationalen Kontext kommt schon eher dem nahe, was man unter einer Metropole verstehen könnte. Die Bedeutung einer Stadt im nationalen Kontext wird mit dem Primacy-Index beziffert, einem Wert, der die Einwohnerzahl der größten Stadt in Beziehung zu dem oder den nächstkleineren Zentren mißt. Die wasserkopfartige Aufblähung der Primatstädte ist tatsächlich eines der bedeutendsten Entwicklungsprobleme der Dritten Welt.

Dort, wo eine hohe Primacy der Metropole vorliegt – und das ist in der Mehrzahl der Drittweltstaaten der Fall –, haben die regionalen Disparitäten zwischen der Metropolitanregion und den komplementären Landesteilen in allen Fällen in den letzten Jahrzehnten erheblich zugenommen. Dort könnte man überspitzt formulieren, daß sich der Entwicklungsprozeß ausschließlich auf die jeweilige metropolitane Region konzentriert, während die übrigen, peripheren Landesteile stagnieren. Und dieser Gedanke führt zu der Überlegung, ob nicht die dynamische Bevölkerungsentwicklung der Metropolen geradezu wieder zum entscheidenden Entwicklungshindernis der Wirtschafts- und Kulturräume wird.

3. Ursachen des Metropolisierungsprozesses

Das teilweise explosionsartige Anwachsen der Metropolen Lateinamerikas geht auf drei Faktorenkomplexe zurück, die teilweise untereinander in einem Ursache-/Wirkungszusammenhang stehen. Es sind dies
– das hohe natürliche Bevölkerungswachstum in den Städten selbst. Dabei gibt es länderspezifische Unterschiede, die in Zusammenhang mit unterschiedlichen Entwicklungsphasen im Modell des demographischen Übergangs stehen.
– die Zuwanderung in die Metropolen, wobei sowohl ein direkter Zustrom als auch eine etappenweise Migration auszumachen sind.

Tab. 2: Primatstadtindices für südamerikanische Staaten, 1990

Land	Hauptstadt (Rangplatz in Klammern)	1. Stadt	2. Stadt	3. Stadt	PP[1]	PF[2]
Südamerika						
Argentinien	Buenos Aires (1)	12 500 000	984 000	957 300	7,87	12,70
Bolivien	La Paz (1)	2 000 000	441 700	317 300	22,09	4,53
Brasilien	Brasilia (6)	15 221 000	10 190 000	2 114 000	66,95	1,49
Chile	Santiago (1)	4 318 305	267 025	217 756	6,18	16,17
Ecuador	Quito (2)	1 300 868	1 200 000	272 379	92,30	1,08
Guyana	Georgetown (1)	170 000	30 000	20 000	17,65	5,67
Kolumbien	Bogotá (1)	3 975 000	1 419 000	1 324 000	35,70	2,80
Paraguay	Asunción (1)	729 307	110 000	80 000	15,08	6,63
Peru	Lima (1)	5 331 000	509 000	460 000	9,55	10,47
Suriname	Paramaribo (1)	150 000	—	—		
Uruguay	Montevideo (1)	1 247 920	80 787	75 081	6,41	15,60
Venezuela	Caracas (1)	1 816 901	888 824	616 037	48,92	2,04

Zugrundegelegt wurden jeweils die neuesten Bevölkerungsangaben (Zählung oder Schätzung, nicht älter als 5 Jahre) für die Agglomeration, auch außerhalb der oft engeren Grenzen des Verwaltungsbezirks der Stadt.
Zusammenstellung A. Borsdorf, nach Fischer Weltalmanach 1991, München 1990.

[1] PP = Zweitgrößte Stadt in % der größten Stadt
[2] PF = Primacy-Faktor: Größte Stadt x-mal größer als zweitgrößte Stadt

– die Wirtschaftsstruktur des jeweiligen Landes und der Grad der Konzentration der Wirtschaft auf ein Zentrum.

– das sozioökonomische Entwicklungsstadium eines Landes.

Mertins (1987, S. 160 f.) hat zwei Phasen der Metropolisierung in Lateinamerika festgestellt. In der ersten Phase liegen die Wanderungsgewinne der Metropole weit über dem natürlichen Wachstum der Stadtbevölkerung. In dieser Phase wirken die Push- und Pullfaktoren noch ungehemmt, die disparitätische Struktur bei Wirtschaftskraft und Ausstattung wird von den Menschen noch als unzweifelhafter Vorzug der Metropolen wahrgenommen.

In der zweiten Phase der Metropolisierung wächst die Metropole hauptsächlich aufgrund des natürlichen Wachstums. Die Sterberaten können durch die bessere Versorgung in den Metropolen gesenkt werden, die Geburtenraten bleiben jedoch wegen der nicht erfolgten Integration marginaler Bevölkerungsschichten gleich hoch. Die Altersstruktur ist zudem durch die Zuwanderung ausschließlich jüngerer Menschen durch einen breiten Mittelbau regenerationsfreudiger Altersschichten gekennzeichnet.

Mertins (1987, S. 164 ff.) unterscheidet auf Basis dieser Erkenntnis vier Wachstumstypen von Metropolen, die auch als Wachstumsphasen gedeutet werden können. Der erste Typ ist durch extrem hohe Zuwachsraten gekennzeichnet ($<5,6\,\%/a$). Sie beruhen vor allem auf der Zuwanderung. Dazu gehören Curitiba, Guadalajara, Guatemala-Stadt, Managua, Monterrey. Der zweite Typ weist noch hohe Wachstumsraten ($3,8$–$5,5\,\%/a$) auf. Der Wanderungsgewinn liegt aber nur noch bei etwa 50 % des Gesamtwachstums. Zu diesem Typ zählen Belo Horizonte, Bogotá, Caracas, Fortaleza, Mexico-City, Pórto Alegre, Sao Paulo, Salvador und San José. Ein dritter Typ hat nur mittlere Zuwachsraten ($2,1$–$3,7\,\%$). Mit dem Rückgang der Fruchtbarkeit ist dort auch die Zuwanderung weiter gesunken, etwa in Cali, Lima, Medellín, Recife, Rio de Janeiro und Santiago de Chile. Ein letzter Typus weist bereits Charakteristika postindustrieller Metropolen auf und wächst nur noch mit Geschwindigkeiten von

120

unter 2,0 %. Dies ist in Buenos Aires und Montevideo zu beobachten.

4. Probleme der Metropolisierung

Die Probleme der Metropolisierung sollen hier nur tabellarisch
aufgelistet werden, wobei die Liste keinen Anspruch auf Voll-
ständigkeit erhebt. Es sind dies:
1. Landflucht, dadurch intellektuelle Ausdünnung des Landes,
Verhinderung von Veränderungen; Stagnation auf dem Lande;
Zementierung der überholten Agrarverfassung.
2. Konzentration unterer Sozialgruppen in den Marginalsied-
lungen der Städte, wegen unzureichender sozioökonomischer
Integration Ausbreitung von Kriminalität; Seuchengefahr.
3. Arbeitslosigkeit in den Städten, die mit dem Zustrom vom
Land nicht fertig werden.
4. Infrastrukturprobleme der Riesenstädte, deren Etat für die
Stadtfläche und -bevölkerung nicht ausreicht; insbesondere:
– Wohnungsnot
– fehlende Müllabfuhr, Kanalisation, Wasserversorgung, Elek-
trizität
– mangelnde Verkehrsanbindung in den Marginalvierteln
– Verkehrschaos in der inneren Stadt.
5. Desintegration von Teilen der Stadtbevölkerung.
6. Segregation und Polarisierung der Raum- und Sozialstruktur, Ghettobildung, Gefahr politischer Konflikte.
7. Umweltschäden, Luft- und Gewässerverschmutzung, Versie-
gelung, Grundwasserabsenkung, Seuchen.
8. Verstärkung des Entwicklungsgefälles innerhalb des Staates.

5. Städtische Umweltprobleme am Beispiel von Mexico-City

Im folgenden soll ein besonders krasses Beispiel herausgegrif-
fen werden. Die Informationen sind großenteils der Arbeit von
Sander (1990) entnommen.

Die Stadt Mexico liegt in randtropischer Lage auf einer Höhe von über 2000 m in einem abflußlosen Becken, das einst-

mals von dem Texcoco-See eingenommen wurde und umrahmt wird von den Gebirgszügen der westlichen und östlichen Sierra Madre und der transversalen Vulkankordillere. Das Klima zeigt zwar Durchschnittstemperaturen auf, die denen Mitteleuropas ähneln, es ist jedoch als tropisches Höhenklima (Tierra fria) durch eine hohe Tagesamplitude und eine geringe Jahresamplitude gekennzeichnet. Die Tierra fria war in allen vorkolumbischen Hochkulturen ein bevorzugter Siedlungsraum, wobei sich die Ureinwohner der ökologischen Labilität nahe der Höhengrenze der Ökumene sehr bewußt waren und sich mit besonderen Techniken der Landnutzung (Grabstock, Hakenpflug, Bewässerung) um eine Schonung der göttlich verehrten Natur bemühten.

Nach der Zerstörung der Stadt Tenochtitlán durch Cortéz im Jahr 1521 begannen die Spanier, den See zu entwässern und trockenzulegen, um Flächen für ihre zukünftige Hauptstadt zu schaffen. Der Bruch mit der bisherigen Einstellung zur Natur war radikal und hat sich in mehrfacher Hinsicht als später Fluch Montezumas erwiesen. Heute ist der Wasserhaushalt im Hochtal so nachhaltig gestört, daß man zur Trinkwasserversorgung auf Brunnen im meeresnahen Tiefland ausweichen mußte. Der Baugrund erwies sich als außerordentlich instabil und selbst das ursprüngliche Nebenziel, die Überschwemmungsgefahr zu bannen, wurde nicht erreicht. Durch die Absenkung des Bodens um bis zu 10 m wurden neue Leitlinien des Abflusses geschaffen, die bei tropischen Zenitalregen das Oberflächenwasser geradezu in das Zentrum leiten. Zugleich hat die Entwaldung der benachbarten Kordillerenhänge die Erosion verstärkt und damit das verbliebene Restseebecken versanden lassen und um seine Speicherkapazität gebracht. Mit der Trockenlegung des Sees trat ein Folgeproblem auf: die Staubstürme (Tolveras). Bei den häufigen, trockenen Nordstürmen werden die leichteren Staubpartikel des nun knochentrockenen Bodens aufgewirbelt und in das Stadtzentrum getragen, das im Staub zu versinken droht. Man hat nun drei künstliche Vorfluterseen in der Windrichtung angelegt, um die Staubpartikel zu bannen. Durch die Seeufervegetation ist es tatsächlich gelungen, den Tolveras ihre Heftigkeit zu nehmen.

Das Wasser ist für die Stadt nach wie vor eines der gravierendsten Probleme. Der Verbrauch beträgt 64 m^3/sek, er kann nur zu $^2/_3$ aus der Hochtalregion gedeckt werden. Die praktizierte Überentnahme führte schon zu einer gravierenden Abnahme des Grundwasserspiegels. Bis zum Jahr 2000 wird mit einer Steigerung des Verbrauchs je nach Bevölkerungsentwicklung auf 88 bis 119 m^3/sek gerechnet. Dazu wird man Liefergebiete erschließen müssen, aus denen das Wasser über eine Höhendifferenz von 2200 m gepumpt werden muß. Der Wasserverbrauch ist sehr ungleichgewichtig. Etwa 9% der städtischen Haushalte verbrauchen 75% der Wassermenge. In den höheren Sozialschichten wird bis zu 40mal mehr Wasser verbraucht als in den unteren. Mindestens 10% der Stadtbewohner verfügen über gar keinen Wasseranschluß.

Das Abwassernetz ist sehr viel lückenhafter als das Wasserversorgungsnetz. Nur 44% der Bevölkerung sind an die Kanalisation angeschlossen. Das Brauchwasser muß per Pumpe aus dem abflußlosen Becken der Stadt in die Vorfluter gepumpt werden. Sie gelangen dort ungeklärt hinein und verunreinigen bzw. zerstören Ökosysteme, die außerhalb des Herkunftsgebiets liegen. Derzeit sind Kläranlagen im Bau, deren Kapazität auf ein Neuntel des gegenwärtigen Trinkwasserverbrauchs der Stadt angelegt ist.

Da mehr als die Hälfte der Bürger nicht an das Kanalnetz angeschlossen ist, wird ein großer Teil der Brauchwässer und Fäkalien ohnehin lokal entsorgt. An der Uferzone des Texcoco-Sees beispielsweise ist die Luft angereichert mit dem Geruch und den Partikeln von Exkrementen und Verwesendem. Hier liegt eine Brutstätte für Keime, die mit den Tolveras in das Stadtgebiet getragen werden.

Die Müllentsorgung entspricht in ihrem Umfang dem der Kanalisation. Riesige Müllberge, auch diese illegal an den Ufern des Texcoco-Sees angelegt, bilden eine ähnliche Quelle der Luftverpestung wie die unzureichende Kanalisation. Angesichts der 10 000 t Schadstoffe, die laut einer Erhebung der Nationaluniversität täglich in die Atmosphäre abgegeben werden, spielen Exkremente und Duftstoffe aus den Müllbergen quantitativ kaum eine Rolle. Mit 7100 t liegt Kohlenmonoxid an der Spitze, wobei 70 % der Schadstoffbelastungen von den Kraftfahrzeugen ausgehen. Dieser außerordentliche Anteil der Kfz-Emissionen muß vor dem Hintergrund gesehen werden, daß wegen der Höhenlage der Stadt für alle Verbrennungsprozesse ca. 15 % weniger Sauerstoff zur Verfügung steht, daß die mexikanischen Treibstoffe unsauberer sind als z.B. die deutschen und daß es keine dem TÜV oder der ASU vergleichbaren Kontrollen gibt.

Die rund 40 000 Industriebetriebe sind für die übrige atmosphärische Belastung verantwortlich. Sie liegen so ungünstig am nördlichen Taleingang, daß die Schadstoffe in hoher Konzentration direkt in den Kessel getrieben werden, wo es keinen Ausgang für sie gibt. Es ist daher kein Wunder, daß etwa die Hälfte der Bürger, d.h. 10 Mio. Menschen, unter permanenten Entzündungen und Reizungen der Atemorgane, Bindehaut und Schleimhäute leidet. Luftverschmutzungen sind die achthäufigste Todesursache. Cadmiumvergiftete Vögel fallen tot vom Himmel. Mauerwerk, Beton, Aluminium, Farben und Gummi werden durch die hohen Ozon- und Schwefelkonzentrationen zerstört.

Am Beispiel Mexico-City wird deutlich, wie sehr lokale Faktoren und globale Faktoren zusammenspielen. Die Beckenlage, die klimatische Zuordnung und die Probleme der Wasserversorgung sind zwar lokale Faktoren, sie sind jedoch nur scheinbar ein Einzelfall, da viele Metropolen der Dritten Welt eine ähnliche Naturausstattung und topographische Lage besitzen. Der zweite Lagetypus, die Situation im tropischen Tiefland, ist noch problematischer, weil hier die hohe Luftfeuchtigkeit als Transportmedium dient und die Schadstoffe in Luft, Boden und Wasser optimal verteilt werden.

Axel Borsdorf (Universität Innsbruck, Geograph. Inst.)

Literaturhinweise

Bronger, D., Metropolisierung als Entwicklungsproblem in den Ländern der III. Welt. Ein Beitrag zur Begriffsbestimmung. In: Geogr. Zeitschr. 72, 1981, S. 1–33.

Mertins, G., Probleme der Metropolisierung Lateinamerikas unter besonderer Berücksichtigung der Wohnraumversorgung unterer Sozialschichten. In: Gormsen, E. und Lenz, K. (Hrsg.), Lateinamerika im Brennpunkt. Aktuelle Forschungen deutscher Geographen. Berlin 1987, S. 155–207.

Sander, H.-J., Umweltprobleme im Hochtal von Mexico. In: Geographische Rundschau 42, 1990, H. 6, S. 328–333.

Schöller, P., Einige Erfahrungen und Probleme aus der Sicht weltweiter Urbanisierungsforschung. In: Teuteberg, H. J. (Hrsg.): Urbanisierung im 19. und 20. Jahrhundert. Köln/Wien 1983, S. 591–600.

Wilhelmy, H. und *Borsdorf, A.,* Die Städte Südamerikas. 2 Bände (Urbanisierung der Erde Bd. 3/1 und 3/2). Berlin/Stuttgart 1984 u. 1985.

Gesundheitsprobleme in der Dritten Welt:
Alte und neue Krankheiten, alte und neue Antworten

Im Vergleich mit Industrieländern (IL) sind Infektionskrankheiten in Entwicklungsländern (EL) als Todesursache weit häufiger (siehe Schaubild 1).

Die typischen Tropenkrankheiten, die bis auf Lepra von Parasiten verursacht werden, rangieren immer noch weit vorn. Die Hälfte der Weltbevölkerung wird von Tropenkrankheiten wie Malaria, Bilharziose und Amöbenruhr bedroht. Allein in Afrika erkranken jährlich über 80 Mio. Menschen an Malaria; mehr als eine Mio. Kinder stirbt daran. Von Bilharziose sind

Schaubild 1: Todesursachen in Industrie- und Entwicklungsländern

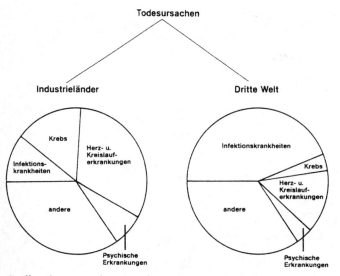

Quelle: Chancen und Risiken der Gentechnologie, Bericht der Enquete-Kommission des 10. Deutschen Bundestages, Bonn 1987, S. 255.

200–300 Mio. Menschen betroffen, an Amöbenruhr leiden fast 500 Mio. Über Tropenkrankheiten hinaus nennt die Weltgesundheitsorganisation (WHO) weitere erschreckende Daten: Zwei Milliarden Menschen sind mit dem Hepatitis-B-Virus infiziert; 2,2 Milliarden Menschen leiden an Darmkrankheiten, 1,8 Milliarden an Krankheiten, die durch Impfung zu vermeiden gewesen wären; sexuell übertragene Leiden haben 260 Mio.; drei Millionen Kinder sterben jährlich an Durchfall und Atemwegserkrankungen; 40 Millionen werden voraussichtlich im Jahr 2000 mit dem Aids-Virus infiziert sein; 200 000 Menschen leiden derzeit an Cholera; jeder dritte Mensch bekommt nicht einmal die dringendsten Medikamente. Die berühmte Zielsetzung von WHO und UNESCO aus dem Jahr 1978 „Gesundheit für alle bis zum Jahr 2000" kann angesichts dieser Zahlen bereits als gescheitert gelten. Wie sieht die Situation im einzelnen aus? Zunächst zu den Tropenkrankheiten.

Zu den Wurmerkrankungen zählt die *Onchozerkose*. Mit dem Erreger sind derzeit ca. 20 Mio. Menschen vor allem im subsaharischen Afrika und Lateinamerika infiziert. Die Würmer, die die als „Flußblindheit" bekannte Krankheit verursachen, werden von der Kriebelmücke übertragen. Weltweit gibt es ungefähr 340 000 „Flußblinde". In jüngster Zeit wurde im Labor eine Antigenreaktion erforscht. Es wird gehofft, auf dieser Basis einen gentechnologischen Impfstoff entwickeln zu können. Allerdings ist bereits ein neues Medikament im Handel, das die Erreger in der Haut zuverlässig abtötet. Zur Vorbeugung gibt es aber nur eine praktikable Maßnahme: Die Kontrolle der Brutplätze der Kriebelmücke und die Vernichtung ihrer Larven.

Ebenfalls von einem Wurm, dem Guinea-Wurm, wird die *Dracunculiasis* ausgelöst. Gegen diese Infektion gibt es gegenwärtig weder einen Impfschutz, noch eine ausreichende Behandlung. Dennoch ist sie nach den Pocken, die 1978 von der WHO für besiegt erklärt wurden (zu erinnern ist daran, daß schon 1796 der englische Arzt Jenner den ersten Lebendimpfstoff für das Pockenvirus (Vaccinia) entwickelte), die zweite

Malaria

Schistosomiasis (oder Bilharziose)

Filariose (z. B. Elephantiasis) einschließlich Onchozerkose (Flußblindheit)

Trypanosomiasis (T. africana: Schlafkrankheit und T. americana [cruzi]: Chagaskrankheit)

Leishmaniose (Orientbeule oder Kala Azar/schwarzes Fieber)

Lepra

Quelle: Chancen und Risiken der Gentechnologie, a. a. O., S. 256.

Krankheit, die weltweit beseitigt werden soll. Da der Guinea-Wurm den Menschen als Wirt benötigt, bestehen hierfür günstige Ausgangsbedingungen. Durch Verwendung von abgekochtem oder gefiltertem Wasser und vor allem durch das Bohren neuer Brunnen ließe sich der Erreger vernichten.

Die *Lepra,* die schon in der Bibel beschrieben wird, plagt immer noch etwa 12 Mio. Menschen. Bei dieser Krankheit, deren Inkubationszeit fünf bis zehn Jahre beträgt, wird die Haut und das äußere Nervensystem befallen. Geschwüre und Empfindungsstörungen führen zu Verstümmelungen und Verkrüppelungen. Auslöser der Infektion durch das „Mycobacterium leprae" sind letztlich mangelhafte hygienische Verhältnisse, mangelhafte Ernährung und die dadurch induzierte Schwächung des Immunsystems. Durch eine Kombinationstherapie läßt sich die Krankheit gut behandeln. Die Behandlung kostet allerdings etwa 100.– DM.

Immer noch unbesiegt ist auch die *Schlafkrankheit,* die von durch die Tsetse-Fliege übertragenen Trypanosomen verursacht wird. Weltweit werden 25 000 Fälle jährlich registriert. Ein neu entwickeltes Gegenmittel, das weniger schädliche Nebenwirkungen als die bisher verwendeten aufweist, hat allerdings zwei Nachteile: erstens wirkt es nur gegen den Typ Trypanosomen, der in West- und Zentral-Afrika vorkommt. Zweitens bedarf es intravenöser Applikation. Es kann folglich nur unter medizinischer Überwachung verabreicht werden. Darüber hinaus treten wahrscheinlich relativ hohe Behandlungskosten auf – ein für EL unüberwindliches Problem.

Das gleiche Problem stellt sich bei der Behandlung der *Bilharziose* (Schistosomiasis). Die Erreger sind Saugwürmer, die im Wasser in die Haut eindringen. Im Blut legen die Weibchen, die sich von roten Blutkörperchen ernähren, Eier ab. Diese gelangen bis in die feinsten Haargefäße, wo dann das Gewebe abstirbt und verkalkt. Ausgeschiedene Eier gelangen ins Wasser und führen die Infektionskette fort. Gegen die Bilharziose ist 1979 von zwei deutschen Herstellern ein Medikament entwickelt worden, das ca. 8.– DM/Patient kostet. Trotz des niedrigen Preises waren nicht genügend Devisen vorhanden, das Medikament auf breiter Basis in EL einzusetzen.

Mit schätzungsweise drei Mio. Toten fordert die *Malaria* nach wie vor einen hohen Blutzoll. Annähernd 400 Mio. Menschen erkranken jährlich an Malaria, drei Millionen sterben an ihr. Die im 18. Jahrhundert entstandene Bezeichnung „schlechte Luft" (italienisch „malaria") verweist immerhin auf den richtigen Kern: die Anopheles-Mücke, die insbesondere den gefährlichen Erreger der Malaria tropica, das „Plasmodium falciparum" beherbergt, legt ihre Eier in tropischen Sümpfen und warmen Feuchtgebieten ab. Auch bei den Plasmodien wird eine zunehmend schnellere Resistenzentwicklung beobachtet. Das erste Medikament – Chloroquin – war 40 Jahre lang wirksam, ehe Resistenzen auftraten. Beim nächsten Medikament „Pyrimenthamin/Sulfadoxin" dauerte dieser Vorgang nur vier Jahre. Bei „Mefloquin", dem neuen Mittel, wird sogar eine noch kürzere Zeit befürchtet. Zudem sind die Medikamente zu teuer und weisen erhebliche Nebenwirkungen auf. Zwei der Wirksubstanzen wurden schon vor Jahrzehnten vom Walter Reed Army Institute of Research der USA nach Untersuchung von 250 000 Stoffen entwickelt. Seitdem wurde nur ein neuer Wirkstoff gefunden, der sich noch im klinischen Test befindet. Ansonsten wurden nur Kombinationspräparate entwickelt. Sollte die Medikamentenentwicklung davon abhängen, wie zahlungskräftig die Kundschaft oder wie groß der militärische Nutzen ist?

Die Entwicklung eines Impfstoffes bereitet andererseits ebenfalls große Schwierigkeiten. Aufgrund der Entwicklungsstadien der Plasmodien gibt es drei Ansatzpunkte: Nach dem Mückenstich entwickeln sich im Blut zunächst Sporozoiten, die sich in Leberzellen ansiedeln. Nach ihrer Vermehrung gelangen sie als Merozoiten erneut in die Blutbahn, wo sie die roten Blutkörperchen befallen. Nach einer weiteren Vermehrung platzen die Blutkörperchen und geben große Mengen Gametozyten frei, die wiederum bei einem Stich der Anopheles-Mücke von ihr aufgenommen werden, womit der Kreislauf geschlossen ist. Als Grundlage für einen möglichen Impfstoff sind Antigene auf der Oberfläche von Sporozoiten gefunden worden. Entkommt aber auch nur eine Sporozoit der Immunabwehr und kann sich in der Leber ansiedeln, so ergibt sich bei der weiteren Entwicklung das übliche Krankheitsbild. Bei einem Impfstoff gegen Merozoiten, der mit gentechnologischen Methoden schon entwickelt wurde, entfällt dieser Nachteil. Allerdings hält der Impfschutz nicht lange an. Ein Drittel der Weltbevölkerung alle zwei Jahre zu impfen (so lange hält die natürliche Immunantwort eines wiederholt Infizierten an), dürfte kaum machbar sein. Eine Immunantwort auf das dritte Entwicklungsstadium, die Gametozyten, hervorzurufen, hat für den infizierten Menschen selbst keine Bedeutung; sie kann aber die weitere Ausbreitung der Erreger verhindern. Reine Theorie ist bislang die Entwicklung eines Impfstoffes, der in allen drei Phasen wirkt. Da dieser Impfstoff voraussichtlich teuer sein wird, bietet er wohl nur einen Impfschutz für Ferntouristen. Einfacher ist eine andere Art der Vorbeugung: ein mit einem hochwirksamen Insektizid imprägniertes Moskitonetz wird als sehr hilfreich empfohlen.

Es sind aber nicht nur die Tropenkrankheiten im engeren Sinn, die die Bevölkerung in EL bedrohen. Auch andere Infektionskrankheiten sind überproportional häufig. Die hohe Kindersterblichkeit wird vor allem durch Durchfallerkrankungen und Atemwegsinfektionen verursacht. „Durchfallerkrankungen sind mit schätzungsweise 5–10 Mio. und respiratorische Erkrankungen mit 4–5 Mio. Todesfällen jährlich die häufigsten Todesursachen. Auch ist ein Fall von Masern in den EL mit einer 200mal größeren Sterbewahrscheinlichkeit belastet als in IL. Ein großer Anteil der Todesfälle durch banale Erkrankungen des Kindesalters kommt durch begleitende Ernährungsstörungen zustande." (Diesfeld, S. 225). Einige weltweit verbreitete Infektionskrankheiten wie Aids oder Cholera haben in letzter Zeit auch in bezug auf die Dritte Welt für Schlagzeilen gesorgt. So wurde auf dem Aids-Kongreß in Florenz im Juni 1991 prognostiziert, daß im Jahr 2000 ca. 90 Prozent der HIV-Infizierten in EL leben werden.

Die *Kinderlähmung* ist in IL praktisch vollständig besiegt. Dank der in den 50er bzw. 60er Jahren entwickelten Impfstoffe von Jonas Salk, der mit abgetöteten Viren operierte, und Albert Sabins Lebendvakzinen („Schluckimpfung") wurde dieser Erfolg möglich. Ein gentechnologisch hergestellter Impfstoff soll für noch größere Sicherheit sorgen. Trotz einer WHO-Impfkampagne zur völligen Beseitigung der Kinderlähmung waren bis 1990 in EL bis zu zwei Mio. Menschen erkrankt. Schlechte sanitäre Bedingungen führen zur Ausbreitung, da der Virus durch Fäkalien übertragen wird, die auch ins Trinkwasser gelangen. Ein zusätzliches Problem besteht darin, daß bei Diarrhö Schluckimpfungen wirkungslos bleiben. Ein Zurück zum Salk-Impfstoff, d. h. zur Spritze, ist in diesen Fällen unvermeidlich.

Auch die *Tuberkulose* ist vor allem in EL vertreten: In Asien sterben daran jedes Jahr 1,8 Mio., im subsaharischen Afrika 656 000, in Lateinamerika 220 000 und in Nordafrika und im Vorderen Orient 163 000 Menschen. Die Tuberkulose könnte aber durchaus mit einer vergleichsweise kostengünstigen Behandlung innerhalb eines Jahres bei 98 Prozent aller Erkrankten geheilt werden.

Gegen *Hepatitis B,* die von einem Virus übertragen wird, gibt es kein wirksames Medikament. Insofern wurden schon frühzeitig Überlegungen angestellt, um einen wirksamen Impfstoff herzustellen. Stellenweise sind in China, Südostasien sowie im tropischen Afrika und Lateinamerika 70–95 Prozent der Bevölkerung mit dem Hepatitis-B-Virus infiziert. Angesichts der hohen Infektionsrate und dem Umstand, daß 40 Prozent der Infizierten an Leberkrebs oder Leberzirrhose erkranken, kommt diesem Impfstoff gerade für EL, in denen nahezu zwei Mio. Menschen im Jahr an den Folgen einer Hepatitis B sterben, große Bedeutung zu.

Ein Vakzin gegen Hepatitis B war zugleich der erste gentechnologisch produzierte Impfstoff. 1982 wurde ein für ein Oberflächenprotein verantwortliches Virusgen zunächst in die Erbmasse des Bakteriums Escherichia coli eingeschleust, anschließend in Hefezellen kloniert (vervielfältigt) und zur Expression gebracht. Seit 1985 ist der Impfstoff auf dem Markt. Das Vakzin gilt als wirksamer Untereinheiten-Impfstoff. Im Unterschied zu abgeschwächten Lebendimpfstoffen oder inaktivierten Krankheitserregern soll bei einem aus Untereinheiten, also Virusteilchen, bestehenden Impfstoff eine Rückverwandlung von einem gezähmten „Haustiervirus" in ein wildes „Raubtiervirus" ausgeschlossen sein. Eine Impfstrategie besteht allerdings darin, die für Teile des Hüllproteins codierenden Gene in das Genom eines anderen Virus, insbesondere eines abgeschwächten Vaccinia-Virus einzusetzen. Häufig sind Bedenken geäußert worden, ausgerechnet das Pocken-Virus als Vektor (Überträger) zu nutzen, da Pocken gerade als besiegt gelten. Die Fragen, ob sich pathogene (krankheitsauslösende) Mutanten bilden oder die rekombinierten Viren selbst neue Krankheiten auslösen können, sind offenbar nicht ausreichend beantwortet. Aus Argentinien wurde von einem Fall berichtet, bei dem in einem Impfversuch mit Rindern ein Vaccinia-Virus, das ein Gen vom Tollwutvirus trug, auch Menschen infizierte. Preise von 100–150 DM pro Impfdosis, die drei bis viermal verabreicht werden muß, sind für eine Massenimpfung ohnehin unerschwinglich. Erst bei etwa 10.– DM würde sich eine Impfung in großem Stil rechnen.

Die hochgeschraubten Erwartungen auf eine Therapie oder einen Impfstoff gegen das *Aids-Virus HIV* wurden auf dem Kongreß in Florenz nicht erfüllt. Dabei wird die Dringlichkeit einer Vorbeugung/Bekämpfung von Aids insbesondere für EL zunehmend größer. Brasilien meldet die fünfhöchste Zahl von

Aids-Fällen. Für Indien und Südostasien tickt die Aids-Bombe; ihr Explodieren wird schon in den nächsten Jahren erwartet. Auf besondere Schwierigkeiten stoßen Informationskampagnen in den islamischen Staaten. Vor allem Aufklärung über die Risiken von Promiskuität ist tabuisiert. Besonders gravierend ist schon heute die HIV-Durchseuchung in afrikanischen Ländern. In Zimbabwe sollen nach Angaben des Gesundheitsministeriums 29 Prozent der arbeitsfähigen Bevölkerung HIV-positiv sein. In Sambia, der Republik Südafrika, Malawi und Uganda sind vermutlich zwischen 10 und 40 Prozent der sexuell aktiven Bevölkerung von der HIV-Infektion betroffen. Es wird angenommen, daß in den Ballungszentren Uganda unter jungen Erwachsenen (Altersgruppe 20–40 jährige) mehr als die Hälfte Träger des HIV-Virus sind. 1,3–1,5 Mio. Einwohner Ugandas sind bei einer Gesamtbevölkerung von 17 Mio. HIV-positiv. Diese Situation hat Auswirkungen auf das Bevölkerungswachstum: Projektionen für die Einwohnerzahl Ugandas sprechen für das Jahr 2010 statt von 37 Mio. nur noch von 20 Mio.

So groß der Handlungsbedarf ist, so groß sind die Schwierigkeiten, die der Aids-Bekämpfung entgegenstehen. Impfversuche sollen auf breiter Basis innerhalb der nächsten fünf Jahre in EL durchgeführt werden. Als Kandidaten kämen etwa Bangkok und die zentralafrikanischen Länder in Frage. Angesichts verschiedener zweifelhafter Versuche, die in jüngster Zeit mit HIV-Patienten durchgeführt wurden – z.B. die Inokulation von Kindern in Zaire mit einer vom französischen Forscher Daniel Zagury entwickelten Vakzine –, sind allerdings häufiger Befürchtungen formuliert worden, die Menschen in der Dritten Welt könnten als Versuchskaninchen mißbraucht werden. Die WHO sollte deshalb die Versuche koordinieren und Rahmenkriterien angeben. Allerdings wird befürchtet, (einfluß-)reichere und mächtigere Organisationen, namentlich die amerikanischen National Institutes of Health (NIH) und das Walter Reed Army Institute of Research des US-Verteidigungsministeriums, könnten ihre Partikularinteressen ebenso durchsetzen wie transnationale Pharmakonzerne. Es fiel sogar das böse

Wort von der „Safari-Forschung". Dennoch sehen die Wissenschaftler unter statistischen Aspekten das Ausprobieren von Aids-Vakzinen in EL gerechtfertigt: Je höher die Durchseuchung der Bevölkerung ist, desto niedriger die Anzahl der Testpersonen und desto kürzer die Testdauer. Andererseits wird wiederum als Gegenargument ins Feld geführt, daß die HIV-Stämme in Afrika sich in mehrfacher Hinsicht von denen in IL unterscheiden; globale Impfversuche würden mithin ins Leere laufen. Zudem gibt es in IL Hochrisikogruppen – Partner HIV-positiver Menschen oder Drogenkonsumenten –, die ebenfalls als Testpersonen in Frage kommen. Weitere Argumente, die für Impfversuche in IL sprechen: a) die Testgruppen sind bereits relativ gut unter epidemiologischen Gesichtspunkten dokumentiert; b) die Virus-Stämme sind bekannter; c) der Informations-Rückfluß ist in IL u. a. aufgrund infrastruktureller Vorteile des Gesundheitssystems höher. Inwieweit sich allerdings die Zielgruppe Drogenabhängiger durch übermäßige Verläßlichkeit auszeichnet, steht dahin.

Die Impfstoffentwicklung gegen HIV stößt auf zahlreiche Probleme. Zum einen müssen die Viren von der Immunabwehr sofort nach dem Eindringen in den Körper erkannt und vernichtet werden. Sollte es dem Virus gelingen, bis zu Körperzellen zu gelangen und sie zu befallen, geschähe es quasi unter einer Tarnkappe, da das Immunsystem infizierte Zellen nicht erkennt und folglich auch nicht bekämpft. Was aber würde dies für die Krankheitsentwicklung bedeuten? Würde in diesem Fall – ähnlich wie im Falle der Malaria – die Infektion normal verlaufen, oder würden die Geimpften zwar selbst nicht erkranken, wohl aber zu infektiösen Virusträgern werden? Die Übertragungswege sind momentan noch unzureichend erforscht. So könnte ein Impfschutz möglicherweise einer Infektion über die Blutbahn begegnen, einer direkten Infektion von Zellen z. B. der vaginalen Schleimhäute – etwa der zum Immunsystem zählenden Dendriten – hingegen nicht. Dieses Problem gilt auch für die Überprüfung von Impfversuchen: Wie läßt sich nachweisen, daß Zellen nicht bereits infiziert worden sind? Ein weiteres Problem stellt die hohe Variabilität des Virus dar, der – ähnlich wie das Grippevirus – in der Lage ist, laufend einen Teil seines Hüllproteins zu verändern. Welche Teile sind weitgehend unveränderlich, rufen eine ausreichende Immunantwort hervor, die dann zum Erkennen und Beseitigen des Virus führt? In den gegenwärtig laufenden ca. 30 Impfversuchen werden unterschiedliche Hüll- und Kernproteine getestet. Der Test erfolgt in drei Etappen: erstens die Überprüfung der Sicherheit der Vakzine (humanapathogen, keine Allergien auslösend etc.), zweitens die Feststellung, ob eine Immunantwort ausgelöst wird, drittens, ob der Impfstoff wirklich zu einem effektiven Schutz gegenüber der Virus-Infektion führt. Es ist leicht ersichtlich, daß diese Stufenabfolge zeitintensiv ist. Möglicherweise wird ein HIV-Impfstoff erst in zehn Jahren zur Verfügung stehen. Da ein Untereinheiten-Impfstoff überdies einen weniger anhaltenden Schutz verleiht als inaktivierte Gesamtviren, werden wahrscheinlich Mehrfachimpfungen mit auf unterschiedlichen Virusteilen basierenden Impfstoffen notwendig werden. Damit aber taucht erneut die Frage auf: Vorausgesetzt, die Impfversuche verlaufen erfolgreich, werden sich die Armen den Impfstoff dann auch leisten können? Kaum leisten können sich Paare in vielen EL heute Verhütungsmittel. Wo aber Kondome unerschwinglich sind, wird weder das Bevölkerungswachstum gebremst, noch der Aids-Ausbreitung begegnet.

Cholera gilt als die Seuche der absolut Armen. Seit Ende der 80er Jahre ist die Cholera in EL wieder auf dem Vormarsch. Fälle größeren Ausmaßes wurden berichtet aus Angola, Malawi, Benin, Mosambique, Sambia, China und Indien und in geringerem Umfang auch aus Kuwait, Macao, Birma, Nepal, Irak und Kambodscha. Wurden weltweit ungefähr jährlich 50 000 Fälle registriert, so ist die Cholera in Lateinamerika seit dem Ausbruch der Krankheit in Peru mit über 200 000 Erkrankten zur Pandemie geworden. Die durch den Erreger „Vibrio cholerae" hervorgerufene Krankheit kann zu einem schrecklichen Tod führen. Von den Vibrionen wird im Darm ein Endotoxin gebildet, das zu einer Freisetzung von Chlorid-Ionen führt. Ihre Bindung an Wassermoleküle erzeugt wäßrigen Durchfall und Erbrechen. Der Cholerakranke kann so innerhalb weniger Stunden bis zu einem Viertel der gesamten Körperflüssigkeit verlieren. Beim Patienten schrumpelt die Haut zusammen, der Kreislauf kollabiert und die Organe versagen. Daher müssen zunächst das verlorengegangene Wasser und die Salze ersetzt werden. Erst dann ist eine Antibiotika-Therapie möglich.

Die Ursachen des Cholera-Ausbruchs, die in Lateinamerika seit Jahrzehnten nicht mehr beobachtet wurde, liegen auf der Hand: In den Elendsvierteln der städtischen Zusammenballungen herrschen verheerende hygienische Bedingungen. Sauberes Trinkwasser gibt es kaum. Zum Kochen wird in Lima Kerosin verwendet. Die Armen können sich aber den Brennstoff nicht leisten, um das Wasser – wie in schönen Aufklärungssendungen im Fernsehen in Peru zu sehen – mindestens zehn Minuten lang abzukochen. Auch fehlt ein Abwässersystem. Infizierte Ausscheidungen gelangen ungeklärt in Flüsse oder ins Meer, wo sich die Vibrionen in Muscheln oder Krustentieren vermehren können. Da das peruanische Nationalgericht auch noch aus rohem Fisch besteht, schließt sich die Kette. Viele Speisen werden außerdem von sog. Garküchen ausgegeben, die über kein sauberes Spülwasser verfügen. Die durch Unterernährung geschwächte Immunabwehr tut ein übriges. Vermutet wird ferner auch ein Zusammenhang mit dem Koka-Genuß. Bei einer normalen Magensäure-Konzentration können sich die Vibrionen nämlich nur schlecht ansiedeln. Kokain wirkt aber nur in Verbindung mit alkalischen Substanzen. Deshalb nehmen Koka-Konsumenten oft geringe Mengen von Löschkalk zu sich, was aber eben den Cholera-Vibrionen bei ihrer Entfaltung hilft. Ein Medikament, das das Cholera-Toxin neutralisieren soll, wird erst entwickelt. Ein effektiver Impfstoff existiert nicht. Von Tropenmedizinern werden diese Defizite mit einem fehlenden profitablen Absatzmarkt begründet.

Manche Infektionskrankheit wird durch Ferntouristen bzw. Geschäftsreisende nicht nur in IL eingeschleppt, sondern auch in EL selbst verbreitet. Aus diesem Grund sollte nicht nur zum Selbstschutz eine Prophylaxe ggf. erfolgen. Bei einer der häufigsten Reisekrankheiten, der *Hepatitis A,* soll Anfang des nächsten Jahres erstmals ein zuverlässiger Impfschutz zur Verfügung stehen. Für einige Gebiete Südafrikas und Südamerikas wird eine Impfung gegen *Gelbfieber,* das immerhin eine Sterblichkeit von 45 Prozent aufweist, empfohlen. Eine Übersicht über Epidemiegebiete von Malaria, eine gezielte Vorbeugung und Standby-Therapie ist enthalten in der WHO-Broschüre „International Travel and Health", die laufend aktualisiert wird.

Für die Gesundheitsprobleme in EL sind nicht bloß Viren, Bazillen, Pilze oder Parasiten verantwortlich, die mit Medikamenten aus der Welt zu schaffen wären. Der Mensch lebt nicht von Pillen allein. Krankheiten sind vielmehr vor dem Hintergrund politisch-ökonomischer, sozialer und ökologischer Determinanten zu sehen. Armut, miserable Wohnverhältnisse, Unterernährung, fehlende oder mangelhafte sanitäre Einrichtungen, ungenügende Müllentsorgung, Unwissenheit, Verschmutzung der Flüsse usw. sind die Brutbedingungen für Seuchen. Die Krankheitsspirale dreht sich weiter, angetrieben auch durch Bevölkerungsexplosion (sinkende Gesundheitsausgaben pro Kopf der Bevölkerung) und wachsende Devisenknappheit. Das bedeutet weniger Geld für Impfungen, Therapie und Personal. In Kenya verdiente vor 20 Jahren ein „Medical Assistent" ca. 700.– DM; heute sind es umgerechnet nur noch 170.– DM. Die Kluft zwischen armen und reichen Ländern wird auch dadurch illustriert, daß in den am wenigsten entwickelten Staaten durchschnittlich nur 5.– $ pro Kopf für Gesundheitsausgaben zur Verfügung stehen, in Europa 460.– $, in den USA sogar 1900.– $. Für viele Krankheiten werden, insbesondere mit bio- und gentechnologischen Methoden, neue Medikamente und Impfstoffe entwickelt. Es bedarf aber weniger der Entwicklung von neuen Arzneimitteln, sondern der Entwicklung von Entwicklungsländern. So benötigen auch Impfkampagnen ein funktionierendes Gesundheitswesen. Eine vernünftige Gesundheitsaufklärung benötigt auch eine vernünftige Gesundheitsstruktur. Ohne sachgemäß behandelte Kühlketten für hitzeempfindliche Impfstoffe bleiben solche Kampagnen sinnlos.

Schaubild 2: Determinanten von Gesundheit und Krankheit

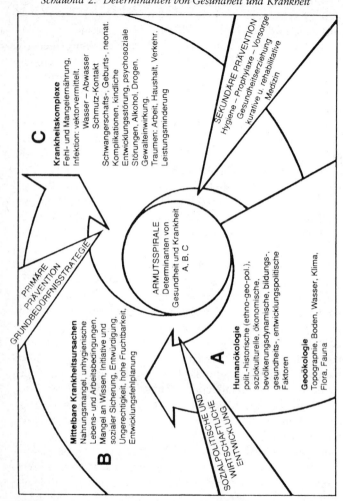

Quelle: Hans Jochen Diesfeld, Gesundheit/Medizin, in: Dieter Nohlen (Hrsg.), Dritte Welt, München 1987, S. 223.

Tabelle 2: Auswahl von Projekten zur Entwicklung von Vakzinen

Krankheiten (Erreger)	Strategie	Entwicklungsstadium	Referenz
Cholera (Vibrio cholerae)	Herstellung von nicht-pathogenen Bakterien durch Deletion von Genen	Es wurde ein V. cholerae Stamm konstruiert, dessen für die Toxinbildung verantwortliches Gen mit Hilfe gentechnischer Methoden deletiert wurde.	Kaper et al. 1984
AIDS (HIV)	Oberflächenantigen kloniert in Vaccinia-Virus	Das Hüllprotein des HIV Virus wurde in das Vaccinia-Virus kloniert. Die Expression in Säugerzellen wurde nachgewiesen. Mäuse, die mit dem rekombinanten Virus infiziert worden waren, entwickelten Antikörper gegen das Hüllprotein von HIV.	Chakrabarti et al., 1986
	Untereinheits-Vakzin	Weiterhin konnte das Hüllprotein-Gen in Animalzellen zur Expression gebracht und daraus isoliert werden. Die immunogene Wirkung wird z. B. an Tieren getestet.	Wright, 1986
Malaria (Plasmodium falsiparum ssp.)	Antigen „Cocktail" (Untereinheits-Vakzin)	Antigene unterschiedlicher Entwicklungsstadien des Malariaerregers sind identifiziert, kloniert und z. T. in E. coli zur Expression gebracht worden.	Ravetch et al., 1985
		Mit dem klonierten Antigen geimpfte Nagetiere zeigten eine hohe Immunität gegenüber dem Erreger.	Harte et al., 1985

Quelle: Chancen und Risiken der Gentechnologie, a. a. O., S. 224.

Neue Krankheiten sind in EL aufgetreten, aber die alten Rahmenbedingungen der Gesundheitsproblematik bestehen weiter. Antworten auf die Gesundheitsprobleme in der Dritten Welt, die diese komplexen Zusammenhänge vernachlässigen, sind unzureichend. Die Krankheitsspirale nur durch technische Lösungen mittels neuer Medikamente aufhalten zu wollen, ist in jeder Hinsicht untauglich. Die immer schnellere Resistenzentwicklung bei Parasiten und anderen Krankheitserregern zeigt, daß dieser Wettlauf nicht gewonnen werden kann. Primär anzusetzen ist vielmehr bei den Voraussetzungen von Krankheit und Gesundheit. „Der größte Teil, ca. 70 % aller in der Dritten Welt vorkommenden Krankheitsfälle, ist verhütbar. Ihre Verhütung liegt weitgehend im Bereich der primären Prävention oder der Befriedigung der Grundbedürfnisse – dem Vorfeld medizinischer Intervention – und im Bereich der klassischen Hygiene, nämlich der Lehre und Praxis der Gesunderhaltung." (Diesfeld, S. 222). Eine geschlossene gesundheitspolitische Strategie für EL ist aber nirgends auszumachen. Die WHO-Formeln von der „Primary Health Care" wurden nicht implementiert. Im Zeichen allgemeiner Geldknappheit krebst die WHO nicht nur bei Impfkampagnen, sondern auch konzeptionell zurück. Was unter einem gesundheitspolitischen Paradigmenwechsel, der in der WHO neuerdings propagiert wird, konkret zu verstehen ist, bleibt dunkel. In gesundheitspolitischen Konzeptionen für EL müßte auf jeden Fall auch die Bevölkerungsexplosion thematisiert werden. Ließe sich nicht angesichts des dramatischen Bevölkerungswachstums in EL ziemlich zynisch ein „Malthusianisches Seuchengesetz" aufstellen: Je weniger Krankheiten in der Dritten Welt, desto größer der Hunger? Tatsächlich wird man dem circulus vitiosus von Armut, Bevölkerungswachstum und Krankheitsausbreitung gewiß nicht durch einzelne Maßnahmen entfliehen können. Sinnvolle Gesundheitspolitik kann nur Bestandteil einer umfassenden Entwicklungspolitik sein.

Alphons Studier (Deutsches Übersee-Institut, Hamburg)

Literaturhinweise

Becker, Charles M., The Demo-Economic Impact of the AIDS Pandemic in Sub-Saharan Africa. In: World Development, 12/1990, S. 1599–1619.

Chancen und Risiken der Gentechnologie. Bericht der Enquete-Kommission des 10. Deutschen Bundestages, Bonn 1987.

Diesfeld, Hans Jochen, Gesundheit/Medizin. In: *Dieter Nohlen* (Hrsg.), Dritte Welt. München 1987, S. 222–230.

Kollek, Regine, Gentechnik und Impfstoffe gegen AIDS. In: *Martin Thurau* (Hrsg.), Gentechnik. Frankfurt/M. 1988, S. 153–158.

Raue, Gabriela und *Schubert, Ulrich,* AIDS – eine Gefahr für den afrikanischen Kontinent. In: Asien, Afrika, Lateinamerika, 2/1990, S. 281–292.

Zeitungen und Zeitschriften: Die Welt, FR, FAZ, SZ, NZZ, IHT, Economist, South, New Scientist.

V. REGIONALE BEITRÄGE

Golfkrieg und Nachkriegszeit:
Eine „neue Ordnung" für den Nahen Osten?

In der Nacht zum 2.8. 1990 besetzten irakische Truppen das südlich angrenzende Emirat Kuwait. Nach der vom irakischen Revolutionären Kommandorat abgegebenen Erklärung war der Emir von „jungen Revolutionären" gestürzt worden, und die irakische Armee hatte „zur Unterstützung des freien Kuwait" interveniert. Die neue Regierung versprach, die Probleme zwischen Kuwait und dem Irak zu lösen, und schloß die Grenzen. In einer Verlautbarung beteuerte sie die volle Kontrolle über Kuwait City und versicherte: Die Herrschaft von Korruption und Terrorismus, die von der Clique der früheren Regierung ausgeübt worden sei, sei ein für allemal vorbei.

1. Vorspiel und Hintergründe

Der Invasion vorangegangen war ein scharfer Disput zwischen beiden Seiten über die Ölpolitik des Emirats. Im Verlauf der vergangenen Monate hatte die irakische Regierung bereits mehrfach Kritik an der Ölpolitik von OPEC-Mitgliedern durchblicken lassen, deren Produktion die offizielle Quote überstieg, und ihnen vorgeworfen, dafür mitverantwortlich zu sein, daß der Ölpreis unter dem Richtpreis von 18 US-$ liege. Am 26.6. war Ölminister Hammadi deutlicher geworden und hatte Kuwait und die Vereinigten Arabischen Emirate (VAE) beim Namen genannt. In seiner Rede zum 22. Jahrestag der Machtübernahme der Ba'th-Partei in Bagdad griff Saddam Hussein selbst am 17.7. in bis dahin nicht dagewesener Schärfe seine arabischen Nachbarn am Golf an und drohte mit Vergeltung. Wenn Worte nicht ausreichten, irakische Interessen zu schützen, müsse etwas Wirksames getan werden, um die Dinge auf ihren normalen Kurs zurückzubringen und usurpierte Rechte ihren Eignern zurückzugeben. Einen Tag später verschärfte der irakische Außenminister Tarik Aziz den Ton in einem an die Arabische Liga gerichteten Memorandum. Es enthielt die Beschuldigung, daß Kuwait Milliarden von Dollar irakischen Öls „gestohlen" habe, die Verurteilung der „Aggression" Kuwaits und der VAE gegen den Irak und die arabische Nation sowie die Unterstellung, Kuwait unterminiere die Volkswirtschaft des Irak und der arabischen Welt in einer bewußten, offenen und direkten Politik, „ein Kapitel des imperialistisch-zionistischen Plans gegen den Irak und die arabische Nation auszuführen". Damit verbunden war die Beschuldigung, Kuwait habe die Grenze verletzt und seit 1980 vom irakischen Ölfeld Rumaila widerrechtlich Öl gepumpt.

Während Kuwait die Arabische Liga und die UNO einzuschalten suchte, bestand Bagdad auf einer bilateralen Lösung. Gleichwohl setzten intensive arabische Vermittlungsbemühungen ein, in denen sich der ägyptische Präsident Mubarak und der jordanische König Husain besonders engagierten. Etwa vom 24.7. an begann der Irak, seinen Druck durch die Verlegung von Truppen an die irakisch-kuwaitische Grenze zu verstärken, deren Stärke bis Anfang August auf ca. 100 000 Mann anwuchs. Nach hektischen diplomatischen Vorbereitungen trafen sich Delegationen der beiden Kontrahenten am 31.7./1.8. in Dschidda, um über die strittigen Probleme zu beraten, zu denen die irakische Regierung Verhandlungen über die Grenzziehung und die Forderung nach einer Entschädigung von 2,4 Mrd. US-$ hinzugefügt hatte. Die Gespräche, die von irakischen Drohungen begleitet waren, endeten ohne Ergebnis; man einigte sich auf eine Fortsetzung in Bagdad. Dazu kam es indes nicht mehr, denn wenige Stunden, nachdem man auseinandergegangen war, hatten irakische Truppen bereits das Emirat besetzt, ohne daß es zu nennenswertem Widerstand von seiten kuwaitischer Truppen gekommen wäre. Dem Emir, seiner Familie und der kuwaitischen

Führung gelang – mit wenigen Ausnahmen – die Flucht nach Saudi-Arabien.

Auch die – vorstehend skizzierte – Ouverture zu der Invasion hat wiederum ihre Vorgeschichte. Schon unmittelbar nach dem Ende des acht Jahre andauernden Golfkrieges (Waffenstillstand am 20. 8. 88), der durch den irakischen Überfall auf die Islamische Republik Iran im September 1980 ausgelöst worden war und in dem – neben anderen arabischen Staaten – auch Kuwait den Irak mit erheblichen Beträgen unterstützt hatte (die genauen Zahlen sind nicht bekannt; Schätzungen belaufen sich auf Beträge zwischen 25–40 Mrd. US-$), war es zwischen beiden Staaten zu Unstimmigkeiten gekommen. Von August 1988 bis zum Jahresende 1988 wurden eine Reihe von wechselseitigen Besuchen verzeichnet, die, stichhaltigen Mutmaßungen zufolge, die Beziehungen Kuwaits zu Iran, das Problem der Grenzziehung und wohl auch finanzielle Forderungen des Irak zum Gegenstand hatten. 1989 verlagerten sich die Gespräche dann auf die höchste politische Ebene. Im Februar hielt sich der kuwaitische Kronprinz und Ministerpräsident Scheich Sa'd al-Salim al-Sabah zu einem sechstägigen Staatsbesuch in Bagdad auf. Obwohl über das inhaltliche Spektrum der Gespräche keine offiziellen Verlautbarungen gemacht wurden, soll wieder über die Grenzfrage gesprochen worden sein. Das besondere Interesse der irakischen Führung richtete sich dabei auf die Überlassung der beiden für den Irak strategisch wichtigen Inseln Bubiyan und Warbah. Zugleich aber soll Scheich Sa'd die irakische Führung an die Rückzahlung der irakischen Schulden erinnert haben (Saudi-Arabien hatte noch höhere Zahlungen geleistet). Dagegen standen irakische Forderungen an die kuwaitische Regierung, die Schulden zu streichen und sich finanziell am Wiederaufbau des Irak zu beteiligen, dies nicht zuletzt auch als Gegenleistung für eine eventuelle Grenzvereinbarung im kuwaitischen Sinne. Auch bei dem dreitägigen Besuch des Emirs selbst, Scheich Jabir al-Ahmad al-Sabah, im September 1989 blieben die strittigen Punkte offenbar unausgeräumt. Der im Juli 1990 losbrechende Sturm sollte schließlich zeigen, wie tief die Differenzen hinter der unablässigen Demonstration der „Brüderlichkeit" und des Danks für die Hilfe des „schwesterlichen Kuwaits" gegen die „iranische Aggression" geworden waren.

Über die irakisch-kuwaitischen Differenzen hinaus ist das Ausbrechen der Krise am 2.8. in zwei tieferreichenden Dimensionen zu sehen. Zum einen in der historischen Dimension, die in die Zeit der Staatenbildung in der Region nach dem Fall des Osmanischen Reiches (1918) zurückreicht und sich in den Problemen der Grenzziehungen und im Verhältnis von Staat und Nation in weiten Teilen des Nahen Ostens generell sowie im Verhältnis der beiden Staaten Irak und Kuwait im besonderen, gegebenen Fall manifestiert. Naturgemäß können an dieser Stelle die Fragen nur gestellt, nicht aber beantwortet werden. Vor dem Hintergrund der Annexion Kuwaits durch den Irak am 8.8. und der Einverleibung desselben als dessen „19. Provinz" am 28.8. muß in aller Kürze auf die Problematik der „historischen Ansprüche" eingegangen werden, die die Führung in Bagdad in diesem Zusammenhang geltend machte und die tatsächlich eine lange Vorgeschichte haben. Seit der Mitte des 18. Jahrhunderts hatte Kuwait politische Konturen angenommen (1756 Machtübernahme durch die Familie Sabah). Im 19. Jahrhundert nahm der osmanische Einfluß in dem Emirat langsam zu, und 1871 wurde es als eine Unterprovinz von Basra dem Osmanischen Reich gleichsam „eingemeindet". Bestrebt freilich, die Unabhängigkeit zu wahren, schloß der Emir von Kuwait 1899 einen geheimen Schutzvertrag mit England, das kurz vor dem Ersten Weltkrieg das Protektorat über Kuwait proklamierte. In den späteren Verhandlungen war Kuwait von der Konkursmasse des Osmanischen Reiches ausgenommen. Mit der Entlassung des Irak in die Unabhängigkeit (1932) wurde die Frage der Unabhängigkeit Kuwaits wieder akut. Die Anerkennung eigener Staatlichkeit (1932 bzw. 1963) und die Reklamierung der Zugehörigkeit zum Irak wechseln einander ab. Tatsache ist, daß die genaue Grenzziehung niemals in einem gemeinsamen Grenzvertrag vorgenommen wurde.

Die zweite Dimension liegt in der Logik der Politik Saddam Husseins in den vergangenen zwei Jahrzehnten, in denen er die

Politik des Irak entscheidend prägte. Gewalttätig im Inneren wie kein anderer arabischer Potentat seit dem Entstehen der arabischen Staatenwelt, war das Streben nach einer Vormachtrolle des Irak – zunächst am Golf und schließlich darüber hinaus in der arabischen Welt – eine unübersehbare Leitvorstellung Saddamscher Außenpolitik. Die Herausforderung Irans (nicht zuletzt ausgesprochen in der Forderung nach dem „Arabischen" Golf), die Nationalisierung des Erdöls, die führende Rolle im arabischen Widerstand gegen das Abkommen von Camp David und schließlich der Überfall auf Iran im September 1980 sind einige markante Etappen auf dem Wege Saddam Husseins zur angestrebten regionalen Vormacht.

Es mag hier dahingestellt bleiben, inwieweit sich hinter dieser Machtpolitik die Ideologie der Ba'th-Partei, d. h. ihre Vision von der arabischen „Renaissance" (ba'th) auftut. In jedem Falle aber ist auch die andere Komponente Saddamscher Politik, die Propagierung eines arabischen Sozialismus (ishtirakiya) Teil dieser Ideologie des Ba'th. Vor diesem Hintergrund hat seit der Machtübernahme dieser Partei in Bagdad (Juli 1968) ein Spannungszustand gegenüber den konservativen Regimen auf der Arabischen Halbinsel bestanden, der erst Ende der 70er Jahre beigelegt zu sein schien. Der Besuch Saddam Husseins in Riad (August 1980) und Saddam Husseins Vorschlag einer „Nationalen Charta" schienen in diese Richtung zu deuten. Daß bei den traditionalistischen Regimen das Mißtrauen gleichwohl nicht völlig ausgeräumt war, demonstrierten diese, als sie bei der Gründung des Golf-Kooperationsrates (GKR) den Irak (Februar 1981) von der Mitgliedschaft ausschlossen.

Das Ende des achtjährigen irakisch-iranischen Krieges sah Saddam Hussein in der Pose des Siegers. Er versuchte, Iran die Bedingungen der Verwirklichung der Resolution 598 des UNO-Sicherheitsrates, die die Grundlage des Waffenstillstands vom 20. 8. 1988 war, zu diktieren. Verwunderung erregte, daß der saudische König Fahd bei seinem Besuch in Bagdad im März 1989 einen Nichtangriffspakt schloß; hatte doch Saudi-Arabien, wie Kuwait auch, Saddam Husseins Krieg gegen Iran zu finanzieren geholfen.

1990 trat Saddam Husseins Ehrgeiz, eine Vormachtrolle zu spielen, unverhüllt hervor. Schon auf der Gipfelkonferenz der Mitgliedsländer des Arabischen Kooperationsrates (AKR) Ende Februar in Amman griff Saddam Hussein die USA scharf an. Er warf ihnen vor, im Golf eine machtpolitische Rolle spielen zu wollen und die jüdische Einwanderung nach Palästina zu unterstützen. Am 1. 4. gab er öffentlich zu, über chemische Waffen zu verfügen und drohte, daß ein Feuer die Hälfte Israels vernichten werde, wenn dieses irgendetwas gegen den Irak unternehmen werde. „Wer uns mit der Atombombe bedroht, den rotten wir mit der chemischen Bombe aus". Auf der arabischen Gipfelkonferenz in Bagdad (28.–30. 5.), auf der Saddam Hussein einmal mehr militant gegen die USA und Israel auftrat, wurde Bagdad ausdrücklich das Recht bestätigt, seine nationale Sicherheit zu verteidigen. Die westlichen und israelischen Beschuldigungen und Drohungen gegen den Irak wurden verurteilt.

Tatsächlich häuften sich 1990 die Indizien, daß der Irak an der Entwicklung biologischer und atomarer Waffen sowie an der Entwicklung einer „Superkanone" arbeite, von der einzelne Teile auf dem Weg in den Irak sichergestellt werden konnten. Trotz wachsender internationaler Kritik wurde freilich sowohl auf die Drohungen aus Bagdad wie auf die dramatische Aufrüstung nicht mit angemessener Entschiedenheit reagiert. Einer Gruppe amerikanischer Senatoren gegenüber, die Bagdad wenige Tage nach Saddam Husseins Drohungen gegen Israel besuchte, bestand er noch einmal auf dem Recht auf binäre Chemiewaffen. In einer Botschaft am 25. 4. drückte US-Präsident Bush seinen Wunsch aus, daß die beiderseitigen Beziehungen einen Beitrag zu Frieden und Stabilität in der Region leisten würden. Im Juni erklärte die amerikanische Administration ihren Widerstand gegen Bestrebungen im Kongreß, Handelssanktionen gegen den Irak zu verhängen, eine Position, an der Washington bis zum Vorabend der irakischen Invasion in Kuwait festhielt. Im Sinne dieser Politik scheint auch die amerikanische Botschafterin April Glaspie in einem persönlichen Gespräch mit Saddam Hussein am 25. 7., in dem dieser ziemlich unverhüllt mit Vergeltungsmaßnahmen gegen Kuwait drohte, reagiert zu haben. Nach dem Protokoll, das von Bagdad veröffentlicht wurde, soll die Botschafterin u. a. gesagt haben, „... aber wir haben keine Meinung zu den innerarabischen Konflikten, insbesondere zum Grenzstreit mit Kuwait". In einem Hearing vor dem Kongreß im März 1991 gab die Botschafterin dieses Gespräch allerdings differenzierter wieder.

2. Internationale und regionale Reaktionen

Vor diesem Hintergrund reagierte die internationale Gemeinschaft überraschend schnell und geschlossen. Schon am 2. 8. verurteilte der UNO-Sicherheitsrat die irakische Invasion und forderte Bagdad auf, alle Streitkräfte sofort zurückzuziehen (Resolution 660). In einer Serie von weiteren elf Resolutionen verhängte der Sicherheitsrat in der Folge u. a. ein weltweites Handelsembargo, erklärte die Annexion Kuwaits für null und nichtig (9. 8.) und ermächtigte die Anwendung von Waffengewalt zur Durchsetzung des Embargos (25. 8.). Auf Drängen der USA bevollmächtigte er schließlich die Mitgliedstaaten, alle notwendigen Mittel einzusetzen, um die Resolution 660 und die darauffolgenden Resolutionen umzusetzen und zu verwirklichen, wenn der Irak sich nicht bis zum 15. 1. 1991 zurückgezogen haben würde (29. 11.; Resolution 678).

Entscheidend für den weiteren Gang der Dinge freilich wurde die entschiedene Zurückweisung der irakischen Invasion seitens der amerikanischen Regierung. Am 8. 8. kündigte Präsident Bush in einer Rede die Entsendung amerikanischer Truppen nach Saudi-Arabien an. Sie hätten ausschließlich defensiven Charakter und dienten dem Schutz des Königreiches gegen den Irak, der unterdessen in Kuwait mehr als 100 000 Mann stationiert habe. Vorangegangen waren ein zweitägiger Besuch von US-Verteidigungsminister Cheney in Riad und eine „Hilfsbitte" der saudischen Regierung. Der amerikanische Präsident ließ aber zugleich keinen Zweifel daran, daß die USA damit den unmittelbaren Rückzug aller irakischen Truppen aus Kuwait anstrebten und entschlossen seien, der Aggression entgegenzutreten (confront aggression). Mit dem Ende der Aggression verband Präsident Bush zugleich die Herstellung von Friede und Stabilität in der Region.

Am 8. 8. annektierte Saddam Hussein Kuwait. Am 28. 8. erklärte er es zur 19. Provinz des Irak. Tatsächlich kann der 8. 8. als Wendepunkt der Krise betrachtet werden. In den Augen breiter Teile der arabischen Öffentlichkeit war Saddam Hussein bis dahin ein Diktator, von dessen Herrschaft in Bagdad keine Attraktivität ausgegangen war. Auf die Aggression gegen Kuwait hatte es Proteste namentlich linker wie islamisch-fundamentalistischer Kreise – gerade auch in den israelisch besetzten Gebieten – gegeben; hatte die kuwaitische Regierung doch erhebliche Geldmittel sowohl der PLO und sozialen Einrichtungen in Palästina als auch religiösen Kreisen zukommen lassen. Darüber hinaus hatten viele Palästinenser in Kuwait – z. T. seit Jahrzehnten – in allen Bereichen der Wirtschaft, Verwaltung und des öffentlichen Lebens ein gutes Auskommen gefunden. Die Aggression des Irak ließ viele von ihnen über Nacht alles verlieren.

Nach der Ankündigung der Entsendung amerikanischer Truppen nach Saudi-Arabien begann die Stimmung bei weiten Teilen der arabischen Öffentlichkeit umzuschlagen. Mehr und mehr wurde der amerikanische Aufmarsch als neuerliche Bedrohung und als Diktat durch eine auswärtige Macht wahrgenommen. Saddam Husseins Strategie bestand von nun an darin, selbst zum Vorkämpfer arabischer Interessen zu werden. Sehr bald begann er, den arabisch-israelischen Konflikt zu instrumentalisieren. Am 12. 8. verkündete er eine „Initiative, damit Frieden und Sicherheit in der Region wiederhergestellt werden könnten". Er schlug vor, daß alle Okkupationsprobleme in der Region auf den gleichen Grundlagen und Prinzipien gelöst werden, die vom UNO-Sicherheitsrat aufgestellt werden sollten: Erstens sollte Israel sich aus den besetzten Gebieten in Palästina, Syrien und Libanon zurückziehen, Syrien aus Libanon; der Irak und Iran aus den besetzten Gebieten des jeweils anderen; des weiteren solle ein „Arrangement" für Kuwait erarbeitet werden. Zweitens sollten die amerikanischen und anderen

149

Truppen aus Saudi-Arabien abgezogen und durch arabische ersetzt und drittens alle Resolutionen über Sanktionen und Boykott gegen den Irak eingefroren werden. Die Forderung nach einer Verknüpfung der Krise am Golf mit einer Beilegung des arabisch-israelischen Konflikts durch eine internationale Konferenz wurde von da an ein ständiges Leitmotiv in der Reaktion Saddam Husseins auf die Forderungen nach einem bedingungslosen Rückzug aus Kuwait. Zwar wurde eine Verknüpfung von den USA und ihren Verbündeten (sowie Israel) rundweg abgelehnt, doch trat die Notwendigkeit, nach dem Ende des Konflikts die Palästinafrage auf die diplomatische Agenda zu setzen, als Voraussetzung einer dauerhaften Stabilisierung der Nahostregion ins Blickfeld. Die Strategie der Mobilisierung der arabischen Öffentlichkeit fand in der Islamisierung des Konflikts eine weitere Dimension. Bereits am 5.9. rief Saddam Hussein in einer im Fernsehen und Rundfunk verlesenen Erklärung zum Heiligen Krieg gegen die amerikanischen Truppen in Saudi-Arabien sowie gegen dieses Land selbst auf. Die korrupte saudische Regierung müsse gestürzt werden. Der Irak könne militärisch nicht besiegt werden, da dazu mindestens 12 Mio. Mann benötigt würden. Der Irak müsse bei seinem Sieg Jerusalem befreien. Auch das Motiv des Heiligen Krieges blieb bis zum Ausbruch des bewaffneten Konflikts im Januar 1991 ein Leitmotiv der irakischen Mobilisierungsstrategie und Propaganda. Immerhin sah sich namentlich die saudische Führung gezwungen, auf diese Strategie zu reagieren. Insbesondere fundamentalistische Kreise reagierten auf das Argument, mit der Einladung amerikanischer Truppen den Boden des Wirkens des Propheten Muhammad, auf dem die Städte Mekka und Medina lägen, besudelt zu haben. Nach tausend Jahren hätten sich die Zeiten der Kreuzfahrer wiederholt. Zu deren Zurückschlagung sei tatsächlich der Heilige Krieg zu führen. Vor diesem Hintergrund versammelte die saudische Regierung schon eine Woche später mehr als 300 Religionsgelehrte aus über sechzig Ländern, um zu legalisieren, daß „Saudi-Arabien das Recht habe, zu seinem Schutz nicht-islamische Länder anzurufen, um sich gegen die irakische Aggression schützen zu lassen".

Von besonders negativer Auswirkung auf die internationale Gemeinschaft war die Instrumentalisierung nicht-arabischer Staatsbürger durch Bagdad. Am 18. 8. gab der irakische Parlamentsvorsitzende, Sa'di Mehdi Salih, bekannt, daß die Angehörigen der Nationen, die „den Irak bedrohten", auf strategische Einrichtungen, Militärlager usw. verteilt werden sollten. In einem am folgenden Tag in Rundfunk und Fernsehen verbreiteten offenen Brief begründete Saddam Hussein diesen Schritt: „Diese Ausländer seien lebendige Zielscheiben, die eine militärische Aggression verhindern sollten; daher dürften sie den Irak nicht verlassen". Bemühungen zur Freilassung der „Geiseln" standen in den folgenden Wochen im Mittelpunkt diplomatischer Kontakte mit dem Regime in Bagdad, gegen das das verhängte Embargo im übrigen immer spürbarer zu wirken begann. Zwar verständigte sich die internationale Gemeinschaft darauf, diesbezüglich keine offiziellen Verhandlungen mit Bagdad zu führen. Doch waren private Initiativen zu ihrer Befreiung nicht zu verhindern. So entwickelte sich eine Art von „Geisel-Tourismus", welcher zumeist „elder statesmen" nach Bagdad führte, Kontakte, die Saddam Hussein mit der selektiven Freilassung von Geiseln anerkannte. In Deutschland wurde die Reise des Ehrenvorsitzenden der SPD, Willy Brandt, Anfang November in diesem Zusammenhang besonders aufmerksam, aber auch kritisch wahrgenommen. Am 18. 11. kündigte Präsident Saddam Hussein schließlich an, daß er die etwa 2000 Geiseln im Zeitraum zwischen Weihnachten 1990 und März 1991 freilassen werde.

Gegenüber der geschlossenen Reaktion der UNO und dem entschlossenen Vorgehen der USA offenbarte sich die Arabische Liga als völlig wirkungslos, die Krise zu entschärfen. Beratungen des Außenministerrates am 2./3. 8. zeigten die Gespaltenheit der Organisation gegenüber der Aggression. Der Verurteilung des Irak schlossen sich Jordanien, Jemen, Sudan, Palästina, Mauretanien, Libyen und Tunesien nicht an. Auf der außerordentlichen Gipfelkonferenz am 10. 8. wurde indes von der Mehrheit eine Erklärung angenommen, in der die irakische Aggression verurteilt und gefordert wurde, daß sich die irakischen Truppen unverzüglich aus Kuwait zurückziehen. Zugleich beschloß der Rat auf Ersuchen Saudi-Arabiens und anderer Golfstaaten die Bereitstellung von Truppen, um deren Verteidigung zu unterstützen.

Trotz einer Reihe diplomatischer Vorstöße von unterschiedlichen Seiten kam eine arabische Lösung bis zum Ausbruch des Krieges im Januar nicht zustande. Ägypten, Syrien und Marokko entsandten Truppen nach Saudi-Arabien; namentlich Jordanien und die PLO unterstützten Saddam Hussein. Der Streit darüber, ob Kairo wieder Sitz der Arabischen Liga werden (wie bis 1979) oder dieser in Tunis verbleiben sollte, und der Rücktritt des Generalsekretärs der Liga, Chadli Klibi, am 3.9. dokumentierten, wie tief die Arabische Liga in die politische Sackgasse geraten war.

Naturgemäß hatte der Ausbruch des irakisch-kuwaitischen Konflikts Auswirkungen auf den Ölmarkt. Schon im Vorfeld der Krise hatte der Irak die Anhebung des Richtpreises von 18 US-$ auf 25 US-$ gefordert. 21 US-$ waren auf der OPEC-Konferenz in Wien am 27.7. beschlossen worden. Mit der Besetzung Kuwaits kontrollierte Bagdad zwar etwa 21% der nachgewiesenen Welterdölreserven, doch fiel der Export aus beiden Ländern aufgrund des Embargos schlagartig vollständig aus. Damit mußten kurzfristig etwa 4,3 Mio. b/d aus der Produktion anderer OPEC-Mitglieder aufgebracht werden. Die anhaltende Unsicherheit darüber ließ den Ölpreis ab Mitte August schrittweise ansteigen. Mit 32 US-$ erreichte der Preis gegen Ende August einen Höchststand seit 5 Jahren. Trotz des Einvernehmens unter den OPEC-Mitgliedern, die irakisch-kuwaitischen Ausfälle zu ersetzen (allein Saudi-Arabien erhöhte seine Produktion um 3 Mio. b/d) stieg der Preis bis Mitte Oktober auf eine zeitweise Höchstmarke von mehr als 40 US-$, von der er bis zum Jahresende auf etwa 26 US-$ zurückfiel.

Mit dem militärischen Aufbau auf seiten der Alliierten und der Weigerung Saddam Husseins, sich aus Kuwait zurückzuziehen, war der Diplomatie von Anfang an ein nur enger Spielraum gesetzt. Zwar fehlte es nicht an Bemühungen, Bagdad zu einer flexibleren Haltung zu drängen. Sie wurden von arabischer wie nicht-arabischer Seite unternommen. Namentlich der sowjetische Nahostexperte Primakov unternahm im Auftrag Präsident Gorbatschows im Rahmen zweier Nahostmissionen den Versuch, einen Rahmen für eine diplomatische Lösung zu finden, die die Gefahr einer militärischen Auseinandersetzung abwenden würde. Die Forderung Saddam Husseins jedoch, die Kuwait-Frage mit der Palästina-Frage direkt zu verknüpfen, stieß bei den Alliierten auf kategorische Ablehnung. Am 8.11. kündigte Präsident Bush die Entsendung weiterer 100 000 amerikanischer Soldaten in die Golf-Region an. Dies sollte die USA in die Lage versetzen, gegebenenfalls die Offensive gegen den Irak zu ergreifen. Am 29.11. schaffte der Sicherheitsrat der UNO dann die Voraussetzung für eine militärische Auseinandersetzung: In der Resolution 678 wurde dem Irak ein Ultimatum bis zum 15.1. 1991 gestellt, seine Truppen aus Kuwait abzuziehen und den vorausgegangenen UNO-Resolutionen nachzukommen. Zugleich bevollmächtigte der UNO-Sicherheitsrat seine Mitglieder, alle Mittel einzusetzen, um den Frieden und die internationale Sicherheit in der Region wiederherzustellen. Vor diesem Hintergrund machte der amerikanische Präsident am 30.11. an den irakischen Präsidenten das Angebot, „to go the extra mile for peace". In einer Pressekonferenz kündigte er die Einladung des irakischen Außenministers nach Washington und die Entsendung Außenminister Bakers nach Bagdad bis zum 15.1. 1991 an. Zwar begrüßte Bagdad diese Initiative und verkündete als Antwort endlich die umgehende Freilassung aller Geiseln. Über einen Termin für ein Treffen aber konnte kein Einvernehmen erzielt werden. Damit standen die Zeichen zum Jahresende auf Krieg. Als das Treffen der Außenminister Baker und Aziz am 9.1. 1991 in Genf doch noch zustande kam, hatten sich die Positionen nicht verändert. Auch allerletzte Bemühungen um eine diplomatische Lösung seitens des Generalsekretärs der UNO und des französischen Präsidenten führten zu keiner konstruktiven Reaktion in Bagdad.

3. Die Kampfhandlungen

Die Kampfhandlungen („Operation Wüstensturm") begannen in der Nacht des 17. Januar 1991 mit massiven Bombenangriffen der Alliierten (Truppenkontingente unterschiedlicher Stärke aus 26 Nationen, unter ihnen als stärkstes das amerikanische mit 430 000 Soldaten). Die „Mutter aller Schlachten", wie Saddam Hussein in einer Rundfunkansprache verkündete, hatte begonnen. Ziele der nahezu pausenlosen Bombardements, die bis zum Ende der Kampfhandlungen am 27. Februar durchgeführt wurden, waren die Vernichtung der irakischen Militärmaschinerie, die Zerstörung der zivilen Infrastruktur, durch die die Bevölkerung mit Strom, Wasser etc. versorgt wurde, und die Vernichtung der militärischen Produktionsstätten, insbesondere von chemischen, biologischen und nuklearen Kampfstoffen.

Überraschend war, daß die irakische Armee zu keinem Zeitpunkt militärisch wirksame Gegenmaßnahmen traf und die Luftabwehr nahezu vollkommen ausfiel. Am 28. Januar wurden zwar die ersten Scud-Raketen auf Israel und Saudi-Arabien abgefeuert, doch hatten diese keinerlei militärische Bedeutung – dies um so weniger, als sich das amerikanische Patriot-Raketenabwehrsystem bald als relativ erfolgreich darin erwies, anfliegende Scud-Raketen bereits in der Luft wirksam zu bekämpfen. Ohnehin dürfte das Ziel dieses Angriffs weniger im militärischen Bereich gelegen als einen Versuch dargestellt haben, Israel in den Krieg einzubeziehen, um so die von den USA geführte Allianz aufzubrechen. In den Bereich psychologisch-terroristischer Kriegsführung dürften auch das Einlassen von Erdöl in den Golf (etwa ab 22. Januar) und das Anzünden von etwa 600 Erdölquellen in Kuwait fallen.

Am 24. Februar begannen die Alliierten mit der Offensive am Boden („Krieg der 100 Stunden"). In einer großangelegten Umfassungsoperation wurden die irakischen Verbände von Süden und Westen her in ihren Stellungen in Kuwait und im Südirak angegriffen. Schon am 27. Februar konnten kuwaitische Truppen in Kuwait City einmarschieren. Noch an demselben

Tag erklärte sich Saddam Hussein zur Annahme aller Resolutionen des Sicherheitsrates und zum bedingungslosen Rückzug der irakischen Truppen aus Kuwait bereit. Daraufhin gab Präsident Bush noch am 27. Februar die Einstellung der Kampfhandlungen durch die Alliierten bekannt. Nach hundert Stunden der Bodenoffensive und sechs Wochen nach Beginn der „Operation Wüstensturm" war der Krieg mit der Befreiung Kuwaits und dem Sieg über die irakische Armee de facto beendet. Vermittlungsversuche, die namentlich vom sowjetischen Präsidenten Gorbatschow ausgingen (Entsendung des Sonderbotschafters Primakow nach Bagdad am 11. 2.) und die darauf gerichtet waren, dem Krieg eine diplomatische Lösung zu geben, waren von Präsident Bush höflich, aber bestimmt, abgelehnt worden.

In den folgenden Wochen wurden die Bedingungen des Waffenstillstands verhandelt und präzisiert. Nachdem sich amerikanische und irakische Militärs bereits am 3. 3. auf die Grundzüge verständigt hatten, hob der Revolutionäre Kommandorat in Bagdad am 5. 3. alle in Zusammenhang mit der Annexion Kuwaits erlassenen Dekrete auf; am 21. 3. erklärte das irakische Parlament die Annexion Kuwaits formell als beendet. Mit der Annahme der Waffenstillstandsresolution 687 durch den Sicherheitsrat der UNO am 3. April und der Annahme durch das irakische Parlament war der Konflikt auch offiziell beendet. Die 34 Punkte der Resolution setzen namentlich fest, daß der Irak die Unverletzlichkeit der internationalen Grenzen zu respektieren hat, und regeln im Detail Maßnahmen der Abrüstung und der Wiedergutmachung für die entstandenen Schäden in Kuwait. Damit ist nach dem Ende des Konflikts zugleich ein langer Weg der Normalisierung der Stellung des Irak innerhalb der internationalen Gemeinschaft vorgezeichnet.

4. Eine „neue Ordnung" für den Nahen Osten?

Alles deutet darauf hin, daß die Zeit nach dem Krieg um Kuwait im Nahen Osten sein wird wie die Zeit davor: eine Abfolge von inneren und äußeren Krisen, die die internationale Politik bald mehr, bald weniger berühren werden. Die ambitionierten Töne von der „neuen Ordnung" im Nahen Osten ließen von Anfang an eine Grundtatsache außer Betracht: daß nämlich jede Ordnung eine innere, aus eigenen Wurzeln erwachsene Legitimation haben muß. Sie von außen zu stiften, kann nur Verwirrung schaffen. Dabei hätte die neuere Geschichte des Nahen Ostens schon eine Warnung sein müssen. Hatte man nicht seit 1918, d.h. seit dem Zusammenbruch des Osmanischen Reiches, immer wieder versucht, „Ordnungen" zu stiften? Die Ordnungen im Namen Europas, die geschaffenen Staatengebilde, erwiesen sich seither als eine Un-Ordnung voller eingebauter innerer und äußerer Konfliktelemente. Der bislang letzte Konflikt, der daraus entstand, war der um Kuwait.

War vor dem Krieg die Hoffnung zum Ausdruck gebracht worden, durch die Vertreibung Saddam Husseins aus Kuwait eine dauerhafte Stabilisierung und Befriedung des Nahen Ostens durch die Schaffung neuer politischer und gesellschaftlicher Strukturen vorzubereiten, so wirkte bereits das Ende des Krieges selbst ernüchternd. Nicht nur überlebten die alten politischen Kräfte: die Diktatoren Saddam Hussein und Hafez el-Asad sowie die Familienherrschaften der Sabah in Kuwait und der Saud in Saudi-Arabien. Darüber hinaus zeichnete sich eine Agenda politischer Probleme ab, die den Nahen Osten konfliktreicher erscheinen ließ, als dies vor dem Krieg der Fall war.

Es war der Irak selbst, der unvermittelt zum ersten Punkt auf der Nachkriegsagenda wurde. Das Land, das im Laufe eines Jahrzehnts zwei kriegerische Konflikte mit Nachbarn vom Zaun gebrochen hatte, offenbarte sich selbst in seiner zerbrechlichen „nationalen" Inkonsistenz. Eine breit gefächerte Opposition religiöser (schiitischer) und ethnischer (kurdischer) Kräfte sah in der Schwächung des Diktators Saddam Hussein eine Chance, ihn zu stürzen. Der Aufstand schien um so aussichtsreicher, als dessen Sturz nach seiner Vertreibung aus Kuwait und nach der Vernichtung seines Militärpotentials zu einem der Anliegen namentlich Washingtons und Londons erklärt worden war. Daß dies nicht gelang, daß die Aufstände im Süden und Norden vielmehr mit äußerster Brutalität niedergeschlagen werden konnten, ließ den Westen in einem doppelten, nämlich inneren und äußeren, Dilemma zurück.

Ersteres stellte sich in der Frage nach der Zukunft der Kurden. Die Versorgung von mehr als einer Million geflohener Kurden war nicht nur ein humanitäres Problem. Die Kurden sind vielmehr – ähnlich den Palästinensern – Opfer jener „Neu-Ordnung" der Konkursmasse des Osmanischen Reiches, die in erster Linie den Interessen der europäischen Kolonialmächte dienen sollte. Hatte der Vertrag von Sèvres (1920) noch Autonomie, wenn nicht Eigenstaatlichkeit, für die Kurden vorgesehen, so war in den zwanziger Jahren im Zuge einer staatlichen Neuordnung, die sich auf einen neuen türkischen National-staat, einen von England abhängigen Iran und einen neu zu schaffenden irakischen Staat stützte, davon keine Rede mehr. Jahrzehntelang war die kurdische Frage tabu, war doch niemand daran interessiert, die Stabilität der Region zu gefährden, die sich damit zu verbinden schien.

Mit der Massenflucht und, als Antwort darauf, der Errichtung einer „Schutzzone" im Norden des Irak, war die Zukunft der Kurden nicht mehr eine innere Angelegenheit des Irak; sie berührte alle angrenzenden, aber auch die westlichen Mächte. Eine Schutzzone, die in sich eine massive Einmischung in die inneren Angelegenheiten des Irak darstellte, würde sich zum Kern eines unabhängigen kurdischen Staates entwickeln können. Ein solcher stieße aber auf den entschlossenen Widerstand aller Regierungen jener Staaten, in denen Kurden leben. Neue Konflikte zeichnen sich ab. Die Schutzzone könnte sich länger als schutzbedürftig erweisen, als dies den Vätern der Idee vorschwebte. Auch die Stationierung einer Eingreiftruppe auf türkischem Boden an der Grenze zum Irak bedeutet keine Lösung des entstandenen Dilemmas.

Wie immer sich aber die kurdische Frage kurz- und mittelfristig gestalten mag – der zweifelhafte Ausgang des Krieges am Golf setzte sie langfristig unübersehbar auf die Tagesordnung der Nahostpolitik: Wie die Lösung des palästinensischen Problems die Zukunft der Beziehungen zwischen Israel und den Arabern bestimmen wird, wird die Zukunft Kurdistans auf Stabilität und Sicherheit des Raumes im Dreieck Türkei-Iran-Irak zurückwirken. Die Nahost-Agenda ist um ein zentrales Problem komplizierter geworden.

Das politische Überleben Saddam Husseins hatte aber zugleich einen äußeren Aspekt: Es verband sich mit der Zukunft eines regionalen Sicherheitssystems. Daß ein solches wünschenswert wäre, wurde schon vor dem Krieg von Teilnehmern an der Allianz unterstrichen. Nach der massiven Präsenz westlicher Truppen in der Region wäre ein Staatensystem, welches Stabilität aus sich heraus gewährleistet, wesentlicher Teil einer „neuen Ordnung".

Erste Ansätze dazu wurden unternommen, als am 6. März in der „Erklärung von Damaskus" die Formel „zwei plus sechs" – d. h. Syrien und Ägypten plus die sechs Mitglieder des Golf-Kooperationsrates – zu einem zentralen Element regionaler Sicherheit gemacht wurde. Sie sollte sich freilich als nicht weitreichend genug erweisen. Zunächst ließ sie die künftige Rolle des Irak aus; ein Sicherheitssystem ohne Bagdad erschiene allerdings kaum dauerhaft. Würden aber die arabischen Alliierten bereit sein, sich mit Saddam Hussein, dem zweimaligen Aggressor, darüber zu verständigen?

Das Arrangement wurde noch dadurch kompliziert, daß zwei nicht-arabische Mächte ihren Anspruch anmeldeten, an einem regionalen Sicherheitsgefüge teilzuhaben: Iran und die Türkei. Beide gehören zu den Gewinnern des Krieges. Unter der nüchterneren Führung der Nachfolger Ayatollah Khomeinis war der Iran dabei, an jenen Anspruch auf eine Vormachtrolle anzuknüpfen, die schon der gestürzte Schah erhoben hatte. Und die Türkei war durch die enge Allianz mit Washington vom Randstaat der NATO wieder zu einem wichtigen Partner des Westens in einer Region geworden, in der dieser – wie die Krise gezeigt hat – vitale Interessen hat und entschlossen ist, sie zu verteidigen. Aus den Ansprüchen und Interessen der Araber, Iraner und Türken ein stabiles „System" zu bauen, erwies sich als schwieriger und komplizierter als zunächst angenommen. Auch zwischen Saudi-Arabien und Kuwait einerseits sowie Ägypten und Syrien andererseits erwuchsen bald Differenzen:

Die Drohung von Präsident Mubarak, die ägyptischen Truppen vom Golf zurückzuziehen, deuteten darauf hin.

Die Bemühungen um ein „regionales Sicherheitssystem" lenkten den Blick zwangsläufig auf die Zukunft der inneren Entwicklung in Kuwait und Saudi-Arabien. Was das Scheichtum betrifft, so kann kaum ein Zweifel daran bestehen, daß die Krise einen Wendepunkt in seiner Geschichte darstellt. Allzu sichtbar war das Versagen der führenden Familie im Vorfeld der Krise, als daß diese spurlos an dem System hätte vorbeigehen können. Die auf einer über zweihundertjährigen Geschichte beruhende Legitimation des Regimes erlitt einen unübersehbaren Schlag. Nach der Befreiung des Landes wurde die Familie bald von einer „Öffentlichkeit" herausgefordert, die ihr Verlangen nach Öffnung des Systems damit begründete, daß sie Monate in Kuwait ausgeharrt und sich den Repressalien der irakischen Besatzer ausgesetzt hatte. Hinter dem Ausnahmezustand, den der Emir zunächst verhängte, und angesichts von Prozessen gegen „Kollaborateure", waren erhebliche politische Spannungen unübersehbar.

Natürlich stellte sich die Lage nach dem Krieg für die saudische Führung anders – weniger spannungsreich nach außen – dar. Aber wird der Schock, der mit der massiven Präsenz „des Westens" auf saudischem Boden verbunden war, spurlos an einer Gesellschaft vorübergehen, die bislang ihre Stabilität hinter dem hohen Wall eines orthodoxen Islam zu wahren suchte? Während die saudische Führung sich schwer tut, ein Minimum an politischer Öffnung zu vollziehen, ist die saudische Öffentlichkeit polarisiert: Einem reformbereiten Teil, der die Krise als Chance zu tiefgreifender Modernisierung begreift, steht ein konservativer gegenüber, der die rasche Rückkehr der saudischen Gesellschaft zu den „guten alten Tagen" betreibt.

In der politisch in jeder Weise diffusen Situation nach dem Ende des Krieges wird sich der Westen auf eine längerfristige Präsenz einrichten müssen. Ob und wie diese – vor dem Hintergrund des Krieges der Alliierten gegen ein arabisch-islamisches Land – langfristig aufgenommen wird, wird wesentlich davon abhängen, ob es zu Fortschritten in der Palästinafrage kommt.

Daß diese im Hinblick auf eine „neue Ordnung" ein zentrales Element sein würde, war deutlich, seit Saddam Hussein den Versuch unternommen hatte, im Zeichen der Palästinafrage seine Aggression gegen Kuwait zu überspielen und die arabische Öffentlichkeit hinter sich zu mobilisieren. Die Rechtmäßigkeit des Krieges, die Berechtigung der Allianz arabischer Armeen mit denen westlicher Staaten gegen den Irak, die Beziehungen der Araber zum Westen, die Zukunft der arabischen Regime und Gesellschaften und die Arrangements regionaler Stabilität und Sicherheit werden entscheidend davon abhängen, ob es zu einer diplomatischen Bewegung in der Palästinafrage kommen wird, an deren Ende sich ein Kompromiß abzeichnet, der von allen Beteiligten als gerecht angenommen wird. So unternahm Washington unmittelbar nach dem Ende des Krieges beachtliche Anstrengungen, die Dinge in Bewegung zu bringen. Gerade die amerikanische Regierung hatte die mobilisierende Wirkung des Vorwurfs der „doppelten Standards" in Sachen des Völkerrechts und der Resolutionen der UNO, den Saddam Hussein erhoben hatte, erfahren müssen. Nachdem die Resolutionen in Sachen Kuwait seit dem 2. 8. 1990 Punkt für Punkt und am Ende mit einer Militäraktion durchgesetzt worden waren, stellte sich nun die Frage, wie es der Resolution 242 von 1967, in der unter anderem der Rückzug Israels aus besetzten Gebieten gefordert wird, ergehen würde.

So unterstrich der amerikanische Präsident zu Recht, daß eine Lösung auf der Grundlage dieser Resolution erfolgen müsse, die ja zugleich auch die Anerkennung Israels durch die arabische Seite fordert. In Washington hatte man sich der Hoffnung hingegeben, daß die Krise und der Krieg um Kuwait sowie die unsicheren Perspektiven der Nachkriegszeit alle Beteiligten zu einem „neuen Denken" gebracht hätten. Ja, daß die USA auf so etwas wie Dankbarkeit stoßen würden, hatten sie doch durch ihre führende Rolle in der Allianz die Interessen der arabischen Alliierten und zugleich Israels vis-à-vis der irakischen Bedrohung wahrgenommen.

Doch es war „altes Denken", das der amerikanische Außenminister James Baker bei seinen vier Reisen in den Nahen Osten unmittelbar nach Ende des Krieges vorfand: Bei den Golf-Arabern, die sich zurückhaltend zeigten, in der Palästinafrage Profil zu zeigen, allenfalls zu einem Beobachterstatus bereit sind. Bei Syrien, welches sein Heil in einem komplexen Verhandlungsmarathon (internationale Konferenz im Rahmen der UNO) sucht. Bei den Palästinensern, die darauf bestehen, von der PLO vertreten zu werden. Und zumal bei der israelischen Regierung, die es ablehnt, besetzte Gebiete zu räumen, sich eine eigene Interpretation der Resolution 242 vorbehält, die Besiedlung der besetzten Gebiete fortführt und daran festhält, über Palästina im wesentlichen mit den am Konflikt beteiligten arabischen Regierungen ins reine zu kommen. Deutlich waren Enttäuschung und Verärgerung zu vernehmen, als James Baker am 9. 4. feststellte, daß die Fortführung der israelischen Siedlungspolitik in den besetzten Gebieten die Friedensbemühungen torp ediere.

Unmittelbar mit dem Ende des Konflikts begann unterdessen ein neuerlicher Rüstungswettlauf aller Beteiligten; die Abrüstungsinitiative, deren Grundlinien Präsident Bush am 29. 5. veröffentlichte, zeigte bis zum Ende des Berichtszeitraums keine Wirkung.

Eine innere Dynamik, aus der heraus eine „neue Ordnung" entstehen könnte, war bei Ende des Berichtszeitraums nicht in Sicht; Chancen, daß sie von außen gestiftet werden könnte, waren ebenfalls gering. Sollte es, nachdem der Waffenstillstand an der irakisch-kuwaitischen Front konsolidiert ist, dann an der „zweiten Front", jener zwischen „dem Westen" und „dem Islam", zu anhaltenden Spannungen, ja, weiteren Konflikten kommen? Der militärische Aufmarsch am Golf und der Krieg hatten es Saddam Hussein einen Augenblick lang ermöglicht zu verdecken, worum es eigentlich ging, und die Auseinandersetzung in die historische Dimension des alten Konflikts zwischen „den Arabern" und „dem Westen", ja, zwischen „dem Islam" und „dem Westen" zu rücken. Millionen waren ihm darin gefolgt – in seiner Nachbarschaft das palästinensische Volk, und am Rande der arabischen Welt die Menschen im Maghreb. Für einen Augenblick sahen sie sich wieder einmal als Teil ein- und derselben Schicksalsgemeinschaft. Ihre Empörung richtete sich gegen eine „neue Ordnung", von der sie zu wissen glaubten, daß sie wieder eine Ordnung im Interesse von Auswärtigen – weiland Europas, nunmehr Amerikas? – sein würde. Deutlich wurde die tiefe Kluft zwischen denen, die im Namen einer „neuen Ordnung" militärisch daherkamen, und denen, die sich hinter Saddam scharten. Die einen agierten und reagierten in den Koordinaten des Völkerrechts und der Resolutionen der UNO; die anderen in den Koordinaten der Geschichte und der Traumata, die diese in ihnen aufgehäuft hat.

Hier stellt sich eine Frage, auf die erst die Zukunft eine Antwort geben wird: Der Konflikt am Golf ist vorbei, das Kriegsziel ist erreicht, an der kuwaitisch-irakischen Front herrscht Waffenstillstand. Wie also steht es demgegenüber mit jener anderen Front, ist auch an ihr die Konfrontation vorbei – so schnell, wie sie aufgerissen wurde?

Sollte der Spannungszustand an dieser Front – angesichts namentlich einer fortwährenden arabisch(palästinensisch)-israelischen Konfrontation – weiter anhalten, dann wäre dies die langfristig verhängnisvollste Nachwirkung des Krieges um Kuwait. Es könnten am Ende noch jene eine fatale Rechtfertigung erfahren, die ihn in den Dimensionen einer ersten militärischen Nord-Süd-Auseinandersetzung gesehen haben – eine neue Konfliktachse nach dem Ende des Ost-West-Gegensatzes. Schließlich würde (müßte) diese auch eine ideologische Komponente der Rechtfertigung haben: Der Norden, das wäre „der Raum des Völkerrechts", der Süden wäre dagegen „der Raum des Islam" und der Massenverführung durch Gestalten wie Saddam Hussein. Wenn der Krieg am Golf eine Herausforderung war, diese Gefahr zu erkennen und ihr zu begegnen – nicht durch gewagte Projektionen wie „neue Ordnungen", sondern durch einen Dialog, gerichtet auf Selbstbestimmung und Gerechtigkeit –, dann könnte aus ihm – nahezu wider aller Vernunft – Hoffnung auf mehr Frieden im Nahen Osten und auf eine neue Qualität der Beziehungen zwischen „dem Westen" und „dem Islam" erwachsen.

Udo Steinbach (Deutsches Orient-Institut, Hamburg)

Literaturhinweise

Der Überblick – Zeitschrift für ökumenische Begegnung und internationale Zusammenarbeit, 26(Dezember 1990)4.

Hubel, H., Der zweite Golfkrieg in der internationalen Politik. Forschungsinstitut der DGAP, Arbeitspapiere zur internationalen Politik 62. Bonn, Mai 1991.

Krell, G./Kubbig, B.W. (Hrsg.), Krieg und Frieden am Golf. Ursachen und Perspektiven. Frankfurt a.M. 1991.

Nahost Jahrbuch 1990 – Politik, Wirtschaft und Gesellschaft in Nordafrika und dem Nahen und Mittleren Osten. Deutsches Orient-Institut, Opladen 1991.

Pawelka, P./Pfaff, I./Wehling, H.-G. (Hrsg.), Die Golfregion in der Weltpolitik. Stuttgart 1991.

Salinger, P./Laurent, E., Der Krieg am Golf. München 1991.

Islamisten im Maghreb

Auf die Frage eines Journalisten, ob er an die Gefahr einer islamistischen Welle im arabischen Raum glaube, meinte der französische Außenminister Dumas in der Pariser Tageszeitung „Le Monde" vom 12. 3. 1991, daß es vielleicht das kleinere Übel sei, wenn die Hoffnungslosigkeit gerade der Jugendlichen sich in religiösen Manifestationen ausdrücke, doch fürchte er den Rückgriff auf Gewalt, das Risiko des Terrorismus. Wie eng Gewaltanwendung Bestandteil der Strategien zumindest einiger islamistischen Bewegungen ist, zeigten erneut die Ereignisse in Tunesien im Mai und insbesondere in Algerien im Juni 1991.

Als islamistisch werden politische Parteien oder sonstige legalisierte sowie illegale Gruppierungen bezeichnet, die Politik und Gesellschaft von der Religion, dem Islam, bestimmt wissen wollen. Es handelt sich dabei nicht um eine reformierte, der Moderne angepaßte und neu interpretierte religiöse Doktrin, sondern um die Unterordnung der gegenwärtigen politischen und gesellschaftlichen Realitäten unter Bedingungen und Werte, die in einem historischen Umfeld entstanden sind, dessen spezifische historische Traditionen sie widerspiegeln und die unverändert zur Organisation der Gegenwart angewendet werden sollen. Die religiösen Werte und Normen werden als absolut gesetzt. Ihre Verfechter stellen sich als Inhaber der Wahrheit, des Lösungskonzeptes für alle politischen und gesellschaftlichen Probleme dar und ähneln darin den Verfechtern anderer religiöser oder säkularer Heilsideologien, deren Absolutheitsansprüche den ethisch-moralischen bis hin zum politischen Bereich, die private und öffentliche Sphäre umfassen. Eine Trennung von Politik und Religion und eine Kontrolle des religiösen Bereichs und seiner Repräsentanten durch die jeweiligen Staatsführungen, wie sie nach der Unabhängigkeit der nordafrikanischen Staaten – wenn auch in Abstufungen und unvollkommen – einsetzte, versuchen Islamisten rückgängig zu machen.

Die Ausweitung des Einflusses islamistischer Gruppen in Nordafrika wurde begünstigt 1. durch den Verlust an Glaubwürdigkeit, unter dem die bisherigen staatlichen Ideologien insbesondere seit den siebziger Jahren litten, da sie ihre gesteckten Entwicklungsziele nicht erreicht hatten; 2. die innenpolitischen Probleme, die in sozioökonomischen Problemen (v. a. Algerien, Marokko und Tunesien) und mangelnden politischen Freiheiten bestehen; 3. die Impulse, die von einer erfolgreichen islamistischen Machtergreifung im Iran automatisch ausgelöst wurden; 4. die massiven Finanzhilfen für islamistische Gruppen v. a. aus Saudi-Arabien und den Golfstaaten; 5. die zeitweise zweideutigen politischen Maßnahmen der Staatsführungen gegenüber religiös-traditionalistisch eingestellten Gruppen oder Fraktionen der Herrschaftselite, die zur Minderung des Einflusses „linker" Gruppierungen gefördert wurden; 6. eine ambivalente Religionspolitik, mittels derer die Staatsführung den Islam für ihre Zielvorstellungen zu nutzen suchte; 7. eine speziell in Algerien praktizierte Rekrutierung von Lehrkräften aus nahöstlichen Staaten (wegen Lehrermangel) und die Entsendung von Studenten an nahöstliche Hochschulen, die vor Ort mit dem in Nahost weitverbreiteten islamistischen Gedankengut vertraut wurden.

Gerade die beiden letztgenannten Punkte erweiterten den Aktionsspielraum für islamistische Gruppierungen beträchtlich. Im nationalen Kontext der unterschiedlichen politischen Systeme der nordafrikanischen Staaten Algerien, Libyen, Marokko und Tunesien erzielten die islamistischen Oppositionsgruppen in unterschiedlichem Maße Einfluß und gesellschaftliche Verankerung. Sie werden als Oppositionsbewegungen zwar finanziell vom Ausland unterstützt, verfügen über Exilgruppen in Europa, doch sind sie konzeptionell und in bezug auf ihre Aktivitäten und Zielvorstellungen nationalstaatlich geprägt und auf ihren jeweiligen staatspolitischen Rahmen beschränkt.

1. Algerien: Gewaltsame Machtprobe

Algerien, das als erster Maghrebstaat eine islamistische Partei legalisierte, verfügte bis zur Einführung des Mehrparteiensystems 1989 über eine nur durch Einzelaktionen an den Universitäten und in einer marginalisierten, militanten Untergrundgruppe (Bouiali-Gruppe 1982–87) an die Öffentlichkeit tretende islamistische Bewegung. Das Gros der sich ab 1989 in politischen Parteien und zahlreichen nichtpolitischen Organisationen organisierenden Islamisten sammelte sich um einzelne Prediger wie den 1984 verstorbenen Scheich Ahmed Soltani, Scheich Ahmed Sahnoun, den Präsidenten der Liga für islamische Mission (eine Versammlung von Predigern, die innere Mission betreibt) oder Scheich Abbasi Madani. Die islamistisches Gedankengut verbreitenden Prediger gehörten vielfach bereits während des Befreiungskampfes dem religiös-traditionalen Flügel des Front de Libération Nationale (FLN) an. Sie wendeten sich nach der Unabhängigkeit gegen die sozialistische Option Algeriens und traten für eine Aufwertung des Islams und der arabisch-islamischen Kultur ein. Eine ihrer frühen Organisationen war die 1964 von Malek Bennabi (gest. 1973) gegründete Vereinigung al-Qiyam (Die Werte), die bereits die strikte Umsetzung des islamischen Rechts, der Scharia, in Algerien forderte. Ihre Mitglieder verurteilten Säkularismus und Sozialismus ebenso wie die Emanzipation der Frauen nach europäischem Muster. Wie die in ihrer Tradition stehenden, nach der Zulassung politischer Parteien und nichtpolitischer Vereinigungen ab 1989 gegründeten islamistischen Parteien und Organisationen unternahm bereits al-Qiyam „moralisierende Aktionen" u.a. gegen Frauen in westlicher Kleidung und gegen Prostituierte. Nach dem Verbot der Organisation 1970 agierten ihre Mitglieder im Untergrund gegen die von Präsident Boumediène lancierte sozialistische Agrarrevolution. Ihre antisozialistische Haltung brachte ihnen die finanzielle Unterstützung der Großgrundbesitzer und Händler ein, die für den Aufbau von privaten Moscheen spendeten, an denen „freie", d.h. nicht staatlicher Kontrolle unterstellte Prediger Dienst taten. In den 80er Jahren traten diese Prediger stärker an die Öffentlichkeit und unterstützten Forderungen von Studenten, die sich aufgrund ihrer Ausbildung im arabisierten Zweig des Schulwesens gegenüber den in allen Bereichen bevorzugt rekrutierten Absolventen des zweisprachigen (französisch-arabischen) Zweiges benachteiligt fühlten.

Im November 1982 kam es zu einer Erklärung der Islamisten um Scheich Soltani, Scheich Sahnoun und Scheich Abbasi Madani, in der die Gründung einer „islamischen Republik" und der Koran als Verfassungsgrundlage sowie die Aufgabe sozialistischer Optionen gefordert wurden. Zu diesem Zeitpunkt reagierte die Staatsführung mit Verhaftungen (Hausarrest für die führenden Persönlichkeiten) und mit dem Versuch, die Kontrolle über den religiös-organisatorischen Bereich zurückzugewinnen, u. a. durch die Gründung einer islamischen Universität mit Diplomstudiengängen, die Einladung anerkannter Religionswissenschaftler als Lehrkräfte wie den Ägypter Scheich Ghozali, einen Anhänger des moderaten Flügels der ägyptischen Muslimbrüder, und durch die verstärkte Rekrutierung von Abgängern des arabisierten Zweiges der Hoch- und Sekundarschulen für Verwaltungspositionen.

Nach den Oktoberunruhen von 1988, die nicht von Islamisten ausgingen, in die sie sich jedoch zur Förderung ihrer Anliegen durch die massive Mobilisierung ihrer Anhänger zu Demonstrationen einschalteten, setzte die eigentliche Strukturierung und Organisierung der Bewegung ein. Ein Teil der Islamisten unter Abbasi Madanis Führung konstituierte sich als politische Partei (Front Islamique du Salut/FIS) und wurde im September 1989 vom Innenministerium legalisiert. Eine populistische Ausrichtung ihrer Politik gestattete es den Islamisten, sich eine starke Ausgangsbasis zu schaffen. Sie stützten sich hauptsächlich auf Jugendliche und junge Erwachsene, denen sie ein Betätigungsfeld und Einflußnahme (in Aktionsgruppen) bei der gesellschaftlichen und moralischen Neuausrichtung zuweisen. Bei einer Jugendarbeitslosigkeit von 63 % bei den 15–19jährigen und 30,9 % bei den 20–24jährigen ist dieser Faktor nicht zu unterschätzen.

Die Kommunalwahlen am 12. 6. 1990 verdeutlichten den Legitimationsverlust des FLN und die Attraktivität des islamistischen Angebots: Von 1541 Gemeinderäten gewann der FIS in 853 die Mehrheit, in fünf Provinzversammlungen errang er sogar einen 100 %igen Wahlsieg, insgesamt besitzt er in 32 von 48 Provinzversammlungen die Mehrheit. Die vom FIS übernommenen Verwaltungen und seine repressiv geführten Moralisierungskampagnen im Anschluß an die Wahl lösten indes heftige Kritik an seiner undemokratischen Verhaltensweise aus. Die dringlichen Probleme im Wohnungs- und Infrastrukturbereich z. B. wurden vom FIS als zweitrangig behandelt. Daß die Kommunalwahl von 1990 eine Protestwahl war, bei der viele Wähler sich für den FIS entschieden, obwohl sie dessen Ziele nicht teilten, sondern nur ihrer Ablehnung des FLN Ausdruck geben wollten, ohne sich der eigentlichen Folgen eines FIS-Wahlsieges bewußt zu sein, zeigte sich im Laufe des Jahres 1990 und schließlich im Mai/Juni 1991. Neben dem FIS hatten sich 1990 weitere islamistische Parteien gegründet, mit denen der FIS vor den ursprünglich für den 27. 6. 1991 geplanten Legislativwahlen allerdings keine Wahlallianz eingehen wollte, da er die absolute Mehrheit der Stimmen erwartete. Der kaum befolgte Aufruf zum Generalstreik ab 25. 5. 1991, der die Staatsführung zwingen sollte, das Wahlgesetz zu modifizieren, das den FIS benachteiligte, zeigte jedoch, daß es dem FIS nicht gelingen würde, bei den Legislativwahlen eine absolute Mehrheit zu erringen. Die dem Aufruf zum Generalstreik folgenden Provokationen des FIS und der Appell zur sofortigen Errichtung eines „islamischen Staates" mündeten in Unruhen, die zur Verhängung des Ausnahmezustandes ab 5. 6. 1991 und zur Verschiebung der Legislativwahlen führten. Seinen Zenit hat der FIS 1991 allem Anschein nach überschritten, zumal er die politische Organisation der algerischen Islamisten nicht mehr monopolisiert und die 1990/91 zugelassenen islamistischen Parteien wie Hamas, Nahdha sich von der Strategie des FIS distanzieren. Die Ablehnung, in demokratischen, pluralen Strukturen zu agieren und zu ihrer Festigung beizutragen, und andererseits die Bereitschaft des FIS, zur Gewalt zu greifen, um seine Ziele umzusetzen, haben den ersten Versuch in Nordafrika, eine islamistische Partei an einem im Aufbau befindlichen pluralen System zu beteiligen, durch Integration zu mäßigen und zu kontrollieren, zum Scheitern verurteilt.

2. Tunesien: Islamistische Gewalttendenzen

In Tunesien versammelten sich ab 1980/81, als eine zaghafte und unvollkommene Liberalisierung des politischen Systems angekündigt wurde, in deren Rahmen politische Parteien und Vereinigungen zugelassen wurden, insbesondere Islamisten, die sich 1981 im Mouvement de la Tendance Islamique (MTI) organisierten. Ziel des MTI war die Errichtung eines „islamischen Staates". Der MTI versuchte, im Gegensatz zu kleinen, radikalen islamistischen Gruppen wie z. B. der islamischen Befreiungspartei, sich seit 1984 mittels einer Doppelstrategie landesweit und in allen Institutionen zu verankern: Er strebte zum einen die Legalisierung als politische Partei an, zum anderen baute er eine im Untergrund arbeitende Parallelorganisation aus, um durch Unterwanderung der Institutionen und die Ausbildung von Kampfeinheiten den Umsturz des Regimes vorzubereiten. Begünstigt wurden die islamistischen Bewegungen durch die staatliche Islampolitik, die mit der traditionalen Islaminterpretation brach. Die Gründer des MTI um Rachid Ghannouchi stammen auch in Tunesien aus den Reihen der nach der Unabhängigkeit (1956) systematisch an Einfluß verlierenden Vertretern eines traditionalen Islamverständnisses. Sie traten für eine Bestimmung der politischen Organisation und des gesellschaftlichen Lebens durch die Religion ein und lehnten eine Vereinnahmung und Verwaltung der Religion durch den Staat, wie dies Präsident Bourguiba umzusetzen wünschte, ab. Die Staatsführung selbst nutzte allerdings nach dem Abbruch des mißglückten sozialistischen Experiments in Tunesien (1963–69) die religiös-traditional eingestellten Gruppierungen, um ein Gegengewicht zu den aktiven linken Oppositionsgruppen an den Universitäten zu schaffen und den wachsenden Druck von liberalen, für eine Demokratisierung des Systems eintretenden

Fraktionen innerhalb und außerhalb der Einheitspartei abzublocken. Traditionales Gedankengut wurde gefördert, obwohl deutlich wurde, daß die religiösen Traditionalisten das bourguibistische Staats- und Gesellschaftskonzept gerade auch hinsichtlich der Vorstellungen von Frauenemanzipation, die im arabisch-islamischen Raum Vorreiterfunktion einnimmt, nicht teilten.

Die Konzessionen der Staatsführung führten dazu, daß Anfang der 80er Jahre gerade im Hochschul- und Sekundarschulbereich Islamisten über die meisten Anhänger und ihren stärksten Einfluß verfügten. Die Führung der offen agierenden Organisation des MTI war ab 1984 Scheich Mourou übertragen worden, während Rachid Ghannouchi, Präsident des MTI, die offen und im Untergrund arbeitende Organisation kontrollierte. Der Einfluß in den Bildungsinstitutionen erlaubte es dem MTI, regelmäßig Demonstrationen zu organisieren und diesen sensiblen und wichtigen Bereich bei Bedarf zu paralysieren, um Druck auf die Staatsführung auszuüben. Seine Legalisierung konnte der MTI mit diesen Aktionen allerdings nicht erzwingen. Die Konfrontationen spitzten sich im Frühjahr 1987 zu, als an den Universitäten die islamistische Studentenunion den Lehrbetrieb über Wochen lahmlegte und bekannt wurde, daß tunesische Staatsangehörige im Ausland mit einer schiitischen (iranisch finanzierten) Terrororganisation zusammenarbeiteten. Verhaftungswellen in Tunesien, gewaltsame Demonstrationen, Säureattentate von Islamisten auf Staatsangestellte, Sachbeschädigungen und zwei Bombenattentate auf Hotels in Sousse (um durch Ausbleiben der Touristen die sozioökonomische Situation und damit die Unzufriedenheit mit der Staatsführung zu verschärfen), gingen einem Schauprozeß voraus, mit dem Präsident Bourguiba im September 1987 versuchte, den MTI zu zerschlagen. Dem Versuch eines Umsturzes durch Islamisten des MTI zur Rettung ihrer Organisation will der damalige Premierminister und jetzige Staatspräsident Ben Ali mit der Absetzung des damals 84jährigen Bourguiba wegen Amtsunfähigkeit am 7. 11. 1987 zuvorgekommen sein.

Dem Machtwechsel folgten Maßnahmen zur Versöhnung der religiös-traditional eingestellten Bevölkerungsteile, d. h. eine Betonung formal-religiöser Aspekte, um die islamistische Kritik der „Gottlosigkeit des Regimes" zu entkräften. Allerdings wurde von der neuen Staatsführung betont, Politik und Religion blieben getrennt. Als die Hoffnung des ab 29. 1. 1989 in Ennahdha (Erneuerung) umbenannten MTI auf Legalisierung in der Nach-Bourguiba-Ära nicht erfüllt wurde (mit der Begründung, das Parteiengesetz lasse die Legalisierung einer Partei, die sich auf eine Religion stütze, nicht zu), weiteten die Islamisten ihre Untergrundaktionen aus. In der Armee versuchten sie massiver zu rekrutieren (Aufdeckung eines angeblichen Komplotts gegen die Staatsführung im Mai 1991), und an den Universitäten fanden seit Ende 1989 Störungen des Lehrbetriebs statt, die im Frühjahr 1990 zur Verhaftung von islamistischen Studenten führten. Die Radikalisierung von Ennahdha löste interne Kontroversen aus, die im Mai 1991 in den offiziellen Austritt einiger Führungsmitglieder des offen agierenden Organisationszweiges um Scheich Mourou mündeten. Die Mourou-Fraktion distanzierte sich von den Gewaltaktionen der Untergrundorganisation, die von Ghannouchi gestützt wurde, und bekannte sich zum republikanischen System und der pluralen Demokratie. Die Aufdeckung von Waffenlagern und die Bekanntgabe von Plänen Ennahdhas zum Sturz der Staatsführung lösten somit – ähnlich wie in Algerien – eine Neuordnung der moderaten, für demokratischen Pluralismus und die Trennung von Politik und Religion plädierenden Opposition aus. Die Frontbildung gegen militante Islamisten und die Signalisierung erneuter Dialogbereitschaft seitens der Opposition wurden von der Staatsführung durch Gesten begleitet, die eine künftige stärkere Einbeziehung in den Entscheidungsprozeß bewirken sollen, um den notwendigen Konsens gegen die Islamisten, den gemeinsamen Gegner, zu sichern.

3. Marokko: Religiöse Dimension des Monarchen
als Gegengewicht

Die „Frankfurter Allgemeine Zeitung" stellte sich am 10.6.
1991 die Frage, „wann diese Welle islamischer Unruhe auch
auf Marokko übergreifen wird". In Marokko sind im Gegensatz zu Algerien und Tunesien die islamistisch orientierten
Gruppen fraktionierter, institutionell schwächer verankert und
auf den Hochschul- und Sekundarschulbereich beschränkt.
Vorläufer der marokkanischen islamistischen Gruppen entstanden in den 70er Jahren um Abdessalam Yassine, einen heute
64jährigen Inspektor für Primarschulen, der ab 1980 die Zeitschrift al-Jama^c^a(seit 1983 al-Kitab genannt) herausgab und
die Organisation Adl wal-Ihsan (Gerechtigkeit und Wohltätig-
keit) begründete, die 1990 offiziell verboten wurde. Yassine
steht seit 1989 in Rabat-Salé unter Hausarrest. 1990 wurden
die Führungsmitglieder seiner Organisation verhaftet und wegen Zugehörigkeit zu einer illegalen Vereinigung zu Gefängnis-
strafen verurteilt, obwohl Yassines Organisation moderate islamistische Positionen vertritt und die Monarchie anerkennt,
„die Reinigung der Macht und der Gesellschaft" im Sinne des
Islams fordert und keine gewaltsamen Aktionen organisierte.

Die Anfang der 70er Jahre gegründete Shabiba al-islamiya
(Vereinigung der islamischen Jugend) um die Lehrer Kamal
Ibrahim und Abdelkrim Mouti, vertritt hingegen radikalere
Positionen. Von ihr spaltete sich 1982 ein moderater Flügel ab,
die Jama'a al-Islamiya um Abdallah Benkirane und Abdallah
Biha, die den gesetzlichen Rahmen nichtpolitischer Vereinigungen respektiert und im Gegensatz zu den anderen islamistischen
Gruppierungen legalisiert wurde. Ebenfalls zugelassen ist die
missionarisch tätige Jama'at al-tabligh wal-da^c^wa, die über
kein politisches Programm verfügt. Die 1984, 1988 und 1991
u.a. demonstrierenden islamistischen Sekundarschüler und
Studenten, durchweg aus den arabisierten Zweigen des Bildungswesens, verstanden sich als Gegenkraft zu den linken Oppositionsgruppen, die ebenfalls hauptsächlich an den Bildungs-
einrichtungen ihre Mitglieder rekrutierten und dort aktiv

wurden. Eine populäre Basis fehlt indes allen marokkanischen islamistischen Aktionsgruppen. Ein wesentlicher Grund hierfür ist die religiöse Dimension des marokkanischen Monarchen, dessen Dynastie ihre Abstammung auf Ali, den Vetter des Propheten zurückführt, kraft dessen dem Amtsinhaber die religiöse Führung Marokkos zukommt. König Hassan II. ist diesem Verständnis nach „Stellvertreter des Propheten" und damit „Stellvertreter Gottes auf Erden". Ihm kommt eine religiöse Legitimität zu, die ihn außerhalb weltlicher Kontrolle und Kritik stellt. Dies spiegelt auch die marokkanische Verfassung wider, die zu ihren Pflichten den Schutz des Islams zählt, der – wie die Monarchie – als „heiliger Wert" verankert wurde. Die religiös (-mythisch), historisch-dynastisch begründete Stellung als religiöses Oberhaupt der islamischen Gemeinschaft Marokkos befähigt den König zur Interpretation des Islams, zur Kontrolle der religiösen Institutionen und Würdenträger. Zahlreiche ihn unterstützende religiöse Vereinigungen, die religiösen Gelehrten und die in Marokko aktiven religiösen Bruderschaften stellen eine Art Gegenkraft zu islamistischen Gruppen dar. Der König hat sich mehrfach gegen Islamisten und deren Interpretationen des Islams ausgesprochen, die eine Verfälschung der Religion darstellten.

Der religiöse Führungsanspruch König Hassans ist mit einer Institutionalisierung des religiösen Bereichs unter Führung des Königs verbunden. Da im König weltliche und religiöse Macht, Politik und Religion zusammenfließen, bietet sich kaum ein Ansatz für die islamistische Forderung, die Religion im täglichen Leben und in der Politik zum bestimmenden Faktor zu machen.

4. Libyen: Qaddafi als Gegenspieler der Islamisten

Abweichend von der Entwicklung in den anderen Maghrebstaaten stellt Libyen einen Sonderfall dar: Spielte zur Zeit der islamisch legitimierten Sanusimonarchie 1951–69 der Islam keine Rolle bei den innenpolitischen Auseinandersetzungen, so folgte nach dem Sturz der Monarchie am 1.9.1969 durch einen Revolutionsrat unter Führung Muᶜammar al-Qaddafis in

173

einer ersten Phase eine Aufwertung des „arabisch-islamischen Erbes" (Verbot des Alkoholkonsums, ausschließlicher Gebrauch der arabischen Schrift, Einführung des islamischen Kalenders), gefolgt von den Bestrebungen ab 1971, durch Einsetzung eines entsprechenden Komitees zur „Revision der positiven Gesetzgebung" im Sinne der Scharia, den islamischen Charakter des Staates zu betonen. Diese Islamisierungspolitik des Revolutionsrates (u. a. neues schariakonformes Diebstahlgesetz Oktober 1972; Gesetz über Ehebruch; Einführung der Zakat-Steuer), von der Bevölkerung weitgehend abgelehnt, stellte indes nur eine Übergangsphase dar. Qaddafi entwickelte seine politische Ideologie weiter, die im Rahmen der sich ab 1975 verstärkenden politischen Umstrukturierung durch den Aufbau direktdemokratisch organisierter Entscheidungsgremien (Basisvolkskonferenzen) auch in der Islampolitik zu neuen Inhalten fand. Mit der Umsetzung der Inhalte des Grünen Buches vollzog sich eine Entmachtung der religiösen Autoritäten. Die Basisvolkskonferenzen wurden als jene Institutionen interpretiert, in denen die im Koran geforderte „Beratung" stattfindet, wodurch Religionsgelehrte als Mittler zwischen Mensch und Gott nicht mehr notwendig seien.

Die gegen die religiösen Autoritäten und ihre orthodoxe Islaminterpretation gerichtete „religiöse Revolution" (Qaddafi) hat sich 1978 verschärft, als Qaddafi als erster arabischer Staatschef in zwei Reden (die ihm einen Häresievorwurf Saudi-Arabiens einbrachten) die Sunna des Propheten Muhammad einschließlich der Hadith als konstitutives Element für die Gesetzgebung, staatspolitische Entscheidungen und die Organisation der Gesellschaft zurückwies. Qaddafi stand mit dieser Interpretation im Gegensatz zur Bevölkerung, von der seit Ende der 70er Jahre Islamisierungsforderungen artikuliert wurden. Während der Opposition einzelner Religionsgelehrter mit Entlassung aus dem Staatsdienst, Verhaftung oder in Einzelfällen gar physischer Liquidierung begegnet wurde und nach dem Tode des Mufti von Tripolis, Scheich Muhammad Tahir al-Zawi, dieses höchste islamische Amt Libyens nicht wieder besetzt wurde, kam es seit Mitte der 80er Jahre zur offenen Konfrontation mit militanten Islamisten, die die in ihren Augen „ketzerische" Islampolitik Qaddafis ablehnten.

Im Unterschied zu den bereits Anfang der 70er Jahre in Libyen im Untergrund agierenden Muslimbrüdern, Anhängern der islamischen Befreiungspartei und anderer islamistischer Kleingruppen war ein Jahrzehnt später das Ausmaß der islamistischen Herausforderung personell umfangreicher und militanter, ohne je systembedrohende Ausmaße wie in Tunesien oder Algerien anzunehmen. Die massive Präsenz der Sicherheitskräfte, bis 1988 vor allem der Revolutionskomitees bzw. seither der neu formierten Volkswachen mit ihren internen Sicherheitsaufgaben, und die eingeleiteten Repressionsmaßnahmen (zahlreiche Todesurteile, zuletzt am 17. 2. 1987 Hinrichtung von 7 Mitgliedern der Organisation Heiliger Krieg) begrenzten den Aktionsraum der Islamisten. Trotzdem kam es seit den bewaffneten Auseinandersetzungen der Sicherheitskräfte mit Mitgliedern der islamistisch ausgerichteten National Front for the Salvation of Libya am 8. 5. 1984 immer wieder zu Konflikten mit Islamisten, die ihren Höhepunkt während des Ramadan 1989 erreichten, als bewaffnete Islamisten Moscheebesucher in Ajidabiya, Misurata und Banghazi angriffen. Qaddafi ging in seinen Reden zunehmend auf diese Herausforderung ein und warnte vor der „islamistischen Gefahr": 1990/91 waren die Jahre der rhetorischen antiislamistischen Agitation. In mindestens 17 Reden hat Qaddafi nachweislich die islamistische Verfremdung des Islams angeprangert und die „religiöse Tendenz zur Vereinnahmung der Politik" durch namentlich genannte Gruppen wie Muslimbrüder, Takfir wal-Hijra, Hizballah, Heiliger Jihad als höchst gefährliche Entwicklung bezeichnet. Für Qaddafi sind Islamisten „neue Häretiker", „gefährlicher als die Pest oder Aids-Kranke" (Rede vom 7. 10. 1989). In diesem Zusammenhang plädierte er trotz des seit 1988 eingeleiteten Liberalisierungskurses für eine harte Haltung gegenüber Anhängern dieser im Untergrund operierenden Gruppen (Befürwortung der Todesstrafe) mit dem Ergebnis, daß 1990 etliche libysche Islamisten vor internem Druck nach Tunesien, besonders jedoch nach Algerien flüchteten.

5. Perspektiven: Konsens über Religion und Regierungssystem?

Die 80er Jahre waren in den Maghrebstaaten geprägt von Aktionen islamistischer Opposition, aber auch von der Zunahme von Gruppierungen, die eine Liberalisierung, Garantien für die Einhaltung der Menschenrechte und demokratischen Pluralismus forderten und die bisherigen Entwicklungsmodelle und autoritären Systemstrukturen in Frage stellten. Eine in Algerien, Marokko und Tunesien für breite Bevölkerungsschichten spürbare Verschlechterung der Lebensbedingungen, verstärkt durch die Umsetzung von Austeritätsmaßnahmen zur Sanierung der Wirtschaft, nährten ein Unruhepotential, dessen Mobilisierungsbereitschaft sich Oppositionsgruppen zunutze machten. Der wirtschaftliche Liberalisierungskurs und die ihn begleitenden sozialen Spannungen, die in konkrete politische Forderungen mündeten, machten Reaktionen der Staatsführungen notwendig, die sich mit dem Begriff „politische Liberalisierung" umschreiben lassen. Dem formalen Bruch mit dem autoritären politischen System in Tunesien (November 1987), Algerien (ab Oktober 1988) und in Libyen – allerdings in engeren Grenzen – ab 1988 folgte keine inhaltliche Auseinandersetzung mit dem zukünftigen politischen bzw. gesellschaftlichen Modell. Stattdessen wurden in den beiden am stärksten von Systemmodifikationen betroffenen Staaten Algerien und Tunesien Begriffe wie Demokratie, Pluralismus und Menschenrechte zu Leitbegriffen im neuen Diskurs aufgewertet, einzelne Verfassungsänderungen eingeführt und Gesetze verabschiedet, die Parteienpluralismus (Algerien, Tunesien) verankerten und regelten. Doch neigte die jeweilige Regierungspartei dazu, die parteiinterne Demokratie als zweitrangig einzustufen und die bisherige Führungsposition, sobald sie gefährdet schien, selbst mit undemokratischen Mitteln zu sichern (u. a. Wahlmanipulationen): Die Profitierenden waren in diesem Fall die Islamisten, da eine Polarisierung bei dem Kampf um die Macht zwischen der ehemaligen Einheitspartei und Islamisten die kleineren, demokratischen Pluralismus fordernden Parteien marginalisierte, anstatt sie zu fördern, um die proklamierte Pluralisierung des

Systems einzuleiten. Die drängenden sozioökonomischen Probleme werden von dieser Konfrontation zwischen Regierungspartei/Staatsführung und Islamisten überlagert, denn eine Wirtschaftsreform kann nur nach einer Klärung der Macht- bzw. Systemfrage erfolgreich durchgeführt werden.

Die Gewaltakte der Islamisten in Algerien und Tunesien haben heftige ablehnende Reaktionen in den Bevölkerungen beider Staaten hervorgerufen, so daß gegenwärtig die militanten Islamisten an (Wähler-)Gunst oder Sympathisanten verlieren und sich einige Gruppierungen explizit für die Anerkennung der Verfassungsbestimmungen aussprechen, ihre Bereitschaft zur Einbindung in demokratische Strukturen betonen und sich von Gewaltanwendung distanzieren. Diese Demokratie- und Pluralismusbefürwortung islamistischer Gruppen sollte indes nicht darüber hinwegtäuschen, daß ihr Ziel dem der militanten Islamisten, die die sofortige Umsetzung eines „islamischen Staates" fordern, entspricht. Ihr angestrebter theokratischer Staat, der sich auf „göttliche Legitimität" stützt, kann aufgrund seines Absolutheitsanspruchs nur antipluralistisch und autoritär sein. Die Führung eines solchen Staates, der Ausdruck des göttlichen Willens ist, steht zudem außerhalb jeglicher menschlichen Kontrolle. Eine wichtige, wenn nicht die wichtigste Aufgabe der maghrebinischen Bevölkerungen zu Beginn der 90er Jahre ist, einen tragfähigen Konsens über die Stellung der Religion im Staat und das Regierungssystem zu erarbeiten. Von der Regelung dieser Frage wird auch die Zukunft einer Wirtschaftsgemeinschaft abhängen, wie sie mit der 1989 gegründeten Arabischen Maghrebunion aufgebaut werden soll, denn ihr Gelingen setzt eine Fortführung der außenpolitischen Öffnung voraus, die nur zwischen relativ moderaten, benachbarten politischen Systemen möglich ist.

Sigrid Faath (Deutsches Orient-Institut, Hamburg)

Literaturhinweise

Faath, Sigrid, Algerien. Gesellschaftliche Strukturen und politische Reformen zu Beginn der neunziger Jahre. Hamburg 1990 (Mitteilungen des Deutschen Orient-Instituts. 40), insbes. S. 198–397.

Faath, Sigrid, Islamistische Agitation und staatliche Reaktion in Tunesien 1987/1988. In: Wuqûf 2, Hamburg 1988, S. 15–68.

Lamchichi, Abderrahim, Islam et contestation au Maghreb. Paris 1989.

Mattes, Hanspeter, Libyen. Die Islampolitik Mu'ammar al-Qaddafis. In: *Bayrische Landeszentrale für politische Bildungsarbeit* (Hrsg.), Weltmacht Islam. München 1988, S. 463–473.

Staats- und Wirtschaftskrise in Indien

1. Die Wahlen

Niemals seit Beginn der Unabhängigkeit gingen die indischen Wähler in einem Stadium größerer politischer und wirtschaftlicher Unsicherheit zu den Wahlen als im Mai/Juni 1991. Konflikte an mehreren Fronten drohten die „größte Demokratie der Welt" zu sprengen. Dazu gehörten die Instabilität an der Spitze des Staates, die Steigerung der Feindschaft zwischen Hindu-Mehrheit und Moslem-Minderheit, die ihr Symbol in dem Tempelbau in Ayodha fand, der Konflikt über das Kastensystem anläßlich des von V.P. Singh eingeführten Quotensystems, der Fortbestand und das Wachstum separatistischer Bewegungen in Kashmir, dem Punjab und Assam, sowie eine schwere wirtschaftliche Krise, verbunden mit steigender Inflation, ausufernden Haushaltsdefiziten und einer sich stetig verschlechternden Leistungsbilanz und Verschuldungslage.

Ausdruck der zunehmenden Gewalthaftigkeit der politischen Prozesse in Indien war das Attentat auf Rajiv Gandhi, den Präsidenten der Kongreßpartei und früheren Premier, am 21. Mai 1991. Gleich nach der Todesmeldung kam es in zahlreichen Regionen Indiens zu Auseinandersetzungen, bei denen, wie in Indien üblich, viele Opfer zu beklagen waren. Besonders heftig waren die Auseinandersetzungen in Tamil Nadu, dessen Regierung Sympathien mit den Tamil Tigers nachgesagt wurden, die als Verantwortliche des Anschlags galten. Das Attentat hinterließ die Kongreßpartei, die sich gute Chancen für einen Wahlsieg ausrechnen konnte, zunächst ohne Führung. Die Witwe des Ermordeten, seine italienische Frau Sonia, wurde zwar aus durchsichtigen Gründen (Mitleidseffekt) gleich von der Parteispitze als Nachfolgerin nominiert, sie lehnte aber kurz darauf ab. Mit dem Tod Rajiv Gandhis ging die politische Dynastie Nehru-Gandhi zu Ende, die Indien seit der Unabhängigkeit fast ununterbrochen regiert und dem Subkontinent dabei zu relativer Stabilität verholfen hatte. Die Fortsetzung der laufenden Parlamentswahlen wurde auf Mitte Juni verschoben.

Für die Wahlen bot sich der Kongreß als Partei der Stabilität an, die nationalistisch-hinduistische BJP stellte sich als Alternative dar, die die Sonderbehandlung der religiösen Minderheiten beenden und den Hinduismus zur nationalen Kultur machen wollte, während die Janata Dal des vormaligen Premiers V. P. Singh die Aufbrechung der alten Macht- und Kastenstrukturen und die Besserstellung der Armen versprach. Die Parlamentswahlen im Mai und Juni waren wegen der Verschiebung nach dem Attentat auf Rajiv Gandhi die längsten, aber auch die blutigsten der indischen Geschichte. Sie brachten mit 53 % die niedrigste Wahlbeteiligung seit 1947 und abermals keine eindeutige Mehrheit. Der Kongreß erzielte 233 der 511 vergebenen Mandate (34 Mandate waren wegen Unregelmäßigkeiten oder Unruhen vorläufig nicht besetzt worden), die BJP 111 Mandate und die Janata Dal landete mit 61 Mandaten weit abgeschlagen auf Platz drei. Der Kongreß errang starke Gewinne im Süden, wo nach dem Attentat auf Rajiv Gandhi abgestimmt worden war, und hebelte mit seinen Alliierten die Landesregierungen in Tamil Nadu und Kerala aus. Starke Gewinne erzielte er auch im Westen (Rajastan und Madhya Pradesh), wo die seit zwei Jahren amtierenden BJP-Regierungen ihren Kredit offenbar bereits verspielt hatten. Erhebliche Verluste mußte der Kongreß aber im nördlichen Hindi-Gürtel einstecken. In Uttar Pradesh, dem volkreichsten Staat der Indischen Union triumphierte die BJP, die auch in den anderen Staaten der Gangesebene erheblich zulegte. In Bihar gewann die Janata Dal, die aber ansonsten reichlich dezimiert wurde.

Nach den Wahlen zeigte sich die Kongreßpartei entschlossen, die neue Regierung zu stellen, obwohl sie die absolute Mehrheit nicht erreicht hatte. Dabei setzte sie auch auf unabhängige Abgeordnete und Splitterparteien, die eventuell überwechseln würden. Die BJP erklärte, sie wolle eine verantwortungsbewußte Opposition stellen. Beobachter gehen davon aus, daß sie auf einen Sieg bei den nächsten Wahlen spekuliert. Kurz nach den Wahlen wählte die Kongreßpartei Narasimha Rao als neuen Vorsitzenden. Dieser hatte auf diversen Ministerposten gedient und gilt als Vertreter der alten Garde. Er wurde alsbald als Premier einer neuen, diesmal allerdings stärkeren Minderheitsregierung vereidigt. Dabei räumte er der Lösung der wirtschaftlichen Probleme Indiens höchste Priorität ein und verordnete seinem Volk, den Gürtel enger zu schnallen. Gleichzeitig verkündete er die Bildung einer schnellen Eingreiftruppe der Armee zur raschen Befriedung eventueller Unruhen. Die damit angesprochenen, drängenden wirtschaftlichen und politischen Probleme des indischen Subkontinents, die eigentlich einer starken Regierung bedürfen, sollen nun einzeln dargestellt werden.

2. Instabile Regierungen

Die nun beendete neunte Legislaturperiode in Indien dauerte nur 16 Monate statt der regulären fünf Jahre und brachte zwei instabile Minderheitsregierungen. Die erste, geführt von der Janata Dal des früheren Finanz- und Verteidigungsministers der Regierung Rajiv Gandhi, V. P. Singh, bedurfte der Unterstützung der nicht an der Regierung beteiligten Kommunisten und der chauvinistischen Hindu-Partei BJP. Letztere entzog ihre Unterstützung, als ihr Vorsitzender im Zuge seiner Kampagne für den Tempelbau in Ayodha (s. u.) festgenommen wurde (Ende Oktober 1990). V. P. Singh sperrte sich zunächst gegen einen Rücktritt, beantragte aber später beim Staatspräsidenten eine Vertrauensabstimmung, die nicht zu gewinnen war. Unter diesem Druck spaltete sich die Janata Dal; ein Teil scharrte sich um Chandra Shekar, der ohnedies alte Rechnungen mit V. P. Singh zu begleichen hatte, und suchte Kontakt zur Kongreßpartei, die ebenfalls Neuwahlen zum damaligen Zeitpunkt der aufgeputschten religiösen Emotionen zu vermeiden suchte. So wurde denn mit der „bedingungslosen" Unterstützung der Kongreßpartei Chandra Shekar Anfang November zum neuen indischen Premier bestellt, obwohl er über gerade 10 % der Abgeordnetensitze im indischen Parlament verfügte. Damit war auch klar, daß die neue Regierung jeden Augenblick vom sehr viel stärkeren Kongreß zum Rücktritt gezwungen werden könnte, und zwar umso schneller, je erfolgreicher die Regierung Chandra Shekar sein würde. Denn die beiden ungleichen Parteien verband wenig mehr als ihre gemeinsame Abneigung gegen V. P. Singh und dessen Quotierungspläne (s. u.) sowie die Furcht vor einem allzu frühen Wahltermin.

Tatsächlich war die Amtszeit der neuen Regierung die kürzeste in der indischen Geschichte. Chandra Shekar taktierte in dieser Zeit sehr geschickt und drängte die Kongreßpartei politisch ins Abseits. Deren Vorsitzender R. Gandhi kritisierte die Politik seines Alliierten erst in offenen Briefen und nahm später einen relativ bedeutungslosen Zwischenfall – das „Spionieren" zweier Polizisten vor seiner Residenz – zum Anlaß, seiner Partei einen Parlamentsboykott aufzuerlegen. Da auch die Oppositionsparteien der Sitzung fernblieben, konnte sie nicht eröffnet werden, da die hierfür erforderliche Zahl von Abgeordneten nicht erreicht wurde. Diesen „Verrat" mochte Chandra Shekar nicht mehr dulden und erklärte darauf Anfang März 1991 seinen Rücktritt. Eine Woche nach diesem Schritt löste der indische Staatspräsident Venkataramam vorzeitig das Parlament auf und machte damit den Weg für eine vorgezogene Neuwahl frei. Die Regierung Chandra Shekar blieb aber bis zur Bildung der neuen Regierung nach der Wahl im Juni im Amt.

3. Zuspitzung innenpolitischer Konflikte

3.1. Der Kastenkonflikt

Lange Zeit waren die Kasten ein politisch eher stabilisierender Faktor in Indien, da ihre Vielzahl und ihre unterschiedlichen Interessen die Bildung landesweiter religiöser Parteien und sozialer Bewegungen erschwerten. In den 80er Jahren erfuhren die Beziehungen zwischen den Kastenlosen und den Höherkastigen allerdings spürbare Anspannung, begünstigt durch die staatliche Reservierungspolitik, die etwa bei Arbeitsplätzen im öffentlichen Dienst den Unberührbaren einen bestimmten Anteil einräumte, durch massenhafte Übertritte Kastenloser zum

Islam und durch das Entstehen der Bahujan-Samaj-Partei, die die Unberührbaren organisierte und die schon Ende der 80er Jahre ins Parlament einziehen konnte.

Die Kastenkonflikte steigerten sich im Berichtsjahr, als die Regierung V. P. Singh die mittlerweile zehn Jahre alten Empfehlungen der Mandal-Kommission umsetzen wollte. Die Kommission hatte vorgeschlagen, neben der Reservierung der schon gültigen Quote von 22 % der Stellen im öffentlichen Dienst für die Unberührbaren und die Stammesangehörigen, den Niedrigkastigen eine weitere Quote von 27 % einzuräumen. Kurz nach Veröffentlichung der Absichten der Regierung, die ohne sorgfältige Vorbereitung und Bemühung um parlamentarische Unterstützung angekündigt wurden, erschütterten schwere politische Unruhen das Land. Paramilitärische Kräfte und die Polizei lieferten sich Gefechte mit Studenten, die ein Ende der Quotierung forderten. Sie wurden darin unterstützt von den höheren Kasten, der BJP, die gegen die Reservierung eine Arbeitsniederlegung organisierte, und später sogar von den Bauern, die Straßensperren errichteten und die Hauptstadt belagern wollten. Bei den Auseinandersetzungen gab es zahlreiche Tote, etliche Studenten verbrannten sich selbst aus Protest.

Ganz offenkundig versuchte die Regierung V. P. Singh, mit dem neuen Reservierungsvorschlag ihr eigenes Überleben zu sichern, verfügte sie doch nur über ein schwaches Wählerreservoir. Die Behauptung, beim Quotenvorschlag gehe es um eine Frage der sozialen Gerechtigkeit, da das starre Kastensystem den notwendigen Aufstieg der unteren Schichten verhindere, krankt nämlich daran, daß nicht alle Angehörigen der unteren Kasten so arm sind, daß sie staatlicher Unterstützung bedürfen und daß auch nicht alle Brahmanen zu den Wohlhabenden zählen. Wohlhabend sind vor allem unterkastige Bauern und Händler geworden, die von staatlicher Unterstützung und Förderung profitierten und sich zumindest in den Gliedstaaten auch politisch mehr in den Vordergrund geschoben haben. Dazu kommt, daß auch mit den bisherigen Quotenregelungen, die seit 1947 existieren, nicht erreicht wurde, die soziale Stellung der Unberührbaren zu heben. Sie konnten in dem von Brahmanen beherrschten öffentlichen Dienst nur ganze 5 % der Stellen ergattern. Echte Aufstiegschancen könnte nur eine Verbesserung der sozialen Lage der Unterprivilegierten bringen, etwa durch Verbreiterung der Bildungschancen und durch Landreform.

Die verzweifelte Reaktion der höherkastigen Studenten auf die Quotierungspläne erklärt sich daraus, daß in Indien auch bisher bereits ein gnadenloser Wettbewerb um Noten, Ausbildungs- und Arbeitsplätze stattfand. Der öffentliche Dienst und die Staatsbetriebe kommen für etwa $^2/_3$ der Arbeitsplätze im organisierten Sektor auf. So hätte die Bevorzugung einer weiteren Gruppe sozial Benachteiligter diesen Studenten den letzten Rest der ohnedies dünnen Beschäftigungschancen genommen. Nicht ganz zu Unrecht argumentierten sie, daß weitere Quotierungen die Effizienz des öffentlichen Sektors weiter verringern könnten und die gesellschaftliche Modernisierung das Kastenproblem weitgehend selbsttätig beseitigen werde.

Natürlich ging es der Regierung V. P. Singh nicht in erster Linie um die Verwirklichung sozialer Gerechtigkeit, sondern um die Konsolidierung ihrer Wählerbasis. Sonst hätte sie nicht schon relativ verstaubte Empfehlungen, die auf statistischem Material der späten 70er Jahre beruhen, ausgerechnet zu einem Zeitpunkt ausgraben müssen, als die indische Union sowieso schon durch existentielle Krisen geschüttelt wurde. Die Quotierungspläne zielten im wesentlichen auf die Bauernkasten im Norden Indiens ab und sollten der gegnerischen Strömung im Janata Dal-Bündnis, der Bauernpartei unter Devi Lal, das Wasser abgraben. Insoweit ist der Konflikt aber ein Anzeichen für die sich verstärkenden Stadt-Land-Gegensätze in Indien und das Verlangen der Bauern nach Mitsprache und stärkeren staatlichen Konzessionen.

3.2. Der Konflikt zwischen Hindus und Moslems

Lange Zeit hatten religiöse Parteien und religiöser Fundamentalismus in Indien nur eine geringe Chance. Diese Tatsache hängt einmal mit der weltlichen Tradition der indischen Verfassung und der Kongreßpartei zusammen, aber auch mit der Spaltung der Hindu-Mehrheit in vielzählige Kasten und einen nennenswerten Anteil von Unberührbaren, die für radikale Hindu-Positionen kaum gewonnen werden konnten, sowie das Vorhandensein einer großen Moslem-Minderheit und nichthinduistischer Stammesangehöriger. Es war geradezu das Erfolgsrezept der Kongreßpartei gewesen, diese Minderheiten zu umwerben. Diese Lage hat sich seit Mitte der 80er Jahre gründlich gewandelt. Maßgebend hierfür waren massenhafte Übertritte der Unberührbaren zum Islam, das steigende Selbstbewußtsein der Moslems in Indien (durch Gastarbeiterüberweisungen etc.), aber auch chauvinistische Reaktionen der Hindu-Mehrheit auf die separatistischen Bewegungen im Punjab und Kashmir, die sich schon die Kongreßpartei nutzbar machen sollte. Im Berichtsjahr erreichte der Konflikt mit der Auseinandersetzung um einen Tempelbau in Ayodha einen vorläufigen Höhepunkt. Lord Rama, der mythologische Held eines indischen Volksepos, soll angeblich vor ein paar Jahrtausenden in Ayodha geboren worden sein. Später, so die Legende, habe der muslimische Eroberer Babar zur Demütigung der Hindus den Hindu-Tempel zerstören und an seiner Stelle eine Moschee erbauen lassen. Der Ruf nach Wiedergutmachung des historischen Unrechts (durch Bau eines neuen Tempels auf dem Platz der Moschee) wurde seit 1989 kontinuierlich stärker und erreichte im Herbst 1990 einen Höhepunkt, als sich die nationalistische BJP – zum Zwecke des Stimmengewinns – vor den Karren des religiösen Eiferertums spannte und zu einem „heiligen Feldzug" mit dem Ziel des gewaltsamen Tempelbaus aufrief. Im Herbst initiierte die BJP eine Kampagne, bei der ihr Vorsitzender Advania in einem Tempelwagen durch die Lande zog und zum Bau des Tempels am 30. Oktober aufrief. Dabei kam es bei landesweiten religiösen Unruhen bereits zu mehreren hundert Toten. Ein landesweiter Generalstreik lähmte Indien. Für den Fall, daß die Regierung den Feldzug der BJP verbieten sollte, kündigte die Partei an, daß sie der Minderheitsregierung ihre Unterstützung entziehen werde. Die Regierung versuchte, die Spannungen zu entschärfen, indem sie den

Landkauf der Moschee per Zwang anordnete und einer hindui-stischen Stiftung übereignen wollte. Gleichzeitig sollte das Oberste Gericht über die Landbesitzrechte entscheiden.

Kurz vor Ende der Kampagne wurde Advani verhaftet und mit ihm 20 000 Aktivisten in Vorbeugehaft genommen. Ganze Divisionen wurden in die Umgebung von Ayodha verlegt, um einen Bürgerkrieg zu verhindern; der Tempelbau wurde unter-sagt. Dennoch stürmten Hindu-Aktivisten Ende Oktober die Moschee und pflanzten ihre Fahne über dem Gebäude auf. Wieder folgte ein Generalstreik, Häuser von Moslems wurden abgebrannt, und die Unruhen weiteten sich bis nach Bangla-desch aus. Ende des Jahres legte sich die Erregung. Der neue Premier Chandra Shekar leitete eine Untersuchung in die Wege, die Auskunft darüber geben soll, ob wirklich auf dem Platz der Moschee früher ein Tempel gestanden habe. Bei positivem Er-gebnis sollte der Tempel gebaut werden.

Der BJP ging es bei der Auseinandersetzung weniger um den Tempelbau. Dieser war für sie nur ein Hebel zur Verschiebung der Machtverhältnisse zwischen den Religionen. Verärgert war sie insbesondere über den Versuch V. P. Singhs, den Minderhei-ten und Niedrigkastigen besondere Privilegien einzuräumen, um sich dadurch ein neues Wählerreservoir zu erschließen. Der Tempelbau bot der BJP die einmalige Gelegenheit, sich die Res-sentiments der Hindus zunutze zu machen, das säkulare Staats-verständnis in Frage zu stellen und damit ihre eigenen Wahl-chancen zu erhöhen, ohne Frage eine für den staatlichen Zusammenhalt Indiens gefährliche Strategie. Allgemein zeigt sich hieran, daß demokratischer Wettbewerb in multi-religiö-sen und wirtschaftlich rückständigen Gesellschaften leicht in einen militanten, von Parteien ausgebeuteten Wettstreit ausar-ten kann, der zu Mord und Totschlag führt. Der spektakuläre Sieg der BJP in Uttar Pradesh, auf dessen Territorium Ayodha liegt, verheißt für die Zukunft nichts Gutes.

4. Sezessionistische Konflikte

4.1. Punjab

Die Krise im Punjab schwelt nun schon seit Jahren und erreichte in den Jahren 1990/91 wieder einen neuen Rekord an Opfern. Zugrunde liegen ihr das Selbstverständnis der Sikhs als religiöse Gemeinschaft, ihre Unzufriedenheit mit ihrer Stellung im unabhängigen Indien (in dem sie zunächst keinen Staat bilden konnten, in dem sie die Mehrheit stellten) sowie zunehmende soziale und wirtschaftliche Gegensätze im Punjab selbst (Spaltung in die von der grünen Revolution begünstigten Großbauern, die die Basis des Akali Dal, der politischen Vertretung der Sikhs, bildeten und die Masse der Kleinbauern, die eher den Kongreß stützten; geringe Arbeitsplatzchancen außerhalb der Landwirtschaft und damit Radikalisierung der Jugendlichen; Konflikt um die Wasserzuteilung und die landwirtschaftlichen Preise mit dem Zentrum). Diese Konflikte wurden politisch von der Kongreßregierung, die zunächst die Sikh-Extremisten unter Bhindranwale (zur Schwächung des Akali Dal) stützten, weidlich ausgenutzt (vgl. Jahrbuch Dritte Welt 1985). Die Extremisten machten sich aber bald unabhängig und betrieben die Sezession des Punjab, bis die Zentralregierung ihrem Treiben mit der Erstürmung des Goldenen Tempels (Ende 1984) ein Ende setzte. Die Ermordung Indira Gandhis und die Greueltaten gegenüber den Sikhs leiteten eine friedlichere Phase des Konflikts ein; der neue Premierminister Rajiv Gandhi und der Chefminister des Punjab, Longowal, einigten sich 1985 auf ein Abkommen, das einige der wesentlichen Forderungen der Sikhs berücksichtigte. Leider wurden bedeutsame Punkte des Friedensplans von Delhi nicht eingelöst: erstens die Übergabe der bisher mit dem Nachbarstaat Haryana geteilten Landeshauptstadt Chandigarh an den Punjab, zweitens die Entlassung einer großen Zahl angeblicher Terroristen, die beim Sturm auf den Tempel eingesperrt worden waren, und zuletzt die Identifizierung der für die Übergriffe gegen die Sikhs nach der Ermordung Indira Gandhis Verantwortlichen.

Diese Versäumnisse brachten den Militanten im Punjab Zulauf. Sie kontrollierten bald die höchsten Sikh-Gremien und schlossen über diese Anfang 1987 den gemäßigten Chefminister Barnala (vom Akali Dal) aus der Sikh-Gemeinschaft aus. Der relativ sanfte Kurs der Regierung Barnala gegenüber den Extremisten und die steigende Zahl von Anschlägen im Punjab gaben der Zentralregierung Handhabe, das Parlament des Punjab nach Hause zu schicken und den Gliedstaat der Direktverwaltung und damit auch Sondereinheiten der Bundespolizei zu unterstellen. Diese wüteten in der Folge nicht weniger als die Terroristen; während jene wahllos Hindus und Kollaborateure abschlachteten, schritt die Polizei zu pauschalen Festnahmen und Erschießungen „auf der Flucht". Die Zahl der Opfer stieg im Vergleich zur Vorperiode deutlich an. Im März 1989 wurden wenigstens die Sondergesetze aufgehoben, die den Sicherheitskräften im Punjab freie Hand gelassen hatten. Das neue Kabinett unter V. P. Singh setzte das Punjab-Problem an die Spitze seines Katalogs dringend zu regelnder Fragen und organisierte auch eine Allparteienkonferenz, die aber wenig Greifbares brachte. Übereinstimmung herrschte darüber, daß die Verantwortlichen der Ausschreitungen von 1974 zur Rechenschaft gezogen und der Status des Unionsstaates Punjab überprüft werden sollten. Zur Durchführung von Wahlen konnte sich die Regierung V. P. Singh im Punjab wegen des Widerstandes in den eigenen Reihen und seitens der BJP nicht entschließen. Trotz der genannten Bemühungen stellte der Bürgerkrieg 1990 mit 4000 Toten einen traurigen Rekord dar. Der Druck der Extremisten auf die Bevölkerung nahm zu. Unter Todesdrohungen mußten die lokalen Radiostationen ihre Programme in Hindi aufgeben und Journalisten ihre Berichterstattung anpassen. Die Militanten wollten Punjabi als Amtssprache durchsetzen und mit dem Bau eines Sikh-Tempels auf dem Gelände der Universität Chandigarh beginnen. In großen Teilen des ländlichen Punjab stellten sie praktisch die Regierung und erhoben Abgaben. Im Dezember 1990 beschloß die Zentralregierung, in Verhandlungen mit dem Präsidenten des Akali Dal, S. Singh Mann, einzutreten, der noch wenige Monate vorher festgenommen worden war. Chandra Shekar sprach sich für baldige Wahlen im Punjab aus und schien auch unwillig, für eine weitere Verlängerung der Direktverwaltung des Bundesstaates einzutreten. Mann stand unter starkem Druck der Extremisten, die für eine vollständige Lösung des Staates von Indien kämpfen, und hatte auch nicht alle Flügel des Akali Dal hinter sich. Er übergab Chandra Shekar ein Memorandum, das die Selbstbestimmung der Sikhs forderte. Die Regierung fand sich nur zu einer Lösung für den Punjab innerhalb der indischen Verfassung bereit, während alle Oppositionsparteien gegen jeden Versuch zur „Balkanisierung" Indiens waren. Unter dem Druck der Militanten ließ Mann im März wissen, daß er weitere Gespräche mit der Zentralregierung ablehne, solange die Repression im Punjab anhalte.

Gerade angesichts der anhaltenden Terroranschläge ordnete die Regierung Chandra Shekar die Durchführung von Landtags- und Parlamentswahlen auch im Punjab an. Sie erhoffte sich davon die Stärkung der eigenen Position und die Aufsplitterung der militanten Organisationen. Letztere reagierten mit Terroranschlägen auf die Kandidaten, um die Wahlen zu verhindern, die sie als Manöver betrachteten, um die Herrschaft der Zentrale über den Punjab zu rechtfertigen. Mit ihren Aktionen erreichten die Terroristen immerhin, daß die Wahlen in 20 Landtagswahlkreisen und einem Parlamentswahlkreis annulliert werden mußten.

Trotz der steigenden Zahl von Gewalttaten bedrohte der Punjab-Konflikt die Einheit Indiens weniger als jener in Kashmir. Die politische Bewegung für einen separaten Staat wird im wesentlichen nur von den Sikh-Großbauern getragen, während die Sikh-Händler, andere Gruppen und die große Hindu-Mehrheit (40 % der Bevölkerung im Punjab) abseits stehen. Auch sind die militanten Gruppen stark in Fraktionen mit unterschiedlichen Zielen gespalten, die oftmals eher kriminelle als politische Elemente enthalten. Die Sicherheitskräfte bestehen außerdem, anders als in Assam oder Kashmir, zu 80 % aus Sikhs, und diese haben insgesamt keine besondere Vorliebe für einen Anschluß an Pakistan.

4.2. Assam

Drei Jahre nach dem Abschluß des Assam-Abkommens, das neben dem Bau eines Grenzzaunes zur Abwehr weiterer Flüchtlinge im wesentlichen die Ausweisung jener illegal eingewanderten Ausländer vorsah, die nach der Schaffung Bangladeschs nach Assam geflüchtet waren, machte sich die assamesische Studentenunion wieder durch Terrorakte bemerkbar. Ihrer Meinung nach hatte die neue, ihr nahestehende Landesregierung zu wenig getan, um das Abkommen durchzusetzen; zudem versinke sie in Korruption. Tatsächlich hatte das indische Zentralparlament das Ausführungsgesetz zur Ausweisung der „Ausländer" nicht in Kraft gesetzt. Grund dafür war, daß die Ausweisungsaktion, die mindestens zwei Millionen Bengali treffen würde, praktisch gar nicht durchführbar war.

Ende November 1990 fanden heftige Kämpfe zwischen der verbotenen Vereinigten Befreiungsfront von Assam (ULFA) und der indischen Armee statt, als der Staat unter die Direktverwaltung des indischen Präsidenten gebracht wurde. Dabei wurden die Anführer der ULFA, die über die burmesische Grenze flohen, nicht ergriffen. Das assamesische Parlament wurde aufgelöst und die für den Januar 1991 festgesetzten Wahlen wurden auf unbestimmte Zeit verschoben. Die assamesische Regierung hatte die ULFA praktisch passiv gewähren lassen, als sie Steuern von Teegesellschaften erpreßte.

4.3. Kashmir

Der Ursprung des Kashmir-Konflikts liegt in der Zusicherung der indischen Regierung 1947, nach dem Anschluß Kashmirs eine Volksbefragung abzuhalten, die durch eine einschlägige Resolution der Vereinten Nationen 1949 bestätigt wurde. Versuche der Vereinten Nationen und anderer Vermittler, in den folgenden Jahren die Voraussetzung für eine Befragung zu schaffen, scheiterten am Widerstand der indischen Zentralregierung, die eine Abstimmungsniederlage fürchtete und daher bestrebt war, den Status quo zu sichern. Sie argumentierte bei der staatsrechtlichen Einverleibung des besetzten Teils in die Indische Union 1956 ebenso wie heute, das kashmirische Volk habe durch seine Beteiligung an den (Landtags-)Wahlen seinen Willen zum Verbleib bei der Union bekundet.

Eine neue Phase des Konflikts wurde erreicht, als sich ab 1988 Unruhen, die nach den Wahlen 1989 in eine Sezessionsbewegung bei gleichzeitiger Unterstellung Kashmirs unter die Direktverwaltung des indischen Präsidenten mündeten, wie ein Flächenbrand ausbreiteten. Gründe hierfür waren die systematische Aushöhlung des autonomen Status, den die indische Verfassung dem Land Kashmir einräumt, massive Wahlfälschungen (vor allem 1987 zu Lasten der Moslemliga), die krasse Bevorzugung der Hindus (die die Minderheit in Kashmir stellen) bei der Vergabe der wenigen Stellen im öffentlichen Dienst und generell die hohe Arbeitslosigkeit (vor allem unter Jugendlichen). Die politische Vertretung der Kashmiris, die National Conference unter Farooq Abdullah, ließ sich ein Zweckbündnis mit der Kongreßpartei aufzwingen (1987) und zeigte auch immer stärkere Korruptionserscheinungen: Zwar erhielt Kashmir relativ hohe Subventionen seitens der Zentralregierung, sichtbare Entwicklungsprojekte gab es aber nur wenige. Die Koalition von National Conference und Kongreßpartei ließ nur die Extremisten als Alternative übrig und arbeitete diesen in die Hände. Politische Schützenhilfe bekam der Selbstbestimmungskampf der moslemischen Kashmiris von Pakistan, dessen Regierung versuchte, den Konflikt zu internationalisieren und – nach indischer Darstellung – den Unabhängigkeitskämpfern auch durch Ausbildungshilfe und Waffen beisprang. Tatsächlich gelangten immer wieder Terroristen über die pakistanisch-indische Kontrollinie nach Kashmir. Der Konflikt innerhalb des Gliedstaates hatte aber zweifelsohne innere Ursachen.

Anfang 1990 steigerte sich der Terror der etwa 40 Befreiungsorganisationen in Kashmir, die alle die Unabhängigkeit von Indien (wenige auch den Anschluß an Pakistan) anstrebten. Neu-Delhi entließ die Landesregierung und setzte einen Gouverneur ein, der mit harter Hand regierte. Dabei ließen er und seine Sicherheitskräfte sich zu allen erdenklichen Grausamkeiten gegenüber der Zivilbevölkerung hinreißen und trieben diese dadurch erst recht innerlich von Indien weg. Ende Mai 1990 trat der Gouverneur Jagmohan zurück; sein Nachfolger, der frühere Leiter eines indischen Geheimdienstes, kündigte sogleich an, mit den Separatisten nur im Rahmen der indischen Verfassung verhandeln zu wollen. Die Regierung V. P. Singh stand in dieser Zeit immer unter Druck der BJP, die eine härtere Gangart gegenüber den militanten Moslems forderte. Deutlich wurde dies anläßlich einer Äußerung des indischen Eisenbahnministers, der einen halbautonomen Status für Kashmir forderte, während die BJP auch noch die letzten Reste des kashmirischen Sonderstatus beseitigen wollte. Ein Teil des inneren Zwistes wurde auf Pakistan abgeleitet, das massiv des Eingreifens in den kashmirischen Konflikt beschuldigt wurde. V. P. Singh forderte die Bürger des Landes regelrecht auf, auf einen Krieg mit dem Nachbarn psychologisch vorbereitet zu sein. Bis zum Jahresende 1990 ließen in Kashmir weit über 2000 Menschen ihr Leben, und Tausende hatten ihre Heimat verlassen. Eine Lösung des Konflikts ist nicht in Sicht; die Befreiungskräfte rivalisieren miteinander, so daß sie Gesprächsangebote mit unannehmbaren Vorbedingungen belasten. Ihre Popularität in der Bevölkerung ist zwar gesunken, aber auch die der Zentralregierung, die den Kampf militärisch kaum gewinnen kann, hat sich durch ihre Repressionspolitik ins Abseits manövriert.

5. Die wirtschaftliche Lage

Indiens Wirtschaft hat sich durch die vorsichtigen Liberalisierungsschritte Indira Gandhis, denen eine Liberalisierung auf breiter Front unter ihrem Sohn Rajiv folgte, insgesamt recht erfreulich entwickelt; vor allem das komplizierte Lizenzierungssystem für Investitionen, die Beschränkung der Kapitalanlagemöglichkeiten für Großbetriebe und ausländische Investoren sowie die mannigfachen Importhindernisse wurden gelockert und das Genehmigungswesen beschleunigt. Das traditionell relativ schwache Wirtschaftswachstum, das sich in den

70er und Anfang der 80er Jahre auf ca. 3 % eingependelt hatte (der sogenannten „Hindu-Wachstumsrate") und Indien im Vergleich zu den aufstrebenden anderen asiatischen Staaten und allgemein im Welthandel zurückfallen ließ, steigerte sich in der 7. Planperiode (1985–90) auf 5,3 % und lag damit über der Zielsetzung des Plans (5 %). Hauptwachstumssektoren waren die Industrie und der Dienstleistungsbereich. Das Industriewachstum lag bei über 7 %, besonders stark war die Aufwärtsentwicklung bei der Automobilindustrie, der Unterhaltungselektronik, bei Motorrädern und Kühlschränken, aber auch in der Computerindustrie. In diesen Bereichen waren besonders großzügig neue Lizenzen erteilt worden. In etlichen Städten war auch mit dem Aufbau von Technologieparks für den Export begonnen worden. Fortschritte gab es auch bei der Schwerindustrie und im Ausbau der Infrastruktur. So ist die lange Zeit schleppende Stromproduktion, die für permanente Ausfälle sorgte, in den 80er Jahren verdoppelt worden. Auch die landwirtschaftliche Produktion, vor allem der Getreidebau, entwickelte sich erfreulich. Große Reservebestände und massive Ertragssteigerungen verhinderten Rückfälle und Hungersnöte, wie sie in den vergangenen Jahrzehnten zu beobachten waren.

Die Exporte sind seit 1985/86 im Jahresdurchschnitt mit über 12 % gewachsen (zuletzt mit über 20 %) und haben damit das Vorurteil widerlegt, Indien könne auf den Weltmärkten nicht konkurrieren. Allerdings konzentrierte sich das Wachstum auf nur wenige, nicht-traditionelle Sektoren, und es war auch zu gering, um bei gleichzeitig anschwellenden Importen das Leistungsbilanzdefizit entscheidend zu verringern.

Vom neuen Wirtschaftswachstum wurde vor allem die stärker werdende Mittelklasse begünstigt; es verringerte aber auch den Anteil der absolut Armen an der Gesamtbevölkerung auf etwa 40 %. Dieser Anteil ist jedoch nach wie vor erschreckend hoch; dementsprechend sind Unterernährung, die Kindersterblichkeit und die Analphabetenrate noch erheblich. Dazu gehört, daß die Sozialausgaben für ein Land mit so schlechten Sozialindikatoren zu gering sind und auf solche Bereiche konzentriert, die hauptsächlich von Wohlhabenderen in Anspruch genommen werden können.

Zur Hauptgefahr einer gesunden Wirtschaftsentwicklung wurde in den späten 80er Jahren aber die Zerrüttung der Staatsfinanzen. Das Haushaltsdefizit stieg zuletzt auf fast 9 % des Bruttoinlandprodukts. Gründe hierfür waren neben der geringen Ausgabendisziplin erstens die schmale Steuerbasis, die sich zu einem Teil aus der Steuerbefreiung der Landwirtschaft erklärt. Auf der Verwendungsseite spielten vor allem die geringen Ertragsraten der zahlreichen Staatsbetriebe eine Rolle, die einen wachsenden Strom von Subventionen verschlangen. Ihre vielfach angekündigte Privatisierung ist nur sehr zaghaft begonnen worden und stieß im Luftfahrtbereich unlängst auch auf massive Widerstände. Daneben machten sich vor allem die steigenden Rüstungsausgaben bemerkbar (14 % des Haushalts), die nicht durch aktuelle Bedrohungen gerechtfertigt werden können, sondern vielmehr das indische Bestreben nach einer regionalen Führungs- und weltweiten Großmachtrolle widerspiegeln. Dazu kamen die von der Regierung V. P. Singh versprochene Löschung der landwirtschaftlichen Kleinkredite und die verstärkte Berücksichtigung der Landwirtschaft bei der Vergabe staatlicher Mittel. Zuletzt verschlang auch die Bedienung der aus- und inländischen Schulden, mit der die Haushaltsdefizite finanziert wurden, einen größeren Budgetanteil (18 %). Das Haushaltsdefizit wurde im wesentlichen durch Anleihen bei der Zentralbank, also auf inflationärem Wege und durch stetig höhere Schuldenaufnahme, finanziert.

Indien ist heute an die Grenze seiner inneren und äußeren Verschuldung gelangt. Allein die Bedienung der Auslandsschulden, die auf 90 Mrd.$ geschätzt werden, erforderte zuletzt 30 % der Exporterlöse, eine Rate, durch die das Land gleichauf mit den lateinamerikanischen Problemschuldnern liegt. Entsprechend wurde Indien in der Bewertung seiner Kreditwürdigkeit deutlich zurückgestuft. Daher konnte das Land seit Ende 1990 auch keine einzige Anleihe auf dem internationalen Kapitalmarkt unterbringen. Angesichts schwindender Devisenreserven (die nur noch für die Bezahlung der Importe für sechs Wo-

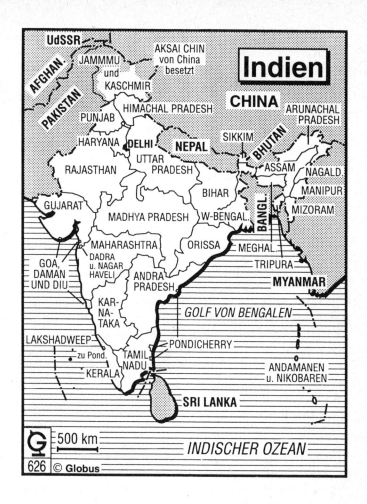

Indien

UdSSR
AFGHAN.
PAKISTAN
JAMMMU und KASCHMIR
AKSAI CHIN von China besetzt
CHINA
HIMACHAL PRADESH
ARUNACHAL PRADESH
PUNJAB
HARYANA
DELHI
NEPAL
SIKKIM
BHUTAN
RAJASTHAN
UTTAR PRADESH
ASSAM
NAGALD.
MANIPUR
BIHAR
GUJARAT
MADHYA PRADESH
W-BENGAL.
BANGL.
MIZORAM
MAHARASHTRA
ORISSA
MEGHAL.
GOA, DAMAN UND DIU
DADRA u. NAGAR HAVELI
TRIPURA
MYANMAR
ANDRA PRADESH
KAR-NA-TAKA
GOLF VON BENGALEN
LAKSHADWEEP
zu Pond.
PONDICHERRY
TAMIL NADU
ANDAMANEN u. NIKOBAREN
KERALA
SRI LANKA

500 km

INDISCHER OZEAN

626 © Globus

195

chen ausreichen) wandte sich die indische Regierung verzweifelt an die bisherigen Hauptgeber von Entwicklungshilfe. Diese zögerten aber ebenso wie der Internationale Währungsfonds und die Weltbank. Die Tagung des internationalen Hilfskonsortiums, die für Juni 1991 vorgesehen war, wurde auf unbestimmte Zeit verschoben, da Indien noch nicht einmal über einen laufenden Haushalt verfügt. Der IWF forderte als Bedingungen für einen neuen Kredit eine deutliche Verringerung des Haushaltsdefizits, eine weitere Abwertung der Rupie, eine Verbesserung des Steuersystems, Erleichterungen für ausländische Investitionen, den Abbau von Subventionen, die Privatisierung von Staatsbetrieben und, inoffiziell, eine deutliche Verringerung der erheblichen Rüstungsausgaben.

Die mangelnde wirtschaftliche Krisenbearbeitung war zu einem nicht unerheblichen Teil der mangelnden politischen Kontinuität in Indien während der letzten zwei Jahre zuzuschreiben und der Tatsache, daß die Minderheitsregierungen von V. P. Singh und Chandra Shekar zu schwach waren, um unpopuläre Maßnahmen durchzusetzen. Die Regierung V. P. Singh kündigte zunächst eine grundlegende Kursänderung gegenüber der industrie- und technologiefreundlichen Politik unter Rajiv Gandhi an, wobei die Armutsbekämpfung, die ländliche Entwicklung, die Kleinindustrie und ein insgesamt ausgeglichenes (statt rasches) Wirtschaftswachstum Priorität erhalten sollten. Die wenigen konkreten Maßnahmen der Regierung deuteten aber eher auf eine Fortsetzung des bisherigen Kurses hin. Hierzu zählte vor allem die im März 1990 verkündigte neue Export-Import-Politik, die auf die bedingungslose Förderung von Exporten setzte und in Teilbereichen die Einfuhr von Vorprodukten für die Exportproduktion erleichterte. An der komplizierten Importregelung, die die lokale Wirtschaft wirksam vor ausländischer Konkurrenz schützt, wurde aber nichts geändert. Im Mai wurde unter dem Beifall der Industrie eine neue Industriepolitik verkündigt, die vor allem die Bedingungen für ausländische Privatinvestitionen, die in Indien nach wie vor äußerst dürftig sind, erleichtern sollte. Die Umsetzung konkreter Maßnahmen blieb jedoch weitgehend aus. Zuletzt wurden auch unpopuläre Maßnahmen, wie der schon Anfang 1990 an sich notwendige Gang zum Internationalen Währungsfonds, aufgeschoben.

Mit der Regierung Chandra Shekars, der sich in seiner bisherigen Karriere als Freund der Planwirtschaft und als Gegner von Auslandsinvestitionen und Liberalisierung hervorgetan hatte, wurde das Ruder Ende 1990 wieder herumgeworfen. Die neue Industriepolitik wurde für null und nichtig erklärt, Importbegrenzungen wurden verhängt, allerdings auch drastische Maßnahmen zur Sanierung der Staatsfinanzen, wie Zoll-, Verbrauchs- und Einkommenssteuererhöhungen, verkündet sowie die Verringerung der Abschreibungssätze. Preiserhöhungen bei Staatsbetrieben und Subventionskürzungen wurden angekündigt. Dies alles rührte jedoch nicht an den Kern des Übels, nämlich den aufgeblähten Staatsapparat und die Staatsbetriebe, sondern verschlimmerte es (Importstop) mittelfristig eher.

Indien hat bei leeren Devisenkassen nunmehr keine andere Alternative, als sich den Bedingungen des IWF zu beugen. Eine darüber hinausgehende Entstaatlichung und Entbürokratisierung, die der Wirtschaft mehr Schubkraft geben könnten, steht aber leider noch immer nicht auf dem Plan.

Joachim Betz (Deutsches Übersee-Institut, Hamburg)

Literaturhinweise

Betz, Joachim, Außen- und innenpolitische Rahmenbedingungen der wirtschaftspolitischen Liberalisierung in Indien. In: Aus Politik und Zeitgeschichte, 89/89, 1989.

Jyotirindra Das Gupta, India, Democratic Becoming and Combined Development. In: *Larry Diamond et al. (Hrsg.),* Democracy in Developing Countries, vol. 3, Asia, Boulder 1989.

Maass, Citha D., Der Kaschmir-Konflikt: Militärische und Politische Szenarien. Stiftung Wissenschaft und Politik, Ebenhausen, Juni 1990.

Bangladesch: Aufruhr im Armenhaus Asiens

Für alle Beobachter Bangladeschs unerwartet trat am 6. Dezember 1990 Präsident Hussein Mohammed Ershad vom Amt zurück. Für eine weitere Überraschung sorgten die am 27. Februar 1991 abgehaltenen Parlamentswahlen, die nach Jahren der Wahlmanipulation und des Stimmenkaufs einhellig als frei und fair bezeichnet wurden. Entgegen den Wahlprognosen siegte die Bangladesh Nationalist Party mit weitem Abstand vor ihren Rivalen und bildete im April 1991 unter Khaleda Zia die Regierung. Eher hatte man erwartet, daß Präsident Ershad wiederum in Ausnutzung der Machtfülle des Präsidentenamtes mit Notstandsgesetzen und Massenverhaftungen die Opposition in Schach und sich selbst an der Macht halten werde. Es war auch spekuliert worden, daß bei den im Herbst 1990 sich ausweitenden Unruhen das Militär die Macht ergreifen und die innere Ordnung wiederherstellen werde. Hatten doch bereits in Bangladeschs nur zwanzigjähriger Geschichte Militärputsche (1975 und 1981/82) den inneren Wirren ein vorläufiges Ende gesetzt.

1. Demokratisierungsbestrebungen im Herbst 1987 und 1990

Unter den über 120 registrierten Parteien Bangladeschs kommt der Awami Liga (AL) und der Bangladesh Nationalist Party (BNP) die größte Bedeutung zu. Die 1949 gegründete AL, unter Staatsgründer Mujibur Rahman von 1971–1975 an der Macht, wird heute von seiner Tochter Hasina Wajed geleitet. Sie setzt sich für eine Rückkehr zur parlamentarischen Demokratie, Säkularismus und ein wirtschaftliches Mischsystem ein. Ihr stärkster Rivale, die BNP, wurde 1978 von Präsident Ziaur Rahman (1976–1981) gegründet und wird heute von seiner Witwe, Khaleda Zia, geführt. Während die AL eine breite Basis in der ländlichen Bevölkerung hat, besteht die Anhängerschaft der BNP vorwiegend aus Angehörigen der städtischen Mittelklasse, des Militärs, der Studentenschaft. Sie tritt für die Beibehaltung des Präsidialsystems, eine gemäßigte Islamisierung und ein marktwirtschaftliches System ein.

Um dem in Bangladesch ständig zu beobachtenden Prozeß der Parteienaufsplitterung zu begegnen, werden regelmäßig Allianzen eingegangen. Neben der 8-Parteien-Allianz um die AL und der 7-Parteien-Allianz um die BNP besteht eine 5-Parteien-Allianz der Linksparteien und eine 5 Parteien umfassende islamische Allianz. Obwohl sich die Parteien untereinander heftig befehden – Zeitungsberichten zufolge sollen sie regelrechte Schlägertrupps gegeneinander einsetzen, was das hohe Maß an blutigen Zusammenstößen, die das politische Leben Bangladeschs kennzeichnen, teilweise erklären dürfte –, waren sie sich seit Jahren einig in der Ablehnung der Regierung Ershad. Der damalige Generalstabschef Ershad war 1982 in einem unblutigen Militärputsch an die Macht gekommen, hatte 1986 seine militärischen Ämter abgelegt, die Jatija Party gegründet und sich mittels taktischen Geschicks und einer das Militär begünstigenden Politik seit acht Jahren an der Macht zu halten gewußt.

Im Spätsommer 1987 kam erstmals eine 23-Parteien-Allianz zusammen, die Präsident Ershads Rücktritt, Einrichtung einer neutralen Interimsregierung und Neuwahlen unter internationaler Aufsicht forderte. Im „heißen Herbst" 1987 fand die „Belagerung Dhakas" mit tagelangen Streiks und Demonstrationen statt, das öffentliche Leben kam zum Stillstand.

Dennoch konnte sich Präsident Ershad 1987 behaupten; er reagierte mit der Erklärung des nationalen Notstandes, d. h. der Aufhebung der bürgerlichen und politischen Rechte der Bürger, und der großzügigen Anwendung des Sonderermächtigungsgesetzes. Dieses Gesetz erlaubt es Regierung und lokalen Behörden, unliebsame Oppositionelle ohne Anklageerhebung und Verfahren zunächst drei Monate zu inhaftieren, wenn sie eine Gefahr für das öffentliche Leben darstellen oder darstellen könnten. Diese vage Formulierung erlaubte die Festnahme von Hunderten von Oppositionellen zwischen Winter 1987 und Frühjahr 1988.

Als die Oppositionsfront dennoch keine Auflösungserscheinungen zeigte, verabschiedete das von Ershads Jatiya Party beherrschte Parlament im Juni 1988 die 8. Verfassungsänderung, die u. a. die Einführung des Islam als Staatsreligion vorsah. Schon 1977 hatte Präsident Zia das „Vertrauen in Allah" in die bis dahin säkulare Verfassung eingefügt. Ershads Verfassungsänderung war weitgehend eine große Geste, auf die keine konkreten Maßnahmen folgten: Die Einführung des islamischen Rechts wurde lediglich als Fernziel erwähnt, ebenso eine Ausrichtung des Bildungswesens auf islamische Werte. Doch wie wohl beabsichtigt sprengte die Verfassungsänderung die Oppositionsallianz. Die fundamentalistische Jamaat-i-Islami mußte den Schritt, der ihrem eigenen Programm entsprach, befürworten; auch die BNP steht für eine gemäßigte Islamisierung, wenngleich sie dem nicht aus freien Wahlen hervorgegangenen Parlament die Befähigung zur Verfassungsänderung absprach. Nur die AL und ihre Partner in der Allianz lehnten den Schritt völlig ab. Die das Überleben der Regierung Ershad bedrohende Oppositionsallianz war im Spätsommer 1988 heillos zerstritten und fiel auseinander.

Der Islamisierungsschritt hatte Ershad zudem leichteren Zugriff zu arabischen Entwicklungsgeldern verschafft, die Führerinnen der großen Oppositionsparteien unmerklich abgewertet und den islamischen Parteien vorerst den Wind aus den Segeln genommen. Zugleich hatte Ershad im Schatten der Aufsehen erregenden Islamisierungspolitik eine weitere, ebenfalls auf die Schwächung der Opposition abzielende Verfassungsänderung erwirkt. Ein Teil der 8. Verfassungsänderung beinhaltet die Schaffung von 6 permanenten Obergerichten außerhalb Dhakas. Die zunächst sinnvoll erscheinende Dezentralisierung des Gerichtswesens wurde von den in Dhaka arbeitenden Juristen als der Versuch angeprangert, die wohl stärkste nicht-parteiliche Opposition der Juristen – besonders der Anwaltsverband war wortreich und lautstark hervorgetreten – zu zerstreuen.

Die innenpolitische Lage im Herbst 1990 wirkte zunächst wie eine Wiederholung der Entwicklungen vom Herbst 1987; trotz ähnlichen Taktierens durch Präsident Ershad kam es jedoch überraschend zum Sturz seiner Regierung und freien Parlamentswahlen. Auf die Bildung einer Front der Studentenverbände der Parteien, der APSU (All Party Students Unity) und ihr erfolgreiches Bemühen, die Parteienallianzen zusammen mit Gewerkschaften und Berufsverbänden zu einem großen Bündnis zusammenzuführen und auf ein gemeinsames Programm einzuschwören (10. November 1990), reagierte Präsident Ershad zunächst wieder mit der Erklärung des nationalen Notstands (27. November 1990) und zahlreichen Verhaftungen von Oppositionspolitikern. Auch Ablenkungs- und Störversuche wurden wiederholt: Bereits am 13. Oktober 1990 ließ Präsident Ershad die Studentenwohnheime schließen, um die Studenten zur Heimkehr an ihre Wohnorte zu veranlassen und damit die Studentenbewegung zu zerstreuen. Am 24. November 1990 wurden militante, wegen Straftaten verurteilte Studentenführer freigelassen, offensichtlich in der Absicht, Unruhe und Zwiespalt in die Studentenschaft zu tragen. Bereits Ende Oktober 1990 waren hinduistische Tempel und Häuser der hinduistischen Minderheit angegriffen und zerstört worden – Zeitungsberichten zufolge von Mitgliedern der regierenden Jatiya Party. Religiöse Empfindsamkeiten, bereits durch anhaltende kommunale Unruhen im benachbarten Indien verletzt, sollten so offensichtlich genutzt werden, um Unruhe in die Parteienallianz zu tragen und von dem einhellig verfolgten Ziel, dem Sturz der Regierung und der Wiederherstellung der Souveränität des Parlaments, abzulenken. Doch die Allianz hielt stand.

Mehrere der Entwicklungshilfe gewährenden Nationen und Institutionen, möglicherweise sensibilisiert durch die in der Parallelsituation 1987 vorgetragenen Proteste von Menschenrechtsorganisationen, stellten unmittelbar nach der Erklärung des Notstandes ihre Zahlungen ein. Da zumindest ein Teil der Zuwendungen den Weg in private Taschen findet, waren auch regierungsnahe, von solchen „Abzweigungen" begünstigte Kreise diesmal an einer schnellen Entschärfung der Krise interessiert. Am 3. Dezember schließlich kündigte das Militär – dem aufgrund seiner Rolle im Unabhängigkeitskampf und als einer der wenigen festgefügten Institutionen die Königsmacherrolle zukommt – der Regierung die Unterstützung auf, unmittelbar nachdem ein Kompromißvorschlag Ershads von der Opposition abgelehnt worden war. Auch hatte der Einsatz des Militärs zur Wiederherstellung von Ruhe und Ordnung bereits unverhältnismäßig viele Menschenleben (80–90 Tote, um 600 Verletzte) gekostet. Jüngere Offiziere, die mit den Studenten in Kontakt standen und mit ihren Zielen sympathisierten, sollen abgelehnt haben, weiter die Protestbewegung zu bekämpfen.

Am folgenden Tag, als Beamte im öffentlichen Dienst ebenfalls in Streik traten, kündigte Präsident Ershad seine Rücktrittsabsicht an, am 6. Dezember 1990 legte er sein Amt nieder.

Der sicherlich wichtigste Faktor für den Sturz der Regierung war das Verhalten der APSU, die die verschiedentlich vom Auseinanderbrechen bedrohte Oppositionsfront zusammenzuhalten wußte. Möglicherweise bestärkt durch die Erfolge von Demokratiebewegungen in Osteuropa und selbst Nepal führte die APSU eine Volksbewegung an, die Ausnahmezustand und Ausgangssperren mißachtete und trotz starken Polizei- und Militäreinsatzes immer wieder auf die Straßen ging und für die Wiederherstellung der Demokratie demonstrierte. Letztlich beruht der Erfolg auch dieser Bewegung aber auf dem nicht-kalkulierbaren Element, der Entscheidung jedes einzelnen, trotz der Gefahr für Leib und Leben, den Protest aufrechtzuerhalten.

Die Interimsregierung unter dem am 6. Dezember 1990 als amtierender Präsident vereidigten Shahabuddin Ahmed, einem früheren Präsidenten des Obersten Gerichtshofs, hielt sich peinlich genau an Verfassungs- und Rechtsvorschriften und führte am 27. Februar 1991 Parlamentswahlen durch. Ausländische wie inländische Wahlbeobachter bezeugten, daß es diesmal keinerlei Wahlbetrug gab. Selbst der am 12. Dezember 1990 festgenommene Hussein Mohammed Ershad und andere prominente Jatiya Party-Mitglieder, viele wegen Waffenbesitz, Korruption und Amtsmißbrauch angeklagt oder noch untergetaucht, konnten kandidieren.

Der Wahlausgang – die meisten Prognosen sprachen von einem Kopf-an-Kopf Rennen – überraschte durch einen deutlichen Vorsprung der BNP, die zwar keine absolute Mehrheit errang, aber mit 138 von 300 Sitzen mit großem Abstand vor der AL mit 86 Mandaten siegte. Unerwartet war auch das gute Abschneiden der Jatiya Party (35 Sitze) – Ershad selbst siegte in allen 5 Wahlkreisen seines Rangpur-Heimatdistrikts, in denen er kandidiert hatte –, während die Jamaat-i-Islami wohl mit mehr als nur 18 Sitzen gerechnet hatte. Die restlichen Sitze verteilen sich auf die Kommunistische Partei Bangladeschs (5), die BAKSAL, eine der AL nahe Arbeiter- und Bauernpartei (3), die sozialistische JSD (1), Unabhängige und Splitterparteien.

Besonders Khaleda Zias gleichbleibend ablehnende Haltung gegenüber der Regierung Ershad dürfte der BNP den Sieg verschafft haben. Hasina Wajeds AL hatte an den Parlamentswahlen 1986 teilgenommen und damit Präsident Ershad geholfen, den Schein der Demokratie aufrechtzuerhalten, während die BNP alle Wahlen boykottiert hatte. Daneben haben sicher die Bescheidenheit Frau Zias, ihr steter Hinweis auf die (relativ) korruptionsfreie Regierungszeit ihres Mannes Ziaur Rahman und die Betonung der Bangladeshi-Identität eine Rolle gespielt. Hasina Wajed hatte dagegen eine Bengali-Identität betont, die, zusammen mit einer geschichtlich bedingten Nähe der AL zu Indien, eher auf Ablehnung stieß.

2. Zur Lage nach den Wahlen

Khaleda Zia sah sich nach dem Sieg ihrer Partei einer Fülle von Problemen gegenüber: Die Awami Liga erwies sich als schlechte Verliererin und versuchte mit allen zur Verfügung stehenden Mitteln, eine Regierungsbildung durch die BNP zu verhindern. Hinzu kamen schwache politische Strukturen, eine anhaltende Gefährdung der öffentlichen Ordnung und eine nach dem Rücktritt Ershads begonnene Gefängnisrevolte, die den Willen der neuen Regierung zu Demokratisierung und Respektierung der Menschenrechte sogleich auf die Probe stellten. Im April/Mai 1991 suchte eine verheerende Überschwemmungskatastrophe das Land heim und erschütterte seine bereits durch den Golfkrieg schwer angeschlagene Wirtschaft – Probleme, die auch eine erfahrenere und gefestigtere Regierung nur schwer gemeistert hätte.

3. Die verzögerte Regierungsbildung

Dem Vorwurf der AL, die BNP könne ohne eine absolute Mehrheit nicht die Regierung bilden, begegnete diese mit einer zu diesem Zweck geschlossenen Koalition mit der Jamaat-i-Islami (zusammen 166 von 300 Mandaten). Die Koalition vergab dann auch die zusätzlichen 30 Frauenmandate (28 BNP, 2 JI). Auch drängte Hasina Wajed darauf, erst sämtliche Nachwahlen abzuschließen; die Regierung könne erst dann von einer endgültig ermittelten Parlamentsmehrheit gebildet werden. Präsident Shahabuddin lehnte dies ab; das Abwarten der Nachwahlen würde die Regierungsbildung ungebührlich hinauszögern, zudem würden sie die Mehrheitsverhältnisse nicht wesentlich verändern. Auch erklärte der Präsident, er gebe keineswegs, wie von der AL vorgeworfen, seine Neutralität durch den Auftrag der Regierungsbildung auf, da er ja weiterhin die Exekutivgewalt innehabe.

Gewichtiger war das Argument der AL, die Gesamtopposition habe sich im November 1990 auf das Ziel der Übertragung der Macht auf ein souveränes Parlament geeinigt, die Rückkehr zur parlamentarischen Demokratie müsse dementsprechend der Regierungsbildung vorausgehen. Der Präsident machte darauf geltend, ein „souveränes Parlament" sei zunächst ein gewähltes Parlament; Verfassungsänderungen zur Staatsform könne dieses Parlament später mit einer Zweidrittel-Mehrheit beschließen.

Am 19. März 1991, knapp vier Wochen nach den Wahlen, wurden Khaleda Zia als Ministerpräsidentin und ein aus 31 Ministern bestehendes Parlament vereidigt. Der amtierende Präsident Shahabuddin Ahmed blieb weiterhin Staatsoberhaupt und Regierungschef, gab allerdings am 6. April das Innenministerium an Ministerpräsidentin Zia ab.

Die Frage der Regierungsform blieb weiterhin wichtigster Streitpunkt der Parteien. Die AL versucht mit der Vorlage zur

11. Verfassungsänderung, die noch von der AL-Regierung 1975 verabschiedete Verfassungsänderung, die das Präsidialsystem einführte, rückgängig zu machen. Die Vorlage sieht u. a. folgendes vor: Der Präsident wird nicht mehr direkt, sondern vom Parlament gewählt und gegebenenfalls abgesetzt, er handelt auf Anraten des Ministerpräsidenten; sollte der Amtsinhaber ausfallen, wird der Parlamentssprecher amtierender Präsident. Der Präsident ernennt den Abgeordneten zum Ministerpräsidenten, der die Mehrheit der Stimmen auf sich vereinen kann, Kabinett und Ministerpräsident sind zusammen dem Parlament verantwortlich.

Diese Verfassungsänderung soll von allen Oppositionsparteien außer der Jatiya Dal getragen werden. Die Jamaat-i-Islami, Koalitionspartner der BNP nur zum Zweck der Regierungsbildung, tritt für ein Mischsystem ein. Obwohl die BNP die Beibehaltung des Präsidialsystems befürwortet, lehnt sie eine Einschränkung der Vollmachten des Präsidenten nicht grundsätzlich ab, auch steuert sie hier realistischerweise eher auf Konsensbildung als auf Konfrontation zu. So rief Rechtsminister Mirza Golam Hafiz Ende April zu einer diesbezüglichen All-Parteien-Konferenz auf. Durch die Überschwemmungskatastrophe wurde sie aber vorerst vertagt.

4. Innere Ordnung und Hemmnisse der Demokratisierung

Nach den volksfestartigen Straßenfeiern, mit denen im Dezember 1990 der Sturz der Regierung Ershad begangen wurde, fand Bangladesch nur schwer in ein geordnetes Leben zurück. Die auf über 15 Mio. geschätzten arbeitslosen Jugendlichen, die sich mit Nachdruck bei Oppositionsaktionen im Herbst 1990 engagiert hatten, standen plötzlich wieder vor dem Nichts. Studenten waren dem geordneten Vorlesungswesen längst entwöhnt. Die Zeitungen meldeten in den ersten Monaten 1991 blutige Zusammenstöße zwischen Studentenorganisationen, besonders auf dem Campus der Universität Dhaka, und zahlreiche Entführungen, Erpressungen und Raubüberfälle aus allen Teilen des Landes. Ausschreitungen gegen Jatiya Dal-Mitglieder unmittelbar nach Ershads Rücktritt verebbten nach wenigen Tagen, nachdem die großen Parteien gewarnt hatten, durch solche Handlungen doch dem Militär keinen Anlaß zum Eingreifen zu bieten. Die innere Sicherheit war auch durch die leichte Verfügbarkeit von Waffen gefährdet, der die Interimsregierung mit der Androhung von drakonischen Strafen zu begegnen suchte. Einem Aufruf, freiwillig und straffrei die Waffen abzugeben, hatte kaum jemand Folge geleistet.

Auch die Gefängnisrevolten brachten die neue Regierung in Bedrängnis. Die Rebellion, ausgehend vom Zentralgefängnis von Dhaka und schnell auf die Haftanstalten von Chittagong, Khulna und Comilla übergreifend, kreiste um die Forderung nach sofortiger Freilassung der vielfach noch unter Kriegsrecht von Sondergerichten Verurteilten, deren Zahl auf mehrere Tausend geschätzt wird. Unmittelbarer Auslöser der seit Ende Dezember anhaltenden Unruhen – Ausbruchsversuchen, Hungerstreiks, Lebensmittelplünderungen und Geiselnahme von Wächtern – war Mitte Dezember die Rückkehr des im Unabhängigkeitskampf hervorgetretenen AL-Führers Kader Siddiqui nach 15jährigem Exil in Indien gewesen. 1975 war Siddiqui in Abwesenheit von einem Militärgericht zu lebenslanger Haft verurteilt worden; jetzt genoß er weite Beliebtheit und kandidierte für die Parlamentswahlen trotz des noch gültigen Urteils. Entsprechend forderten die von Militärgerichten Verurteilten, die derzeit weder eine unabhängige Verteidigung noch die Möglichkeit der Berufung vor einem zivilen Gericht gehabt hatten, eine sofortige Amnestie. Hinzu kamen Klagen über unzumutbare Haftbedingungen in völlig überbelegten Gefängnissen und Versuche, gefangene Protestführer freizupressen.

Wie die Interimsregierung setzte die Regierung Zia Scharfschützen der Polizei, die paramilitärischen Bangladesh Rifles, und das Militär zur Niederschlagung der Revolten ein. Trotz zahlreicher Toter und Verletzter erkämpften sich die Häftlinge immer wieder die Kontrolle über die Haftanstalten und zwangen die Regierung zum Einlenken. Auf Empfehlung einer Haftprüfungskommission erfolgte eine schrittweise Amnestie, durch die bis Anfang Mai knapp 6000 Häftlinge freikamen. Insgesamt sollen in den nächsten acht Jahren 13 000 Gefangene entweder freigelassen werden oder Haftminderung erfahren.

Da offensichtlich auch zahlreiche Straftäter von der Amnestie profitierten, stieg die Zahl der gemeldeten Delikte im 1. Quartal 1991 sprunghaft an. Die Regierung war wohl in ihrem Bemühen, Unrecht zu beheben, unrealistisch vorgegangen und stand nun vor Folgeproblemen, die durch verstärkten Einsatz der Ordnungskräfte wieder behoben werden sollten. Zugleich tragen Menschenrechtsorganisationen vor, daß sich unter den in Haft Verbleibenden wahrscheinlich noch zu Unrecht inhaftierte politische Gefangene befinden. Statt pauschaler Amnestien drängen sie auf Überprüfung der einzelnen Urteile und gegebenenfalls Wiedereröffnung der Verfahren.

Zur gespannten Ordnungslage kam hinzu, daß sich das politische Leben nach dem Abgang Ershads nicht von sich aus normalisierte. Autoritäre Regime schwächen durch die Unterdrückung normaler politischer Betätigung die politischen Institutionen des Landes nachhaltig. Parteien, Gewerkschaften, selbst das Parlament sind offen und fair ausgetragener Auseinandersetzungen entwöhnt, Politiker bedienen sich eines polemischen, Konsens verhindernden Stils. Politische Institutionen sind in Bangladesch ohnehin nur schwach entwickelt, die Parteien des Landes sind an persönlichen Gefolgschaften und nur wenig an politischen Programmen und abstrakten Zielen orientiert. Parteientscheidungen werden meist allein von der Parteiführung getroffen. Diese dem jetzigen Demokratieexperiment wenig zuträgliche Ausgangslage wird durch den Fortbestand alter Machtstrukturen weiter belastet. Zwar löste die Interimsregierung bereits im Dezember 1990 Vorstände von staatlichen Betrieben, Banken und Versicherungen auf, doch dürften sich festgefügte, auf Großlandbesitz oder etablierten Positionen in Militär und öffentlicher Verwaltung basierende Strukturen dadurch nicht wesentlich verändern lassen.

Solange an diesen Machtstrukturen nicht gerüttelt wird, ist eine Demokratisierung etwa durch Aufhebung des Ausnahme-

zustands und der Pressezensur oder durch die von der Interimsregierung angekündigte und von der Regierung Zia erwogene
Revision des Sonderermächtigungsgesetzes nur ein erster unge-
nügender Schritt.

5. Anhaltende Spannungen in den Chittagong Hill Tracts

Ein ungelöstes Problem, das die Regierung Zia von ihren Vor-
gängern übernommen hat, bilden die Unruhen in den Chittagong Hill Tracts (CHT). Dieses Bergland im Osten Bangladeschs ist von sino-tibetischen, größtenteils buddhistischen
Stämmen bewohnt; da sie Brandrodungsbau betreiben, benöti-
gen sie ein großes, entsprechend dünn besiedeltes Areal. Auf die
seit 1979/80 von der Regierung gelenkte Ansiedlung landloser
bengalischer Bauern aus der Ebene (Planziel 850 000 Neusiedler) in den CHT reagierten die ihrer Lebensgrundlage beraub-
ten Stammesangehörigen mit zunehmender Militanz: Ihre Gue-
rillakämpfer, die Shanti Bahini (Friedenskämpfer), überfielen
zahllose Neusiedler und das zu deren Schutz zusammengezoge-
ne Militär. Die Stammesangehörigen werden seither in Vergel-
tungsschlägen von Angehörigen der Streitkräfte, der paramilitärischen Einheiten, der Polizei und der Volkswehr entführt,
vergewaltigt, gefoltert und erschlagen. Nach Schätzungen der
Gesellschaft für bedrohte Völker haben zwischen 1970 und
1987 200 000 Menschen den Tod gefunden; in Flüchtlingslagern im indischen Tripura und Mizoram sollen 40–
60 000 Stammesflüchtlinge leben und eine Rückführung in die
CHT verweigern.

Im Februar 1989 vom Parlament verabschiedete Gesetze
schufen drei teilweise von Stammesangehörigen zu besetzende
Distrikträte in den CHT und schafften zugleich den aus der britischen Kolonialzeit stammenden Sonderstatus der CHT ab.
Am 25. Juni 1989 fanden Distriktswahlen statt, die von der
Stammesbevölkerung boykottiert wurden, da die zugrundelie-
gende Gesetzgebung nicht in Konsultation mit Stammesangehörigen erarbeitet und von der politischen Partei der Stämme,
der Janata Samhati Samiti, abgelehnt worden war.

Die Regierung Zia scheint der Region keine besondere Bedeutung beizumessen: Die BNP stellte dort keine Kandidaten zu den Parlamentswahlen 1991 auf, die Mandate der CHT wurden alle von der AL errungen. Zugleich dürfte die BNP, die mehr als andere Parteien dem Militär nahesteht, kaum die Machtfülle der Streitkräfte in den CHT zu schmälern versuchen. Als weiteres Indiz für den Willen sowohl der Interims- als auch der Zia-Regierung zur Aufrechterhaltung des Status quo in den CHT dürfte gelten, daß die Distriktverwaltungen im Hinblick auf Neuwahlen in ganz Bangladesch aufgelöst wurden – außer in den CHT.

Unter den vielfältigen Forderungen für die Friedensregelung in den CHT steht die Entfernung der bengalischen Siedler aus dem Bergland an erster Stelle. Aber um das Versagen einer über 2 Jahrzehnte betriebenen Politik zuzugeben und einige Hunderttausend Bengalen in die ohnehin übervölkerte Ebene rückzusiedeln, bedarf es einer sehr starken, durchsetzungsfähigen Regierung. Eben dies ist die Regierung Zia nicht. Wenn in absehbarer Zeit durch einen steigenden Meeresspiegel in Bangladesch Land verloren geht, wird sich der Bevölkerungsdruck erhöhen, der Zuzug in die CHT zunehmen und sich die dortigen bürgerkriegsähnlichen Zustände eher verschärfen.

6. Wirtschaftliche Lage und Überschwemmungskatastrophe

Die Wirtschaft Bangladeschs befand sich 1989–90 dank günstiger Wetterverhältnisse in einem leichten Aufwärtstrend: Nach Angaben der Zentralbank Bangladeschs stieg das Bruttosozialprodukt um 5,8 %; die Agrarproduktion konnte ein Wachstum um 5,6 %, die Industrieproduktion gar um 8,4 % verzeichnen. Allerdings war aufgrund des hohen Handelsdefizits das Haushaltsdefizit auf die Rekordhöhe von ca. 100 Mio. $ gestiegen. Die Auslandshilfe lag bei 2,14 Mrd. $, 20 % der Exporteinnahmen gingen in den Schuldendienst.

Der Golfkrieg machte dem positiven Trend ein Ende; nach ersten Schätzungen betrugen die Golfkrieg-bedingten Verluste zwischen 2,7 und 3 Mrd. $. Sie setzen sich aus den entgange-

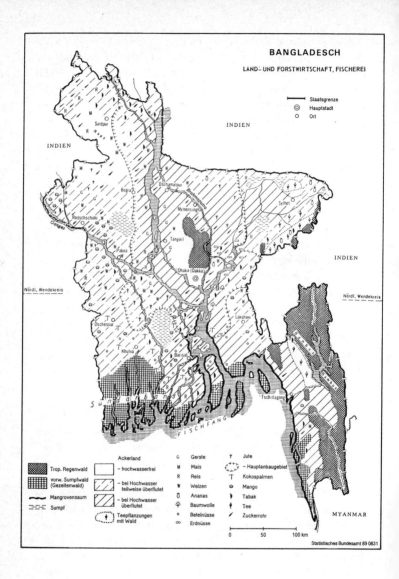

BANGLADESCH

LAND- UND FORSTWIRTSCHAFT, FISCHEREI

——— Staatsgrenze
◎ Hauptstadt
○ Ort

INDIEN

INDIEN

Saidpur

Bogra

Dschamalpur

Mymensingh

Sylhet

INDIEN

Radschschahi

Ganges

Tangail

Pabna

Dhaka (Dakka)

Nördl. Wendekreis

Nördl. Wendekreis

Lakshami

Dschessur

Khulna

Barisal

Tschittagong

S u n d a r b a n s

FISCHFANG

MYANMAR

▓ Trop. Regenwald	**Ackerland**	G Gerste	↑ Jute
▦ vorw. Sumpfwald (Gezeitenwald)	☐ – hochwasserfrei	M Mais	(⌇⌇⌇) – Hauptanbaugebiet
∿ Mangrovensaum	▨ – bei Hochwasser teilweise überflutet	R Reis	T Kokospalmen
≡≡≡ Sumpf	▧ – bei Hochwasser überflutet	W Weizen	⌀ Mango
		Ø Ananas	▸ Tabak
(⌇⌇) Teepflanzungen mit Wald		♧ Baumwolle	↟ Tee
		○ Betelnüsse	⟋ Zuckerrohr
		∞ Erdnüsse	

0   50   100 km

Statistisches Bundesamt 89 0831

nen Auslandsüberweisungen der früher in Kuwait und Irak beschäftigten etwa 100 000 Arbeitskräfte aus Bangladesch, aus Exportverlusten, Ausfällen durch Rückgang des internationalen Tourismus, gestiegenen Versicherungskosten, Anstieg aller Transportkosten durch die Erdölverteuerung u.a.m. zusammen. Auch ließen die Rückkehrer aus dem Golf etwa 650 Mio. $ Sparguthaben zurück, die wohl verloren sein dürften.

In Anerkennung der Teilnahme eines kleinen Bangladeshi Kontingents auf seiten der Alliierten im Golfkrieg erklärte Kuwait, es werde möglichst viele Arbeitskräfte aus Bangladesch beim Wiederaufbau einsetzen; aber noch geht dieser schleppend voran, und viele der früheren privaten Arbeitnehmer sind noch nicht wieder nach Kuwait zurückgekehrt.

Die Wirtschaft war zur Zeit des Regierungsantritts Khaleda Zias zudem durch hohe Ausgaben für Militär und Verwaltung, eine niedrige Sparrate und geringe Investitionen gekennzeichnet, besonders ausländische Investoren verhielten sich abwartend. Der neue Finanzminister Mujibur Rahman erklärte im April 1991, über die Hälfte der Bevölkerung lebe unterhalb der Armutsgrenze, das Pro-Kopf-Einkommen betrage 170 $, die ärmere Hälfte überlebe mit 82 $ im Jahr.

Die BNP setzt auf die Marktwirtschaft und versucht bisher, mit nur vage formulierten Programmen und Absichtserklärungen die Industrie anzukurbeln. Ihre erste wirtschaftspolitische Maßnahme bestand in der Aufhebung der Besteuerung von landwirtschaftlichen Betrieben unter 10 ha und der Schuldenstreichung bei Agrarkrediten unter 140 $. Diese politische Geste ist schwer zu verantworten in einer Zeit, in der die Weltbank und andere Kreditgeber Ausgabenkürzungen und Streichung von Subventionen zur Vorbedingung für die Kreditbewilligung machen.

Die Überschwemmungskatastrophe fügte dem Land weiteren hohen Schaden zu; da künftige derartige Katastrophen absehbar sind, stellen sich für die Entwicklungshilfegeber grundsätzliche Fragen zur Überlebenssicherung des Landes und seiner Menschen.

Ein Wirbelsturm trieb am 29. April 1991 hohe Flutwellen über mehrere nur knapp über dem Meeresspiegel liegende Inseln und einen 800 km breiten Küstenstreifen im Südosten Bangladeschs. In dieser schwersten Überschwemmungskatastrophe in der Geschichte des unabhängigen Bangladesch verloren nach Regierungsangaben über 130 000 Menschen das Leben. Mehrere schwächere Wirbelstürme waren der Katastrophe vorangegangen, heftige Regenfälle und Stürme folgten ihr und erschwerten Rettungseinsätze; Anfang Juni wurde ein weiterer verheerender Sturm gemeldet.

Die Ausmaße der Verwüstungen machten wirkungsvolle Einsätze der Hilfsorganisationen schwierig, der z. T. noch Tage nach dem Sturm von Hilfsleistungen abgeschnittenen Bevölkerung drohten Seuchen, Tod durch Verhungern und Verdursten. Die Folgekatastrophe könnte noch einmal genauso viele Opfer fordern wie der Wirbelsturm selbst, die völlig geschwächten Überlebenden haben nichts mehr zuzusetzen.

Organisation und Koordination der Rettungsarbeiten überforderten die gerade erst zwei Monate amtierende Regierung völlig. Nur 14 Hubschrauber standen zur Verfügung – die von verschiedenen Seiten eintreffenden Hilfeleistungen konnten wegen logistischer Schwierigkeiten nur schlecht genutzt werden. Aus Angst, von hungernden Menschen völlig überrannt zu werden, landeten die Hubschrauber nicht auf den Inseln, sondern warfen, zusätzlich behindert durch Regen und Sturm, die Hilfsgüter oft aus großer Höhe ab.

In 12 der 16 am schwersten betroffenen Distrikte übernahm schließlich die Armee die Katastrophenhilfe und setzte die überforderten Zivilverwaltungen ab. Die AL versuchte, auch aus der Katastrophe politischen Gewinn zu schlagen und warf der Regierung Untätigkeit und Ineffizienz vor. Es ist aber anzunehmen, daß jede Regierung, besonders wenn sie noch unerprobt und neu im Amt ist, angesichts der Ausmaße der Katastrophe überfordert gewesen wäre.

Nach Angaben von Finanzminister Saifar Rahman betragen die wirtschaftlichen Verluste durch die Überschwemmungskatastrophe 3–4 Mrd. $, 8–10 Mio. Überlebende sind ohne Unterkunft und haben ihren ganzen Besitz eingebüßt, 1 Mio. Stück Vieh und fast 1 Mio. t Reis gingen verloren.

Das Ausmaß der Verluste ist der ungenügenden Vorsorge zuzuschreiben. An der gefährdeten Küste stehen nur 64 z. T. mit Weltbankhilfe gebaute Sturm- und Flutschutzbunker, in denen jeweils bis zu 800 Menschen Schutz finden können, es fehlen noch mindestens 500 solcher Bauten. Viele der Bunker sind ungenügend gewartet, einige liegen zu tief, so daß sie völlig überflutet wurden. Notvorräte sind nicht vorhanden, das Frühwarnsystem ist nicht zuverlässig. Nur auf einigen wenigen Inseln konnten Menschen rechtzeitig evakuiert werden.

Die Ursachen für diese Katastrophe und weitere, wahrscheinlich in Zukunft in Zahl und Intensität zunehmende Überschwemmungen sind ökologischer Natur und überwiegend außerhalb Bangladeschs zu suchen. Saisonale Überschwemmungen bedrohen die Tiefebene aus zwei Richtungen. Die Ströme Ganges, Brahmaputra und Meghna, die mit ihren Dutzenden von Nebenarmen ein riesiges Delta bilden, versanden zunehmend aufgrund der Erosion an ihren Oberläufen, bedingt durch großflächige Abholzungen im Himalaya. Sie werden flacher, treten eher über die Ufer und schieben jedes Jahr etliche Kubikkilometer Schlamm in die Bucht von Bengalen. Auf diesen flachen Inseln wird von den Ärmsten der Armen trotz aller Unsicherheit Ackerbau betrieben und Vieh geweidet. Abhilfe gegen diese Flußüberschwemmungen könnte nur in Form einer wasserwirtschaftlichen Zusammenarbeit zwischen Nepal, Indien, China und Bangladesch geschaffen werden, doch Indien, das es vorzieht, sein Gewicht in bilateralen Verhandlungen in die Waagschale zu werfen, lehnt jede Internationalisierung ab.

Von der See her wird das flache Schwemmland durch Wassermassen der auf das Land zutreibenden Stürme bedroht. Tropische Wirbelstürme entstehen aus dem Zusammentreffen eines Tiefdrucksystems mit einer sich erwärmenden Meeresoberfläche. Die globale Erwärmung wird durch eine Aufheizung des Meeres also auch zur häufigeren Entstehung von Taifunen beitragen.

Treibhauseffekt und globale Erwärmung selbst werden die Fläche Bangladeschs in kurzer Zeit drastisch verringern. Der US-Experte für globale Klimaveränderungen, John D. Milliman, glaubt, daß bei einem bis zum Jahre 2050 zu erwartenden Anstieg des Meeresspiegels um 2 m der größte Teil des Landes unter Wasser stehen wird.

Angelika Pathak (Deutsches Übersee-Institut, Hamburg)

Literaturhinweise

Bangladesch im Schatten der Macht. Aachen 1986.
Malhotra, J.K., Genesis und Perspektiven des Militärregimes in Bangladesch. In: Rissener Rundbrief (Nov. 1987), S. 11–16 und S. 37–41.
Nebelung, Michael, Politische Partizipation und Entwicklung: basisorientierte Projekte in Bangladesch, Frankfurt/M. 1986.

Malaysia: Der Premier festigt seine Stellung

1. Die Wahlen 1990

Am 20. und 21. Oktober 1990 fanden in Malaysia Parlamentswahlen statt. Die regierende Nationale Front von Premierminister Mahathir vermochte 70 % der Mandate im Bundesparla-
ment zu erringen. Für Mahathir waren es die dritten Wahlen,
die er als Premier erfolgreich zu überstehen wußte. In Malaysia
hat die regierende Koalition, von einigen Einzelstaaten abgesehen, allerdings noch nie verloren. Das sieht im übrigen Asien
kaum anders aus: Regierungs- oder gar Machtwechsel werden
äußerst selten – und nur in wenigen Ländern (insbesondere in
Südasien) – durch ein Wählervotum erzwungen. Regierungswechsel sind überwiegend die Folge von Konflikten in herrschenden Cliquen, von gewaltsamen Eingriffen in die Politik
durch putschende Militärs und – seltener – von gewalttätigen
Volksmassen oder revolutionären Guerilla (vgl. Jahrbuch Dritte Welt 1987, S. 84 ff.). Im Lichte dieser Erfahrungen könnte
eine weitere, durch die Regierung gewonnene Wahl als ein
Nichtereignis bewertet werden. Damit würde man allerdings
den Wahlen in Malaysia im allgemeinen und speziell dieser
Wahl von 1990 nicht gerecht. Die Wahlen in Malaysia sind frei
– und damit vom Ergebnis her offen. Der Wähler kann, unbe-
einflußt durch physischen Zwang, zwischen miteinander kon-
kurrierenden Parteien wählen. Seine Stimme wird so gezählt,
wie sie abgegeben wurde, und nach dem englischen Mehrheits-
wahlsystem gewertet: Der jeweilige Sieger in einem Wahlkreis
bekommt alles (d. h. das Mandat), die Verlierer nichts.

Die Wählergunst liegt daher durchaus nicht so eindeutig auf
der Seite der Regierungskoalition, wie es die Mandatsvertei-
lung suggeriert. Ein Mandats- und Machtwechsel aufgrund eines Wählereinbruchs ist daher durchaus möglich. Die Chancen
dazu waren bei dieser Wahl so groß wie lange nicht mehr. Daß
es dennoch dieses Mal – wie auch schon bei den sieben natio-

nalen Wahlen zuvor – nicht zu einem Regierungswechsel gekommen ist, hängt nicht zuletzt mit den sozio-ökonomischen Verhältnissen, der Geschichte und der Kultur zusammen. Daß es diese Chance zum Machtwechsel dennoch gegeben hat, signalisiert immerhin, daß diese gewachsenen Faktoren nicht unabänderliche Konstanten sind. Die jüngste Geschichte zeigt allerdings auch, daß eben nicht nur Strukturen, sondern auch die Verhaltensweisen wichtiger handelnder Akteure Ablauf und Richtung der politischen Entwicklung wesentlich mitbestimmen.

2. Die historischen Wurzeln der aktuellen Politik

Malaysia ist ethnisch und kulturell ein Vielvölkerstaat: Schon in vorkolonialer Zeit wanderten Chinesen in das von Malaien nur dünn besiedelte Land ein. Die britischen Kolonialherren (bis 1957/63) erzwangen die Einwanderung von Chinesen und Indern, um eine weltmarktorientierte Plantagen- und Bergbauproduktion aufzubauen und zu betreiben. Auch die Entwicklung der Städte wurde durch die Zuwanderer entscheidend geprägt. Während die Malaien im wesentlichen unter ihren Sultanen in mehr oder weniger selbstgenügsamen Dorfgemeinschaften verharrten, vermochten die Chinesen eine facettenreiche Sozialstruktur – mit einer Bourgeoisie, einem Mittelstand, einer Arbeiterschaft und einer Landarmut – auszubilden. Nach dem Zweiten Weltkrieg wurden die malaiischen Eliten sich zunehmend der Bedrohung bewußt, im eigenen Land politisch, wirtschaftlich und schließlich auch numerisch an den Rand gedrängt zu werden. 1957 war der Bevölkerungsanteil der Chinesen in Malaysia auf 37 %, der der Inder auf 11 % gestiegen, während der Anteil der Malaien auf gerade die Hälfte abgesunken war. 1985 stellten die Malaien durch ein relativ höheres Bevölkerungswachstum und unter Zurechnung der ihnen nur entfernt verwandten, kulturell aber sehr verschiedenen Ureinwohner Sarawaks und Sabahs, die 1963 in einen gemeinsamen Staatsverband aufgenommen worden waren (Malaysia), 60 % der Bevölkerung, die

Chinesen 31 %, die Inder 8 %. Der malaiische Nationalismus suchte daher schon vor der Unabhängigkeit die Bodenständigkeit der eigenen Ethnie, als „Bumiputras", Söhne der Erde, zu betonen und beanspruchte politische und wirtschaftliche Sonderrechte, ja eine politische Hegemonialstellung, die den Bumiputras zunächst von den Briten, dann auch von den Chinesen und Indern zugestanden wurde.

Von unvermindert aktueller Bedeutung sind die Nachwirkungen einer kommunistischen Guerilla, die 1948 von chinesischen Kommunisten im Lande begründet und mit drakonischen Maßnahmen in den 50er Jahren neutralisiert werden konnte. Erst 1960 wurde der Ausnahmezustand aufgehoben. Kleinere Banden hielten sich noch drei Jahrzehnte länger im unwegsamen malaysisch-thailändischen Grenzgebiet und gaben erst im Dezember 1989 endgültig auf. Die aktuelle Hinterlassenschaft ist weniger die tatsächliche und gespielte Sensibilität gegenüber dem Marxismus, sondern ein 1960 erlassenes Sicherheitsgesetz (Internal Security Act: ISA), das seither noch mehrmals erweitert wurde, u. a. durch die Tabuisierung der malaiischen Sonderrechte nach den Rassenunruhen 1969. Es ermöglicht die Inhaftierung durch alleinige Anordnung des Innenministers – ohne Gerichtsurteil. Selbst die gerichtliche Nachprüfung des Verwaltungshandelns wurde im Juni 1989 abgeschafft. Ihm fallen seither weniger „Kommunisten und Staatsfeinde" zum Opfer, als vielmehr Gewerkschaftler, Bürgerrechtler, Oppositionelle, ja sogar Abweichler in den Regierungsparteien. Selbst ein Parlamentsmandat verschafft keine Immunität. 1987–1989 waren u. a. fünf Oppositionsabgeordnete, darunter der Oppositionsführer und sein Sohn, inhaftiert. Anfang 1991 befanden sich 142 Personen unter dem ISA in Haft. 1978 waren es noch 900 gewesen.

3. Das Parteiensystem Malaysias

Politische Parteien wurden auf ethnischer Basis gegründet. Seit den 50er Jahren wird Malaysia durch eine Koalition („Allianz") ethnischer Parteien regiert:

– Der malaiischen UMNO, geführt von aristokratischen Professionals mit anglophoner Ausbildung und Orientierung;

– der chinesischen MCA, geführt von alteingesessenen, z. T. malaiisierten „Baba-Chinesen", meist Vertretern des chinesischen Kapitals,

– dem indischen MIC, der von freiberuflichen Akademikern geführt wird.

Der Basis-Kompromiß zwischen den Ethnien und ihren Parteien bestand im Kern darin, daß die zugewanderten Chinesen und Inder die politische Hegemonie der alteingesessenen Malaien, der „bumiputras", akzeptierten, inklusive ihrer Privilegierung in Verwaltung, Armee und Bildungswesen. Der Vorsitzende der UMNO wird automatisch Premierminister. Die Immigranten erhielten im Gegenzug das Bürgerrecht (was sie meist nicht besaßen) sowie freie Entfaltungsmöglichkeiten im privatwirtschaftlichen Sektor.

Das Elitenbündnis vermochte jedoch schon bald nicht mehr das soziale Spektrum ihrer Ethnien zu integrieren. Es bildeten sich Oppositionsparteien, die die ethnischen Mittel- und Unterschichtsinteressen schärfer formulierten als dies im Regierungsbündnis geschah, und die damit die soziale Basis der herrschenden Eliten bedrohten. Obwohl einige Oppositionsparteien mit multirassischer Zielrichtung gegründet wurden, konnten sich letztlich nur ethnisch gebundene Parteien behaupten.

Bei den Wahlen vermochte die Regierungskoalition allerdings, sich mit zwischen 57–61 % der Stimmen und noch komfortableren Parlamentsmehrheiten (83–88 % der Mandate) durchzusetzen.

Einen Einbruch erlebte sie bisher nur einmal, und dieser stürzte das Land in eine Krise, in der ein neuer Konsens formuliert werden mußte: 1969 gingen die Wählerstimmen der Allianz gegenüber 1964 von 58 % auf 48 % zurück. Damit hatte die Regierungskoalition mit 64 % der Mandate (zuvor 86 %) zwar immer noch eine Mehrheit. Demonstrationen und Gegendemonstrationen der Gewinner und Verlierer mündeten jedoch in schwere Ausschreitungen, denen mindestens 200 Personen zum Opfer fielen. Das Parlament wurde für nahezu zwei Jahre suspendiert. Ein neuer Anfang mußte gemacht werden: Die Regierungskoalition wurde durch Integration der meisten bisherigen Oppositionsparteien zur Nationalen Front erweitert.

Außerhalb der Nationalen Front, einem Bündnis von meist 10–12 Parteien, blieb die wichtigste Partei der Chinesen, die DAP, ursprünglich ein Ableger der in Singapur regierenden PAP. Die malaiische PMIP (heute: PAS) verließ die Koalition 1978 wieder. Damit blieb der Mehrparteienwettbewerb bestehen.

Die Nationale Front verfolgte eine noch konsequentere promalaiische Politik. Instrument dazu wurde die New Economic Policy (NEP), die, im Zeitraum von zwei Jahrzehnten (1970–90), die Armut (unter den Malaien) überwinden und den Anteil der Malaien am modernen Produktivvermögen erheblich ausweiten sollte. Die gesetzten Ziele wurden nicht ganz erreicht, alles in allem war die Politik jedoch erfolgreich: Malaien wurden durch die Ausweitung des Bildungsangebots, durch eine nahezu aberwitzige Aufblähung der öffentlichen Verwaltung und durch den Aufbau von Partei- und Staatsbetrieben neue Aufstiegskanäle im modernen Sektor der Städte eröffnet. Die bisher mehrheitlich chinesischen Städte (1979: 59 %) wurden auf diese Weise malaiisiert, und Malaien stellten 1990 erstmals eine relative Mehrheit (46 %) der Stadtbevölkerung. Die Förderung der Malaien erfolgt durch die Reservierung von Quoten, durch bevorzugte Bedienung mit Lizenzen, Aufträgen, Krediten und dadurch, daß ihre Muttersprache zur allein verbindlichen Nationalsprache erklärt wurde.

Obwohl durch diese Politisierung des Bildungswesens, der Verwaltung und der Ökonomie die Effizienz des staatlichen und staatlich vermittelten wirtschaftspolitischen Handelns gesenkt wurde, gelang dennoch ein beispielloses Wirtschaftswachstum. Es wurde gefördert durch eine kluge wirtschaftspolitische Diversifizierungspolitik und getragen von der chinesischen Bourgeoisie und ausländischen Unternehmen, an die sich die malaiischen (Schein-)Unternehmer – im Volksmund: UMNO-PUTRA's: „Söhne der UMNO" – erfolgreich anzuhängen und damit gleichfalls zu profitieren vermochten. Selbst großen Teilen der Armutsgruppen kam die dynamische wirtschaftliche Entwicklung zugute.

Diese Entwicklung vollzog sich weder gleichmäßig noch gerecht und auch nicht allerorts. Sie erzeugte daher in der politischen Sphäre Spannungen und Frustrationen. Dennoch blieb das politische System mit dem Regime der hegemonialen malaiischen UMNO stabil und unangefochten. Das liegt nicht zuletzt am Charakter des kommunalistisch geprägten Parteiensystems: Die Oppositionsparteien können sich nur dadurch profilieren, daß sie vorgeben, die Rechte ihrer Ethnie noch konsequenter als die jeweilige Regierungspartei zu vertreten. Die programmatische Distanz zwischen den Oppositionsparteien ist daher naturgemäß größer als die Differenzen innerhalb des Regierungsbündnisses, das ja einen interethnischen Kompromiß repräsentiert. Die Differenzen innerhalb der Opposition sind auch schärfer ausgeprägt als die Distanz zwischen der einzelnen Oppositionspartei und „ihrem" ethnischen Korrelat in der Regierung. Oppositionsparteien, die nicht miteinander kooperieren oder gar koalieren (können), werden besonders benachteiligt: Mancher Wähler, der in ihnen zurecht keine realistische Regierungsalternative sieht, wird ihnen die Stimme letztlich doch versagen. Unter den Bedingungen des relativen Mehrheitswahlrechts können frei konkurrierende kleinere Parteien ihren Stimmenanteil nur unterproportional – in Malaysia $^{1}/_{4}$ bis $^{1}/_{3}$ – in Mandate umsetzen. Selbst die kleineren Regierungsparteien verfügen nur über einen begrenzten Spielraum, um die von ihnen vertretenen Volksgruppeninteressen gegen die UMNO durchzusetzen. Mit dem Austritt aus der Regierungskoalition können sie kaum glaubhaft drohen. Sie verlören dann zusammen mit den staatlichen Pfründen jeden praktischen Einfluß – und fänden ihren Platz in der Opposition bereits besetzt. Sie können die Politik der Oppositionsparteien nur kopieren – mit fragwürdigen Erfolgsaussichten.

Die deutlichen parlamentarischen Mehrheiten – meist sogar noch weit oberhalb der verfassungsändernden $^{2}/_{3}$-Mehrheit – und die Hegemonie der UMNO haben zu einer weitgehenden Aushöhlung und einem Funktionsverlust des Parlaments geführt. Den wenigen Oppositionsabgeordneten läßt man keine Chancen, wenigstens die großen Probleme des Landes anzusprechen und zu diskutieren. Eine Kontrolle und kritische Begleitung der Regierung findet praktisch nicht statt. Gesetzgebung und Budgetbewilligung werden durch die Regierung zwar über das Parlament abgewickelt, ohne daß jedoch die Abgeordneten dabei eine Chance erhielten, einen nennenswerten eigenständigen Beitrag zu leisten. Die wesentlichen Entscheidungen werden hinter verschlossenen Türen, zwischen den Parteiführern der Nationalen Front in der Regierung abgeklärt – nachdem sie in der UMNO entschieden worden sind. Sucht man die institutionalisierte Repräsentation populärer Interessen, die Chancen hat, in staatliche Politik umgesetzt zu werden, findet man diese weniger im Parlament, als vielmehr auf den Parteitagen der UMNO. Dort werden aber nur die Interessen von etwa $2/3$ der Hälfte der Bevölkerung repräsentiert (wenn man von der Faustregel ausgeht, daß die malaiischen Wähler etwa zu $1/3$ der oppositionellen PAS zuneigen).

4. Der Islamismus und die malaysische Politik

UMNO wie PAS suchen eigentlich unvereinbare, widersprüchliche Ziele miteinander zu verbinden: Sie verstehen sich als kommunalistische und islamische Parteien. Obwohl die Identität der Malaien ganz wesentlich durch den Islam geprägt ist, besteht doch ein Spannungsverhältnis zwischen der exklusiven ethnischen Gemeinschaft der Malaien auf der einen und ihrem Glauben, der sie eigentlich in die universelle Gemeinschaft aller (mohammedanischen) Gläubigen führt, auf der anderen Seite. Da praktisch alle Malaien und nur wenige Nicht-Malaien (Chinesen, insbesondere aber Inder) sich zum Islam in Malaysia bekennen, ist dieser Widerspruch im Grunde niemandem aufgefallen – bis Ende der 60er Jahre die damals weltweite kritische Studentenbewegung auch Malaysia erreichte. Diese erhielt hier ihre Schubkraft durch die Rassenunruhen von 1969, die Anpassungsprobleme der massenhaft an die Universität geholten malaiischen Dorfjugend und durch die Kluft von Regierungsrhetorik und Armut auf dem Dorfe. Die Protestlektüre der Studenten war allerdings nicht die ihrer Kommilitonen in der westlichen Welt – Marx und Mao –, sondern der Koran und andere islamische Schriften. Einer der charismatischen Führer dieser regierungskritischen islamischen Revitalisierungsbewegung war ein junger Student des Malaiischen: Anwar Ibrahim, der 1974/75 sogar für 18 Monate, nach dem ISA, hinter Gitter gebracht wurde. Er hat jetzt beste Aussichten, als einziger dieser Protestgeneration weltweit, in die höchsten politischen Kommandoebenen seines Landes aufzusteigen.

Dem Establishment in der UMNO und in der PAS blieb dieser Angriff auf ihr ideologisches Selbstverständnis und ihre ideologische Hegemonie zunächst weitgehend verborgen, bis diese islamische Revitalisierungsbewegung sich in einer zweiten Generation radikalisierte. Ab Mitte der 70er Jahre kehrten viele malaiische Studenten aus England und anderen Commonwealthstaaten zurück, wo sie durch Kontakte mit der ägyptischen Moslembruderschaft und der pakistanischen Jamaati-i-Islami auf fundamentalistischen Kurs gebracht worden waren. Die Universitäten Malaysias gerieten in die Hand der Islamisten, die allerdings nicht einheitlich auftreten. Eine herausragende Rolle spielt inzwischen eine „Islamische Republik"-Gruppe, die sich am Iran orientiert. Die islamischen Revitalisten vermochten 1981/82 die alte Führungsgarde in der PAS zu entmachten. In den Wahlen 1986 suchten sie einen Brückenschlag zu den islamischen Chinesen herzustellen, allerdings ohne politisch auszahlbaren Erfolg. In den folgenden Jahren blieb die PAS kooperationsbereit gegenüber den anderen (auch chinesischen und nicht-islamischen) Oppositionsparteien. Das ist so absurd nicht und folgt nicht nur politischen Opportunitätsüberlegungen: Für Mohammedaner gibt es nicht nur die Doktrin der Gleichheit aller Gläubigen, sondern auch der Gerechtigkeit gegenüber den Ungläubigen – was die kommunalistischen malaiischen Politiker gerade so vehement ablehnen. Allerdings müssen die „Ungläubigen" sich in einem „islamischen Staat" den Gesetzen der Scharia unterwerfen und werden prinzipiell an der Willensbildung nicht beteiligt. Nun werden nicht überall in der islamischen Welt – bei Berufung auf den Koran – dieselben Schlüsse für die praktische Politik gezogen. Die im Oktober 1990 in Kelantan an die Macht gekommene PAS-Regierung suchte sofort Zeichen ihres Glaubensverständnisses zu setzen, allerdings mit dem deutlichen Bemühen, die nur kleine chinesische Minderheit in diesem Bundesstaat nicht vor den Kopf zu stoßen. Ob damit die Etablierung eines toleranten islamischen Staates in Malaysia oder einer Koalitionsregierung zwischen der PAS und chinesischen Parteien praktikabel ist, kann damit natürlich noch nicht gesagt werden und muß eher bezweifelt werden.

Die UMNO konnte von dieser Entwicklung nicht unbeeindruckt bleiben. Premierminister Mahathir, der das Modernisierungstempo des Landes nach ostasiatischem Vorbild noch kräftig zu steigern versucht, bemüht sich um eine Beschwichtigungs- und Integrationspolitik durch eine kräftige „islamische" Einfärbung der Innen- und Außenpolitik. Instrumente dazu sind ihm dabei nicht nur symbolische Gesten – Gründung von „Islamischen" Banken, Universitäten, Kliniken usw., Ausweitung der islamischen Programme im Rundfunk und im Fernsehen – und die Aufnahme des Führers einer der wichtigsten islamischen Revitalisierungsorganisationen, Anwar Ibrahim, in die UMNO und in die Regierung. In den Augen seiner Kritiker sucht er das Land jedoch nicht wirklich zu islamisieren, sondern zu „japanisieren" – zugunsten der bumiputras. Anwar Ibrahim hat seinen Anhang nur zum kleineren Teil mit in die UMNO führen können. Seine Organisation scheint zudem an Bedeutung verloren zu haben. Mit Protektion Mahathirs absolviert er gegenwärtig eine Blitzkarriere und hat es inzwischen (seit Februar 1991) zum Finanzminister und wahrscheinlichen Nachfolger Mahathirs gebracht.

Im Mittelpunkt der politischen Aufmerksamkeit der letzten Jahre standen jedoch nicht so sehr der Konflikt zwischen Kommunalismus und Islam, sondern die Krise in der UMNO, die die politischen Koalitionen und Machtverhältnisse zeitweise auf den Kopf zu stellen schien, und die erst durch die im Oktober 1990 vorgezogenen Wahlen entschieden wurde.

5. Premier Mahathir

Zentrale Figur für die Entwicklung, den Verlauf und den Abschluß dieses Konfliktes ist der Arzt Dr. Mahathir bin Mohamed. Als dieser 1981 den kränkelnden Tun Hussein Onn als Vorsitzenden der UMNO und Premierminister ablöste, hatte er schon eine beispiellose Karriere hinter sich: 1969 als malaiischer Radikaler aus der UMNO ausgeschlossen und 1972 wieder aufgenommen, stieg er sehr schnell in der Hierarchie auf. 1974 wieder in der Regierung, wurde er 1976 stellvertretender Premierminister und schließlich Premierminister. Mahathir und sein zeitweiliger Stellvertreter Musa Hitam waren die ersten, die nicht aus der anglophonen Aristokratie, sondern aus dem Kleinbürgertum in die politischen Kommandohöhen des Landes vorgestoßen waren. Die neue Administration versuchte, sich in vielfacher Hinsicht von ihren Vorgängerinnen abzusetzen. Sie war bemüht, eine tatkräftige, effiziente, korruptionsfreie Verwaltung vorzuführen und mit der Realisierung von – über Auslandsverschuldung finanzierten – Großprojekten einen Entwicklungssprung zu vollziehen.

Der persönliche Führungsstil Mahathirs – kompromißlos, aktionsorientiert, autoritär – prägte Richtung und schließlich Ergebnisse dieser Politik. Nach den gewonnenen Wahlen 1982 waren durchaus nicht nur Erfolge zu verzeichnen: Finanz- und Korruptionsskandale, eine Verfassungskrise mit den Sultanen, eine Krise um den Teilstaat Sabah, wo sich in Regionalwahlen 1985 eine Oppositionspartei durchsetzen konnte, die mit zweifelhaften Mitteln am Regieren gehindert wurde (sie gewann dann einen zweiten Wahltest 1986 und trat der Nationalen Front bei), beschädigten das Image der Mahathir-Administration. Schließlich verschärfte die Wirtschaftskrise die Sozialbeziehungen und deckte die Schwächen der auf Großprojekte setzenden Politik auf. Zwischen den beiden Führern der UMNO und der Regierung, Mahathir und Musa, kam es zu Meinungsverschiedenheiten und Spannungen, die allerdings erst durch den Rücktritt Musas als stellvertretender Premierminister im März 1986 der Öffentlichkeit bewußt wurden.

Schließlich wurde die Nationale Front durch Flügelkämpfe in einigen anderen Koalitionsparteien und Kontroversen zwischen diesen und der UMNO geschwächt. Scheinbar vermochte Mahathir seine Stellung trotz dieser allgemeinen Krisensituation in den vorgezogenen Parlamentswahlen vom August 1986 zu festigen. Die Verluste der Koalition hielten sich in Grenzen (Rückgang um jeweils 3 % auf 57 % der Stimmen und 84 % der Mandate). Bei der Kandidatenaufstellung und später bei der Kabinettsneubildung wurden viele Anhänger Musas entweder ausgegrenzt oder in die Mahathir-Fraktion eingebunden.

6. Krise und Spaltung der UMNO

Die Überraschung brachte der Parteitag der UMNO im April 1987, auf dem die Vorstandswahlen anstanden. Musa Hitam verbündete sich mit seinem bisherigen Gegner, dem Industrie- und Handelsminister Tan Sri Razaleigh Hamzah, der zweimal (1981 und 1984) erfolglos für die Vizepräsidentschaft kandidiert hatte. Razaleigh, ein Onkel des Sultans von Kelantan, repräsentiert noch die vor der Zeit Mahathirs dominierende Aristokratenfraktion der UMNO.

Seit über drei Jahrzehnten hatte kein amtierender Parteivorsitzender und Premierminister der UMNO sich bei seiner alle drei Jahre fälligen Wiederwahl einem Gegenkandidaten gegenübergesehen. Diese Tradition wurde nun durchbrochen, mehr noch: Der Amtsinhaber entging nur knapp einer Niederlage – mit nur 761 zu 718 Stimmen vermochte sich Mahathir gegen Razaleigh durchzusetzen.

Der Konflikt hätte mit diesem Ergebnis beendet werden können, wenn Mahathir in der Tradition malaysischer Politik einen neuen Konsens gesucht hätte. Er suchte jedoch klare Verhältnisse: Razaleighs und Musas Anhänger wurden aus dem Kabinett entlassen – 5 Minister und 4 stellvertretende Minister, darunter der Außen- und der Verteidigungsminister. Mitglieder der Razaleigh-Fraktion zogen daraufhin vor Gericht und zweifelten die Legalität der Parteitagsabstimmung an. Zahlreiche Delegierte hätten Ortsverbände vertreten, die nicht ordnungsgemäß registriert worden seien. Die Anwälte der UM-NO-Führung hielten dem entgegen, daß unter dieser Voraussetzung die gesamte Partei aufgelöst werden müßte. Genauso sah es das Gesetz: Am 4. Februar 1988 erklärte Richter Harun Hashim die UMNO für illegal, da 30 Ortsverbände nicht ordnungsgemäß registriert waren. Mit diesem Ende der traditionsreichen Partei hatte keine der beiden Fraktionen gerechnet: Sie waren Opfer ihrer eigenen Sicherheitsgesetze geworden.

Beide Fraktionen versuchten das Vakuum sofort auszufüllen. Während die beiden noch lebenden früheren Premierminister Razaleigh zu Hilfe kamen, nutzte Mahathir seine Kontrolle über den Staatsapparat. Die Parteineugründung der Razaleigh-Fraktion, UMNO-Malaysia, wurde mit fadenscheinigen Begründungen nicht vom Registrar of Societies zugelassen, die Neugründung Mahathirs dagegen, die UMNO Baru, wurde sofort registriert. Opponenten und ihren Anhängern wurde der Beitritt verwehrt. Die Razaleigh-Fraktion versuchte das Blatt gerichtlich zu wenden und beantragte die Aufhebung des Verbots der alten UMNO, die Registrierung von UMNO-Malaysia oder die Erlaubnis des Beitritts aller Malaien zur UMNO Baru. Sie war in keinem Fall erfolgreich. Der Preis der rechtlichen Auseinandersetzungen war, daß Mahathir die bislang unabhängige Justiz schwer schädigte: Der höchste Richter, der Lord President, und drei weitere Richter des Supreme Court blieben auf der Strecke und wurden entlassen.

Schließlich suchte die Razaleigh-Fraktion die Konfrontation dort, wo der politische Wettbewerb in einer Wahldemokratie entschieden werden sollte: beim Wähler. Im August 1988 erzwang der ehemalige Sozialminister und Musa-Gefolgsmann Shahrir Samad durch Rücktritt eine Nachwahl in seinem Wahlkreis in Johore, die er mit deutlichem Vorsprung vor dem UMNO Baru-Kandidaten gewann. Dieser Schlag verfehlte seine Wirkung nicht. Mahathir bot nun allen Malaien, auch seinen Opponenten, den Beitritt in die UMNO Baru, Razaleigh und Musa sogar einen Kabinettssitz ohne Ministerium an. Damit schlug er seinen Opponenten eines ihrer wichtigsten Argumente aus der Hand, den Vorwurf, die malaiische Gesellschaft zu spalten und gegenüber den anderen Rassen im Lande nachhaltig zu schwächen. In den folgenden Nachwahlen vermochten sich die von Mahathir unterstützten Kandidaten der Nationalen Front meistens durchzusetzen.

Viele prominente Oppositionelle traten nun seiner UMNO Baru bei, Musa Hitam im Januar und Shahrir Samad im März 1989. Razaleigh verharrte in der Opposition und gründete eine neue Partei, „Semangat 46" („Geist von 1946", dem Gründungsjahr der UMNO), die auch im Mai 1989 registriert und zugelassen wurde.

Im April 89 schlossen die „Semangat 46" mit der PAS und einer kleinen Partei ein Bündnis: die Angkatan Perpaduan Ummah (APU, Vereinigte Bewegung der Muslime). Nicht zuletzt wegen des Namens konnte und wollte die chinesische DAP sich nicht beteiligen. Es kam aber zu Wahlabsprachen zwischen der APU und der DAP.

7. Die Entscheidung durch allgemeine Wahlen

Seit 1989 bereitete man sich auf Neuwahlen vor, die die Machtfrage im malaiischen Lager endgültig klären sollten. Nach britischem Vorbild ist deren zeitliche Festsetzung dem Premierminister vorbehalten. Die Wahlen fanden am 20. und 21. Oktober 1990 statt. Bei einer Wahlbeteiligung von 70 % rutschte der Wähleranteil der Nationalen Front von 57 (1986) auf 52 %. Sie – vor allem die UMNO – verlor mehrere Mandate. Es reichte jedoch mit 127 von 180 Sitzen zu einer immer noch komfortablen Zweidrittel-Mehrheit. Auch in den westmalaysischen Bundesstaaten vermochte sich die Nationale Front durchzusetzen. Lediglich in Kelantan, der Hochburg sowohl der PAS als auch Razaleighs, erlebte sie einen totalen Einbruch und errang kein einziges Mandat. Da Sabah von einer oppositionellen Regionalpartei regiert wird, die sich kurz vor den Wahlen dem Razaleigh-Bündnis angeschlossen hatte, werden nun zwei von dreizehn Bundesstaaten von der Opposition regiert. Mahathir und die UMNO-Mehrheit haben also die innerparteiliche Zerreißprobe und den anschließenden Machtkampf für sich entschieden – durch allgemeine demokratische Wahlen. Diese waren nicht manipuliert, aber auch nicht fair. Es bestand keine Chancengleichheit:

Die Wahlkreise sind bewußt zugunsten der malaiischen und zuungunsten der chinesischen Bevölkerung zugeschnitten worden, was die chinesische Oppositionspartei benachteiligt. Die demnächst anstehende Korrektur wird diese Tendenz noch verstärken. Die Medien des Landes werden von der Regierung und der UMNO kontrolliert. Ihre Berichterstattung ist einseitig zugunsten der Regierungskoalition ausgerichtet. Die Selbstdarstellung der Opposition wird erschwert durch ein Versammlungsverbot (unter freiem Himmel) und einen auf nur neun Tage angesetzten Wahlkampf. Sie agiert unter einem Sicherheitsgesetz (ISA), das die Inhaftierung ohne richterliches Urteil ermöglicht. Einige Politikfelder („Rechte der Malaien" usw.) sind für Chinesen, nicht aber für die Malaien tabuisiert.

In Malaysia sind die Parteien als Massen- und Volksparteien organisiert worden. Nach eigenen (sicher übertriebenen) Angaben hat die UMNO Baru 1.3 Mio. Mitglieder; ihr Koalitionspartner, die MCA, hat 500 000, Razaleighs „Semangat 46" 600 000 und die PAS 300 000 Mitglieder. Die politischen Wettstreiter können schon über die Mitglieder Wahlkampfaktivisten und eine beträchtliche Stammwählerschaft mobilisieren. Alle Seiten bedienen sich dabei sogenannter „psy-war"-Agenten, die die Sorgen und Probleme der potentiellen Anhänger der Gegenseite auskundschaften, diese direkt zu beeinflussen suchen oder entsprechende Empfehlungen an die Parteizentralen geben, die in ihrem Wahlkampf dann die entschiedenen Anhänger ausklammern, um sich ganz auf die möglichen Wechselwähler der Gegenseite zu konzentrieren. Die UMNO verfügt hierfür natürlich über einen wesentlich größeren Apparat und umfangreichere finanzielle Mittel als die anderen Parteien. Als einzige Partei kann sie sich noch auf ein beträchtliches Unternehmenskonglomerat stützen. Die Wahlkampfausgaben sind nur für die einzelnen Kandidaten (auf 18 500 US $ für das Bundesparlament,

11 100 US$ für die Staatenparlamente), nicht jedoch für die Parteien begrenzt.

UMNO und die Nationale Front verfügen über die Patronagemöglichkeiten und Ressourcen des expandierenden Staatsapparates und des öffentlichen Sektors. Sie nutzen diesen Vorteil für kollektive Wahlgeschenke. Dieses Mal konnten sich die Beamten höherer Gehaltszusagen, die Polizisten einer Aufstokkung der Mittel für Sozialwohnungen, die Reisbauern höherer Produzentenpreise erfreuen.

Die Abgeordneten der Nationalen Front verfügen darüber hinaus über Fonds für Wahlgeschenke, die vor den Wahlen von 74 000 auf 185 000 US$ kräftig aufgestockt wurden. Diese Mittel können sie für öffentliche Zwecke – von der Reparatur von Brücken, über den Kauf von Computern für eine Schule bis zum Bau einer Badmintonanlage – gezielt unter politischen Gesichtspunkten in ihren Wahlkreisen verteilen.

Die Regierung macht kein Hehl daraus, daß sie die von ihr zu verteilenden Ressourcen nicht politisch neutral verwendet. Von der Opposition kontrollierte Bundesstaaten bekamen dies zu spüren. Eine wichtige (Wahl-)Hilfstruppe waren deshalb immer die staatlichen Agrarberater, die mit den Bauern individuell in Kontakt kommen und über Input- und Kreditvergabe entscheiden. Dieses Netz wurde jetzt noch enger gespannt. Bei den Wahlen wurden die Stimmen erstmals schon in den Wahllokalen ausgezählt. Damit können diese zwar nicht mehr beim Transport verlorengehen oder ausgetauscht werden (was bisher allerdings noch kein nennenswertes Problem war), das individuelle Wahlverhalten kann jedoch in diesen kleinen Einheiten (etwa 700 gegenüber bisher mehreren tausend Wählern) mit Hilfe von Computern, über die mehr und mehr lokale UMNO-Organisationen verfügen, besser erschlossen werden.

Bei all dieser Chancenungleichheit muß es beinahe überraschen, daß die Nationale Front nicht mehr als 52 % der Stimmen erhielt. Die Zweidrittel-Mehrheit erlaubt ihr aber, so weiter zu regieren, wie Mahathir und seine UMNO es wünschen.

8. Die Alternative und die weitere Entwicklung

Was wäre die Alternative gewesen, wenn das Oppositionsbündnis erfolgreich aus den Wahlen hervorgegangen wäre und die Regierung übernommen hätte? Letzteres wäre nicht zwingend gewesen, da Mahathir schon im Wahlkampf mit dem Menetekel von 1969 gedroht hatte: Der damalige Erfolg der Opposition wurde mit blutigen Rassenunruhen beantwortet, die zur Notstandsregierung ohne Parlament und schließlich zur Erweiterung der regierenden Koalition führten, ohne allerdings deren Schwerpunkt zu verlagern.

Das Oppositionsbündnis hatte seinen Wahlkampf mit überwiegend oppositionstypischen Forderungen bestritten: Menschen- und Bürgerrechte, Demokratie und richterliche Unabhängigkeit, Korruption, Machtmißbrauch, Armut. Das heißt nicht, daß die Opposition an der Regierung diese Probleme dann tatsächlich aktiv angegangen wäre. Vermutlich hätte eine Regierung Razaleigh die Modernisierungs- und Industrialisierungspolitik Mahathirs fortgesetzt. Sie wäre allerdings deutlich instabiler gewesen als die Regierung der Nationalen Front und aufgrund der Spannungen zwischen den beiden Flügelparteien – der malaiischen PAS (die im Wahlkampf nur unter Mühen ihre Forderung nach einem islamischen Staat unterdrücken konnte) und der chinesischen DAP – vermutlich bald auseinandergebrochen.

Schon jetzt stellt sich die Frage, ob „Semangat 46" überhaupt ihre ersten Wahlen überlebt oder wieder zerfällt. Eine Abwanderungstendenz von dieser nicht über staatliche Futterkrippen verfügenden Partei ist unverkennbar. Ihr Zerfall würde auch das Schicksal des breiten Bündnisses der Opposition besiegeln – was trotz durchaus skeptischer Beurteilung vieler ihrer führenden Personen ein Verlust für die demokratischen Perspektiven des Landes wäre. Zwei nahezu gleichstarke und in der Regierung potentiell sich abwechselnde Parteienbündnisse würden zwar nicht unbedingt eine bessere Administration hervorbringen, wohl aber den Spielraum für Amts- und Machtmißbrauch einschränken, die Bedingungen für den

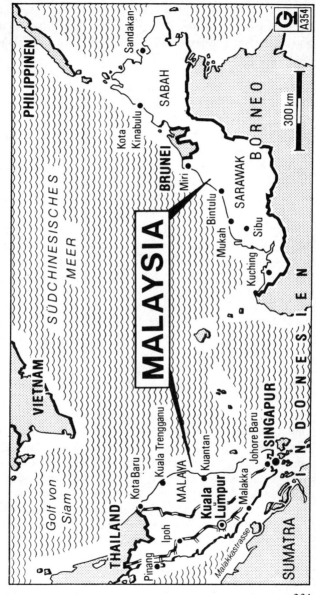

231

politischen Wettbewerb fairer gestalten und Konsenshandeln in Grundfragen erzwingen. Stattdessen sieht es heute so aus, daß Mahathir mit seiner konfrontativen Politik fortfahren kann.

In seiner eigenen Partei hat er sich inzwischen gegen weitere unliebsame Überraschungen abgesichert. Bei der Aufstellung der Parlamentskandidaten, die auf Bundesstaatenebene erfolgte, behielt er sich die endgültige Zustimmung vor. In der UMNO Baru hat er die Abwahl des amtierenden Parteivorsitzenden und seines Stellvertreters faktisch unmöglich gemacht: Für jede Nominierung erhalten sie 10 Bonusstimmen. Auf dem Parteitag am 30.11.1990 waren er und sein Stellvertreter Abdul Ghafar Baba mit 130 Nominierungen (bei 1518 Delegierten) damit nicht abwählbar. Sie wurden ohne Gegenkandidaten in ihren Ämtern bestätigt. Konkurrenz und Auswahlmöglichkeiten gab es nur um die 25 Sitze im Obersten Rat der Partei (48 Kandidaten) und um die drei Vize-Präsidentenposten (zunächst 12 Bewerber, zuletzt 6 Kandidaten). Die Aufnahme in den letztgenannten Kreis gilt als Vorentscheidung für die Nachfolge des führenden Duos (Mahathir und Ghafar sind beide 65 Jahre und beide herzkrank), wenn diese selbst entscheiden abzutreten. Gewählt wurde Anwar Ibrahim (43 Jahre, 1067 Stimmen) vor dem ehemaligen Verteidigungsminister und Razaleigh-Gefolgsmann (und seit Februar 1991 Außenminister) Abdulla Ahmad Badawi (51 Jahre, 953 Stimmen) und dem Landwirtschaftsminister Seri Sanussi Junid (47 Jahre, 750 Stimmen). Den oppositionell regierten Bundesstaaten Kelantan (chronisch verschuldet und unterentwickelt) und Sabah wurde bald nach den Wahlen deutlich gemacht, daß sie am kurzen Zügel gehalten werden: Zur Konferenz der Chefminister der Bundesstaaten mit dem Bundeskabinett zur Koordinierung der Beziehungen zwischen Bund und Ländern wurden sie (im November 90) nicht eingeladen. Oppositionsführer Razaleigh wird mit einem „Korruptionsverfahren" bedroht, der oppositionelle Chefminister von Sabah wurde sogar zeitweise inhaftiert und nur gegen hohe Kaution wieder freigelassen (im Januar 1991), dessen Bruder wurde schließlich wegen angeblicher Verschwörung zur Sezession Sabahs ins Gefängnis gesteckt (im März 1991).

Rolf Hanisch (Universität Hamburg)

Literaturhinweise

Gale, Bruce (Hrsg.), Readings in Malaysian Politics. Petaling Jaya 1987.
Hussin, Mutalib, Islam and Ethnicity in Malay Politics. Singapore 1990.
Vennewald, Werner, Chinesen in Malaysia: Politische Kultur und Strategisches Handeln. Hamburg, Institut für Asienkunde 1990.
Zakaria Haji Ahmad (Hrsg.), Government and Politics of Malaysia. Singapore 1987.

Bürgerkrieg in Liberia

1. Liberia – ein gespaltenes Land

Seit Ende 1989 befindet sich Liberia in einer schwierigen – geradezu hoffnungslosen – Situation. Nachdem das Land von 1980 bis 1990 durch den Diktator Samuel K. Doe systematisch in den Ruin geführt wurde, hat das Land mit dem Kampf verschiedener Parteien um die Macht keine Ruhe mehr gefunden. Liberia ist mehr oder minder in zwei Teile geteilt. Während auf der einen Seite Charles Taylor, der Führer einer Rebellenbewegung unter dem Namen National Patriotic Front of Liberia (NPFL), seit Dezember 1989 den Kampf zum Sturz Samuel Does aufnahm und seit Mai 1990 ein Terrorregime im ganzen Land mit Ausnahme der Hauptstadt Monrovia errichtete, „regiert" eine Interimsregierung in der vom Bürgerkrieg stark zerstörten Hauptstadt. Die Macht dieser von Professor Amos Sawyer geführten und von der westafrikanischen Wirtschaftsgemeinschaft (ECOWAS) unterstützten Regierung reicht aber kaum über das von der Regierung belegte Hotel hinaus. Ohne die massive Unterstützung der von der ECOWAS eingesetzten ECOMOG-Truppe (ECOWAS Monitoring Group) hätte die Interimsregierung kaum eine Chance zum Überleben, obwohl sie als einzige von allen wichtigen politischen Parteien Liberias im In- und Ausland Unterstützung findet. Nur gegen eine von Burkina Faso, Libyen und der Elfenbeinküste durch Waffen unterstützte NPLF kann Amos Sawyer ohne die ECOMOG-Truppen keine demokratischen Verhältnisse im Lande herstellen.

Das Land ist gespalten, nicht nur territorial, sondern auch politisch. Die Führer der verschiedensten politischen Organisationen in Monrovia sind sich nicht einig, es sei denn in der Ablehnung Taylors. Die Bevölkerung Liberias ist darüber hinaus zum Teil außer Landes geflüchtet, in Monrovia leben ca. 500 000 Menschen, die ohne internationale Hilfsgüterlieferungen nicht überleben könnten. Noch immer ist die Gefahr groß, daß Liberia – wie der Libanon – gespalten oder/und aber – wie in Angola oder Mozambique – von einem langandauernden Bürgerkrieg betroffen sein wird. In diesem Krieg, der von immer wiederkehrenden aber erfolglosen „Friedensverhandlungen" begleitet ist, scheint es keinen Gewinner zu geben. Die Interimsregierung in Monrovia ist zu schwach, um Charles Taylor an einen Tisch zu zwingen. Und Taylor ist nicht stark genug, um die Hauptstadt Monrovia einzunehmen.

Notwendig ist daher ein Prozeß, der einerseits Taylor in die Knie zwingt, und andererseits auch internationale Initiativen für ein demokratisches und einheitliches Liberia ermöglicht. Eine bedeutende Rolle wollte die ECOWAS spielen, aber sie ist in der Liberiafrage gespalten. Das Land bleibt unter diesen Umständen geteilt. Die Vereinigten Staaten, der traditionelle Verbündete der liberianischen Regierungen bis 1990, haben sich aus dem Konflikt herausgehalten und eine „neutrale Haltung" eingenommen. Die USA haben mit ihrer massiven – auch militärischen – Hilfe für Samuel Doe zehn Jahre lang ein Terrorregime gepäppelt und damit auch demokratische Entwicklungen in Liberia verhindert. Aber die USA können sich aus der Geschichte Liberias nicht verabschieden und hinterlassen damit einen Diktator neuen Typs in Liberia – Charles Taylor – und ein gespaltenes Land.

Dieser Beitrag versucht, Licht in die z.T. sehr widersprüchlichen politischen Entwicklungen und Verwirrungen zu bringen, wobei neben den nationalen Widersprüchen und internationalen Zusammenhängen auch regionale Interessen analysiert werden.

2. Niedergang Liberias durch den seit 1990 während Bürgerkrieg

Begonnen hat der Niedergang und die Spaltung Liberias mit der Herrschaft von Samuel K. Doe, der von 1980–1990 ein Terrorregime errichtete und damit die Grundlage für die von Charles Taylor begonnene Invasion und schließlich den Sturz von Doe legte. Während der 80er Jahre hatte es eine Reihe von

Putschversuchen in Liberia gegeben, die jedoch scheiterten, weil die Putschisten nicht in der Lage waren, einen erfolgreichen Kampf unter Einschluß der Bevölkerung einzuleiten. Mit Ausnahme von General Quiwonkpa, der seit 1983 versuchte, Doe zu entmachten, waren alle Militärcoups von partikularen Militärinteressen (mit dem Ziel, Doe die Macht zu entreißen), aber nicht von dem Wunsch geprägt, anstelle der Militärdiktatur ein demokratisches Gemeinwesen mit Partizipationsmöglichkeiten und Sicherung der Menschenrechte zu errichten. Von daher war die von Charles Taylor zunächst propagierte Invasion zur Herstellung demokratischer Verhältnisse dazu angetan, die Bevölkerung auf seine Seite zu ziehen. Zum anderen verstand er es, die ethnische Karte – gegen die von Doe mißbrauchten Krahn, auf die er seine Macht stützte – zu nutzen. Indem er sich bei seiner Invasion von Norden auf Dan und Mano (s. u.) berief, gelang es ihm zunächst, ohne große Probleme einen Großteil des Landes unter Kontrolle zu bringen.

Am 24. Dezember 1989 überschritten unter der Führung von Charles Taylor ca. 200 Männer von der Elfenbeinküste kommend die Grenze, um den Sturz der im ganzen Land verhaßten Regierung Doe herbeizuführen. Die NPFL erfuhr bei ihrem Marsch auf Monrovia nicht nur die logistische und militärische Unterstützung der Präsidenten aus Burkina Faso und der Elfenbeinküste sowie des Revolutionsführers Qadaffi aus Libyen, sondern auch Hilfe und Beistand durch die Bevölkerung. Die im Nordwesten des Landes ansässigen Dan und Mano, die jahrelang vom Militärdiktator Doe benachteiligt und unterdrückt worden waren, nahmen die Gelegenheit wahr, mit allen verfügbaren Mitteln und einer Guerilla-Strategie die Truppen der liberianischen Armee, die sich vorwiegend aus der ethnischen Gruppe der Krahn zusammensetzten, der auch Präsident Doe angehörte, in Hinterhalte zu locken und zu vernichten. Innerhalb einiger Monate war es der NPFL gelungen, durch die Gebiete der Dan, Mano und Bassa bis zur zweitgrößten Stadt des Landes, Buchanan, an die Küste vorzudringen. Zugleich organisierte ein anderer Teil der NPFL unter Price Johnson, der sich schon im Februar 1990 von der NPFL abgespalten und die

Independent National Patriotic Front of Liberia (INPFL) gegründet hatte, eine Zangenbewegung vom Nordosten des Landes in Richtung der Hauptstadt Monrovia. Auch hier fand die INPFL zunächst Unterstützung der einheimischen Bevölkerung. Seit Mai 1990 wurde Monrovia auf der südöstlichen Seite von Taylors Truppen und auf der nordwestlichen von Prince Johnson umlagert. Beide Führer erhoben Anspruch auf die Macht.

Die Lage wurde noch unübersichtlicher, weil inzwischen aufgrund internationaler Reaktionen die Organisation für Afrikanische Einheit (OAU), die USA und die liberianischen Oppositionsparteien, die von Doe aus dem Land getrieben worden waren, in die Diskussion um die Zukunft des Landes eingriffen. Während die USA als traditionelle strategische Macht in Liberia in dem Konflikt zunächst nur im Hintergrund agierten und noch bis zum Frühjahr des Jahres 1990 Präsident Doe unterstützten, sorgte der öffentliche Druck dafür, daß die USA ihre Hilfe für den sich mit ca. 1000 Soldaten im Präsidentenpalast verschanzenden Doe einstellten. Die westafrikanische Wirtschaftsgemeinschaft ECOWAS beschloß, dem Zerfall des Staates Liberia Einhalt zu gebieten und schickte eine militärische Eingreiftruppe nach Liberia. Ziel der ECOMOG-Einheiten war es, den Konflikt zu beenden, um die streitenden Parteien unter Einschluß von Präsident Doe an den Verhandlungstisch zu zwingen. Daß dies nicht gelang, hatte vor allem mit der Weigerung Charles Taylors zu tun, der sich um die Früchte des „totalen Erfolges" gebracht sah. Anfang September 1990 wurde Präsident Doe von Anhängern des Prince Johnson ermordet; dieser hatte inzwischen die Unterstützung der ebenfalls kämpfenden „Friedenstruppe" ECOMOG erfahren.

Seit September 1990 gibt es drei politisch relevante Fraktionen, die um die Macht in Liberia kämpfen. Auf der einen Seite die Soldateska Charles Taylors, die aber zunehmend in die Defensive gerät, dann die kleinere Truppe um Prince Johnson, die eine möglicherweise vorübergehende Unterstützung der ECOMOG genießt, und die im September unter der Obhut der ECOWAS gebildete Interimsregierung unter der Leitung des

Politikprofessors Amos Sawyer. Die Interimsregierung und Prince Johnson haben ein Zweckbündnis geschlossen, das u. U. wieder gelöst werden könnte. Alle Fraktionen haben unter dem Druck der ECOWAS im November 1990 in Bamako einen Waffenstillstand vereinbart, doch haben die Truppen Taylors und die von Prince Johnson trotz gegenteiliger Verlautbarungen noch nicht ihre Waffen niedergelegt.

Der Friedensprozeß in Liberia wird nicht nur durch die Fraktionierung der militärischen und politischen Gruppen erschwert, sondern auch durch ethnische Konflikte, die durch Doe über ein Jahrzehnt geschürt worden sind. Außerdem sind auch die regionalen Aspekte von Bedeutung: Die ca. 8000 Soldaten umfassende ECOMOG-Truppe wird vor allem von Nigeria und Ghana gestützt, während Charles Taylor noch Hilfe von Burkina Faso und der Elfenbeinküste erhält. Inzwischen aber hat die Regierung von Burkina Faso erklärt, den Friedensprozeß in Liberia zu unterstützen. Taylor jedoch hält daran fest, die Macht im ganzen Lande an sich zu reißen. Zu diesem Zweck haben seine Truppen auch Überfälle in Sierra Leone durchgeführt, um so das Nachbarland – das ECOMOG-Truppen stellt – zu destabilisieren. Wie lange Taylor mit seiner Destabilisierungsstrategie fortfahren kann, hängt nicht zuletzt von den Interessen der Elfenbeinküste ab, deren Regierung ihn bisher durch Waffen und logistische Hilfe unterstützt. Taylor hat es bisher jedenfalls verstanden, regionale Interessenkonflikte geschickt für seine eigenen Ziele zu nutzen. Daß er dabei offenkundig auch mit libanesischen Händlern und europäischen Kaufleuten zusammenarbeitet, die tropische Hölzer zu Niedrigstpreisen aus „Taylor-Land" aufkaufen, zeigt deutlich die unkalkulierbaren Strategien des selbsternannten Führers auf.

Angesichts des Chaos haben sich in vielen Teilen des Landes Banditengruppen und Jugendbanden gebildet, deren Idole die „warlords" Taylor und Johnson waren, die jetzt mit Waffen die Zivilbevölkerung terrorisieren und sich an dieser bereichern. Leidtragende dieser Entwicklung, die schon Tausende von Opfern gekostet hat, ist die liberianische Bevölkerung. Seit Beginn der Kämpfe haben Hunderttausende das Land verlassen. Mehr als 700 000 Menschen befinden sich noch immer in Flüchtlingslagern in Liberia, in der Elfenbeinküste, Sierra Leone und Guinea. Die Hauptstadt Monrovia ist stark zerstört. Hungersnöte und die Gefahr von Seuchen sind im ganzen Land verbreitet. Die internationale Gemeinschaft hat seit Mai 1990 Hilfsprogramme zur Versorgung der Flüchtlinge und der hungernden Bevölkerung organisiert. Möglicherweise wird sich die Versorgungslage 1991 weiter verschärfen, denn in vielen Teilen des Landes konnte die Aussaat des Hauptnahrungsmittels Reis wegen der kriegerischen Auseinandersetzungen nicht erfolgen.

3. Wirtschaftlicher Ruin und politische Destabilisierung Liberias in den 80er Jahren

Liberia wurde noch in den sechziger Jahren zusammen mit der Elfenbeinküste als die „Schweiz Afrikas" bezeichnet. Selbst bis zu Beginn des Bürgerkriegs zählte das Land zu den Regionen mit einem guten Produktionspotential, das aber aufgrund einer völlig verfehlten Wirtschafts- und Sozialpolitik nicht genutzt wurde. Wie in anderen Ländern wurde die Krise der Ökonomie durch externe Faktoren eingeleitet. Liberia besitzt große Eisenerzvorkommen, die aber aufgrund der Rezession der Stahlindustrie während der 70er Jahre nicht mehr so stark nachgefragt wurden. Außerdem wurden in Brasilien u. a. Ländern kostengünstigere Produktionsstätten für Eisenerz erschlossen, so daß viele multinationale Konzerne sich aus dem liberianischen Eisenerzbergbau zurückzogen.

Privatisierung von Staatseigentum und Korruption waren während der 80er Jahre an der Tagesordnung. Ernsthafte Investoren mieden das Land. Viele schon seit langem im Land aktive Firmen, auch multinationale Konzerne, zogen sich zurück. Die Aktivitäten der Bevölkerung wurden gelähmt und viele Liberianer, besonders Akademiker, hatten das Land verlassen. Mehr als 50 000 Liberianer waren bis Anfang 1990 aus Furcht vor dem Terror des Regimes und wegen Perspektivlosigkeit in die USA geflüchtet.

Die Armut im ganzen Land hatte erheblich zugenommen. Die Einwohnerzahl der Hauptstadt Monrovia verdoppelte sich in den letzten zehn Jahren wegen der Abwanderung vom Land. Die ländliche Bevölkerung sah infolge einer völlig einseitigen Agrarpolitik zugunsten der Exportlandwirtschaft (Kaffee, Kakao) keine Lebensperspektiven mehr. Immer mehr Land wurde privatisiert und von der städtischen Elite vereinnahmt. Die Versorgung mit Nahrungsmitteln war nur unzureichend gesichert. 40 % der benötigten Nahrungsmittel mußten eingeführt werden. Beschäftigungsmöglichkeiten gab es fast nur noch im informellen Sektor.

Die liberianische Staatsklasse hatte u. a. auch Konzessionsrechte zum Raubbau von tropischen Hölzern vergeben. Seit 1980 fand ein immenser Holzeinschlag statt, so daß der 1970 noch fast vollständige tropische Regenwald in nur wenigen Jahren verschwinden wird. In Liberia wurde eine gigantische ökologische Zerstörungsaktion auf Kosten der liberianischen Bevölkerung durchgeführt. Nutznießer waren einige wenige ausländische Holzfirmen und einige skrupellose liberianische, libanesische und italienische Geschäftsleute, die eng mit der Regierung Doe zusammenarbeiteten.

Vermutet wurde auch, daß die Doe-Clique in Drogengeschäfte verwickelt war. Das Land diente nach amerikanischen Berichten als Geldwaschanlage für den internationalen Drogenhandel, an dem auch Diktator Doe kräftig verdient haben soll.

Does Regime hat dem Land viele Wunden zugefügt, die heute noch wirken und für Mißtrauen sorgen. Denn viele der Gegner Taylors waren ursprünglich Kollaborateure von Doe. Eine tiefe Spaltung kennzeichnet die politische Landschaft. Jeder mißtraut jedem, was eine Kooperation zur Herstellung demokratischer Rechte und die Durchführung von Wahlen und Bildung einer legitimierten Regierung erschwert. Noch heute wirkt sich die repressive Diktatur des ehemaligen Präsidenten Doe aus, der sich zahlreicher Verbrechen schuldig gemacht hat:
– Seit 1980 hat Doe viele seiner ehemaligen mitputschenden Soldaten verhaften und umbringen lassen. Im November 1985

wurden, in der Folge eines fehlgeschlagenen Gegenputsches des ehemaligen Generals Thomas Quiwonkpa, nach unabhängigen Schätzungen mehr als Tausend Menschen vom Militär erschossen. Diese liegen in Massengräbern unweit der Hauptstadt.

– Oppositionelle Politiker wurden eingeschüchtert, verfolgt, umgebracht und/oder außer Landes gejagt. Unabhängige Persönlichkeiten und Führer oppositioneller Parteien, wie beispielsweise Professor Dr. Amos Sawyer (Vorsitzender der Verfassungskommission 1982–84 und heutiger Interimspräsident) wurden bedroht, landeten im Gefängnis oder verließen das Land.

– 1984 wurden auf dem Gelände der Universität von Liberia in Monrovia mehr als 50 Menschen durch Armeeangehörige erschossen.

– Die nicht-regierungstreue Presse wurde vielfach verboten, Journalisten verhaftet, gefoltert und zum Teil umgebracht, Verleger und Druckereibesitzer mit Drohung finanzieller Nachteile eingeschüchtert.

– Studentenorganisationen, Parteien und Gewerkschaften wurden verboten. Eine Reihe von Studenten befanden sich in Haft. Koalitionsrechte, Versammlungsfreiheit und Meinungsfreiheit wurden systematisch unterdrückt.

– Journalisten, Kirchen und deren Vertreter, Repräsentanten der zugelassenen Parteien, kritische Wissenschaftler und Einzelpersonen, die nicht im Rampenlicht der Öffentlichkeit standen, wurden wegen kritischer Äußerungen eingeschüchtert, verhaftet und gefoltert.

– Streiks für höhere Löhne, gegen die Schließung und Privatisierung von Firmen, gegen unmenschliche Arbeitsbedingungen und für die Auszahlung von längst überfälligen Löhnen beantwortete die Regierung mit militärischen Einsätzen.

4. Die Ethnisierung der Politik und Tribalismus

Tribalismus hat es in Liberia seit Beginn der Besiedlung durch die Ameriko-Liberianer gegeben. Die verschiedenen einheimischen Gesellschaften befanden sich in unterschiedlichen Sta-

Die heutigen Volksgruppen Liberias

Sprachfamilien

Kruan
Bassa Dei
Wee Kru
Grebo Kuwaa

Mel
Gola Kissi

Mande
Mende Kpelle
Gbandi Vai
Loma Ma
Dan Manding*

* Im Norden und Westen verstreut

- - - - Ethnische Grenze
Nationalwald

0 25 50 75 100
Meilen

P Ensel 78

dien der Abgrenzung voneinander und integrativer Beziehungen zueinander. Sie stützten ihre gesellschaftliche Identität auf ihre ethnischen Besonderheiten. Andere Einheiten galten als Feinde, Handels- oder Heiratspartner oder auch als Handelsobjekte, z. B. als Sklaven. Die Ameriko-Liberianer benutzten diese Unterschiede für ihre Zwecke, indem sie z. B. die afrikanischen Soldaten der Armee grundsätzlich in Gegenden weit entfernt von deren Heimatgebieten einsetzten und auf diese Weise ethnische Ressentiments schufen oder verstärkten. Auch regionale Entwicklungsunterschiede wie z. B. zwischen Nimba-County (bewohnt von Mano und Dan) und Grand Gedeh County (hauptsächlich von Krahn bewohnt) trugen seit dem Zweiten Weltkrieg zur verschärften Wahrnehmung ethnischer Unterschiede bei. Allerdings schwelten ethnische Gegensätze lange unter dem alles beherrschenden Gegensatz zwischen ameriko-liberianischen und afrikanischen Liberianern, ohne in offene Feindseligkeiten der Afrikaner untereinander auszuarten. Mit dem Putsch von 1980 traten an die Stelle der Oligarchie der ameriko-liberianischen Familienclans ethnische Kräfte, mit einer unübersehbaren Dominanz der Krahn im Militär, in der Verwaltung und der Regierung. Die Ethnisierung der Politik Liberias seit dem Putsch hat eine wesentliche Ursache in den ethnischen Unterschieden der Putschistengruppe selbst, in der sich die südostliberianischen Ethnien (Krahn, Kru, Grebo) eindeutig gegenüber den Dan (die in der Putschistengruppe ebenso zahlreich vertreten waren wie die Krahn) und den übrigen liberianischen Ethnien durchsetzten. Im Executive Committee des Volkserlösungsrats (PRC) – bis etwa Ende 1981 die Machtzentrale Liberias – waren mit dem Vorsitzenden S. K. Doe (einem Krahn), seinem Stellvertreter T. W. Syen (einem Sapo), dem Sprecher N. Podier (einem Kru) und dem Kommandierenden General T. Quiwonkpa (einem Dan) nicht nur die führenden Mitglieder der ursprünglichen Putschistengruppe vertreten. Bald nach dem Putsch repräsentierten zunächst Syen und später Quiwonkpa (mit anderen Akzentuierungen als Syen) auch politisch alternative Positionen zu Doe. Dessen Absicht, sich mit Unterstützung der Mehrheit des PRC als Alleinherrscher zu etablieren, wurde spätestens 1982 öffentlich sichtbar. So entfaltete sich zunächst im Machtzentrum des Staates selbst eine Dynamik, die durch die Fusion von Kritik an politisch differierenden Positionen unter Rückbezug auf ethnisch begründete Unterschiede tödliche Sprengkraft enthielt und die blutigen Auseinandersetzungen innerhalb des PRC einleitete.

In den Jahren bis 1983 profilierte sich Quiwonkpa als schärfster Gegner Does. Die Kritik des Kommandierenden Generals der Streitkräfte Liberias bezog sich auf die immer wieder hinausgezögerte Entscheidung, Parlaments- und Präsidentenwahlen zu terminieren, die einen demokratischen Neubeginn ermöglichen sollten. Quiwonkpa war gezwungen, Liberia zu verlassen, nachdem er seines militärischen Postens enthoben worden war. Auch gegen ihn (und angebliche Gefolgsleute aus Nimba County) wurde 1983 der Vorwurf erhoben, einen Putsch geplant zu haben.

In diesem Zusammenhang wurde eine neue Stufe der Ethnisierung liberianischer Politik erreicht. Politische Gegnerschaft wurde jetzt auf ethnische Unterschiede reduziert bzw. mit ethnischen Unterschieden begründet. Gleichzeitig wurde unterstellt, daß ethnische Zugehörigkeit die wesentliche Basis politischer Mobilisierung sei. Allerdings spielt im Falle von Nimba County auch Territorialität eine Rolle, indem die Mano als Bewohner des gleichen County ebenfalls der politischen Opposition gegen die Regierung Doe verdächtigt wurden wie die Dan. Dabei handelte es sich auch um Projektionen, denn Doe stützte sich bewußt seit Beginn der Militärdiktatur auf Kommandeure und Soldaten in der Armee und Zivilisten in Regierung und Verwaltung aus seiner eigenen ethnischen Gruppe. Seit 1983 wurde in Liberia offenbar, daß Samuel Doe seine Macht nicht allein durch die Bevorzugung der eigenen Ethnie, sondern auch durch Identifikation von ethnischen Unterschieden mit politischer Gegnerschaft (im Falle der Mano und Dan) und daraus abgeleiteter Bedrohung des eigenen Herrschaftsanspruchs stützte. Um diese Bedrohung abzuwenden, ist Nimba County wiederholt Schauplatz von Massakern der „Krahn-Einheiten" der liberianischen Armee gewesen, die Vernichtungszüge gegen

„Gio boys" und Mano führten. Die Logik der projektiven Verdächtigung auf der Basis ethnischer Unterschiede macht dann auch nicht Halt vor Frauen und Kindern oder politisch Unbeteiligten, die allesamt Opfer des tribalistischen Vernichtungswahns wurden.

Die Ethnisierung (= „Krahnifizierung") wichtiger Teile der Armee begann zeitgleich mit der Einsetzung der ersten Regierung und der (zumeist) militärischen Verwaltungsspitzen in den Counties.

Belegt ist, daß im Laufe der Jahre bis 1985 die Mannschaftsdienstgrade gerade dieser Einheiten vornehmlich mit Krahn, z.T. auch aus der Elfenbeinküste, besetzt wurden, während Mano und Dan im 3. Bataillon in Monrovia, auch mit sehr viel geringerer und schlechterer Bewaffnung, konzentriert waren. Die liberianische Armee, besonders die mit Krahn besetzte Elitetruppe, erhielt von Beginn der Herrschaft des PRC besondere Befriedigungen ihrer korporatistischen Interessen. Der Sold wurde zunächst um das Dreifache angehoben, Pläne zur Verbesserung der Wohnverhältnisse für Soldaten wurden verwirklicht. Auch Ausbildung und Bewaffnung wurden durch amerikanische, später auch israelische Militärhilfe entscheidend verbessert. Der Anteil der Militärhilfe an der gesamten amerikanischen Entwicklungshilfe betrug in den Jahren 1980 bis 1985 durchschnittlich 15 %. In diesem Zeitraum flossen ca. 60 Millionen Dollar allein an amerikanischer Militärhilfe in die liberianische Armee, die 1985 eine Stärke von 6000–6500 Soldaten hatte. Es waren die „Krahn"-Einheiten, die Doe, allerdings mit israelischer Hilfe, 1985 letztlich vor dem Gelingen des Putschversuchs von Quiwonkpa bewahrten.

Mitte der 80er Jahre hatte Doe in Liberia ein Bündnis von Staatsklasse und Militär zusammengebracht, das sich auf ethnischen Partikularismus stützte und, seit 1984, durch die Staatspartei (NDPL) in der Lage war, Teile der Bevölkerung für den Machterhalt Does zu organisieren. Die für den Machtkampf mobilisierten ethnischen Loyalitäten (samt ihrer Feindbilder) haben erheblich zu den blutigen Kämpfen und zur Unterdrückung auch der städtischen Opposition beigetragen.

Die skizzierten Prozesse der Machtverschiebung, Machtkonzentration und Machtsicherung brachten den Vorsitzenden des PRC, Commander-in-Chief, Master Sergeant und späteren General Doe, in die fast unangreifbare Position eines tribal und militärisch gestützten, wirtschaftlich und politisch korrupten Alleinherrschers.

5. Internationale und regionale Bedeutung des Konflikts

Vielfach ist von liberianischer Oppositionsseite zu Beginn des Bürgerkriegs die Auffassung vertreten worden, die Vereinigten Staaten von Amerika hätten durch eine militärische Intervention die Eskalation des Konflikts vermeiden können. Tatsächlich ist das Verhalten der amerikanischen Regierung unverständlich. Als „Schutzmacht" waren die USA in Liberia seit Beginn des 19. Jahrhunderts immer präsent. Die Präsidenten Tubman (1944–71), Tolbert (1971–1980) und S. K. Doe (1980–1990) erhielten neben wirtschaftlicher auch immer militärische Hilfe; die Aufrüstung der liberianischen Armee geht voll auf das Konto der USA. Die Haltung der USA, sie hätten mit dem Konflikt in Liberia nichts zu tun, und sie würden weder für Doe noch gegen Taylor eingreifen, scheint bei näherer Betrachtung gute Gründe zu haben. Zum einen sind die USA auch ohne offene Intervention im Lande anwesend: Eine militärische Eingreiftruppe, bestehend aus Hunderten von Soldaten, bewacht die amerikanische Botschaft und die anderen strategischen Einrichtungen, so daß amerikanische Interessen gewahrt bleiben. Ohne Zustimmung der USA werden in Liberia nach einem Ende des Bürgerkriegs die Weichen nicht gestellt. Dies gilt besonders für zukünftige Regierungen, ob nun unter der Führung von Charles Taylor (den die USA wohl in einen Friedensprozeß einbinden möchten) oder unter der Interimsregierung unter der Führung von Prof. Amos Sawyer. Die intensiven Bemühungen des Assistant Secretary for African Affairs, Herbert J. Cohen, in der zweiten Hälfte des Jahres 1990, einen Friedensprozeß zu begünstigen, sind auch vor dem Hintergrund regionaler Kontroversen zwischen anglo- und frankophonen Staaten in Westafrika zu sehen.

Zum anderen möchte die Regierung der Vereinigten Staaten auf jeden Fall einen weiteren internationalen Konfliktherd vermeiden. Für das Verhalten der USA sind folgende Faktoren relevant: Die ökonomische Bedeutung Liberias hat trotz bedeutender Nachkriegsinvestitionen (Kautschuk, Eisenerz, Bankensektor, Holz) stark nachgelassen; Liberia spielt nicht mehr – wie in den 50er und 60er Jahren – eine ökonomische Brückenfunktion auf dem afrikanischen Kontinent. Der Bürgerkrieg hat diese Funktion nun vollends zunichte gemacht. Liberia verfügt nicht mehr länger über relevante verwertbare Rohstoffe. Die Bedeutung der strategischen Einrichtungen (Voice of America; die international bedeutsame militärische Überwachungsstation Omega; das Übertragungssystem der amerikanischen Regierung für den afrikanischen Kontinent, Embassy Network) schwindet angesichts der Ost-West-Kooperation ebenfalls. Eine Rolle wird in Liberia sicherlich die militärisch-strategische Zusammenarbeit zwischen Israel (das bis zum Tod von General K. Doe den Sicherheits- und Gemeindienst organisierte und die Elitetruppe ausbildete und beriet) und den USA spielen, um in der westafrikanischen Region präsent zu sein. Die USA werden ihren „alten Stützpunkt" Liberia vor diesem Hintergrund nicht fallen lassen und deshalb auch auf den Friedensprozeß intensiv Einfluß nehmen. Eine anti-amerikanische Regierung, die sich möglicherweise unter dem Einfluß Nigerias bilden könnte, wird von den USA wahrscheinlich nicht geduldet werden.

Die Intervention der ECOMOG-Truppen seit Mitte August 1990 sollte dazu dienen, einen Friedensschluß zwischen den rivalisierenden Gruppen von Taylor, Johnson und dem zu dieser Zeit noch amtierenden Präsidenten Doe, der sich im Präsidentenpalast in Monrovia verschanzt hatte, herzustellen. Die Interventionstruppen stießen bei der NPFL auf Widerstand, weil Nigeria und Ghana als Hauptlasttragende der Eingreiftruppe zuvor Präsident Doe jahrelang durch Waffenlieferungen gestützt hatten. ECOMOG sollte jedoch auf „strikt humanitärer

Basis" in Liberia intervenieren, um die Fraktionen an den Verhandlungstisch zu bringen. Doch schon nach kurzer Zeit zeigte sich, daß die „Friedenstruppe" aktiv eingreifen mußte, um die drei Gruppen auseinanderzuhalten. Nachdem Johnson sich auf die Seite der ECOMOG gestellt hatte, leistete „nur" noch Charles Taylors NPFL Widerstand gegen eine Friedenskonferenz. Da Taylor sich weigert, an Friedensgesprächen mit der Interimsregierung teilzunehmen, die inzwischen die Unterstützung der Mehrheit der ECOWAS hat, hat sich ein verhängnisvolles Patt ergeben, ohne daß der Krieg offen weiter geführt wird. Trotz einer Reihe von Aufforderungen aller Seiten, des Engagements der OAU und der Regierung der USA kam bislang kein Einigungsgespräch zwischen Taylors NPFL und der Interimsregierung unter Prof. Dr. Amos Sawyer zustande. Hintergrund der Auseinandersetzung ist zum einen die Tatsache, daß die Interimsregierung in der zerstörten Hauptstadt Monrovia nur mit Hilfe einer ausländischen Streitmacht „regiert". Zum anderen hat der Rebellenführer Taylor, trotz mittlerweile großer Machtverluste, immer noch Kontrolle über weite Teile des Landes.

Ohne die Beteiligung von Taylor ist kein Friedensschluß in Liberia möglich. Die ECOMOG-Truppen sind nicht in der Lage, das Land vollständig unter Kontrolle zu bringen, denn gegen eine im dichten tropischen Regenwald agierende Guerilla-Truppe kann die konventionell operierende Truppe von ECOMOG kaum erfolgreich sein. So stehen einem Friedensprozeß nicht nur die verfeindeten Parteien in Liberia entgegen, sondern auch die widerstreitenden Interessen in ECOWAS und CEAO (Communauté Economique de l'Afrique de l'Ouest), wobei in letzterer der Einfluß Frankreichs (u. a. über die CFA-Währung) relativ groß ist.

Angesichts nur schwer überbrückbarer Interessengegensätze ist die Gefahr eines endgültigen Zerbrechens des liberianischen Staates eine nicht auszuschließende Möglichkeit. Regionale, nationale und ethnische Konflikte treffen zusammen mit der faktischen Nichtexistenz der liberianischen Staatsmacht, dem Zusammenbruch von Verwaltung und dem entstandenen Chaos, in dem jeder jedem mißtraut:

1. Der Bürgerkrieg hat ein Machtvakuum geschaffen, in dem Banditentum und „Warlordismus" regieren. Jeder, der eine Waffe besitzt, nutzt sie, um Rache zu üben und sich zu bereichern. Der Kampf der Truppen gegeneinander, und mit der ECOMOG, forderte bislang nur wenige Tote unter den Kombattanten. Hingegen wurden mehrere Tausend Menschen von Banditengruppen umgebracht. Es regiert die Anarchie, vor der die Bevölkerung nach Monrovia und in die Nachbarländer flieht. Die Gefahr besteht, daß das Machtvakuum mit seinen unmenschlichen Folgen weiter existiert und noch mehr Menschen umgebracht werden.

2. Der Konflikt war nicht nur ein Zusammenprall zwischen dem Doe-Regime, das verantwortlich ist für das liberianische Desaster, und den Rebellentruppen; es ist auch ein ethnischer Konflikt, der systematisch von der Regierung Doe geschürt worden ist. Taylor und Prince Johnson haben dies zum Anlaß genommen, um einen bewaffneten Kampf zu führen, wobei sie genauso brutal gegen die Krahn und Mandingos vorgehen, wie Doe gegen Mano und Dan.

3. In den Konflikt sind die ECOWAS (mit Nigeria und Ghana als wichtigste Länder mit Truppenpräsenz), die Elfenbeinküste, Burkina Faso und verstärkt auch Sierra Leone einbezogen. Taylor erhielt von Libyen, Elfenbeinküste und Burkina Faso Unterstützung, um eine regionale Vorherrschaft Nigerias zu vermeiden. Nigeria hat seit Jahren enge militärische und ökonomische Beziehungen zu Liberia gepflegt. Nigeria sieht im liberianischen Konflikt eine Möglichkeit, seine regionale wirtschaftliche Dominanz auch militärisch und politisch auszuweiten.

4. Die moralische Inkompetenz der USA ist in den letzten Monaten sehr deutlich geworden. Nach dem 2. Weltkrieg haben die USA die Regierenden mit Waffen und sonstiger Hilfe gestützt. Doe war auch ein Produkt amerikanischer Militärhilfe, mit deren Geldern er fast ein Jahrzehnt lang den Feldzug gegen die liberianische Bevölkerung organisieren konnte. Die USA werden bei der Bereinigung des liberianischen Konflikts eine entscheidende Rolle spielen, auch wenn aus verminderten strategischen Interessen und wegen der nur marginalen wirtschaft-

lichen Rolle Liberias das Engagement eher defensiven Charakter trägt. Im Grunde haben die USA keinerlei Interesse an einem Sieg Taylors, der sich anti-amerikanisch gibt (obwohl er sehr viele Verbindungen in die USA hat). Aber Taylor spielt im regionalen Kalkül eine bedeutende Rolle, denn er kann als Vorposten der amerikanischen Regierung gegen das allzu massive Auftreten der Nigerianer in Liberia fungieren. Zum anderen ist Taylor aufgrund politischer Unzuverlässigkeit (ein politisches Programm haben weder Taylor noch Johnson) als Joker von amerikanischer Seite und auch von der Regierung der Elfenbeinküste manipulierbar. Die massive Unterstützung der Regierung Houphouet-Boigny für Taylor deutet auf deren Interessen, vor allem wirtschaftlicher (Holz) und innenpolitischer (Ablenkung von der eigenen Krise) Art, hin. Taylors Sieg würde den Einfluß der Elfenbeinküste (und damit auch Frankreichs) stärken. Dies könnte der Fall sein, wenn die ECOMOG-Truppen wegen zu hoher Kosten nicht mehr länger von Nigeria und Ghana zu finanzieren wären. Ein Teil der Armee hat schon seit Monaten keinen Sold mehr empfangen, weshalb sie sich zum Teil aus dem Verkauf von Gütern internationaler Hilfsorganisationen finanziert.

Angesichts dieser massiven regionalen Interessen scheint eine Lösung des Konflikts nur über die OAU (Organisation für afrikanische Einheit), die Europäische Gemeinschaft, die UNO und die USA möglich zu sein. Nur wenn diese einen unabhängigen Kurs der Interimsregierung unterstützen, wird es möglich sein, auch Taylor in die Knie zu zwingen und damit die Spaltung des Landes abzuwenden.

6. Liberianisches Machtpoker

Welche Zukunftsaussichten bieten die Protagonisten des liberianischen Machtpokers dem Land? Sieht man von den Resten der Armed Forces of Liberia, die zu Doe's ergebensten Gefolgsleuten gehörten, einmal ab, so stellen nur die bewaffneten Truppen der INPLF unter Prince Johnson, die NPFL unter Charles Taylor und die Interimsregierung unter Amos Sawyer

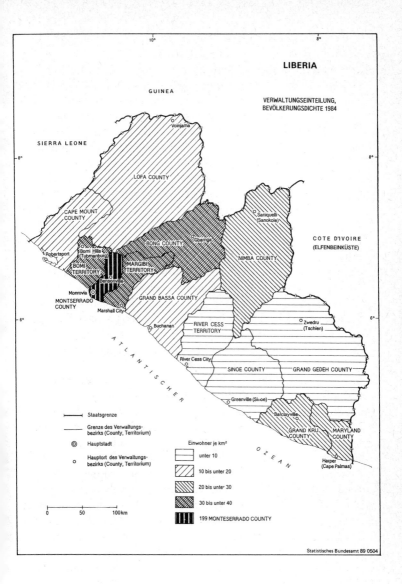

LIBERIA

VERWALTUNGSEINTEILUNG,
BEVÖLKERUNGSDICHTE 1984

GUINEA

SIERRA LEONE

Voinjama

LOFA COUNTY

CAPE MOUNT
COUNTY

Saniquelli
(Sanokole)

COTE D'IVOIRE
(ELFENBEINKÜSTE)

BONG COUNTY

Gbarnga

Bomi Hills
(Tubmanburg)

Robertsport

BOMI
TERRITORY

MARGIBI
TERRITORY

NIMBA COUNTY

Bentol

Monrovia

MONTSERRADO
COUNTY

GRAND BASSA COUNTY

Marshall City

Buchanan

RIVER CESS
TERRITORY

Zwedru
(Tschien)

A T L A N T I S C H E R

River Cess City

SINOE COUNTY

GRAND GEDEH COUNTY

Greenville (Sinoe)

Barclayville

GRAND KRU
COUNTY

MARYLAND
COUNTY

O Z E A N

Harper
(Cape Palmas)

	Staatsgrenze
	Grenze des Verwaltungs-bezirks (County, Territorium)
◎	Hauptstadt
○	Hauptort des Verwaltungs-bezirks (County, Territorium)

Einwohner je km²

	unter 10
	10 bis unter 20
	20 bis unter 30
	30 bis unter 40
	199 MONTESERRADO COUNTY

0   50   100km

Statistisches Bundesamt 89 0504

251

mit den Truppen der ECOWAS im Rücken, ernstzunehmende Machtfaktoren dar.

Über Prince Yormie Johnson ist wenig bekannt. Er wurde 1959 als Dan in Nimba County geboren, schloß sich der liberianischen Armee an und brachte es, nach einer Ausbildung in den USA, bis zum Leutnant. Er soll zu den Soldaten gehören, die nach Quiwonkpas erfolglosem Putschversuch 1985 ins Ausland geflüchtet waren, in Burkina Faso und Libyen militärisch ausgebildet wurden und Weihnachten 1989, von der Elfenbeinküste kommend, in Nimba County eindrangen. Johnsons militärisches Engagement hat eine wesentliche Ursache in der ethnischen Verfolgung der Dan, die von Taylor als wirkungsvolles Mittel der Mobilisierung gegen die Herrschaft Does eingesetzt wurde. Was Johnson bewog, sich von Taylor zu trennen, war die Befürchtung, wie andere potentielle Rivalen Taylors von diesem ausgeschaltet zu werden. Dies erklärt auch Johnsons Bereitschaft, die Übergangsregierung unter Sawyer zu akzeptieren und nicht die Macht in Liberia anzustreben. Johnson hat kein politisches Programm, setzt seinen Ehrgeiz auch nicht in den Aufbau einer eigenen Verwaltung des von seinen Leuten beherrschten Gebietes. Er ähnelt eher den traditionellen „Kriegern" der Dan, denen militärischer Erfolg, Anerkennung und Ruhm wichtiger waren als politische Macht. Unter den Bedingungen des vom Bürgerkrieg zerrütteten Liberia degenerieren die Handlungen eines eher an traditionellen Mustern orientierten, in einer modernen Armee trainierten und sozialisierten Soldaten zu Aktionen eines oft betrunkenen, brutalen Anführers einer modernen und plündernden Soldateska. Es wird schwer sein, für Johnson und seine Gruppe in einem wiederaufzubauenden Liberia eine geeignete Rolle zu finden.

Charles Taylor ist eine vielschichtige Persönlichkeit, dessen bewegte politische Vergangenheit jedoch eine Prognose seiner politischen Zukunft erschwert. Taylor ist Sohn eines amerikanischen Vaters und einer liberianischen Mutter und stammt aus Arthington, einer alten ameriko-liberianischen Siedlung. Er zählt zu der schmalen Schicht technischer Intelligenz, die in den siebziger Jahren als Ferment politischer und sozialer Veränderungen in Liberia unter Präsident Tolbert wirkte. Einige der Repräsentanten führten die Oppositionsgruppen gegen die Oberschicht Liberias an, die sich auf die Macht der ameriko-liberianischen Familienclans stützte. Taylor wurde in den USA zum Ökonom ausgebildet und engagierte sich in der Union of Liberian Associations in the Americas, die in den USA Opposition gegen die Regierung Tolbert organisierte. Taylor fungierte nach dem Putsch von 1980 als Berater in den von den politisch unerfahrenen Soldaten des PRC eingesetzten Büros – gedacht als politische Gegengewichte zur damaligen zivilen Regierung – und wurde später zum Direktor der General Services Agency ernannt. Wegen Unterschlagung angeklagt, flüchtete er 1984 in die USA und wurde dort verhaftet. Vor seiner Auslieferung nach Liberia aber gelang es ihm zu flüchten. Er tauchte dann in Burkina Faso und Libyen unter und organisierte dort die Ausbildung der militärischen Guerilla, die Weihnachten 1989 den Bürgerkrieg begann. Außer dem Willen zur Macht ist kein politisches Programm Taylors bekannt oder erkennbar. Er erfreute sich allerdings über einen langen Zeitraum der Unterstützung Libyens, Burkina Fasos, der Elfenbeinküste, die es ihm ermöglichte, seinen Herrschaftsanspruch auf den größten Teil Liberias auszudehnen. Die Beherrschung des Territoriums veranlaßt ihn immer wieder, die Friedensanstrengungen der Übergangsregierung und der ECOWAS zu torpedieren. Zwischenzeitlich scheint er eine rudimentäre Verwaltung aufgebaut zu haben, die die militärische Gewalt, auf der seine Herrschaft beruht, durch den Export von tropischen Hölzern finanziert. Allerdings reichen diese Mittel nicht aus, so daß es in jüngster Zeit zu Übergriffen von Taylors Gefolgsleuten auf Sierra Leone kam. Dort plünderten sie die internationalen Hilfslieferungen für die liberianischen Flüchtlinge und organisieren den Zugriff auf die reichen Gold- und Diamantenvorkommen, die über internationale Kanäle verkauft werden. Die Staatsmacht Sierra Leones ist so schwach, daß sie Taylors Interventionen nicht unterbinden kann. Zum Schutz Sierra Leones hat inzwischen die ECOMOG eingegriffen. Welche liberianischen politischen Kräfte hinter Taylor stehen, ist nicht recht auszumachen. Sein

Kredit bei der Bevölkerung von Nimba County, der auf dem Kampf gegen die Herrschaft Does beruhte, scheint längst erschöpft. Taylor stellt gegenwärtig die größte Gefahr für den Friedensprozeß und den Wiederaufbau des Landes dar, weil er für sich unumschränkte Macht anstrebt.

Der Präsident der Übergangsregierung, der Politikprofessor Amos Sawyer, verkörpert in seiner Person die Tradition entschiedener politischer Opposition gegen die Regierung Tolbert in den siebziger Jahren, gegen die Militärherrschaft Does in den achtziger Jahren und höchste persönliche Integrität. Sie lassen ihn als geeignete Persönlichkeit erscheinen, den größten Teil der relevanten politischen Kräfte des Landes, die immer noch oder schon wieder zerstritten sind, für den Frieden und den Wiederaufbau des Landes zu einigen. Sawyer ist überzeugter Pazifist, der sich gleichwohl auf die militärische Macht der ECOMOG stützen mußte und muß, um überhaupt die Voraussetzungen für einen Wiederaufbau des Landes zu schaffen. Es ist Sawyer im letzten halben Jahr gelungen, die meisten liberianischen politischen Fraktionen zu gemeinsamen Aktionen für die Vorbereitung demokratischer Wahlen und zur Rekonstruktion eines erträglichen Alltagslebens für die Bevölkerung zu gewinnen. Andererseits hat er es bisher nicht geschafft, die westafrikanischen Länder zu einer Initiative für die Erhaltung des liberianischen Staates und die USA zu einer bedingungslosen Unterstützung der von ihm geführten Regierung zu veranlassen. Wenn Liberia überhaupt eine Zukunft als Staat und als Gesellschaft hat, wird sie nur mit der bedingungslosen Unterstützung des Auslandes für diese politische Kraft in Liberia zu realisieren sein.

Robert Kappel/Werner Korte (Universität Bremen)

Literaturhinweise

Dunn, E. D. und *Tarr, S. B.*, Liberia: A National Polity in Transition. Metuchen 1988.
Fuest, V. und *Salonek, C.*, Liberia. Leben, wo der Pfeffer wächst. Bremen 1989.

Kappel, R. und *Korte, W. (Hrsg.)*, Human Rights Violations in Liberia. A Documentation. Bremen 1990.

Dies., 10 Jahre Militärherrschaft in Liberia. In: Afrika Spectrum 25. Jg., 1990/1, S. 35–63.

Kappel, R./Korte, W./Mascher, F., Liberia. Unterentwicklung und politische Herrschaft in einer peripheren Gesellschaft. Hamburg 1986 (Arbeiten aus dem Institut für Afrika-Kunde Nr. 50).

Liebenow, J.G., Liberia: The Quest for Democracy. Bloomington/Indianapolis 1987.

Sawyer, A., Effective Immediately. Dictatorship in Liberia 1980–1986. Bremen 1987.

Äthiopien/Somalia: Politischer Umbruch am Horn von Afrika

1. Das Ende der Diktatoren

In Nordostafrika zeichnet sich das Ende einer Ära ab. Unter dem Druck bewaffneter Oppositionsbewegungen kollabierten 1991, zunächst in Somalia und wenige Monate später im benachbarten Äthiopien, zwei der dienstältesten afrikanischen Diktaturen. Zu ihrer Hinterlassenschaft zählt eine von staatlicher Willkür, Bürgerkriegen, Hungersnöten und Flüchtlingselend gezeichnete Region. Der Wind demokratischen Wandels spart auch den afrikanischen Osten nicht aus. Anders als in West- und Zentralafrika, wo städtische Massenproteste und Streiks alternde Diktatoren an „Runde Tische" nötigen und zum Machtverzicht drängen, mußte der Fall der hochgerüsteten Regime in Mogadischu und Addis Abeba militärisch erzwungen werden.

In Somalia gelang es Ende Januar erst nach langen und heftigen Kämpfen, die 21 jährige Herrschaft Siad Barres, zuletzt als „Bürgermeister von Mogadischu" verspottet, zu beenden und den General in die Flucht zu treiben. Die somalische Hauptstadt ist weitgehend zerstört, über 4 Millionen Menschen – mehr als die Hälfte der Bevölkerung – wurden obdachlos oder sind auf der Flucht. Das Land hat seitdem keine international anerkannte Regierung. Während sich Interimspräsident Ali Mahdi auf den United Somali Congress (USC) stützt, der Mogadischu und einen Teil des Südens kontrolliert, hat das Somali National Movement (SNM) im Norden in den Grenzen des ehemaligen Britisch-Somaliland einen neuen Staat ausgerufen: die Republik Somaliland.

In Äthiopien konnte sich Oberstleutnant Mengistu Haile Mariam, der sich 1977 an die Spitze des Vielvölkerstaats geputscht hatte, Ende Mai gerade noch rechtzeitig ins simbabwische „Asyl" absetzen. Wenige Tage nach seiner Flucht brach die äthiopische Armee zusammen. Der Bauernguerilla der „Revolutionär-Demokratischen Front des äthiopischen Volkes" (EPRDF) gelang es, Addis Abeba ohne größere Kampfhandlungen einzunehmen. Mit der Implosion des Mengistu-Regimes fand nicht nur dessen Herrschaft, sondern auch Afrikas längster Krieg ein Ende. Dreißig Jahre nach der völkerrechtswidrigen Annexion Eritreas durch das kaiserliche Äthiopien besetzte die Eritreische Volksbefreiungsfront (EPLF) Asmara und Assab. Auch hier gab es kaum Opfer, da die in Eritrea stationierten 100 000 äthiopischen Soldaten flohen oder sich kampflos ergaben. Unterdessen gelang es der EPRDF in Addis Abeba unerwartet schnell, Handlungsfähigkeit zu demonstrieren und für innere Sicherheit zu sorgen. Die Übergangsregierung unter Interimspräsident Meles Zenawi stellte für 1993 ein Referendum über die staatliche Unabhängigkeit Eritreas in Aussicht und berief Anfang Juli eine „Nationalkonferenz" ein, deren Ergebnis vorsichtigen Optimismus rechtfertigt. Innerhalb von zwei Jahren soll die von 27 politischen Gruppierungen und Befreiungsbewegungen gebildete Koalition den Vielvölkerstaat regieren, eine Verfassung ausarbeiten und Wahlen vorbereiten.

Von den USA und der UdSSR im Rahmen der Blockkonfrontation mit modernen Großwaffen ausgestattet, hatten die autokratischen Regime Siad Barres und Mengistus nicht nur gegen die eigene Bevölkerung, sondern, während des Ogaden-Krieges (1977/78), auch gegeneinander Krieg geführt. Das Horn von Afrika ist heute die ärmste Entwicklungsregion der Welt. Infrastruktur und lokale Märkte sind weitgehend zerstört. Die Zahl der Menschen, die in militärischen Auseinandersetzungen, infolge kriegsbedingten Hungers, Flüchtlingselends und staatlicher Willkür ihr Leben lassen mußten, dürfte über 3 Millionen liegen. Noch immer leben im Sudan, in Djibouti, Äthiopien und Somalia Millionen von Flüchtlingen in Lagern. Weder Äthiopien noch Somalia sind in der Lage, sich aus eigener Kraft zu ernähren. Für 1991 veranschlagten UN-Organisationen allein das äthiopische Nahrungsmitteldefizit auf 1 Million Tonnen. Hinzu kommen hohe Auslandsschulden. Während Äthiopien rd. 50 % seiner Exporterlöse (1989) für den Schuldendienst aufwendet, hat Somalia seine Zahlungen schon vor Jahren weitgehend eingestellt.

Auch im dritten Land der Region, dem geostrategisch wichtigen Kleinstaat Djibouti, erweist sich der lange gewahrte Anschein innerer Stabilität zusehends als brüchig. Die Rückwirkungen der Kriege in den Nachbarländern, vor allem des somalischen Bürgerkrieges, haben die innenpolitischen Konflikte spürbar verschärft. Forderungen der Opposition und der französischen Schutzmacht nach politischen Reformen begegnet das Regime des über 80 Jahre alten Präsidenten Hassan Gouled bislang mit wachsender Repression. Im Hintergrund spielen die Machtkämpfe in der herrschenden Schicht der Issa-Somali um die Nachfolge Hassan Goulseds, dessen Amtszeit 1993 enden wird, eine zentrale Rolle. Überlagert werden sie von Rivalitäten zwischen den Somali-Clans und dem sich zuspitzenden Konflikt zwischen den Issa-Somali und den Afar. Die Präsenz französischer Truppen, deren Zahl nach der Flucht äthiopischer Soldaten aus Eritrea auf rd. 4000 erhöht wurde, hat Djiboutis staatliche Unabhängigkeit trotz territorialer Ambitionen Äthiopiens und Somalias gesichert. Ob der in jüngster Zeit verstärkte französische Druck die Einführung eines Mehrparteiensystems erzwingen kann, bleibt abzuwarten.

2. Machtwechsel in Äthiopien – Kriegsende in Eritrea

Das politische Ende der äthiopischen Volksdemokratie, seit 1984 von einer marxistisch-leninistischen „Arbeiterpartei" regiert, hatte sich seit längerem abgezeichnet. Durch die Unfähigkeit zum Kompromiß, systematische Menschenrechtsverletzungen und ausbleibende Entwicklungserfolge, innenpolitisch isoliert und durch Putschversuche und Kriegsmüdigkeit geschwächt, hatte das Regime zuletzt auch seine osteuropäischen Bündnispartner (und Waffenlieferanten) verloren. Späten und halbherzigen Versuchen, sich durch wirtschaftspolitische Reformen, personelle Kosmetik und demonstrative Unterstützung der USA im Golfkrieg dem Westen anzudienen, war kein Erfolg mehr beschieden. Insbesondere die USA blieben konse-

quent: Sie blockierten Kredite des Internationalen Währungsfonds, verweigerten die von Mengistu gewünschte Wiederaufnahme voller diplomatischer Beziehungen und gaben auch is-
raelischem Drängen, sich Mengistu anzunähern, nicht nach.

Trotz der unübersehbaren Schwäche des Regimes, das zuletzt
60 %–70 % der laufenden Haushaltsausgaben für militärische
Zwecke verausgaben mußte, kam dessen Ende schneller und geriet anders als erwartet. Viele ausländische Beobachter, darunter
ehemalige DDR-Berater, die den „revolutionären Streitkräften"
und dem politischen System eine hohe „Organisations- und
Funktionsfähigkeit" attestiert hatten, aber auch westliche Diplomaten, die in einem ideologisch geläuterten Mengistu bis zuletzt eine Garantie für den territorialen Status quo sahen, hatten
die Überlebensfähigkeit des Regimes höher veranschlagt. Die
Eroberung Addis Abebas durch die EPRDF, von den USA aus
Sorge vor einem Machtvakuum gebilligt und wohl auch mit
Hilfe „ausgeliehener" eritreischer Truppen möglich gemacht,
schuf binnen kurzem eine völlig neue Ausgangssituation.

Zum einen zerschlugen sich, für einen Neubeginn äußerst
wichtig, die Hoffnungen des alten Regimes auf eine Zukunft
nach Mengistu. Parteigänger des Diktators hatten bis zuletzt
darauf gehofft, nach dessen – offenbar von langer Hand vor-
bereiteter – Flucht auch in Zukunft eine politische Rolle spielen zu können.

Zum anderen ist in der ehemaligen italienischen Kolonie Eritrea de facto ein neuer Staat entstanden. Nach der Einnahme
Asmaras und der am Roten Meer gelegenen Hafenstadt Assab
kontrolliert die ehemals marxistische eritreische Volksbefreiungsfront (EPLF) erstmals das gesamte von ihr beanspruchte
Territorium. Man darf wohl unterstellen, daß die militärische
und taktische Allianz von EPLF und EPRDF nur unter der Bedingung zustande kam, daß die EPRDF als dominierende Kraft
einer äthiopischen Übergangsregierung das von der EPLF seit
Jahren geforderte Referendum über die Unabhängigkeit Eritreas möglich machen wird. Über den Ausgang einer solchen
Abstimmung kann es, angesichts der Unterstützung, der sich
die EPLF in Eritrea erfreut, keinen Zweifel geben. Die Eritreer

haben bereits eine provisorische Regierung gebildet, die damit begonnen hat, eine eigene Verwaltung aufzubauen. Äthiopien, das durch die völkerrechtliche Unabhängigkeit Eritreas zum Binnenland würde, soll vertragliche Garantien für die Nutzung des eritreischen Hafens Assab erhalten. Auch der Abschluß eines Verteidigungsabkommens zwischen Äthiopien und Eritrea ist im Gespräch.

Wie häufig in politischen Umbruchsituationen mischen sich auch in der äthiopischen Hauptstadt Erleichterung über das Ende von Terror und Regierungskriminalität mit vielfältigen Sorgen über die unmittelbare politische und ökonomische Zukunft. Wie immer sich die jetzt gebildete Übergangsregierung in der Praxis bewähren wird: Hungersnöte und Flüchtlingselend, die Entmilitarisierung der Gesellschaft und die Rehabilitation der Ökonomie stellen, zumal im ärmsten Land Afrikas, eine auch unter „normalen" Bedingungen kaum zu bewältigende Herausforderung dar. Entscheidend wird aber auch sein, ob es gelingt, das zentralistische Erbe kaiserlicher und militärsozialistischer Herrschaft durch eine besonnene Politik ökonomischen und ethnisch-regionalen Ausgleichs zu überwinden. Wenn die Chance des Neubeginns genutzt werden soll, muß das Verhältnis von Staat und Bauern, von Staat und Region grundlegend neu gestaltet werden. Der amharisch dominierte äthiopische Vielvölkerstaat, dessen territoriale Umrisse vor hundert Jahren durch die militärische Eroberung der Südregionen entstanden sind, beherbergt 70–80 Ethnien. Das bisherige System der Aufstiegsassimilation in das amharische „Staatsvolk" muß durch ein ausgehandeltes System ersetzt werden, das den Regionen ein hohes Maß an innerer Autonomie garantiert und die Zuteilung von politischer Repräsentation und die Besetzung zentralstaatlicher Ämter nach einem fair verhandelten, ethnisch ausgewogenen Proporz reguliert. Die Anfang Juli abgehaltene Nationalkonferenz hat den Nationalitäten und Regionen das Recht auf Autonomie zugestanden und – „auf der Grundlage einer fairen Repräsentanz" – die Beteiligung an zukünftigen Zentralregierungen zugesagt.

Es scheint, als habe die von der EPRDF dominierte neue Regierung einen beträchtlichen Anfangserfolg erzielt. Trotz der Hypothek gewaltsamer Auseinandersetzungen und des jahrzehntelang geschürten Mißtrauens scheint es gelungen zu sein, ethnisch-regionale Bewegungen mit Programmparteien ohne ethnisch-regionale Identität auf die Einhaltung von Regeln und friedlichen Formen des Konfliktaustrags zu verpflichten. Hier kam der EPRDF, selbst ein noch junges Bündnis mehrerer Gruppierungen, eine Schlüsselrolle zu. In der Wahrnehmung vieler Amharen (als ethnische Minderheit und „Staatsvolk" daran gewöhnt, Äthiopien zu regieren) und Oromos (der größten Ethnie, ebenfalls mit Ambitionen auf einen eigenen Staat) verkörperte die EPRDF vor allem den Anspruch Tigrays auf politische Dominanz. Hinzu kommen Vorbehalte, die mit marxistisch eingefärbten Programmaussagen und Berichten über Machtkämpfe und undemokratische Binnenstrukturen zusammenhängen. Bislang hat sich die neue äthiopische Führung besonnen und weit weniger dogmatisch gezeigt, als von Kritikern erwartet. Es ist ohnehin fraglich, ob Begriffe wie „Marktwirtschaft" und „Marxismus" Bedeutung für eine Gesellschaft haben können, in der es nur wenige Industrieunternehmen gibt und 80 % der Bevölkerung von kleinbäuerlicher Landwirtschaft und Viehzucht leben.

Zuversichtlich stimmt auch, daß die amerikanische Diplomatie über ihren eigenen Schatten gesprungen ist und, aus Furcht vor einem zweiten „Mogadischu", eine so nicht erwartete Flexibilität gezeigt hat. Die USA haben sich nicht nur mit der EPRDF arrangiert, sie scheinen sich darüber hinaus mit einem Eritrea-Referendum abgefunden zu haben. Wenn jetzt noch verhindert werden kann, daß der israelisch-arabische Gegensatz am Horn zum Nachfolgekonflikt des Ost-West-Konfliktes wird, dann sind es zum ersten Mal die ökonomischen, politischen und kulturellen Probleme der Region, die Strategie und Verhandlungskalkül der lokalen Akteure bestimmen. Unter diesen Umständen können sich realistische Hoffnungen zwar nicht auf ein baldiges Ende der Konflikte, aber doch – und dies wäre ein entscheidender Fortschritt – auf veränderte, nämlich friedliche Formen des Konfliktaustrags richten.

3. Clanstruktur und Bürgerkrieg in Somalia

Somalia wird oft als Ausnahme unter den Vielvölkerstaaten Afrikas bezeichnet – 95 % der Bevölkerung sind Somalis und Moslems der sunnitischen Glaubensrichtung. Trotz der Gemeinsamkeit von Sprache, Kultur und Religion ist die somalische Gesellschaft aber hochgradig fragmentiert, nicht in ethnische Gruppen oder nach Autonomie strebende Regionen, sondern in Verwandtschaftsverbände (Clans). Das auf vier Staaten (Somalia, Äthiopien, Kenya, Djibouti) verteilte somalische Volk untergliedert sich in eine Vielzahl von Clans, die in sich weiter unterteilt sind, in Subclans oder Lineages; die Zugehörigkeit jedes Einzelnen zu einer Lineage und einem Clan bestimmt sich nach der Abstammung in väterlicher Linie. Entsprechend den verwandtschaftlichen Beziehungen zwischen den Clangründern sind sie in insgesamt sechs Clanfamilien zusammengefaßt (Darod, Hawiye, Issaq, Dir, Digil und Rahanweyn), die das ganze somalische Volk umfassen. Für die Erfordernisse einer nomadischen Viehzüchtergesellschaft stellt diese „segmentäre" Sozialstruktur eine angepaßte, funktionale Organisationsform dar, die ein hohes Maß an Flexibilität erlaubt; mit einem zentralisierten Staatswesen verträgt sie sich denkbar schlecht. Allianzen zwischen Clans und Lineages sind zweckgebunden und kurzlebig, sie überbrücken nur vorübergehend die Konkurrenz um Ressourcen, Weideland und Wasserstellen in der nomadischen Viehwirtschaft, um Posten und Pfründe auf staatlicher Ebene. Überlagert wird die Loyalität gegenüber dem Clan durch persönliche Interessen, persönliche Bindungen und die Loyalität gegenüber angeheirateten Verwandten aus anderen Clans.

Die Fronten im Bürgerkrieg gehen nicht bruchlos in der Clanstruktur auf, aber diese ist in der Eskalation der Kämpfe mehr und mehr in den Vordergrund getreten: Gegenwärtig scheint die somalische Nation in verfeindete Clans und Clanfamilien zerfallen zu sein. Während die Besonderheiten der traditionellen Sozialstruktur die Entwicklung des Bürgerkrieges in den letzten drei Jahren wesentlich bestimmt haben, liegt eine seiner zentralen Ursachen in einem auf die Kolonialzeit zurückgehenden Nord-Süd-Gefälle. Der Staat Somalia entstand am 1. Juli 1960 aus der Verschmelzung von Britisch-Somaliland und Italienisch-Somaliland. Die britische Kolonie wurde am 24. Juni 1960 unabhängig, das italienische Treuhandgebiet (seit 1950, vorher italienische Kolonie) am 1. Juli; am gleichen Tag trat der vorher ausgehandelte Unionsvertrag in Kraft. Der ehemals britische Teil im Norden war nach Fläche und Bevölkerung kleiner und mit natürlichen Ressourcen schlechter ausgestattet. Dementsprechend galten die kolonialen Interessen Großbritanniens vor allem der Küste mit den Häfen Berbera und Zeila, in die Entwicklung des Hinterlandes wurde kaum investiert. Der größere südliche Teil mit den beiden ganzjährig wasserführenden Flüssen Juba und Schebelle war zum Zeitpunkt der Unabhängigkeit relativ gesehen weiter entwickelt und blieb politisch wie wirtschaftlich beherrschend. In den 21 Jahren der Herrschaft Siad Barres vergrößerte sich dieses Ungleichgewicht noch zur politischen und wirtschaftlichen Marginalisierung des Nordens.

Die von Siad Barre am 21. Oktober 1969 in einem unblutigen Putsch etablierte Militärherrschaft trat mit dem Anspruch an, Clanwirtschaft und Korruption, die das parlamentarische Mehrparteiensystem gründlich diskreditiert hatten, zu beseitigen und das Land zu modernisieren. 1970 erhob der „Somalische Revolutionsrat" den Sozialismus zur offiziellen Ideologie, 1976 folgte die Gründung der „Somalischen Revolutionären Sozialistischen Partei", die den Revolutionsrat als herrschende Instanz ablöste. 1979 wurde die Umwandlung der Militärherrschaft in eine nach außen zivile Staatsform mit einer Verfassung und der Einrichtung eines Parlamentes abgeschlossen. Wie in Äthiopien erwies sich der übergestülpte Sozialismus vor allem als Mittel der Machtsicherung; als Motor politischer Modernisierung und wirtschaftlicher Entwicklung war er auch in Somalia untauglich. Nach einer Wachstumsphase in den ersten Jahren verkam der von unproduktiven Staatsbetrieben und einer wuchernden Bürokratie beherrschte formelle Sektor immer mehr zur Pfründe der Verwandten und Gefolgsleute Barres. Bereits wenige Monate nach Barres Machtübernahme wurden Gesetze erlassen, die die elementaren Bürgerrechte aufhoben, und ein Sicherheitsdienst eingerichtet, der mit einem landesweiten Netz von Spitzeln, willkürlichen Verhaftungen, Hinrichtungen und Folter jede Kritik und jede öffentliche Debatte erstickte.

1981 wurden zwei bewaffnete Oppositionsorganisationen gegründet, die beide in Äthiopien Unterstützung fanden. Die DFSS (Democratic Front for the Salvation of Somalia) entstand aus dem Zusammenschluß von drei Parteien. Ihren Kern bildeten überwiegend aus dem Majertein-Clan (Clanfamilie Darod) stammende Offiziere, die nach einem gescheiterten Putschversuch im April 1978 nach Äthiopien geflüchtet waren. Sie wandten sich vor allem gegen den Bruch mit der Sowjetunion und die Annäherung an die USA; dieser Allianzwechsel war im Zuge des Ogaden-Krieges 1977–78 erfolgt, in dem sich der bisherige Verbündete und Waffenlieferant Sowjetunion auf die Seite Äthiopiens geschlagen hatte. 1985/86 geriet die bereits durch innere Fraktionskämpfe geschwächte DFSS in einen Konflikt mit dem äthiopischen Regime, in dessen Verlauf mehrere Mitglieder der Führung inhaftiert wurden und andere nach Kenya flohen. Ein Teil der Mitglieder kehrte deshalb im Rahmen eines Amnestieangebots nach Somalia zurück, wo die meisten von ihnen in die Regierungsarmee integriert wurden; 1988 stellten die letzten Guerillaeinheiten der DFSS den bewaffneten Kampf ein.

Die SNM (Somali National Movement) rekrutierte sich aus der im Norden Somalias beheimateten Issaq-Clanfamilie sowie aus Angehörigen der in Süd- und Zentralsomalia siedelnden Hawiye-Clanfamilie. Neben der allgemeinen Repression gegen alle, die auch nur der Kritik an Barre verdächtigt wurden, war das Hauptmotiv für die Gründung der SNM die zunehmend offensichtliche Konzentration der Macht auf die drei zur Darod-Clanfamilie gehörenden Clans Marehan, Ogaden und Dulbahante. Barre stammt in väterlicher Linie aus dem in diesem Dreierbündnis dominierenden Marehan-Clan, seine Mutter war eine Ogadeni, während die Einbindung der Dulbahante auf Heiratsbeziehungen basierte. Die SNM operierte in Nordsomalia mit wachsendem Erfolg. Allerdings trennten sich die meisten Hawiye-Mitglieder 1987 von der SNM, nachdem der aus dieser Clanfamilie stammende Vizevorsitzende Ali Mohammed Ossoble „Wardigley" durch einen Issaq abgelöst worden war, wodurch sie zu einer reinen Issaq-Organisation wurde.

Anfang April 1988 schlossen die Regierungen Äthiopiens und Somalias ein Abkommen zur Beilegung des Ogaden-Konfliktes, das u. a. die Einstellung der Unterstützung von Regimegegnern und die Schaffung einer entmilitarisierten Zone beiderseits der Grenze beinhaltete. In einem geheimen Zusatzabkommen soll Barre außerdem auf alle territorialen Ansprüche auf den von Somalis bewohnten äthiopischen Ogaden verzichtet haben und damit auf das seit der Staatsgründung verfolgte Ziel, zumindest den Großteil des somalischen Volkes in einem Staat zu vereinigen. Weder für Mengistu noch für Barre brachte das Abkommen und die Freisetzung von an der Grenze stationierten Truppen die erhoffte militärische Wende im Krieg gegen die EPLF in Eritrea bzw. gegen die SNM in Somalia. Auf den Verlust ihrer Rückzugsbasen in Äthiopien reagierte die SNM mit einer Offensive, in der sie Ende Mai 1988 die größten Städte der Nordregion eroberte. Mit einem Vernichtungsfeldzug gelang es den Regierungstruppen, die Kontrolle über die Städte zurückzugewinnen, nicht aber über die Straßen und die ländlichen Gebiete. Die Städte Hargeisa und Burao, später auch andere Orte, wurden mit Luftangriffen und schwerer Artillerie fast völlig zerstört, die Vernichtung ganzer Dörfer, Wasserstellen und Viehherden, Plünderungen, Vergewaltigungen und Morde verursachten mindestens 50 000 Tote und trieben etwa 400 000 Menschen zur Flucht nach Äthiopien. Andere flohen nach Süden in die scheinbare Sicherheit der Hauptstadt Mogadischu, wo sie erstmals Informationen aus erster Hand über den Krieg im Norden verbreiteten.

Eine weitere Folge des Abkommens mit Äthiopien war, daß sich Soldaten und Offiziere aus dem Ogaden-Clan vom Barre-Regime abwandten. Den Kern der SPM (Somali Patriotic Movement), die sich im Sommer 1989 formierte, bildeten desertierte Ogadeni-Truppen aus Kismayo im Süden. Militärführer der SPM wurde der zunächst zur SNM übergelaufene Offizier

Ahmed Omar Jess. Im Februar 1989 gründete Ali Mohammed „Wardigley", der ehemalige Vizevorsitzende der SNM, in Rom den USC (United Somali Congress), der sich aus der Hawiye-Clanfamilie rekrutierte und im Oktober 1989 in Zentralsomalia den bewaffneten Kampf aufnahm. Nach dem Tod von „Wardigley" im April 1990 übernahm dessen Vertreter Hussein Ali Abdulle „Shiddo" den Vorsitz des USC. Neben diesen drei großen bewaffneten Organisationen bildeten sich im Ausland mehrere kleine Oppositionsparteien, die sich ebenfalls auf einen Clan oder eine Clanfamilie stützten.

4. Zerfall des somalischen Staates?

Auf die Ausweitung des Bürgerkrieges auf das ganze Land und die sogar in der Einheitspartei lautwerdenden Forderungen nach Reformen und Verhandlungen reagierte das Regime mit unverbindlichen Gesprächsangeboten und schließlich einer Verfassungsänderung zur Wiedereinführung eines Mehrparteiensystems. Zum Rücktritt, der vielleicht Verhandlungen hätte einleiten können, war Barre nicht bereit. Als er Ende Januar unter dem Schutz der aus Angehörigen des Marehan-Clans gebildeten Präsidentengarde floh, hinterließ er die Hauptstadt in Trümmern. Mit der Eroberung Mogadischus durch Einheiten des USC und der Einsetzung einer Interimsregierung unter Ali Mahdi Mohammed als Präsident und Omar Arteh Ghaleb als Premierminister war der Bürgerkrieg jedoch noch nicht beendet. Eine von der wiederbelebten DFSS, der SPM und Marehan gebildete Darod-Front ist anscheinend nach der Eroberung der Hafenstadt Kismayo im Süden durch den USC wieder zerfallen, aber vereinzelte Gefechte zwischen USC-Anhängern und anderen Organisationen sowie zwischen Fraktionen des USC dauerten im Mai und Juni 1991 noch an. Eine mehrfach verschobene „Nationale Konferenz" aller Parteien und Organisationen, an der sich auch die SNM beteiligen soll, war für Juli angekündigt.

Das Regime Siad Barres, das zuletzt nur eine mit allen Mitteln ums Überleben kämpfende Clique war, hat Somalia ausgeplündert und verwüstet hinterlassen. Es gibt keine funktionsfähigen administrativen Strukturen mehr, die Infrastruktur und die größeren Städte sind zerstört, die verwandtschaftlichen Solidargemeinschaften sind durch Flucht und Binnenflucht zerrissen. Unter solchen Voraussetzungen einen wirtschaftlichen Wiederaufbau zu beginnen, ist nicht das einzige Problem, dem sich die Interimsregierung gegenüber sieht. Das vielleicht noch größere Problem ist der soziale Wiederaufbau und die Reintegration der Gesellschaft. Die allen gegenteiligen Lippenbekenntnissen zum Trotz von Barre lange erfolgreich praktizierte Politik, die Clans mit der Vergabe von Ämtern und Posten oder durch Heiratsallianzen gegeneinander auszuspielen, hat die in der traditionellen Sozialstruktur verankerte Tendenz zur Fragmentierung noch verstärkt. Zudem hat sich in der letzten Phase des Bürgerkriegs auch die Armee praktisch aufgelöst. Es hat sich eine Vielzahl bewaffneter Verbände gebildet – Clanmilizen, Banden, marodierende Soldaten –, die entwaffnet werden müssen; im Grenzgebiet mit Kenya sind außerdem noch bewaffnete Gruppen von Barre-Anhängern aktiv. Siad Barre selbst soll sich im Grenzgebiet aufhalten. Er ist seit seiner Flucht aus Mogadischu nicht mehr gesehen worden, aber auch, wenn er tatsächlich inzwischen nicht mehr lebt, können seine in Kenya versammelten Verwandten einen Guerillakrieg fortführen.

Bislang ist es der Übergangsregierung Ali Mahdis, die nicht einmal alle unter dem Namen USC firmierenden Gruppen hinter sich hat, nicht gelungen, sich eine breitere Basis als Voraussetzung ihrer internationalen Anerkennung zu verschaffen oder nur die öffentliche Sicherheit wiederherzustellen. Ein weiteres Problem ist die mit der Proklamation der Republik Somaliland am 16. Mai 1991 vollzogene Abtrennung des Nordens, d. h. die Gründung eines Staates in den Grenzen der alten britischen Kolonie. Zu Kämpfen ist es bisher nicht gekommen, auszuschließen ist eine militärische Konfrontation allerdings nicht. Die Unabhängigkeitserklärung folgte anscheinend in erster Linie den Wünschen der Bevölkerung, während die Führung der SNM vermutlich nach einer Neuverhandlung des Unionsvertrages von 1960 strebte, die in einer Föderation oder Konföde-

Krisenregion „Horn von Afrika"

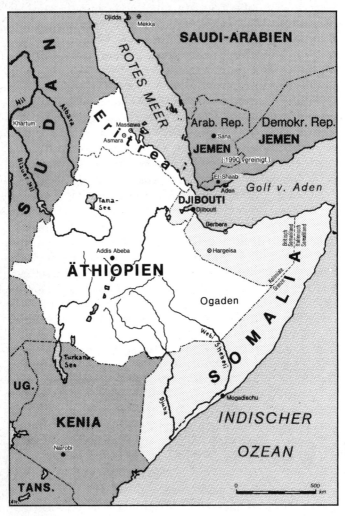

ration dem Norden Autonomie und bessere Repräsentanz in einem gemeinsamen Staat sichern sollte. Auf mittlere Sicht wäre dies vielleicht ein Weg zu einer tragfähigen politischen Lösung. Gegenwärtig allerdings dürfte für die nach Jahrzehnten der Benachteiligung und durch die Brutalität der Kriegsführung des Barre-Regimes verbitterte Bevölkerung die Rücknahme der Unabhängigkeitserklärung wenig attraktiv sein. Die von der SNM am 4. Juni unter Einbeziehung aller im Norden beheimateten Clans (außer den Issa) gebildete Regierung steht vor den gleichen Problemen wie die Regierung in Mogadischu. Sie ist ebenfalls nicht international anerkannt. Die Kriegsfolgen, zu denen anders als im Süden unzählige Tretminen gehören (allein in der Umgebung von Hargeisa sollen Barres Truppen etwa 250 000 Minen gelegt haben), sind relativ zu den Ressourcen eher noch gravierender. Internationale Hilfe erhalten beide Regierungen kaum; auch die Staaten, die das Barre-Regime aufgerüstet und alimentiert haben (u. a. Libyen und Italien bis zuletzt, die USA bis 1988, die Bundesrepublik Deutschland bis 1989) zeigen sich sogar mit humanitärer Hilfe zurückhaltend. Ob es den rivalisierenden oder verfeindeten Parteien, Gruppen und Organisationen gelingen wird, unter Rückgriff auf traditionelle Mechanismen des Ausgleichs und der Konsensfindung die Grundlagen für nationale Integration – in welchen staatlichen Grenzen auch immer – und friedliche Formen der Konfliktaustragung zu schaffen, bleibt abzuwarten.

5. Alte Grenzen – neue Staaten?

Als Ergebnisse der gegenwärtigen Umbrüche am Horn zeichnet sich eine territoriale Neuordnung der Region ab, die an freiwillig oder unfreiwillig aufgehobene, ehemals koloniale Grenzen anknüpft. In Eritrea, wohl auch in der Republik Somaliland, entspricht die Entwicklung den Wünschen der jeweiligen Bevölkerung. Trotz des Rückgriffs auf koloniale Grenzen finden diese Unabhängigkeitsbestrebungen in der Organisation für Afrikanische Einheit (OAU) keine Zustimmung. Nigeria hat sogar die Bildung einer „Friedenstruppe" angeregt, die afrikanische Zentralregierungen vor „sezessionistischen" Bewegungen schützen soll. Auch in den USA und der Europäischen Gemeinschaft findet die Gründung neuer Staaten wenig Gegenliebe. Dauerhafte Stabilität, diese Lehre läßt sich aus der jüngsten Entwicklung am Horn von Afrika ziehen, ist mit Waffengewalt nicht zu erzwingen. Statt eine Fortsetzung der Kriege hinzunehmen, sollte die OAU den zum Dogma erhobenen Grundsatz aufgeben, daß die überkommenen Grenzen ihrer Mitgliedstaaten um jeden Preis erhalten werden müssen. Bei der territorialen Neuordnung der Region könnten die USA, die UdSSR und die Europäische Gemeinschaft als Garantiemächte eines friedlichen Ausgleichs wirken. Dies hätte allerdings eine grundlegende Neukonzeption überkommener Einflußpolitik zur Voraussetzung. In der Vergangenheit waren es, allen gegenteiligen Beteuerungen zum Trotz, geostrategische Interessen, die das Verhalten raumfremder Mächte in der Region dominierten.

Stefan Brüne (Universität Osnabrück)
Kathrin Eikenberg (Hamburg)

Literaturhinweise

Bongartz, Maria, Somalia im Bürgerkrieg. Ursachen und Perspektiven des innenpolitischen Konflikts. Hamburg 1991 (Arbeiten aus dem Institut für Afrika-Kunde, 74).
Brüne, Stefan/Matthies, Volker (Hrsg.), Krisenregion Horn von Afrika. Hamburg 1990 (Hamburger Beiträge zur Afrika-Kunde, 39).
Clapham, Christopher, The political economy of conflict in the Horn of Africa. In: Survival 23 (September/Oktober 1990) 5, S. 403–419.
Eikenberg, Kathrin, Kriege in Äthiopien. In: Siegelberg, Jens (Red.): Die Kriege 1985–1990. Analysen ihrer Ursachen. Münster/Hamburg 1991.
Heinrich, Wolfgang (Red.), Entwicklungsperspektiven am Horn von Afrika. Hamburg 1991 (Texte zum Kirchlichen Entwicklungsdienst, 49).
Markakis, John, National and Class Conflict in the Horn of Africa. Cambridge 1987 (African Studies Series, 55).
Michler, Walter, Weißbuch Afrika. Bonn [2]1991.

Krieg und Repression in Guatemala

Die Bürgerkriege in Zentralamerika und die Politik der USA in dieser Region haben in den 80er Jahren viel öffentliches Interesse gefunden. Die Entwicklung in Nicaragua nach der sandinistischen Revolution 1979 wurde in der Bundesrepublik hitzig debattiert, zeitweise saßen auf beiden Seiten des Verhandlungstisches sogar deutsche Berater. Auch die Kriegsparteien in El Salvador fanden in unterschiedlichen politischen Lagern Hilfe und Unterstützung. Wenig Aufmerksamkeit schenkten Medien und Politik dagegen dem Krieg im bevölkerungsreichsten Land der Region, in Guatemala. Dies liegt zum einen an der relativ geringen Intensität der militärischen Kämpfe. Zum anderen konnte die seit 1982 in der Unidad Revolucionaria Nacional Guatemalteca (National-Revolutionäre Einheit Guatemalas, URNG) zusammengeschlossene Guerilla keine internationale Unterstützung mobilisieren, wie dies beispielsweise der salvadorianischen Guerilla gelungen ist. Die Folgen von Krieg und Repression sind jedoch auch in Guatemala verheerend: In den vergangenen 30 Jahren sind über 100 000 Menschen meist als Opfer der staatlichen Unterdrückung ums Leben gekommen, 40 000 Menschen verschwanden, 40 000 Frauen wurden zu Witwen, 150 000 Kinder zu Waisen. Etwa 250 000 Menschen flohen über die Grenze nach Mexiko, fast eine Million Guatemalteken sind Flüchtlinge im eigenen Land.

Guatemala ist nicht nur eines der ärmsten Länder Lateinamerikas, der Besitz ist dort auch außerordentlich ungleich verteilt. Nach UNO-Daten leben 75 Prozent der Bevölkerung in extremer Armut und können ihre Grundbedürfnisse nicht befriedigen; Arbeitslosigkeit und Unterbeschäftigung betreffen die Hälfte der ca. 8,5 Millionen Guatemalteken. Die Teilung der Gesellschaft in arm und reich deckt sich teilweise mit der ethnisch-kulturellen Linie zwischen Indígenas, den etwa 75 Prozent Guatemalteken, die indianischer Abstammung sind, und sogenannten Ladinos, wie die Mischlinge zwischen Indígenas und Spaniern in Guatemala genannt werden. Die großgrundbesitzende Oligarchie besteht ausschließlich aus Ladinos, die Wirtschaft und Politik des Landes kontrollieren und in den niedriger gelegenen Regionen im Osten leben. Die indianische Bevölkerung lebt dagegen vorwiegend im westlichen Hochland vom Anbau von Mais und Bohnen für den Eigenbedarf. Im Gegensatz zum Guerillakampf der 60er Jahre ist die indianische Bevölkerung heute gemäß ihrem Anteil an der Gesamtbevölkerung an den Kämpfen beteiligt. Die Rückkehr zu einer formaldemokratischen Regierung 1986 hat bisher weder den Krieg beenden noch dessen Ursachen beseitigen können. Zentraler Konfliktgegenstand ist die Frage des Landbesitzes sowie der Kampf um politische, wirtschaftliche und soziale Partizipation der Bevölkerungsmehrheit. Die Wurzeln des Krieges reichen dabei bis in die Kolonialzeit zurück.

1. Tradition und Herrschaftssystem

Seit der Kolonisierung durch die Spanier war Landbesitz die Basis für Reichtum und gesellschaftliche Stellung in Guatemala. Da es keine Edelmetalle gab, wurden Agrarprodukte für den Export angebaut. Zunächst Kakao, später vor allem Kaffee, in neuerer Zeit auch Bananen, Baumwolle und Zucker. Landbesitz war und ist aber nur dann von Wert, wenn Arbeitskräfte zur Bearbeitung vorhanden sind. Bis ins 20. Jahrhundert waren Zwangsmaßnahmen zur Rekrutierung indianischer Arbeitskraft die Regel. Im Laufe der Zeit wurden sie allerdings auch subtiler und „moderner". Vor allem die Schuldknechtschaft zwang immer mehr Indígenas in sklavereiähnliche Arbeits- und Abhängigkeitsverhältnisse. Gleichzeitig wurden die indianischen Bauern über die Jahrhunderte nicht nur von ihrem Land vertrieben, sondern auch auf qualitativ immer schlechtere Böden abgedrängt. Die eigene Ernte reichte zum Überleben nicht mehr aus, der Zwang zur saisonalen Arbeit auf den Plantagen wurde größer. Immer mehr Indígenas müssen mehrere Monate im Jahr Kaffee pflücken oder Baumwolle ernten.

Nicht nur junge Männer und Frauen, sondern ganze Familien migrieren, schon achtjährige Kinder müssen mitarbeiten. Die Arbeitsbedingungen haben sich in den letzten hundert Jahren nicht verbessert: Sanitäre Einrichtungen sind kaum vorhanden, die Indígenas werden ständig betrogen, sie sind Pflanzenschutzmitteln ausgesetzt. Der Zwang zur Migration wirkt sich gleichzeitig negativ auf die Subsistenzbasis aus. Die Felder können oft nicht rechtzeitig bestellt oder abgeerntet werden, technologische Erneuerungen unterbleiben aus Geldmangel, die Parzellen werden immer kleiner. Ende der 70er Jahre besaßen 54 % der Farmen nur 4 % des Bodens, dagegen gehörten den größten 2 % der Farmen über 65 % des verfügbaren Bodens. Während die Basis für die Subsistenzwirtschaft zunehmend verschwindet, lassen die Großgrundbesitzer nach wie vor die Hälfte ihrer Böden unbebaut.

Die guatemaltekischen Indígenas sind Mayas, deren Kultur in der Blütezeit (300–900 und 1000–1450) vom südlichen Mexico bis nach El Salvador reichte. Sie stammen zwar alle von der Hochkultur der Mayas ab, sind aber keine homogene Gruppe. 25 verschiedene Sprachen, unterschiedliche Gebräuche und Traditionen erschweren den gemeinsamen Kampf zur Veränderung des gesellschaftlichen Status quo. Die gemeinsame Kultur ist insbesondere durch die Verehrung der Vorfahren und der Alten sowie durch die Nähe zur Natur geprägt. Im Zentrum der traditionalen Gemeinschaften steht der Mais, dessen Produktion gesellschaftliche Arbeitsteilung und Hierarchie bestimmt. Mais ist keine reine Handelsware, sondern hat einen mythischen Charakter, er wird als „Element der Menschwerdung" gewürdigt – die Mayas bezeichnen sich als Maismenschen. Im Gegensatz dazu ist die Kultur der Ladinos von der iberischen Tradition geprägt, in der das Stadtleben Inbegriff der Zivilisation, das Land dagegen Ort der Barbarei ist. Die Geringschätzung zwischen beiden Gruppen beruht auf diesem sozialen und kulturellen Gegensatz, weniger auf ethnischen Unterschieden. Paßt sich ein Indígena dem Lebensstil der Ladinos an, wird er von seiner Dorfgemeinschaft nicht mehr als Mitglied betrachtet. Kooperation zwischen armen Ladinos und Indígenas war lange Zeit vor allem deshalb unmöglich, weil jeder noch so arme Ladino immer noch auf die Indígenas herabsehen konnte.

Trotz Kolonisierung und Arbeitszwang konnten sich zentrale Elemente der indianischen Kultur bis in die 60er Jahre des 20. Jahrhunderts erhalten. Das Eindringen der Spanier brachte zwar Veränderungen, die neuen Strukturen lösten aber die bestehenden nicht auf, sondern wurden ihnen aufgesetzt. Die Mehrheit der indianischen Bevölkerung hatte nur während der Plantagenarbeit Kontakt nach außen. Ansonsten wurden die Außenbeziehungen zunächst von Caziquen (indianischen Häuptlingen oder Dorfvorstehern), später von Ladinos hergestellt, weil diese im Gegensatz zur indianischen Mehrheit lesen und schreiben konnten und die offizielle Landessprache Spanisch beherrschten. Die Ladinos waren nicht in die Dorfgemeinschaft integriert, sondern standen praktisch über oder neben ihr. Insbesondere nach 1954 wirkte sich die kapitalistische Entwicklung Guatemalas in steigendem Maße auch auf die indianische Bevölkerung aus. Modernisierung der Landwirtschaft, Förderung von Agrarexporten und die Ausdehnung staatlicher Aktivitäten drangen nach und nach ins Hochland vor. Das Ergebnis war die zunehmende Auflösung der indianischen Gemeinschaften durch die Proletarisierung der Indígenas und die Zerstörung der indianischen Kultur.

2. Reform und Repression

Mit dem Sturz der Diktatur von General Ubíco 1944 begannen in Guatemala grundlegende Veränderungen, die sich auf alle gesellschaftlichen Gruppen auswirkten. Zwischen 1944 und 1954 gab es mit Schwerpunkt in den Städten einen Demokratisierungs- und Reformprozeß, der die Modernisierung von Wirtschaft und Gesellschaft zum Ziel hatte. Der gewaltsame Sturz der Regierung Arbenz 1954 war der Anfang von Repression und Terror gegen all diejenigen, die Veränderungen des Status quo anstrebten. Bis 1986 dominierte das Militär die verschiedenen Regierungen. Seither gibt es zwar eine gewählte Regierung, das Militär hat aber immer noch eine Vetomacht.

Von 1944 bis 1954 durchlebte Guatemala eine Dekade der Reformen und Hoffnungen, deren politischer und geographischer Schwerpunkt die von Ladinos bewohnten Regionen im Osten des Landes waren. Ziel der Regierungen Arévalo und Arbenz war die Entwicklung Guatemalas zu einem modernen kapitalistischen Staat. Schwerpunkte der Regierungspolitik waren die Durchführung einer gemäßigten Agrarreform, die Einführung von Arbeitsschutzbestimmungen und Sozialversicherung sowie die Ausdehnung des Bildungssystems. Zwar profitierte hauptsächlich die städtische Bevölkerung von diesen Maßnahmen, die Auswirkungen auf das Land waren aber absehbar. Die Oligarchie organisierte 1954 mit Unterstützung der US-amerikanischen United Fruit Company, dem größten Grundbesitzer des Landes, den Sturz der Regierung Arbenz.

Die Reformperiode ist in zweierlei Hinsicht von Bedeutung. Erstens hat ein Teil der Bevölkerung in den Jahren bis 1954 erfahren, daß Veränderungen und Kampf für die eigenen Rechte möglich sind. Zweitens stellt die Reformzeit für bewaffnete und unbewaffnete Opposition noch heute den zentralen Referenzpunkt dar, an den nach einer Übernahme der Regierung angeknüpft werden soll.

In der Folgezeit dominierte das Militär die Politik Guatemalas mehr oder weniger offen. Das Militär war in Guatemala aber nie ein homogener Block. Lange Zeit beruhten die internen Differenzen auf persönlichen Rivalitäten zwischen einzelnen Offizieren. Im Rahmen der Professionalisierung veränderten sich die Konfliktlinien. Auf der einen Seite standen die Absolventen der Escuela Politécnica, die eine Modernisierung Guatemalas befürworteten und zwischen 1944 und 1954 die Reformregierungen unterstützten. Auf der Gegenseite befanden sich diejenigen Militärs, die auf dem Land stationiert waren und mit der traditionellen Oligarchie kooperierten. Diese Gruppe war an der Aufrechterhaltung des bestehenden Systems interessiert und betrieb den Sturz der Reformregierung. Zwar wurden auch nach 1954 regelmäßig „Wahlen" abgehalten, das Ergebnis stand allerdings vorher fest. Es gewannen stets die Kandidaten, die das Militär und die mit ihnen kooperierenden

Parteien der Oligarchie ausgesucht hatten. Das Militär selbst wurde im Verlauf der Zeit zum Bestandteil der Oligarchie. Es gibt heute kaum einen hohen Offizier, der nicht gleichzeitig Großgrundbesitzer ist, die Armee hat ihre eigene Bank und ist an ca. 40 halbstaatlichen Unternehmen beteiligt.

Dennoch gab es weiterhin dissidente Strömungen innerhalb des Militärs, die sich gegen den Einfluß der CIA und die Korruption wandten. Anfang der 60er Jahre wurden sie bei einem Umsturzversuch und nach dessen Scheitern als bewaffnete Opposition sichtbar. Erste Aktionen der Fuerzas Armadas Rebeldes (aufständische Streitkräfte, FAR) erfolgten 1962. Zwei Jahre danach spaltete sich die Gruppe wegen ideologischer Differenzen. 1970 war sie zwar militärisch geschlagen, aber nicht gänzlich vernichtet. Ihr Scheitern hatte mehrere Gründe: Der Guerilla gelang weder die Integration der indianischen Bevölkerung auf dem Land, noch die Ausweitung des Aktionsradius auf die Städte. Hinzu kam eine Geringschätzung der Indígenas, die in der Guerilla genauso vorherrschte wie in Oligarchie und Militär. Militärisch wurde sie aufgerieben, nachdem die Regierung ab 1966 mit nordamerikanischer Hilfe systematische Counterinsurgency-Programme anwandte, die der Guerilla durch Terrorisierung der ländlichen Bevölkerung die ohnehin geringe Unterstützung vollends entzog. Die überlebenden Guerilleros zogen sich in die Berge oder über die Grenze zurück, wo Anfang der 70er Jahre dann die Reorganisation begann.

Die indianischen Dorfgemeinschaften waren in den vergangenen Jahrzehnten einem fundamentalen Wandlungsprozeß ausgesetzt, der die traditionelle Ordnung zerstörte. Neben der Ausdehnung der Agrarexportproduktion und dem zunehmenden Zwang zur Migration wirkte insbesondere das Vordringen protestantischer und katholischer Missionen zersetzend. Bis zum Beginn der 70er Jahre war in den indianischen Gemeinschaften ein Volkskatholizismus vorherrschend, der katholische Elemente mit indianischen Mythen verband und durch seinen starken Jenseits-Bezug vor allem pazifierend wirkte. In den 50er Jahren begannen meist konservative protestantische und katholische Missionare aus den USA, in Guatemala zu arbeiten.

Ihre Anwesenheit spaltete die Dörfer durch den neuen religiösen Pluralismus, der nicht nur zwischen katholischen und evangelischen Kirchen entstand, sondern auch zwischen den verschiedenen evangelikalen Sekten. Solidarität über die Grenzen der einzelnen Kirchen hinaus war so gut wie unmöglich. Die traditionellen Hierarchien wurden u. a. durch die Alphabetisierungskampagnen der Kirchen zerstört. Es waren meist die Kinder und Jugendlichen, die zuerst lesen und schreiben lernten und Spanisch sprachen. Sie konnten dadurch den Kontakt zur Umwelt herstellen, was früher von den Ladinos getan wurde, und wurden deshalb für die Gemeinschaften wichtig. Dies zerstörte die paternalistischen, vom Alter abhängigen, traditionellen Hierarchien. Während die katholische Kirche infolge der Ausdehnung der Befreiungstheologie nach 1968 an der Organisation und Selbsthilfe der Indígenas maßgeblich beteiligt war, unterstützten die protestantischen Sekten die Counter-Insurgency-Programme der Militärregierungen und förderten die politische Passivität ihrer Anhänger. Sie sind gegen jede Beteiligung an Gewerkschaften, Bauernligen und anderen Formen der Basisorganisation. In ihrem Jenseitsbezug sind sie konservativen Teilen der katholischen Amtskirche vergleichbar. Der Zulauf zu den etwa 200 Sekten war in den letzten 15 Jahren so groß, daß sich inzwischen etwa ein Drittel der Bevölkerung zu ihnen bekennt.

3. Organisation und Widerstand

In den 70er Jahren formierte sich auf breiter Front Widerstand gegen das bestehende Herrschaftssystem, wurde die alte Spaltung zwischen Indígenas und armen Ladinos überwunden. Beide Gruppen lernten, daß sie dieselben Probleme hatten, und daß Veränderungen nur gemeinsam erfolgreich sein konnten. Die katholische Kirche unterstützte auf dem Land den Aufbau neuer Formen der Selbsthilfe. Nach den Alphabetisierungskampagnen half sie beim Aufbau von Kooperativen. Die Regierung Laugerud (1974–78) hatte diese zunächst auch unterstützt, weil sie meinte, den wachsenden Protest gegen die

Verschlechterung der Lebensverhältnisse auf dem Land so dämpfen und kontrollieren zu können. Der Widerstand der Großgrundbesitzer war allerdings so massiv, daß sich die Regierung bald distanzierte, was nicht zuletzt zur Radikalisierung der Kooperativen beitrug.

Zwei Ereignissen kam Ende der 70er Jahre eine Katalysatorwirkung zu. Das Erdbeben vom 4. Februar 1976 machte im Hochland innerhalb von 45 Sekunden eine Million Menschen obdachlos. Ein Großteil der Dörfer war von der Umwelt abgeschnitten, die Indígenas mußten selbst tätig werden. Selbstverwaltungsstrukturen wurden reaktiviert, allerdings mit dem wesentlichen Unterschied, daß dies nicht nach dem traditionellen paternalistischen Muster geschah, sondern daß die Vertreter nun von der Dorfgemeinschaft gewählt wurden und fest umrissene Aufgaben hatten. Aus diesen Strukturen entstanden zahlreiche Bauernligen. Ein zweites „Schlüsselerlebnis" war das Blutbad in Panzos 1978, wo über hundert Indígenas vom Militär niedergemetzelt wurden, als sie gegen die zunehmende Repression protestierten.

Die Volksmobilisierung ließ sich trotz der Verschärfung der Repression nicht rückgängig machen oder zerstören. Aus den Kooperativen, Bauernligen und besonders aus den katholischen Basisgemeinden entstand 1978 das Comité de Unidad Campesina (Komitee bäuerlicher Einheit, CUC), die erste Bauerngewerkschaft Guatemalas, die weder entlang ethnischer Linien organisiert war noch auf Regierungsunterstützung zählte. Auch in den Städten und in der Industrie fand in den 70er Jahren ein Mobilisierungsprozeß statt, der unter anderem durch die Aufhebung des Ausnahmezustands 1973 ermöglicht und in der Zunahme gewerkschaftlicher Tätigkeit sichtbar wurde.

Parallel zur Mobilisierung der Bauern, Arbeiter und Studenten entstanden in den 70er Jahren vier Gruppen, die die Abschaffung des Systems bewaffnet vorantreiben wollten. Die beiden großen Gruppen haben ihre Basis auf dem Land. Eine Abspaltung der ehemaligen FAR reorganisierte sich in der Sierra Madre und trat im September 1979 mit ersten Aktionen unter dem Namen Organización del Pueblo en Armas (Organisation des Volkes in Waffen, ORPA) in Erscheinung. Auch die zweite Gruppe hat ihren Ursprung in einer kleinen Gruppe ehemaliger Guerilleros, die 1972 aus Mexiko in den Nordwesten zurückkamen, um eine neue Organisation aufzubauen. Innerhalb von nur drei Jahren entstand der Kern der heute größten Guerillagruppe das Ejército Guerrillero de los Pobres (Guerillaheer der Armen, EGP). Sowohl ORPA als auch EGP wurden zwar von Ladinos gegründet, haben inzwischen aber einen hohen indianischen Anteil nicht nur an Kämpfern, sondern auch in Führungspositionen. Die beiden anderen Gruppen versuchten, sich in der Stadt und in den Küstengebieten zu etablieren. Die Reste des FAR haben ihre Basis heute im Petén und in den Städten bei den Gewerkschaften, eine Abspaltung der kommunistischen Partei (Partido Guatemalteco del Trabajo – PGT) kämpft seit 1978 bewaffnet und hat ihre Rekrutierungsbasis insbesondere unter Arbeitern und Studenten.

Großen Zulauf erhielt die Guerilla während der Regierung Lucas García (1978–82), der die Repression noch weiter steigerte, und während dessen Amtszeit zahlreiche paramilitärische Todesschwadronen entstanden. Die Erstürmung der von Quiche-Indianern besetzt gehaltenen spanischen Botschaft in Guatemala-Stadt 1980 durch das Militär war dann der Anlaß, der zum offenen Ausbruch des Krieges führte. Die Besetzung sollte die Weltöffentlichkeit auf die Repression im Hochland aufmerksam machen. Mit dem Massaker hatte sich friedlicher Widerstand als sinnlos erwiesen, die Option des bewaffneten Kampfes trat in den Vordergrund.

4. Ethnozid und Krieg

Anfang der 80er Jahre bekamen die Guerillagruppen großen Zulauf. Ihre Stärke wird für diese Zeit auf sechs- bis zehntausend Guerilleros geschätzt. Vor allem die Repression ließ immer mehr Bauern bei der bewaffneten Opposition Schutz suchen. Die Entwicklungen in anderen Ländern der Region legten zudem die Möglichkeit eines schnellen militärischen Erfolgs nahe. 1979 stürzte die sandinistische Befreiungsfront die Somoza-

Diktatur in Nicaragua, und auch die salvadorianische Guerilla schien mit der Großoffensive 1981 kurz vor dem militärischen Sieg zu stehen. Unter der Präsidentschaft von Jimmy Carter (1976–1980), der der guatemaltekischen Regierung wegen gravierender Menschenrechtsverletzungen die Militärhilfe strich, schien ein direktes Eingreifen der USA zugunsten der reaktionären Kräfte wie 1954 unwahrscheinlich. Zwischen 1980 und 1982 erreichten die sozialen und bewaffneten Auseinandersetzungen in Guatemala einen Höhepunkt. In den Städten kam es zu Massenstreiks und Kundgebungen von Arbeitern und Campesinos, die von der Regierung nicht unterdrückt werden konnten. Nach Angaben der Guerilla fanden in 60 % des Landes Kämpfe zwischen Guerilla und Armee statt.

Die Reaktion ließ allerdings nicht lange auf sich warten. Am 23.2.1982 erfolgte ein innermilitärischer Putsch des evangelikalen General Efrain Rios Montt. Die Repression erreichte unter seiner Regierung das Ausmaß eines Ethnozids. Mitte 1982 zerschlug das Militär fast alle Kommunikationszentren der Guerilla in der Hauptstadt. Gleichzeitig nahm die Militarisierung auf dem Land weiter zu. Zunächst wurden die Regionen, in denen Guerillaeinheiten vermutet wurden, flächendeckend u. a. mit Napalm bombardiert. Gleichzeitig errichtete das Militär sogenannte „strategische Dörfer", in denen indianische Gruppen unterschiedlichster Herkunft und Sprache gezwungen werden, Agrarprodukte für den Export anzubauen. Sie müssen an sog. Zivilpatrouillen teilnehmen und Infrastrukturarbeiten durchführen, für die sie mit Lebensmitteln „bezahlt" werden. Die Bevölkerung dieser Dörfer ist vollkommen von der Armee abhängig und wird total von ihr kontrolliert, die letzten Reste indianischer Autonomie und Identität werden zerstört.

Der Amtsantritt von US-Präsident Ronald Reagan 1981 verschärfte die Lage für den guatemaltekischen Widerstand zusätzlich, weil die regionale Isolation der Regierung beendet wurde. Reagan versuchte, Guatemala in die regionale Anti-Nicaragua-Front einzubinden, was ihm allerdings nicht gelang. Im Gegenteil: Guatemala unterstützte zumindest teilweise die Friedensbemühungen Mexikos im Rahmen der Contadora-Initiative. Als Gegenleistung verlegte die mexikanische Regierung die stark angewachsenen Flüchtlingslager vom Grenzgebiet in das Landesinnere. Die guatemaltekische Militärregierung behauptete, daß die Lager der Guerilla als Rückzugsgebiet und zur Rekrutierung neuer Kämpfer dienten.

Insbesondere wegen der steigenden Repression und der Verschärfung sowohl der innenpolitischen als auch der regionalen Situation schlossen sich die vier Guerillagruppen im Februar 1982 zur Unión Revolucionaria Nacional Guatemalteca (URNG) zusammen. Im „Manifest an das Volk von Guatemala" einigten sie sich auf ein fünf Punkte umfassendes Regierungsprogramm, das die Beendigung der Repression, Befriedigung der Grundbedürfnisse, Gleichberechtigung von Indígenas und Ladinos, eine Regierung des Volkes sowie blockfreie Außenpolitik umfaßt. Nach 1982 ging die bewaffnete Auseinandersetzung in Guatemala, wenn auch mit geringerer Intensität, weiter, was angesichts des Ausmaßes der Repression auf eine starke und solide Verankerung der Guerilla in der Bevölkerung schließen läßt. Die Angaben über die Stärke der Guerilla schwanken zwischen 800 (laut Militär) und 3000 Kämpfern (laut Guerilla).

Ein innermilitärischer Putsch beendete im August 1983 zwar die Herrschaft von Rios Montt, nicht aber staatliche Gewalt und Krieg. Das Militär gab sich in der Folgezeit aber gemäßigter. 1984 leiteten kontrollierte Wahlen zur verfassungsgebenden Versammlung innerhalb eines Spektrums von extrem rechten Gruppen bis zur Christdemokratischen Partei einen politischen Öffnungsprozeß ein. Die Linke blieb ausgeschlossen. Ein Drittel der Wahlberechtigten ging nicht zur Wahl, ein knappes weiteres Drittel gab ungültige oder unausgefüllte Stimmzettel ab, wodurch die reale Enthaltung bei knapp 60 Prozent lag.

Seit 1986 hat Guatemala mit Vinicio Cerezo wieder einen zivilen Präsidenten, dessen Handlungsspielraum allerdings minimal war, weil sich das Militär den bestimmenden Einfluß auf die Politik – vor allem im Bereich der Guerillabekämpfung – erhalten hat. Ein Symptom dieser Schwäche sind zwei Putschversuche im Mai 1988 und im Mai 1989, die zwar erfolglos blieben, Cerezo aber noch abhängiger von den loyalen Teilen des Militärs machten. Nachdem Cerezo und die christdemokratische Partei zunächst relativ viel Unterstützung hatten, machte sich bald Enttäuschung breit. Die Regierung verlor Legitimation, da sie wesentliche Probleme wie die Aufklärung und Bestrafung der Menschenrechtsverletzungen, Landverteilung und wirtschaftliche Entwicklung nicht einmal ansatzweise lösen konnte. Die Situation im Bereich der Menschenrechte hat sich kaum verbessert, die neoliberale Wirtschaftspolitik verschlechtert die Situation der Bevölkerungsmehrheit weiter. Löhne und Gehälter sanken während der Amtszeit von Cerezo real um 70 Prozent. Korruptionsskandale und Berichte über die Verwicklung christdemokratischer Politiker in Drogengeschäfte haben ein weiteres getan, um dem Ansehen der Partei zu schaden. Dieser Vertrauensverlust drückt sich auch in dem miserablen Wahlergebnis des christdemokratischen Kandidaten bei den Präsidentschaftswahlen Ende 1990 aus: Er erreichte nicht einmal die Stichwahl im Januar 1991.

Infolge des zentralamerikanischen Friedensprozesses vom August 1987 wurden auch in Guatemala im Oktober erste Gespräche zwischen Regierung und Guerilla geführt, auf Druck des Militärs aber nicht fortgesetzt. Das Militär betrachtet sich als militärischen Sieger in der Auseinandersetzung und sieht deshalb keinen Grund für politische Zugeständnisse. Die Guerilla soll die Waffen niederlegen und sich innerhalb des bestehenden Rahmens am politischen Prozeß beteiligen. Angesichts der Tatsache, daß solche Versuche für Oppositionspolitiker in der Vergangenheit meist tödlich endeten und nach wie vor paramilitärische Todesschwadronen in Guatemala agieren, kommt dies der Aufforderung zum Selbstmord nahe. Die URNG fordert folglich als ersten Schritt die Einrichtung demilitarisierter Zonen, die Achtung der Menschenrechte sowie einen Waffenstillstand.

Die URNG erreichte in der Zeit seit 1987 zwar zunächst keine weiteren Gespräche mit der Regierung, aber die Anerkennung als relevante gesellschaftliche Kraft seitens zahlreicher sozialer und politischer Gruppen. Im März 1988 trat die gua-

temaltekische Bischofskonferenz für einen Dialog zwischen Regierung und Guerilla ein. 1989 begann die nationale Versöhnungskommission aktiv zu werden, auf deren Bildung sich alle zentralamerikanischen Regierungen im Abkommen von Esquipulas bereits 1987 verpflichtet hatten. 1990 schließlich gab es eine Serie von Gesprächen zwischen hochrangigen Vertretern der Guerilla, der Versöhnungskommission, der politischen Parteien, des Unternehmerverbands, der Kirchen sowie der Gewerkschafts- und Basisorganisationen. Gleichzeitig verstärkte die URNG den militärischen Druck auf die Regierung, als es ihr ab Mitte 1989 nach langer Zeit erstmals wieder gelang, ihren Aktionsradius auf die Hauptstadt auszudehnen.

Die Präsidentschafts- und Parlamentswahlen im November 1990 waren ein Zeichen für den anhaltenden Legitimationsverfall und die Krise des politischen Systems. Die offene Enthaltung lag bei 42 Prozent der eingetragenen Wähler, weitere sieben Prozent wählten ungültig. Dazu kommen noch geschätzte 27 Prozent der Wahlberechtigten, die sich erst gar nicht in die Register eintragen ließen. Sechs Jahre formaldemokratischer Regierung haben die Bevölkerungsmehrheit augenscheinlich nicht von der Sinnhaftigkeit dieser Form der Partizipation überzeugt. Diejenigen, die zur Wahl gingen, verteilten ihre Stimmen für das Parlament relativ gleichmäßig über fünf Parteien, die im politischen Spektrum zwischen Christdemokraten und extremer Rechten liegen. Bei der Präsidentschaftswahl gewann überraschend der evangelikale Jorge Serrano. Seine Vergangenheit läßt keine Schlüsse auf seine Regierungspolitik zu. Einerseits war er 1982/83 als Vorsitzender des Staatsrates einer der engsten Berater von Efrain Rios Montt. Andererseits hat er 1990 als Parteivertreter an den Gesprächen mit der URNG in Spanien teilgenommen.

Anfang April 1991 verkündete Serrano eine „Initiative für den totalen Frieden". Neben der Beendigung des bewaffneten Kampfes, größerer wirtschaftlicher und sozialer Gleichheit, dem Respekt und der Stärkung der Rechtsstaatlichkeit ist darin auch die Vertiefung des demokratischen Prozesses vorgesehen. Dies alles sind Punkte, die auch von der Guerilla eingefordert werden, in dieser allgemeinen und vagen Form aber kaum Veränderungen bewirken werden. Ende April 1991 trafen Vertreter von Guerilla und Regierung unter Vermittlung des Vorsitzenden der guatemaltekischen Bischofskonferenz in Mexiko zusammen. Mitte Juni nahmen sie Verhandlungen auf, die allerdings ergebnislos endeten.

Eine Beendigung des bewaffneten Kampfes in Guatemala, die keine Friedhofsruhe ist, erfordert grundlegende gesellschaftliche Strukturveränderungen, die der marginalisierten Bevölkerungsmehrheit die Teilnahme nicht nur an politischen Ritualen, sondern an wirtschaftlichen und sozialen Entscheidungen ermöglicht. Ob Präsident Serrano, die Oligarchie und das Militär zu so tiefgreifenden Veränderungen bereit sind, bleibt abzuwarten. Vor dem Hintergrund der Geschichte Guatemalas sind die Chancen dafür eher gering einzuschätzen.

Sabine Kurtenbach (Universität Hamburg)

Literaturhinweise

Burgos, Elisabeth, Rigoberta Menchú. Leben in Guatemala. Bornheim-Merten 1984.
Gabriel, Leo, Aufstand der Kulturen. Konflikt-Region Zentralamerika: Guatemala, El Salvador, Nicaragua. Hamburg 1987.
Guatemala. Gesellschaftssystem im Umbruch. Lateinamerika. Analysen-Daten-Dokumentation 14/1990.
Painter, James, Guatemala: False Hope, False Freedom. The Rich, the Poor and the Christian Democrats. London 1987.

Chronik

1944	Sturz der Diktatur von Jorge Ubíco
1945–51	nach den ersten freien Wahlen Präsidentschaft von Juán José Arévalo, Beginn der Reformphase
1952	Wahl von Jacobo Arbenz, Intensivierung der Reformen
1954	Sturz der Regierung Arbenz durch Militärs mit Unterstützung der USA
1961–66	bewaffneter Widerstand durch dissidente Militärs unter dem Namen Fuerzas Armadas Rebeldes
4. 2. 1976	ein Erdbeben führt zur Obdachlosigkeit von 1 Million Menschen

1978	Massaker an über hundert Indígenas in Panzos
1980	Erstürmung der von Quiche-Indianern besetzten Botschaft Spaniens in Guatemala-Stadt
Feb. 1982	Vereinigung der vier Guerillagruppen zur Unión Revolucionaria Nacional Guatemalteca (URNG)
23.3. 1982	innermilitärischer Putsch unter General Efrain Rios Montt
8.8. 1983	Militärputsch unter General Mejía Víctores
1.7. 84	Wahl zur verfassungsgebenden Versammlung
Nov./Dez. 1985	Parlaments- und Präsidentschaftswahlen
Jan. 1986	Amtsantritt der zivilen Regierung unter dem christdemokratischen Präsident Vinicio Cerezo
7.10. 1987	erste hochrangige Kontakte zwischen Regierung und Guerilla in Madrid im Rahmen des zentralamerikanischen Friedensprozesses
März 1988	die guatemaltekische Bischofskonferenz tritt für einen Dialog zwischen Regierung und Guerilla ein
11.5. 1988	Putschversuch gegen die Regierung Cerezo scheitert
März 1989	erstes Treffen der nationalen Versöhnungskommission ohne Teilnahme von Guerilla, Regierung oder Militär
9.5. 1989	zweiter Putschversuch gegen die Regierung Cerezo scheitert
März 1990	Gespräche zwischen Vertretern der nationalen Versöhnungskommission und der Guerilla in Oslo
27.5.–1.6. 90	Treffen zwischen Guerilla und Vertretern der politischen Parteien in El Escorial, Spanien
1.9. 1990	Treffen der Guerilla mit Vertretern des guatemaltekischen Unternehmerverbandes in Ottawa, Kanada
24.–26.9. 90	Treffen zwischen Vertretern der URNG und der Kirchen in Quito, Ecuador
23.–25.10. 90	Treffen von Guerilla und Vertretern von Gewerkschafts- und Basisbewegungen in Puebla, México
11.11. 1990	Präsidentschafts- und Parlamentswahlen
2.12. 1990	Massaker der Armee an indianischen Bauern in Santiago Atitlán
6.1. 91	Stichwahl wird von Jorge Serrano gewonnen
18.3. 1991	Die neue Regierung läßt ihre Bereitschaft zur Aufnahme von Gesprächen mit der URNG erkennen
April 1991	Initiative für den Totalen Frieden von Präsident Serrano
24.–25.4. 1991	Gespräche zwischen Guerilla und Regierung in México unter Vermittlung des Vorsitzenden der guatemaltekischen Bischofskonferenz über die Aufnahme von Friedensverhandlungen
Juni 1991	Aufnahme von Friedensverhandlungen

VI. AKTUELLE SÜD-SÜD-EREIGNISSE

Herausforderung für den Süden:
Der Bericht der Süd-Kommission

Die Süd-Kommission steht in der Tradition unabhängiger internationaler Kommissionen, die seit Ende der 60er Jahre mehrfach an der Entwicklungsdebatte beteiligt waren. Erinnert sei z. B. an die Berichte der Pearson-, Brandt- und Brundtland-Kommission. Erstmals gehörten einem solchen Gremium jedoch ausschließlich Vertreter des Südens an.

1. *Entstehungshintergrund, Zielsetzung und Organisation*

Wie ihre Vorläufer war die Süd-Kommission ein Kind der Krise. In weiten Teilen der Dritten Welt kam es in den 80er Jahren zu einer schweren Wirtschafts- und Entwicklungskrise. Einige Begleiterscheinungen sind hier von besonderer Bedeutung. Soziale und politische Unruhen als Folge der Wirtschaftsmisere führten verbreitet zu kurzfristigem, an nationalen Belangen orientiertem Krisenmanagement. Ferner verstärkte sich das Entwicklungsgefälle innerhalb des Südens. Zunehmend wurden unterschiedliche Interessenlagen einzelner Entwicklungsländer (EL) erkennbar, die Solidarität zeigte Risse, und die Dritte Welt geriet in die Defensive.

In dieser Situation forderten im Mai 1986 die Teilnehmer einer Süd-Konferenz in Kuala Lumpur (Malaysia), eine unabhängige Expertengruppe damit zu betrauen, eine Bestandsaufnahme der aktuellen Lage und künftiger Herausforderungen vorzunehmen und Empfehlungen für die Süd-Süd-Kooperation unter besonderer Berücksichtigung organisatorischer Erfordernisse zu erarbeiten. Die Runde sollte zugleich als Forum des

Dialogs zwischen führenden Persönlichkeiten und Interessengruppen des Südens dienen. Zur Vorbereitung des Projekts wurde ein Ausschuß unter Leitung des malaysischen Premierministers, Mahathir Mohamad, gebildet, der im September 1986 am Rande des 8. Blockfreien-Gipfels die Gründung der Kommission ankündigte. Nach anfänglichen Kontroversen zum Verhältnis Kommission/Blockfreie hatte der Vorschlag dort breite Zustimmung gefunden. Als Vorsitzender wurde der ehemalige tansanische Staatschef, Julius Nyerere, gewonnen, der schon 1978 einen ähnlichen Vorschlag gemacht hatte. Nyerere gab im Juli 1987 die Besetzung der Kommission bekannt, und im Oktober trat diese zu ihrer konstituierenden Sitzung zusammen.

Die 28 Mitglieder der Süd-Kommission repräsentierten ein breites, regional ausgewogenes Spektrum verschiedener gesellschaftlicher und politischer Kräfte. Neben hochrangigen Politikern – u.a. zwei amtierenden Regierungschefs und drei Ministern – waren Diplomaten, Geschäftsleute, Banker, Intellektuelle, Professoren, Grassroots-Aktivisten und ein Kirchenführer vertreten, mehrheitlich aus fortgeschritteneren EL und Schwellenländern. Außer dem Vorsitzenden kam nur ein weiteres Mitglied aus einem ‚least developed country‘. Mit Kuba und der VR China waren auch zwei sozialistische Länder einbezogen. Größe und Heterogenität der Kommission sowie die lange Vorbereitungszeit lassen ahnen, daß es schwierig war, die Interessenvielfalt im Süden auszubalancieren.

Die Arbeit der Kommission wurde wesentlich durch ein qualifiziertes, achtköpfiges Sekretariat in Genf unterstützt und durch Beiträge aus 45 EL finanziert (Gesamtkosten rd. 8 Mrd. US-$). Im August 1990 veröffentlichte die Süd-Kommission in Caracas (Venezuela) ihren Bericht „Die Herausforderung des Südens", nachdem sie zuvor bereits Stellungnahmen zur Verschuldung und zur Uruguay-Runde des GATT vorgelegt hatte.

2. Zur Strategie der Süd-Kommission

Die Strategie der Süd-Kommission umfaßt die nationale Ebene, die Süd-Süd- und die Nord-Süd-Beziehungen. Sie zielt im Kern darauf ab, durch eigenständige Entwicklung (self-reliance) im Inneren, die umfassende Ausschöpfung aller Ressourcen des Südens, durch verstärkte Zusammenarbeit (collective self-reliance) sowie durch eine solidarische, wirksam organisierte Interessenvertretung nach außen Handlungsspielräume und internationales Gewicht des Südens nachhaltig zu stärken. Dabei geht sie vom Grundsatz aus, daß der Süden die Hauptverantwortung für seine Entwicklung selbst zu tragen habe. Vordringlich sei angesichts der Verdichtung weltweiter Verflechtungen die gleichberechtigte Beteiligung des Südens an einem augewogeneren Management globaler Belange. Dazu müsse die Vorherrschaft der Industrieländer (IL) durch einen gemeinsamen Kampf der EL abgebaut werden. Langfristige Vision des Südens sei die Aufhebung der Spaltung in arm und reich, Süden und Norden, in einer ungeteilten Welt ohne ‚Nord' und ‚Süd', die durch Chancengleichheit, Gleichberechtigung, Frieden und Sicherheit geprägt sei und deren materielle wie wissenschaftliche Ressourcen zum Wohle aller genutzt würden. Die Kommission versteht ihr Konzept als Beitrag auf diesem Weg.

Ausgangspunkt ist eine Bilanz von vier Jahrzehnten Entwicklung im Süden. Neben wirtschaftlichen und sozialen Erfolgen – z. B. beachtliches Wachstum, Fortschritte bei der Industrialisierung, erhöhte Lebenserwartung, sinkender Anteil der absolut Armen, Verbesserungen im Gesundheits- und Bildungswesen – unterstreicht die Kommission auch den positiven Beitrag von grassroots-Bewegungen. Kritisiert werden dagegen u. a. die Vernachlässigung von Landwirtschaft, Umweltbelastungen, Wissenschafts- und Technologieentwicklung, die Übernahme westlicher Lebensstile, autoritäre Herrschaftsformen sowie Korruption und überzogene Militärausgaben. Während diese Mängel die Entwicklungskrise der 80er Jahre allenfalls mitverursacht hätten, sei diese v. a. auf eine durch Politiken im Norden ausgelöste, dramatische Verschlechterung des weltwirtschaftlichen Umfelds zurückzuführen. Scharf kritisiert die Kommission die von den IL sowie IWF und Weltbank gemeinsam durchgesetzten Anpassungsprogramme. In neokolonialistischer Manier habe der Norden dem Süden einseitig die Anpassungslasten der Krise aufgebürdet.

Erfordernisse auf nationaler Ebene

Die Mängel bisheriger Entwicklungsstrategien und die Unangemessenheit aufgezwungener Krisenrezepte machten neue Konzepte erforderlich. Da die EL in den 90er Jahren kaum mit der Verbesserung des internationalen Umfeldes rechnen können, seien vermehrte Eigenanstrengungen, einzeln und gemeinsam, geboten. Damit begründet die Kommission das Konzept „eigenständiger, am Menschen ausgerichteter (people-centered) Entwicklung" als Grundlage der Strategie. Seine wichtigsten Elemente sind: Befriedigung der Grundbedürfnisse, rasches und dauerhaftes Wachstum, soziale Gerechtigkeit, kulturelle Identität, Wahrung der Menschenrechte, politische Freiheiten, Demokratie, Anerkennung der zentralen Rolle der Frauen, schöpferische Nutzung von Wissenschaft und Technologie und Umweltschutz. Die Kommission behandelt zunächst die Anforderungen des Konzepts auf nationaler Ebene. Vordringlich sei rasches, dauerhaftes Wachstum, das jedoch gezielt auf die Steigerung der Einkommen und Produktivität der Armen sowie den verantwortlichen Umgang mit knappen Ressourcen und Umwelt auszurichten sei. Weitere Empfehlungen beziehen sich auf die Verbesserung der Ernährungssicherung (z. B. Förderung von Kleinbauern, Landreformen, Preisanreize), die Schaffung dauerhafter Arbeitsplätze durch umfassende Industrialisierung und die Exportförderung. Akzente setzt die Kommission bei der Entwicklung menschlicher Ressourcen (Gesundheits-, Bildungs- und Bevölkerungspolitik); der Forschungs- und Technologieförderung; Reformen der Staats- und Regierungsapparate, Planungsprozesse sowie Wirtschafts- und Steuerpolitik (u. a. ausgewogener Mix von Staat, Planung und Markt); der Frauenförderung sowie der Kultur- und Umweltpolitik. Ausgestaltung und Mischung der einzelnen Elemente müßten jeweils länderspezifisch festgelegt werden.

Intensivierung der Süd-Süd-Kooperation

Ausgehend von einer ernüchternden Bilanz bisheriger Kooperationsansätze begründet die Kommission die Notwendigkeit, aber auch die Möglichkeiten engerer Zusammenarbeit auf globaler, regionaler und sub-regionaler Ebene. Die fortgeschrittene Industrialisierung der Schwellenländer biete neue Chancen für die Ausweitung komplementärer Handels-, Technologie- und Kapitalströme. Auch verlangten viele Probleme der EL gemeinsame Lösungen. Durch Einsatz arbeitskräfte- und rohstoffsparender Technologien sei der Norden unabhängiger vom Süden geworden und falle als Wachstumsmotor daher aus. Zudem verlagerten sich durch die Reformprozesse in Osteuropa seine Prioritäten. Ferner gelte es, ein Gegengewicht zur Herausbildung von Regionalblöcken (z.B. Freihandelszone USA/Kanada, EG) zu schaffen. Das umfangreiche Programm zur Belebung der Süd-Süd-Beziehungen, ein Schwerpunkt der Strategie, unterstreicht zunächst die zentrale Bedeutung eines „Süd-Bewußtseins" sowie der engen Kooperation bei Bildung und Ausbildung. Als organisatorischen Kern eines globalen Süd-Netzwerkes fordert die Kommission ein Süd-Sekretariat. Der Süden habe versäumt, sein Potential an Sachverstand, Erfahrung und Verhandlungsmacht ausreichend zu mobilisieren. Neue globale Herausforderungen und der Zwang zum Ausgleich interner Interessenkonflikte sprächen auch für ein Sekretariat, das zugleich Denkfabrik, Kontaktstelle, Beobachterposten und Lobby der EL sein solle. Weiter regt die Kommission an, spezielle Ministerien und Komitees für Süd-Belange in den EL, eine Süd-Stiftung, ein Schuldnerforum, eine Süd-Bank und neue Rohstoffproduzentenvereinigungen (v.a. für Tee, Kaffee, Kakao) zu schaffen. Sie fordert regelmäßige Süd-Gipfel, Konsultationen mit den IL bzgl. deren Unterstützung für die Zusammenarbeit und empfiehlt umfangreiche Maßnahmen in 10 Funktionsbereichen, darunter Handel/Finanzen, Dienstleistungen, Transport/Infrastruktur, Information/Kommunikation, Forschung/Technologie. Dringlich sei die Förderung menschlicher Kontakte, z. B. durch Reiseerleichterungen.

Nord-Süd-Beziehungen und internationales System

Die Kommission unterstreicht, daß Self-Reliance im Süden nicht Autarkie bedeute. Nord und Süd seien vielmehr aufeinander angewiesen. Im Zeichen weltweiter Verflechtungen seien Frieden, Sicherheit und Wohlstand unteilbar. Diese Tatsache werde im bisherigen Management globaler Belange jedoch vernachlässigt. Ungesteuert verlaufende, globale Trends – z. B. bzgl. der Aktivitäten transnationaler Konzerne und privater Banken oder der Verschiebung des relativen Gewichts von Produktionsfaktoren – hätten das internationale Umfeld für Entwicklung in den EL stark beeinträchtigt. Neue Risiken schaffe der Wandel im Ostblock. Zum einen seien Osteuropa und die UdSSR potentielle Konkurrenten als Kapitalimporteure und als Anbieter auf westlichen Märkten. Auch die entwicklungsbezogene Nutzung der „Friedens-Dividende" sei unsicher. Nachdrücklich wird davor gewarnt, daß das Ende des Kalten Krieges auch zu Allianzen der Supermächte zum Nachteil des Südens führen könne. Allerdings hätten Ost und Süd auch gemeinsame Interessen in der Weltwirtschaft, z. B. als Kapital- und Technologieimporteure und als Rohstoffexporteure. Als Antwort auf aktuelle Herausforderungen und die Mängel des bisherigen Managements entwirft die Kommission die Vision eines rationalen, entwicklungsorientierten internationalen Systems, das auf eine demokratische Steuerung von Weltwirtschaft und internationaler Politik, aber auch auf die Unterstützung der Eigenanstrengungen des Südens abzielt. Notwendig sei ein Pakt globaler Solidarität. Die Empfehlungen der Kommission sind teils dem NWWO-Konzept entlehnt. Sie verlangt Maßnahmen zur Entschuldung, Verbesserungen bei der Entwicklungsfinanzierung, einen Verhaltenskodex für transnationale Konzerne, kritisiert den Kapitalabfluß aus dem Süden durch Investitionen in IL und fordert durchgreifende Reformen des Währungssystems, der

Handelsbeziehungen, internationale Regime für Wissenschaft/Technologie und Energie, eine globale Umweltpolitik, eine führende Rolle der Vereinten Nationen im Weltwirtschaftsmanagement und den Ausbau menschlicher Kontakte zwischen Nord und Süd. Ein Sofort-Programm umfaßt den Stop von Netto-Transfers der EL, multilaterale Abkommen zum Schutz der globalen Umwelt und zur Sicherung dauerhafter Entwicklung, die Verdoppelung der öffentlichen Hilfe bis 1995, den Abbau des Protektionismus und Schutz gegen extreme Schwankungen bei Zinsraten, Wechselkursen und Terms of Trade.

3. Einschätzung und Reaktionen

Der Nyerere-Bericht markiert ohne Zweifel einen Fortschritt in der entwicklungspolitischen Debatte. Zu begrüßen sind das differenzierte Entwicklungsverständnis, die eindeutige Parteinahme für respektable Entwicklungsziele, die Abkehr von einem einseitig regierungszentrierten Politikverständnis durch die Aufwertung gesellschaftlicher Akteure und Basisgruppen, die ausgewogene Berücksichtigung interner und externer Einflußfaktoren und v. a. die selbstkritische, auch heikle Themen ansprechende Bilanz. Hier spiegelt sich nicht zuletzt der Einfluß von Basis-Aktivisten und Kirchenvertretern in der Kommission. Als Kompromißpapier weist der Bericht aber auch Unschärfen und Unstimmigkeiten auf. Ob und wie z. B. eine Wirtschaftsphilosophie, die v. a. auf Wachstum, Exportförderung, umfassende Industrialisierung und technologische Modernisierung setzt, mit kulturellen Traditionen, Partizipationsansprüchen oder Umweltschutz vereinbar ist, muß letztlich die Praxis zeigen. Eine kritische Bewertung der – auch von der Kommission als Hoffnungsträger angesehenen – südostasiatischen „Erfolgsmodelle" hätte jedoch eine sorgfältigere Erörterung möglicher Zielkonflikte nahegelegt. Entgegen ihrer Kritik an der Übernahme westlicher Modelle hat sich die Kommission teils selbst an diesen orientiert, so z. B., wenn sie Werte wie harte Arbeit, Disziplin und Leistung propagiert als Voraussetzung für hohe Produktivitäts-, Spar- und Investitionsraten sowie für Innovation und Unternehmertum. Die Strategie hat einen zentralen Schwachpunkt: Mit der Vorstellung vom Süden als einheitlichem Akteur beschwört die Kommission einen Mythos. Die gemeinsame Strategien untergrabenden, tiefgreifenden Differenzen werden beschönigt oder – wie z. B. die durch politische kulturelle und religiöse Konfliktlinien erzeugten Spannungen – ausgeblendet. Auch im Süden gibt es jedoch Macht und Ohnmacht, Vorherrschaft und Abhängigkeit. „Süd-Süd" bietet also nur eine beschränkte Alternative zu „Nord-Süd". Die Notwendigkeit zur Gegenmachtbildung sei damit keineswegs bestritten. Angesichts weltweiter Differenzierungsprozesse und einer sich andeutenden, tripolaren Weltwirtschaft (Nordamerika, EG, Japan) kann eine solche Strategie allerdings kaum länger auf das überkommene Nord-Süd-Modell gegründet werden.

Die Wirkung des Berichts, die zunächst durch die Golfkrise nachhaltig beeinträchtigt war, ist bisher nicht absehbar. Wie frühere Erfahrungen zeigen, sind politische Akteure durch solche unabhängigen Gremien kaum direkt beeinflußbar. Chancen liegen eher in der Einflußnahme auf die längerfristige Meinungsbildung. Konkret gibt es aus den EL einige positive Stellungnahmen, aber auch skeptischere Stimmen zu den Aussichten der Süd-Süd-Kooperation. In den IL wird der Bericht, zumindest auf offizieller Ebene, kaum beachtet. Umgesetzt wurde bereits die Forderung nach regelmäßigen Gipfelkonferenzen. Im Juni 1990 fand in Kuala Lumpur der erste Gipfel einer Gruppe von 15 EL (G-15) statt. Neben Wirtschaftsfragen wurde die künftige Zusammenarbeit beraten. Gegenwärtig wird eine „technische Unterstützungseinrichtung" aufgebaut, die möglicherweise in Zukunft den Kern eines Süd-Sekretariats bilden könnte. Der Erfolg dieser Initiative wie auch der noch laufenden follow-up-Aktivitäten der Süd-Kommission bleibt abzuwarten.

Andreas Langmann (Ruhr-Universität Bochum)

Literaturhinweis

The Challenge to the South. The Report of the South Commission. Oxford 1990. (Eine deutsche Ausgabe des Berichts wird von der Stiftung Entwicklung und Frieden in Bonn vorbereitet.)

Afrika: Neue Ansätze für verstärkte wirtschaftliche und politische Zusammenarbeit

Angesichts grundlegender weltpolitischer Veränderungen in den letzten Jahren (Ende des Ost-West-Konflikts, Wandel in Osteuropa, Fortschritte des Einigungsprozesses in Europa, Schaffung des europäischen Binnenmarktes ab 1993, Herausbildung anderer Handelsblöcke, Tendenzen zu einer „neuen Weltordnung" als Folge des Golfkrieges) und der anhaltenden wirtschaftlichen und sozialen Krise des eigenen Kontinents hat die unsichere Suche nach dem angemessenen Platz Afrikas innerhalb des internationalen Wirtschafts- und Sozialsystems in jüngster Zeit eine neue Dringlichkeit erhalten. Die Perspektive schwankt zwischen Sorge um anhaltende Marginalisierung und weitere passive Abkoppelung von der weltwirtschaftlichen Dynamik, faktischem Eingeständnis der eigenen Schwäche und der fortbestehenden Abhängigkeit von außerafrikanischen Determinanten sowie dem extrem schwierigen Bemühen um eigenständige, längerfristig tragfähige Entwicklungskonzepte für den Kontinent, die über das reine Krisenmanagement einer kurzfristigen Anpassungspolitik hinausführen. Vor diesem Hintergrund sehen sich die afrikanischen Regierungen stärker als je zuvor mit der Notwendigkeit konfrontiert, trotz aller bisherigen Rückschläge nach neuen Formen einer vertieften wirtschaftlichen und politischen Zusammenarbeit – sowohl kontinentübergreifend als auch in bezug auf einzelne Regionen – zu suchen, um auf diese Weise wenigstens ansatzweise die ökonomischen Nachteile der geringen Größe der Volkswirtschaften überwinden und eigenständige Konfliktlösungsmechanismen entwickeln zu können. Ein wesentlicher Auslöser hierfür sind nicht zuletzt auch die von Geberländern und -organisationen von Entwicklungshilfe erstmals dezidiert erhobenen politischen Forderungen an afrikanische Regierungen in bezug auf Einhaltung der Menschenrechte und Zulassung eines politischen Pluralismus; diesbezüglich ist neuerdings von einer „politischen Konditionalität" neben der schon länger praktizierten wirtschaftspolitischen Auflagenpolitik die Rede. Diese veränderte Haltung der externen Geber stellt eine wesentliche Ermutigung und Unterstützung für alle internen oppositionellen Kräfte dar, so daß die (bisher überwiegend) autokratischen Regime gleichermaßen einem inneren und äußeren Druck ausgesetzt sind, der in vielen Fällen politische Veränderungen erzwingt, die bis vor kurzem noch ziemlich unvorstellbar waren. Auch unter diesem Gesichtspunkt stehen alle Regionalorganisationen vor neuen Legitimationsherausforderungen. Zusätzlich erfordern die raschen Veränderungen in Südafrika und das absehbare Ende der Apartheid ein Überdenken bisheriger Kooperationsmuster.

Sowohl bei der im November 1989 von der Weltbank vorgelegten langfristigen Perspektivstudie „Sub-Saharan Africa: From Crisis to Sustainable Growth" als auch bei der im Juli 1989 veröffentlichten Entwicklungsstrategie der Economic Commission for Africa (ECA) der UNO unter dem Titel „African Alternative Framework to Structural Adjustment Programmes for Socio-Economic Recovery and Transformation" wurde die absolute Notwendigkeit einer verstärkten regionalen Wirtschaftskooperation bzw. -integration in Afrika stark betont; beide Dokumente stellen die derzeit wichtigsten konzeptionellen Grundlagen für die Orientierung der Entwicklungspolitik in Afrika in den 1990er Jahren dar. Auch in der neuen, ab 1990 wirksamen Konvention (Lomé IV) für die entwicklungspolitische Zusammenarbeit zwischen der EG und der Gruppe der sog. AKP-Länder wurde wiederum der Unterstützung der regionalen Kooperation eine besonders herausgehobene Position eingeräumt. Die bei einer ECA-Konferenz im Februar 1990 in Arusha (Tanzania) verabschiedete „African Charter for Popular Participation in Development and Transformation" stellte ergänzend hierzu vor allem die Notwendigkeit einer stärkeren Beteiligung der Bevölkerung an wirtschaftlichen Entscheidungen und Entwicklungen in den Mittelpunkt; damit wurde von einer autoritativen gesamtafrikanischen Institution eine Verknüpfung der Voraussetzungen vorgenommen,

296

die eine Verbesserung der politischen Rahmenbedingungen für eine effizientere und tatsächlich entwicklungsorientierte Ausübung der Regierungstätigkeit mit Forderungen nach pluralistischen demokratischen Systemen als einem eigenständigen, ethisch begründeten Wert bedeuten. Obwohl dieses vom ECA-Exekutivsekretär Adebayo Adedeji als „moderne Magna Charta" bezeichnete Dokument von vielen Regierungen außerordentlich skeptisch betrachtet wurde, erhielt es doch eine offizielle Bestätigung durch die Gipfelkonferenz der Organisation der Afrikanischen Einheit (OAU) im Juli 1990.

Neben äußerst beachtlichen Fortschritten in Richtung auf einen politischen Pluralismus seit Jahresbeginn 1990 in weiten Teilen des Kontinents, darf aber auch der weitere Zerfall zentraler staatlicher Autorität und eine brutale Verschärfung ethnisch-regionaler Konflikte nicht übersehen werden. Dies gilt – in unterschiedlicher Schärfe – vor allem für Liberia, Äthiopien und Somalia, aber auch für Rwanda sowie für Angola, Mosambique und Sudan. Alle diese wie noch weitere primär durch innere Faktoren bestimmte Konflikte erhielten jedoch – nahezu unvermeidlich – auch eine regionale, die zwischenstaatlichen Beziehungen belastende Dimension, da die jeweiligen Nachbarländer mehr oder weniger direkt davon mitbetroffen wurden – sei es durch grenzüberschreitende kriegerische Auseinandersetzungen, Unterstützungen für verschiedene Konfliktparteien, Bemühungen um Konfliktregulierung, Notwendigkeit humanitärer Hilfsmaßnahmen oder durch die Aufnahme von Flüchtlingen aus den Konfliktzonen. Die Ausrufung einer vorläufig von keinem Staat international anerkannten selbständigen Republik Somaliland im bisherigen Nordteil Somalias und die absehbare Entstehung eines eigenen Staates Eritrea (nach Abhaltung eines Referendums in diesem bisher zu Äthiopien gehörenden Territorium) führten überall in Afrika zu Besorgnis wegen der potentiellen Präzendenzwirkung für weitere unkontrollierbare Sezessionsbestrebungen in anderen Staaten des Kontinents mit äußerst heterogenen ethnischen Strukturen. Der hohe Grad politischer Instabilität wird auch aus der Tatsache deutlich, daß im Laufe eines knappen Jahres zwischen den

OAU-Gipfelkonferenzen 1990 und 1991 nicht weniger als neun Regierungswechsel – mehr als je zuvor seit Gründung der OAU 1963 – stattfanden, davon sechs in Folge von Bürgerkriegen oder gewaltsamen Auseinandersetzungen (Liberia, Tschad, Somalia, Mali, Lesotho, Äthiopien) und drei als Ergebnis freier demokratischer Wahlen (Kapverde, Sao Tomé und Principe, Benin).

Die vorstehend angeführten Entwicklungen der jüngeren Zeit bildeten den Hintergrund für ein neues Verständnis bezüglich der Notwendigkeit einer verstärkten gesamtafrikanischen und regionalen Zusammenarbeit in allen denkbaren Bereichen (besonders Politik, Wirtschaft, Sicherheit), die auf das engste miteinander verflochten sind und deshalb auch nur bei Berücksichtigung ihrer jeweiligen Wechselwirkungen einer dauerhaften Situationsverbesserung nähergebracht werden können. Neben den Aktivitäten der OAU und der verschiedenen Regionalorganisationen gab es insbesondere interessante neue Ansätze für eine Verknüpfung von Fragen der regionalen Sicherheit und Zusammenarbeit nach dem Muster der KSZE in Europa. Ein deutlich gegenläufiger Trend war dahingehend zu erkennen, daß die bisher ganz überwiegend mit politischen Fragen befaßte OAU nunmehr ihr Mandat deutlich auch auf ökonomische Entwicklungsprobleme ausweitete, während die verschiedenen regionalen Wirtschaftsgemeinschaften ihrerseits nicht umhin konnten, sich verstärkt mit den vorhandenen politischen Problemen in ihren jeweiligen Regionen auseinanderzusetzen.

1. OAU-Gipfelkonferenz 1990

Die 26. reguläre Gipfelkonferenz der OAU wurde vom 9.–11. Juli 1990 unter Anwesenheit von 25 Staatschefs wiederum in Addis Abeba abgehalten. Als Nachfolger des ägyptischen Präsidenten Hosni Mubarak übernahm der ugandische Staatschef Yoweri Museveni die Funktion des OAU-Vorsitzenden. Namibia wurde nach Erreichung der Unabhängigkeit als 51. Mitglied in den Kreis der OAU-Staaten aufgenommen. Nelson Mandela, der im Februar aus der Haft entlassene Vizepräsident des südafrikanischen ANC, wurde in der Runde der Spitzenvertreter des afrikanischen Kontinents besonders willkommen geheißen. Die Fortsetzung des gemeinsamen Kampfes gegen die noch immer vorhandenen Apartheidstrukturen in Südafrika wurde selbstverständlich deutlich unterstrichen, doch wurde angesichts der sich dort abzeichnenden tiefgreifenden Veränderungen auch klar, daß dieses Thema bald nicht mehr – wie häufig in der Vergangenheit – die dominierende und einigende Rolle bei den Diskussionen der OAU spielen würde.

Eine Vermittlungskommission der OAU unter Vorsitz von Mubarak hatte sich im Februar um eine Beilegung des Grenzkonflikts zwischen Mauretanien und Senegal bemüht; die Kommission trat am 6.7. in Addis Abeba erneut zusammen und erhielt von der Gipfelkonferenz eine Verlängerung ihres Mandats. Zur Frage einer eventuellen Intervention in den Bürgerkrieg in Liberia oder wenigstens einer aktiven Einflußnahme auf den Konflikt gab es innerhalb der OAU stark divergierende Meinungen, so daß diese praktisch keine wesentliche Rolle bei der Eindämmung der Kampfhandlungen spielen konnte. Das spezielle Ad-hoc-Komitee zum südlichen Afrika trat am 19.3. – unmittelbar vor der Unabhängigkeit Namibias – in Lusaka zusammen und setzte eine Monitorgruppe zur Beobachtung der weiteren Entwicklungen ein; am fünften Treffen dieses Komitees am 8.9. in Kampala, das über die Haltung der OAU zu den Veränderungen in Südafrika beriet, nahm erstmals auch Nelson Mandela teil. Beherrschendes Thema der Gipfelkonferenz im Juli waren die Rückwirkungen der grundlegenden Veränderungen in der Welt auf die politische und sozioökonomische Situation Afrikas; in der Abschlußerklärung wurde die Sorge vor einer weiteren Marginalisierung des Kontinents in den 1990er Jahren hervorgehoben, sofern Afrika nicht selbst angemessen auf die neuen Herausforderungen reagiere. Insgesamt fiel die Haltung gegenüber notwendigen politischen Veränderungen ziemlich ambivalent aus, da zwar ein allgemeines Bekenntnis zu weiterer Demokratisierung und umfassenderer

Partizipation der Bevölkerung unterstrichen, gleichzeitig aber auch eine Rechtfertigung der existierenden Strukturen zum Ausdruck gebracht wurden. Mit einiger Sorge betrachtet und überwiegend abgelehnt wurde die von westlichen Politikern neu aufgebrachte Diskussion einer Verknüpfung der Vergabe von Entwicklungshilfe mit innenpolitischen Reformen in Form einer „politischen Konditionalität". Insbesondere OAU-Generalsekretär Salim Ahmed Salim und Nigerias Staatschef Ibrahim Babangida stellten unmißverständlich die Notwendigkeit eines von Afrika selbst ausgehenden Wandels sowie die Tatsache heraus, daß der Kontinent aufhören müsse, eine umfassende externe Unterstützung zur Lösung oder Linderung aller seiner Probleme praktisch als selbstverständlich vorauszusetzen. Als prominente Gäste sprachen der ehemalige US-Präsident Jimmy Carter und Tanzanias Expräsident Julius Nyerere über Notwendigkeiten und Schwierigkeiten einer Beilegung der regionalen Konflikte in Afrika.

2. OAU-Gipfelkonferenz 1991

Auf Einladung Babangidas fand die 27. OAU-Gipfelkonferenz vom 3.–6. Juni 1991 in Nigerias neuer Hauptstadt Abuja statt, somit erstmals wieder nach zehn Jahren nicht am Sitz der Organisation in Addis Abeba, während vorher eine jährliche Rotation zwischen verschiedenen Hauptstädten üblich gewesen war. Die vor einem Jahr erfolgte Wahl des Konferenzortes erwies sich als Glücksfall, da wegen der wenige Tage vorher erfolgten Einnahme der äthiopischen Hauptstadt durch die EPRDF-Rebellen die OAU-Konferenz dort kaum hätte stattfinden können; vielmehr verließen in diesen Tagen OAU-Angestellte fluchtartig Addis Abeba und kamen nach Lagos. Spontan wurde über eine Verlegung des OAU-Sitzes in mehrere sich anbietende Städte – u. a. auch Abuja – spekuliert, doch wurde hierüber weder offiziell gesprochen noch gar entschieden; angesichts der Unsicherheit in Äthiopien wurde aber für die Gipfelkonferenz 1992 Lomé, die Hauptstadt Togos, als Austragungsort bestimmt. Einige Kritik hatte es an den außerordentlich hohen, vornehmlich durch die knappe Vorbereitungszeit bedingten Kosten für die Abhaltung der Konferenz in Abuja gegeben; diese Kosten überstiegen um ein Vielfaches das Volumen des Jahreshaushalts der OAU, die wegen erheblicher Zahlungsrückstände vieler Mitglieder praktisch permanent mit beträchtlichen administrativen Schwierigkeiten und Unzulänglichkeiten zu kämpfen hat.

Trotz innenpolitischer Unsicherheiten in vielen Ländern war es der rangmäßig bestbesuchte Gipfel seit Gründung der OAU 1963; von den 51 Mitgliedsländern waren 34 durch ihre Staatsoberhäupter vertreten, weitere drei durch ihre Premierminister. Der Senior aller afrikanischen Staatsmänner, Félix Houphouet-Boigny aus Côte d'Ivoire, hatte unbedingt nochmal teilnehmen wollen, mußte aber kurzfristig wegen Krankheit absagen, so daß Kenneth Kaunda aus Zambia die Rolle des Doyen zufiel. Aufmerksam notiert wurde die Anwesenheit des marokkanischen Außenministers, da Marokko als bisher einziger Staat 1983 unter Protest wegen der Handhabung des Westsaharakonflikts die OAU verlassen hatte. Absprachegemäß übernahm Nigerias Präsident Babangida den OAU-Vorsitz von Ugandas Staatschef Museveni. Einen kleineren Eklat gab es durch die Abreise des libyschen Außenministers am Eröffnungstag, der damit gegen Nigerias Intervention in anderen Ländern (Liberia!) und gegen seine Rolle bei der Evakuierung mehrerer hundert libyscher Kriegsgefangener aus dem Tschad im Dezember 1990 nach dem Fall der Regierung Habré protestieren wollte. UNO-Generalsekretär Perez de Cuellar beklagte die ungenügende internationale Unterstützung für die von den meisten Regierungen in die Wege geleiteten wirtschafts- und sozialpolitischen Reformmaßnahmen, während Barber Conable in der ersten Rede eines Weltbankpräsidenten vor der OAU zwar die Bereitschaft zu anhaltender massiver Hilfe seiner Bank für Afrika unterstrich, aber auch deutlich auf die vorrangige Eigenverantwortung der afrikanischen Führer für eine gute Regierungsführung und eine entwicklungsorientierte Politik im Interesse der Masse der Bevölkerung hinwies.

Nigerias Außenminister, Generalmajor Ike Nwachukwu,

hatte den Gipfel unter das Thema „Auf dem Wege zu einem relevanteren Afrika in bezug auf das neue internationale politische Klima" stellen wollen. Zentrales Ereignis war insofern die Unterzeichnung des 79-seitigen Vertrages über die Schaffung einer Afrikanischen Wirtschaftsgemeinschaft (AEC, African Economic Community), der im Laufe des vergangenen Jahres von OAU, ECA und Afrikanischer Entwicklungsbank ausgearbeitet worden war. Derartige Ideen gehen mindestens auf den, allerdings nie in die Tat umgesetzten, OAU-Aktionsplan von Lagos von 1980, wenn nicht sogar bis in die 1960er Jahre zurück. Entsprechend skeptisch wurde daher auch von vielen Beobachtern die Chance für eine tatsächliche Realisierung eingeschätzt, da alle Integrationsansätze bisher immer am mangelnden politischen Willen gescheitert waren. Nach den abgegebenen Erklärungen soll dies nun – nicht zuletzt unter dem Druck veränderter internationaler Bedingungen – zukünftig ganz anders werden, wobei von vornherein sehr lange Zeiträume vorgesehen sind. Der tatsächliche Prozeß der Entstehung der Wirtschaftsgemeinschaft soll 30 Tage nach Ratifizierung des Vertrages durch zwei Drittel der OAU-Mitgliedsstaaten beginnen; allein bis dahin wird also noch beträchtliche Zeit vergehen. Danach soll das Endziel in einem sechsstufigen Prozeß nach maximal 34 Jahren erzielt werden. Zunächst sollen die bestehenden Wirtschaftsgemeinschaften gestärkt werden, danach die Regelungen über den Gemeinschaftshandel stabilisiert und harmonisiert, schließlich regionale Freihandelszonen und sodann eine gesamtafrikanische Zollunion geschaffen werden, bevor ein Gemeinsamer Markt und in der Endstufe eine vollständige Wirtschaftsgemeinschaft entstehen können. Institutionell sollen im wesentlichen die bisherigen OAU-Organe verantwortlich sein, wobei erhebliche Skepsis bezüglich deren Leistungsfähigkeit für eine derartige Aufgabe angebracht ist. Zusätzlich vorgesehen sind ein nach Vertragsratifizierung zu schaffender Gerichtshof und – in der letzten Stufe – ein durch kontinentweite Wahlen zu konstituierendes Panafrikanisches Parlament. Die Unterzeichnung des AEC-Vertrages bedeutet ohne Zweifel einen neuen, ernsthafteren Anlauf zum Voranbringen der unerläßlichen Wirtschaftskooperation in Afrika, doch stehen einer zügigen Realisierung nach wie vor bedeutende Hindernisse entgegen.

Das in der Vergangenheit die OAU weitgehend einigende Thema Südafrika gab erstmals Anlaß zu ernsthaften Kontroversen über die Frage der Aufrechterhaltung bzw. Aufhebung der bisherigen Sanktionsmaßnahmen. Faktisch hatten viele afrikanische Staaten ihre Wirtschaftsbeziehungen zu Südafrika in jüngster Zeit bereits deutlich intensiviert. ANC-Vizepräsident Nelson Mandela wie der PAC-Vorsitzende Clarence Makwetu, der offiziell vor dem Plenum für die südafrikanischen Befreiungsbewegungen sprach, plädierten vehement für ein vorläufiges Festhalten an allen Sanktionen; dies war auch uneingeschränkt von der vorausgehenden OAU-Ministerratssitzung empfohlen worden. Demgegenüber argumentierte eine Minderheit von Staaten (u.a. Côte d'Ivoire, Kenya, Madagaskar, Senegal) für eine Politik gemilderter Sanktionen und verteidigte eine Wiederaufnahme des Handels. Die Schlußerklärung des Gipfels bekräftigte dann zwar die Beibehaltung der Sanktionen, zeigte aber dadurch Bereitschaft zu Flexibilität, daß bei neuen Entwicklungen eine Überprüfung der OAU-Position möglich sei, wozu Babangida als Vorsitzender des Ad-hoc-Komitees zum südlichen Afrika entsprechende Vollmachten erhielt.

Eine erstmals im Dezember 1990 bei einer Konferenz in Lagos erhobene Forderung nach Entschädigungszahlungen des Westens für Jahrhunderte der Sklaverei und Ausbeutung wurde auf der Konferenz diskutiert und von vielen afrikanischen Politikern mit Sympathie aufgenommen. Auch dem Hauptinitiator Babangida war aber klar, daß der Kampf um derartige Reparationen lang und schwierig sein würde, da viele damit zusammenhängende juristische und technische Fragen völlig offen sind. Deshalb wurde hierzu auch keine Resolution verabschiedet, aber immerhin eine Gruppe von eminenten Afrikanern und Afrikanern aus der Diaspora mit der weiteren Behandlung des Anliegens beauftragt. Von vielen Beobachtern wurde dieses Thema auch weniger als echte Einforderung einer Reparationszahlung angesehen denn als ein psychologisches Druckmittel im Hinblick auf den seit Jahren geforderten großzügigen Schuldenerlaß für die afrikanischen Staaten; diesbezüglich könnten die Schulden aus jüngerer Zeit gegen Reparationen für die länger zurückliegende Sklaverei wenigstens moralisch aufgerechnet werden. Nicht nur im Westen stieß diese unorthodoxe Idee auf wenig Gegenliebe; angesichts der Tatsache, daß eventuelle Reparationen nur den afrikanischen Eliten und nicht den Völkern zugute kämen, forderte etwa der nigerianische Literatur-Nobelpreisträger Wole Soyinka von den eigenen Eliten zuerst eine nach innen gerichtete Wiedergutmachung als Voraussetzung für entsprechende Forderungen nach außen. Auch die erwartete Einigung auf einen gemeinsamen afrikanischen Kandidaten für die Nachfolge des Ende 1991 ausscheidenden UNO-Generalsekretärs Perez de Cuellar stellte sich als schwierig heraus und wurde durch Delegation an ein spezielles Findungskomitee aufgeschoben. Afrikas Ansprüche auf einen derart herausgehobenen internationalen Posten waren unüberhörbar, inoffiziell und in den Medien wurden auch mehrere denkbare Personen genannt, doch konnte während des Gipfels hierüber kein Konsens erzielt werden.

Über verschiedene aktuelle inner- und zwischenstaatliche Konflikte wurde zwar diskutiert, doch wurde in keinem Fall ein unmittelbarer substantieller Beitrag der OAU zur Konfliktbeilegung erkennbar; meist wurde die Behandlung dieser Probleme besonderen Komitees oder Einzelpersonen als Vermittler übertragen bzw. einzelnen Regionalorganisationen überlassen. So wurde für Äthiopien ein Staatschefkomitee der Nachbarländer Djibouti, Kenya, Somalia, Sudan unter Leitung des OAU-Vorsitzenden Babangida eingesetzt, während für Somalia OAU-Generalsekretär Salim einen Vermittlungsauftrag erhielt und bezüglich Rwanda Zaires Präsident Mobutu in der Fortsetzung seiner Vermittlungsbemühungen für eine regionale Lösung bestärkt wurde. Die Präsidenten von Rwanda und Uganda hatten vor der Konferenz wegen der Aktivitäten der rwandischen Rebellen wechselseitige Vorwürfe gegeneinander erhoben. Liberia wurde bei der Konferenz zwar ohne Kontroverse

re p̄ior der̄ ... wirtschaftsgemeinschaft siehe p. 307

von Interimspräsident Amos Sawyer vertreten, doch die weitere Behandlung des noch offenen Liberiakonflikts überließ die OAU faktisch der Obhut der ECOWAS. Eine im Vorfeld Aufmerksamkeit erzeugende Initiative für eine grundlegend neue Behandlung von Fragen der Sicherheit und Stabilität wurde entgegen ursprünglichen Erwartungen jedoch von der Gipfelkonferenz nicht behandelt, da der vorbereitende Ministerrat viele damit zusammenhängende Punkte noch nicht für ausreichend geklärt hielt.

3. Konferenz über Sicherheit, Stabilität, Entwicklung und Zusammenarbeit in Afrika

Angesichts des Fehlens von befriedigenden Mechanismen für die Beilegung zwischenstaatlicher Konflikte in Afrika und angeregt durch das Beispiel der KSZE und des sog. Helsinki-Prozesses in Europa, hatte 1990 das African Leadership Forum (ALF), eine vom früheren nigerianischen Staatschef General Olusegun Obasanjo initiierte nichtstaatliche Gruppierung prominenter Afrikaner, damit begonnen, über einen der KSZE vergleichbaren gesamtafrikanischen Rahmen zur Gewährleistung von Sicherheit und Stabilität auf dem Kontinent nachzudenken. Nach mehreren Vorbereitungstreffen fand dann auf Einladung des ALF – in Abstimmung mit ECA und OAU – vom 19.– 22. Mai 1991 in Kampala eine erste große Konferenz mit über 500 Teilnehmern (darunter fünf amtierende und drei frühere afrikanische Staatspräsidenten) statt, die den Grundstein für die Schaffung einer ständigen „Conference on Security, Stability, Development and Cooperation in Africa" (CSSDCA) legen sollte. Ein von der Konferenz angenommenes 37-seitiges Kampala-Dokument wurde der OAU zugeleitet, damit diese die entsprechenden Schritte für eine Realisierung in die Wege leite. Doch gab es bei vielen afrikanischen Regierungen offensichtlich nicht nur Vorbehalte bezüglich des prozeduralen Vorgehens der Initiatoren durch die Einberufung der Kamapala-Konferenz, sondern insbesondere auch wegen vieler sensibler inhaltlicher Punkte, die Fragen der inneren Machtausübung und der absoluten Unantastbarkeit der jeweiligen nationalen Souveränität betreffen. Von vielen Beobachtern wurden daher auch die Chancen für eine zügige Umsetzung als eher gering eingeschätzt, dennoch war immerhin ein wichtiger neuer Anstoß gegeben worden.

Der Grundgedanke der CSSDCA beruht auf der Überlegung, daß zwar alle Staaten souverän sind, gleichzeitig aber Sicherheit, Stabilität und Entwicklung jedes afrikanischen Staates untrennbar mit entsprechenden Aspekten anderer Staaten verknüpft sind. Die vier Kalabassen (entsprechend den Körben bei der KSZE) für die Bereiche Sicherheit, Stabilität, Entwicklung und Zusammenarbeit stellen daher einen miteinander verzahnten Gesamtkomplex dar. Hieraus folgt, daß auch die Frage von eventuellen Interventionen in innere Konflikte keineswegs mehr völlig sakrosankt sein kann und daß nach geeigneten Instrumenten für friedenserhaltende Maßnahmen (einschließlich militärischer Einsätze wie im Falle Liberia) zu suchen ist. Im Kampala-Dokument wird deshalb eine „friedenserhaltende Maschinerie" vorgeschlagen; innerhalb der OAU hatte es schon früher – bisher ohne Resultat – Überlegungen für ein Afrikanisches Militärisches Oberkommando bzw. für einen Afrikanischen Verteidigungspakt gegeben. Ein weiterer Vorschlag des Kampala-Dokuments stellt auf einen Afrikanischen Friedensrat von besonderen Persönlichkeiten und älteren Staatsmännern ab. Wichtig im Hinblick auf die innere Stabilität – aber gerade deshalb für viele derzeitige Regierungen auch höchst umstritten – sind weiterhin die Forderungen nach Rechtsstaatlichkeit, Einhaltung der Menschenrechte, politischen Pluralismus und Partizipation der Bevölkerung am politischen Prozeß, u. a. unter Hinweis auf die von der OAU 1981 verabschiedete Afrikanische Menschenrechtscharta und auf die Charta der ECA-Konferenz vom Februar 1990 in Arusha. Bei Akzeptierung der CSSDCA-Prinzipien würden alle nationalen Regierungen jedenfalls unter einen verstärkten und bisher ungewohnten Legitimationsdruck gegenüber der Gesamtheit der afrikanischen Staaten geraten. Gerade deshalb ist auch mit ganz erheblichem Widerstand gegen diese neuen Initiativen zu rechnen.

4. Entwicklungen bei Regionalorganisationen

Angesichts der ständigen Eskalation des liberianischen Bürgerkriegs sah sich die ECOWAS (Economic Community of West African States) trotz keineswegs einheitlicher Haltung aller Mitglieder 1990 nach längerem Zögern veranlaßt, aus humanitären Gründen zur Herbeiführung eines Waffenstillstands mit einem von fünf Ländern getragenen Truppeneinsatz in Form der ECOMOG (ECOWAS Monitoring Group) in Liberia zu intervenieren. Wegen des Umfangs und der hohen Zahl der Opfer des Konflikts war es unvermeidlich geworden, daß die regionale Wirtschaftsgemeinschaft sich auch dieses zentralen politischen Problems für die Region annahm; eine dauerhafte politische Lösung konnte aber auch bei der ECOWAS-Jahrestagung in Abuja Anfang Juli 1991 noch nicht gefunden werden. Auch die ostafrikanische IGADD (Intergovernmental Authority on Drought and Development) diente über ihre eigentliche Rolle als Entwicklungsagentur hinaus als einziges Forum für einen politischen Meinungsaustausch zwischen den Führern der mit internen und zwischenstaatlichen Konflikten belasteten Länder am Horn von Afrika. Am Rande des OAU-Gipfels in Addis Abeba im Juli 1990 vereinbarten die Präsidenten der sechs IGADD-Mitgliedsländer eine Entschließung zur Unterbindung jeglicher Aktivitäten gegen die nationale Integrität der jeweils anderen Staaten in der Region. Im Falle von ECOWAS wie IGADD übernahmen ursprünglich rein wirtschaftlich orientierte Regionalorganisationen unter dem Zwang der Verhältnisse also auch wichtige politische Funktionen in ihren Regionen.

Durch den im August 1990 vollzogenen Beitritt Angolas und Sudans wuchs die Mitgliedschaft der PTA (Preferential Trade Area for Eastern and Southern African States) auf 18 Staaten an; damit wurde diese Präferenzhandelszone zur zahlenmäßig größten, aber auch geographisch weitaus heterogensten Regionalorganisation in Afrika. Im Rahmen des Lomé IV-Abkommens zwischen EG und AKP-Staaten erhielt die PTA ein selbständiges Mandat zur Durchführung regionaler Projekte im Handelsbereich zugesprochen. Dies verschärfte noch etwas die potentielle Konkurrenz mit der durch den Beitritt Namibias auf zehn Mitglieder angewachsenen SADCC (Southern African Development Coordination Conference), die bisher für funktionale Kooperationsprojekte von der EG besonders großzügig unterstützt worden war. Angesichts der rapiden Veränderungen in Südafrika stellte sich für beide Regionalorganisationen die völlig neue, vorläufig noch offene Frage des zukünftigen Umgangs mit einem neuen Südafrika. Beim überraschenden Besuch des südafrikanischen Präsidenten de Klerk im Juni 1991 in Nairobi entwickelte dieser schon ein Konzept von vier regionalen Wirtschaftsblöcken in Afrika unter jeweiliger Führerschaft von Ägypten, Kenya, Nigeria und Südafrika. Aber auch in Nigeria wurden bereits waghalsige Ideen von einer wirtschafts- und sicherheitspolitischen Führungsachse Kairo – Abuja – Pretoria für den gesamten Kontinent entwickelt.

Eine deutliche Konsolidierung erfuhr die Zusammenarbeit der Inselstaaten im Indischen Ozean im Rahmen der IOC (Indian Ocean Commission) durch die Reise des französischen Präsidenten Mitterand im Juni 1990 und das nach mehrmaliger Verschiebung schließlich im März 1991 erstmals zustandegekommene Gipfeltreffen der IOC-Mitglieder, an dem als Vertreter Frankreichs Premierminister Rocard teilnahm. Entgegen manch früherer Äußerungen ist heute die französische Präsenz in der Region auf der Insel Réunion einigermaßen unbestritten.

Rolf Hofmeier (Institut für Afrika-Kunde, Hamburg)

Aktuelle Formen regionaler Kooperation in Asien und dem Pazifik

1. Die Entwicklung bisher

Zu den frühen Formen regionaler Kooperation im asiatisch-pazifischen Raum gehören der Colombo-Plan (gegr. 1950) und die South Pacific Commission (1947/48) als Organisation der internationalen Entwicklungsförderung, ferner der ANZUS-Pakt (1951/52) und die SEATO (1954/55) als primär sicherheitspolitisch begründete Bündnisse, zu denen, mit Einschränkung, auch die ANZUK-Vereinbarungen im Rahmen des fälschlich so genannten „Fünfmächtepakts" (von 1971) zu rechnen sind.

Die Initiatoren (Hauptinteressenten) waren die (ehemaligen) Kolonialmächte. Die beteiligten Länder der Dritten Welt waren zumeist auf die eine oder andere Weise Klienten der Kolonialmächte: als (ehemalige) Kolonien oder Schutzgebiete, als „Verbündete" aufgrund der Vorteile, die sie zu bieten hatten, oder auch einfach als Nehmerländer internationaler Entwicklungsförderung.

Zu den Beweggründen für die Mitarbeit in Bündnissen wie ANZUS oder SEATO, aber auch in Organisationen der internationalen Entwicklungsförderung, gehörten für die westlichen Industrieländer in erster Linie die Sicherung von Einflußsphären und die Eindämmung der von der Sowjetunion und China ausgehenden „kommunistischen Bedrohung".

Ende der 60er Jahre entstand die ASEAN und mit ihr ein neuer Typ regionaler Kooperation, der sich im Laufe der Jahre immer deutlicher ausgeprägt hat. Unterscheidende Merkmale dieses neuen Typs sind: (1.) Es handelt sich um subregionale Gruppen. (2.) Ihre Initiatoren und Mitglieder sind fast ausschließlich Länder der Dritten Welt. (3.) Für die Beschlußfassung gilt das Prinzip des Konsens. (4.) Das geschlossene Auftreten zur Wahrung oder Durchsetzung gemeinsamer politischer und wirtschaftlicher Interessen, auch und vor allem gegenüber den politisch und wirtschaftlich stärkeren Ländern, und (5.) eine gewisse Tendenz zur Integration. Zu diesem fortgeschrittenen Typ regionaler Kooperation kann man auch das South Pacific Forum und die South Asian Association for Regional Co-operation (SAARC, seit 1985) zählen.

Bei dem in der Entstehung begriffenen dritten Typ regionaler Zusammenarbeit im asiatisch-pazifischen Raum handelt es sich auf den ersten Blick um eine großregionale, Subregionen übergreifende, Nord-Süd- und wahrscheinlich auch Ost-West-Gegensätze überwindende Zusammenarbeit von Partnern mit unterschiedlichen Interessen und Zielen. (Vgl. *APEC: Ein neuer Versuch asiatisch-pazifischer Zusammenarbeit,* in: Jahrbuch Dritte Welt 1991.)

2. Die ASEAN im Übergang

Die weltweite wirtschaftspolitische Reorientierung ist in den aktuellen Formen wirtschaftlicher und wirtschaftspolitischer Zusammenarbeit im asiatisch-pazifischen Raum – in der APEC, im Konzept der EAEG (East Asia Economic Group) sowie im „Wachstumsdreieck" Singapur-Johor-Batam und ähnlichen Kooperationsformen – bereits offenbar.

Die ASEAN ist in verschiedener Hinsicht ein Vorläufer. Sie hatte und hat ihre Prinzipien, diese haben sie nie daran gehindert, sich pragmatisch auf davon abweichende Erfordernisse einzustellen.

Anlaß gaben einmal die Fortschritte bei der Lösung des Kambodschaproblems und der damit „drohende" Wegfall des jahrelang wichtigsten Existenzgrundes der ASEAN, zum anderen die Entstehung der APEC. Wenn es das Kambodschaproblem nicht mehr gibt, stellt sich die Frage, welche Erfolge die ASEAN denn „überhaupt" vorzuweisen hat, denn über den Erfolg ihrer langjährigen Kambodschapolitik kann man ja streiten. Diese Frage könnte die ASEAN mit der wenig eindrucksvollen Bilanz ihrer internen wirtschaftlichen Zusammenarbeit und dem wenig befriedigenden Ergebnis ihrer kollektiven Bemühungen in der Uruguay-Runde an den Rand einer Sinnkrise bringen. Sie sieht diese Gefahr, und wenn sie auf dem Wege zu einer geregelten asiatisch-pazifischen Zusammenarbeit im Rahmen der APEC verlangt, daß sie als Herzstück dieser neuen Gruppierung anerkannt werde, dann kämpft sie um ihre Bedeutung, wohl wissend, daß ihr Status und ihre Arbeit von der APEC mit ihren weitergehenden Möglichkeiten in den Schatten gestellt werden könnten. Dementsprechend legte sie auf der ersten APEC-Konferenz Anfang November 1989 in Canberra Wert darauf, daß die APEC als eine Entwicklungsform der ASEAN-Dialogkonferenzen verstanden (und vom ASEAN-Sekretariat in Jakarta koordiniert) wird.

Die Dialogkonferenzen sind als ständige, alljährlich im Anschluß an die Ordentliche Ministertagung stattfindende Einrichtung das Flaggschiff der um die Mitte der 70er Jahre eingeleiteten regelmäßigen Konsultationen zwischen der ASEAN und ihren Dialogpartnern Australien, Neuseeland, Japan, USA, Kanada und EG. Sie boten und bieten Gelegenheit zur Abklärung der Standpunkte mit dem Ziel der harmonischen und konstruktiven Zusammenarbeit auf den verschiedensten Gebieten. Insofern und auch im Hinblick auf die hier zusammenkommenden Staaten (oder Volkswirtschaften) und Gruppierungen sind sie tatsächlich Vorläufer der APEC.

Der andere Weg, den die ASEAN geht, um mit der neuen Entwicklung Schritt zu halten, ist die selbstkritische Überprüfung und Revision ihrer eigenen Haltungen und Gepflogenheiten: Die Aufnahme Südkoreas in den Klub der Dialogpartner scheint offenbar nicht zu Unrecht als Signal für die Bereitschaft, diesen bisher praktisch exklusiven Kreis für weitere Mitglieder zu öffnen, verstanden zu werden: Die Sowjetunion und die VR China haben Interesse bekundet, und wie es heißt, ist die Aufnahme der Sowjetunion nur noch eine Frage der Modalitäten. Interessanter ist indessen, daß das ASEAN Committee on Industry, Minerals and Energy (COIME) auf der Sitzung Mitte Mai 1991 in Manila erwogen hat, Instrumente der ASEAN-internen Wirtschaftskooperation wie das Präferenzhandelssystem (PTA, Preferential Trading Arrangements) und das

Abkommen über AIJV (ASEAN Industrial Joint Ventures) zu revidieren, um den Wettbewerb zu fördern.

3. Die APEC: Hüterin der multilateralen Kooperation

Man hat sich daran gewöhnt, von der APEC zu sprechen, als gäbe es sie schon. Richtig ist, daß es Konsultationen gibt, darunter regelmäßige auf Ministerebene, auf denen auch über Prioritäten und Bedingungen einer asiatisch-pazifischen Zusammenarbeit gesprochen wird. Richtig ist ferner, daß diese Konsultationen bereits zur Formulierung bestimmter Arbeitsprogramme und Projekte geführt haben. Offenbar sind die Konsultationen über die Prioritäten ergiebiger als die über die Bedingungen der Zusammenarbeit, haben praktische Fragen Vorrang vor den grundsätzlichen. Das ist ein wichtiges unterscheidendes Merkmal der APEC-Konsultationen. Grundlage der Konsultationen sind die Motivationen und (Ziel-)Vorstellungen der Teilnehmer. Diese sind durchaus unterschiedlich.

Teilnehmer der ersten Stunde – das heißt der ersten offiziellen Sondierungskonferenz Anfang November 1989 in Canberra – waren Australien, Neuseeland, Japan, die USA, Kanada, die sechs ASEAN-Länder und Südkorea. Die Initiative, die zur Versammlung dieser Länder in Canberra führte, ging von Australien aus, aber auch Japan und die USA waren seit langem an einer asiatisch-pazifischen Kooperation interessiert und in dieser Sache tätig: Mitte der 60er Jahre zunächst auf akademischer, dann auch auf politischer Ebene. Dagegen waren die ASEAN-Länder am Anfang sehr zurückhaltend und mißtrauisch, vor allem Malaysia.

In der APEC arbeiten wirtschaftliche Supermächte mit bereits erfolgreichen und kommenden Schwellenländern zusammen, asiatische Länder kooperieren über den Pazifik hinweg mit amerikanischen, und, wenn die VR China einmal dazugehört, auch kapitalistische mit kommunistischen Ländern, über ideologische Grenzen hinweg.

So unterschiedlich wie die Teilnehmer sind die Gründe und Absichten, die sie zur Teilnahme bewogen haben. Die USA wollen die APEC nutzen, um ihrer Regierungspolitik – zur Wahrung nationaler aber auch übergeordneter Interessen, als da sind: die Erhaltung der Umwelt und wichtiger natürlicher Ressourcen – Geltung zu verschaffen, nicht nur in Asien, sondern auch daheim. Darum sind sie an einer möglichst frühen Institutionalisierung der APEC interessiert, halten sich aber – wie die Japaner – zurück, um sich, was Stil, Weg und Tempo angeht, auf die sozio-kulturellen Besonderheiten (und Empfindlichkeiten) der südostasiatischen Länder einstellen zu können.

Japan hat vor allem die wirtschaftliche Integration (Arbeitsteilung) im östlichen Asien im Auge und verfolgt sein Ziel, die Verringerung der Unterschiede im Niveau der wirtschaftlichen Entwicklung dort gleichsam auf leisen Pfoten, indem es sehr praktische Vorschläge unterbreitet, die fast ausnahmslos Beifall finden. Die ASEAN-Staaten, anfangs nicht gerade begeistert, haben sich zur Teilnahme entschlossen, weil eine Verweigerung sie in den Schatten stellen könnte, verknüpften ihre Bereitschaft zur Kooperation aber mit einer Reihe von Bedingungen: Was APEC meint, müsse sich ergeben. Zunächst genüge die regelmäßige Konferenz auf Ministerebene als Forum, wo über weitere Fragen der Zusammenarbeit gesprochen werden könne. Dieses Forum dürfe aber nicht mißbraucht werden, um zwingende Beschlüsse oder verpflichtende Direktiven durchzusetzen. Offenheit, Flexibilität und Kooperationsbereitschaft gegenüber anderen Organisationen und Ländern sei Vorbedingung; Abgrenzung oder Ausgrenzung, insbesondere aber die Entwicklung zu einem Handels- oder Wirtschaftsblock, komme nicht in Frage.

Angesichts der hiermit angedeuteten Interessenvielfalt unter den Teilnehmern – zu der neben den (wirtschafts-)politisch-strategischen Erwägungen auch die Prestigefrage nicht unerheblich beiträgt – nimmt es nicht wunder, daß es in der APEC bislang nur ein einziges gemeinsames Anliegen gibt: die weitere Liberalisierung des multilateralen Handelssystems. Dieses APEC-Ziel entspricht den APEC-Prinzipien Offenheit, Flexibilität und Komplementarität. Die APEC ist offen, erweiterbar, nicht ausgrenzend und nicht bindend. Aber sie ist ein Forum für regelmäßige Konsultationen von (jeweils) bestimmten Mitgliedern oder Teilnehmern aus einer bestimmten Region. Dies und der Wille zur Zusammenarbeit erzeugen ein Wir-Gefühl oder Wir-Verhältnis und damit auch einen gewissen Druck zur Solidarität. Ein Land, das seine Probleme vorbringt, kann, wo nicht mit Hilfe, so doch jedenfalls mit Aufmerksamkeit rechnen. Ein Land, das die Freiheit in Anspruch nimmt, in einer Sache seinen eigenen Weg zu gehen, muß gute Gründe dafür haben. Von Vorteil ist auch die Möglichkeit der APEC-internen Abklärung von Standpunkten und Sehweisen, weil sie hilft, Verständnis zu wecken, nationaler oder regionaler Nabelschau durch Horizonterweiterung entgegenzuwirken, Animositäten zu entschärfen. So ist die APEC schon heute ein Instrument zur Förderung internationaler Verantwortlichkeit und Solidarität und zur Verhinderung wirtschaftlicher Polarisierung, ganz abgesehen von dem praktischen Nutzen, die die bereits in Angriff genommene Verbesserung der Grundlagen für eine konstruktive Zusammenarbeit hat.

4. Die EAEG: Regionalismus schlecht verschleiert

Die am stärksten umstrittene Version regionaler Kooperation im asiatisch-pazifischen Raum ist das von Malaysias Ministerpräsident Mahathir Ende 1990 (unter dem Eindruck des Scheiterns der Uruguay-Runde) formulierte Konzept einer Ostasien-Wirtschaftsgruppe (East Asia Economic Group, EAEG), in der die ASEAN-Länder mit Japan und Südkorea, mit Vietnam, Laos und Kambodscha und schließlich auch mit China, Taiwan und Hongkong zusammenarbeiten sollten.

Ursprünglich gemeint war ein „Wirtschaftsblock" als Antwort auf die „Blockbildung" in Europa und Amerika. Aber die Zurückhaltung, mit der dieser Vorschlag von Japan und den meisten Partnern der ASEAN aufgenommen wurde, bewog Mahathir, die Darstellung seines Konzepts zu revidieren. Nach der neuen Darstellung ist die EAEG eine formale Gruppierung, die zur Rettung des Freihandelssystems in der Welt mit einer

Stimme sprechen kann, die allein durch die darin vertretene Wirtschaftskraft Gewicht hat.

Anfang 1991 begann Malaysia einen regelrechten Feldzug, um zunächst die Partner in der ASEAN und dann auch Japan und Südkorea für das Vorhaben zu gewinnen, mit diplomatischen und auch weniger diplomatischen Mitteln, aber mit mäßigem Erfolg. Obwohl Mahathir in seinem Ringen um Unterstützung für die EAEG alles tat, um die Erinnerung an das ursprüngliche Konzept, den Gegenblock, verblassen zu lassen, erreichte er in der ASEAN nicht mehr als ein vorläufiges „grundsätzliches Einverständnis". Nur Singapur tritt inzwischen als engagierter Befürworter auf, was weniger für die Qualität der EAEG spricht, als für das Interesse des Stadtstaates an einer substantiellen Verbesserung seiner Beziehungen zu Malaysia.

Japan, dem eine indirekte Führungsrolle zugedacht ist, gibt sich offiziell äußerst zurückhaltend: Die EAEG sei ein ASEAN-Projekt, darum müsse sich die ASEAN einig sein, bevor Japan Stellung nehmen könne. Die USA sind diplomatisch aktiv gegen die Bildung einer EAEG (von der sie ebenso wie Kanada, Australien und Neuseeland ausgeschlossen sind). Die Mitwirkung Japans würde sie verstimmen, denn die – wenn auch inoffizielle – Führung einer wirtschaftlichen Gruppierung, die sich aus der Sicht der USA zu einem „Yen-Block" entwickeln und die APEC sprengen könnte, zu übernehmen hieße, Amerika in grober Weise zu brüskieren.

Die Aussichten für eine Verwirklichung der EAEG nach den Vorstellungen Mahathirs sind Mitte 1991 nicht gut. Das Unterfangen wird den Geruch eines potentiellen Wirtschaftsblocks nicht los, trotz aller Beteuerungen, die EAEG werde mit den bestehenden Gruppierungen, der ASEAN, der APEC und nicht zuletzt mit dem Allgemeinen Zoll- und Handelsabkommen (GATT), vereinbar sein. Ein anderer Grund ist, daß die Initiative von Mahathir ausging, der damit zweifellos auch einen Führungsanspruch verbindet. Das verdrießt Indonesien, das sich seit langem als Quasi-Führungsmacht (in) der ASEAN betrachtet, aber auch Australien, dessen Premierminister Bob Hawke die APEC ins Leben gerufen hat.

Andererseits bedeutet das starke Engagement Mahathirs für die EAEG und sein weitgehendes Entgegenkommen in der Frage der Konzeption für die Partner in der ASEAN eine Verpflichtung: Sie können sich hier nicht – wie häufig in der ASEAN – aus der Affäre ziehen, indem sie die Sache in untergeordneten Gremien versickern lassen. Sie müssen sich entscheiden. Die ASEAN kann die EAEG nur noch annehmen oder ablehnen.

Klaus A. Pretzell (Institut für Asienkunde, Hamburg)

VII. ANHANG

Chronik der wichtigsten Dritte-Welt-Ereignisse
1990/91

1990

3.–7. Juli	Gipfeltreffen der Organisation der Afrikanischen Einheit in Addis Abeba.
6. Juli	Vereinbarung über die Schaffung eines Gemeinsamen Marktes zwischen Argentinien und Brasilien.
16. Juli	Der irakische Außenminister übermittelt der Arabischen Liga einen Brief, in dem er der kuwaitischen Regierung Aggression vorwirft.
23. Juli	Die liberianische Hauptstadt Monrovia wird Schauplatz heftiger Kämpfe zwischen Rebellenverbänden und Truppen des Präsidenten Samuel Doe.
26. Juli	Bei einem Treffen einer süd- und nordkoreanischen Delegation in Panmunjon werden Einzelheiten für Gespräche zwischen den Ministerpräsidenten beider Länder vereinbart.
27. Juli	Eine von Libyen unterstützte Gruppe schwarzer Moslems unternimmt einen Putschversuch in Jamaika und bringt Premier Arthur Robinson in ihre Gewalt.
29.–31. Juli	Zweites Treffen der Organisation für Wirtschaftliche Zusammenarbeit der Asiatischen und Pazifischen Staaten (APEC) in Singapur.
28. Juli	Amtseinführung von Präsident Alberto Fujimori in Peru.
2. Aug.	Der Irak marschiert in der Nacht mit mehreren Divisionen in Kuwait ein. Am 8. August wird die volle Vereinigung Iraks mit Kuwait unter Führung von Staatspräsident Saddam Hussein bekanntgegeben. Am 9. August werden alle ausländischen Botschaften in Kuwait aufgefordert, ihre Tätigkeit nach Bagdad zu verlegen.
2. Aug.	Der Sicherheitsrat der Vereinten Nationen verurteilt die irakische Invasion Kuwaits. Am 6. August verabschiedet er eine Resolution, die ein fast vollständiges Handelsembargo gegen den Irak vorsieht.

6. Aug.	Präsident Ghulam Ishaq Khan von Pakistan entläßt die Regierung von Premierministerin Benazir Bhutto und löst das Parlament auf.
7. Aug.	Staatspräsident Willem de Klerk und der stellvertretende ANC-Vorsitzende Nelson Mandela ebnen den Weg zu Verfassungsverhandlungen, die die Rassentrennung in Südafrika aufheben. Der ANC stellt mit sofortiger Wirkung den seit 29 Jahren andauernden bewaffneten Kampf ein.
8. Aug.	Entsendung amerikanischer Truppen und Luftstreitkräfte nach Saudi-Arabien gegen die irakische Bedrohung.
10. Aug.	Außerordentliche Gipfelkonferenz der Arabischen Liga zur Erörterung der Golfkrise.
24. Aug.	Eintreffen der ECOWAS-Friedenstruppe in der liberianischen Hauptstadt Monrovia.
10. Sept.	Der liberianische Präsident Doe wird von Rebellenführer Price Johnson gefangengenommen, der sich zum neuen Präsidenten erklärt.
10. Sept.	Einigung der vier Khmerlager auf den von der UNO vorgeschlagenen Friedensplan und die darin vorgesehene Schaffung eines Nationalen Rates.
18. Sept.	Eröffnung der 45. Generalversammlung der Vereinten Nationen in New York.
25.–26. Sept.	Jahresversammlung von Weltbank und Internationalem Währungsfonds in Washington.
26. Sept.	Finanzieller Koordinierungsausschuß für die Golfkrise unter Leitung der Vereinigten Staaten gegründet.
26. Sept.	Massive Protestaktionen der sandinistischen Gewerkschaften in Nicaragua.
29.–30. Sept.	Kindergipfel der UNICEF in New York und Verabschiedung einer gemeinsamen Erklärung zur Verbesserung der Lebensbedingungen von Kindern.
9. Okt.	Als Reaktion auf den Einfall bewaffneter Rebellenverbände aus Uganda wird in Ruanda der Ausnahmezustand verhängt.
11. Okt.	Plebiszit in Ägypten zur Auflösung des Parlaments mit 90 % der Stimmen angenommen.
11.–12. Okt.	Gipfeltreffen der Rio-Gruppe in Caracas. Die Teilnehmer begrüßen die Amerika-Initiative von Präsident Bush.
13. Okt.	General Aoun kapituliert nach schweren Kämpfen vor den Truppen der libanesischen und syrischen Regierungen.
21. Okt.	Die Regierungskoalition Nationale Front in Malaysia erringt bei den Parlamentswahlen überraschend eine Zweidrittelmehrheit.

24. Okt.	Bei den Parlamentswahlen in Pakistan erleidet die Partei der abgesetzten Premierministerin, die PPP, eine Niederlage, die bisherige Oppositionspartei, die Islamische Demokratische Allianz, erringt dagegen knapp die Hälfte der Sitze.
28. Okt.	Die nicaraguanische Regierung und die sandinistische Opposition unterzeichnen eine Vereinbarung, die dem Lande sozialen Frieden bringen soll.
4. Nov.	Das Parlament von Mosambique verabschiedet einstimmig eine neue Verfassung, mit der das Mehrparteiensystem und die freie Marktwirtschaft eingeführt werden.
6. Nov.	Der Chef der Militärjunta von Lesotho, General Lekkhanya, teilt mit, daß König Moshoeshoe II. endgültig von allen Funktionen entbunden sei. Am 8. Nov. tritt der älteste Sohn des Königs, Prinz Mohato Seisa, die Nachfolge seines Vaters an.
6. Nov.	Das pakistanische Parlament wählt den Vorsitzenden der Islamischen Demokratischen Allianz, Nawaz Sharif, zum neuen Premierminister. Dieser hebt am 7. November den Ausnahmezustand auf.
7. Nov.	Der indische Premierminister V. P. Singh tritt nach einer verlorenen Vertrauensabstimmung im Unterhaus von seinem Amt zurück. Chandra Shekar, dem Rajiv Gandhi die Unterstützung seiner Kongreßpartei zusagt, wird mit der Regierungsbildung beauftragt und am 10. November als neuer Premier vereidigt.
11. Nov.	Präsidentschafts- und Gemeinderatswahlen in Guatemala. Bei den Präsidentschaftswahlen setzt sich Jorge Carpio knapp vor Jorge Serrano durch. Zwischen beiden wird es am 6. Jan. 1991 zu einer Stichwahl kommen.
21. Nov.	Die „Nationale Befreiungsfront Farabundo Marti" (FMLN) in El Salvador startet eine neue Offensive im Bürgerkrieg.
21.–23. Nov.	Fünfte Gipfelkonferenz der Regierungschefs des Südasiatischen Verbandes für Regionale Zusammenarbeit (SAARC).
25. Nov.	Zweite Runde der Gouverneurswahlen in Brasilien. Mehrheitlich setzen sich Gegner des Präsidenten Collor de Mello durch.
25. Nov.	Erste Parlamentswahlen in der Elfenbeinküste gemäß einem Mehrparteiensystem. Klarer Sieg der bisherigen Monopolpartei PDCI.
26.–27. Nov.	Gespräche zwischen den Vereinigten Staaten und Mexiko über den Abschluß eines Freihandelsabkommens.

27. Nov.	Nach wochenlangen Unruhen in Bangladesh läßt Präsident Ershad den Ausnahmezustand erklären. Am 3. Dezember erklärt er dann jedoch seine Bereitschaft, noch vor der Präsidentschaftswahl im Juni 1991 zurückzutreten und sein Amt einem Kandidaten der Opposition zu übergeben.
28. Nov.	Die Staatspräsidenten Argentiniens und Brasiliens unterzeichnen ein Abkommen über die friedliche Nutzung der Kernenergie.
30. Nov.	In Mosambique tritt eine neue Verfassung in Kraft, in der nicht mehr die führende Rolle der FRELIMO verankert ist und in der der Begriff Sozialismus fehlt.
1.–2. Dez.	Erneute blutige Zusammenstöße zwischen Anhängern der Zulubewegung Inkatha und des Afrikanischen Nationalkongresses in Südafrika.
2. Dez.	Einzug der tschadischen Rebellen unter dem früheren Armeechef Déby in die Hauptstadt Ndjamena. Der neue Machthaber Déby verspricht dem Land Demokratie mit einem Mehrparteiensystem.
2. Dez.	Die Regierungen Argentiniens und Brasiliens erklären ihren Verzicht auf die Herstellung von Atomwaffen.
2. Dez.	Die Regierung Somalias verhängt den Ausnahmezustand über das Land.
3. Dez.	Eröffnung der Ministertagung der Uruguay-Runde (im Rahmen des GATT), am 7. Dezember Vertagung der Verhandlungen.
3. Dez.	In Argentinien meutern zum vierten Mal seit 1987 rechtsextremistische Militärs gegen die Regierung.
6. Dez.	Rücktritt von Präsident Ershad in Bangladesh, der am 12. Dezember in Sicherheitsverwahrung genommen wird.
12.–13. Dez.	Ministerkonferenz der OPEC-Staaten in Wien.

1991

6. Jan.	Aus der zweiten Runde der Präsidentschaftswahlen in Guatemala geht Jorge Serranao Elias als Sieger hervor. Bei seiner Amtsübernahme am 13. Januar kündigt er ein Notprogramm an, um der chaotischen Situation im Lande Herr zu werden.
9. Jan.	Der amerikanische Außenminister Baker und der irakische Außenminister Aziz verhandeln in Genf erfolglos über eine friedliche Lösung der Golfkrise.
10.–11. Jan.	Konferenz der mittelamerikanischen Präsidenten und der Außenminister von Kolumbien und Venezuela über die Intensivierung der Zusammenarbeit in der Region.

12.–13. Jan.	Besuch des Generalsekretärs der Vereinten Nationen im Irak, um eine militärische Konfrontation im Golfkonflikt zu verhindern.
13. Jan.	Aus den ersten freien Parlamentswahlen in Kap Verde seit der Unabhängigkeit geht die oppositionelle Bewegung für die Demokratie als Sieger hervor.
15. Jan.	Vor Ablauf des Ultimatums zum Abzug der irakischen Truppen aus Kuwait versucht der Sicherheitsrat der Vereinten Nationen, sich auf eine letzte Möglichkeit zur Verhinderung der militärischen Konfrontation zu einigen.
17. Jan.	Beginn der „Operation Wüstensturm", bei der die Vereinigten Staaten und ihre Verbündeten Luftangriffe auf den Irak und Kuwait fliegen, am 18. Januar erste irakische Raketenangriffe auf Israel.
27. Jan.	Die Rebellenbewegung Vereinigter Somalischer Kongreß (USC) übernimmt die Macht in Somalia, am 29. Januar wird Ali Mahdi Mohamed zum neuen Präsidenten ernannt.
28. Jan.	Nach dem Währungszusammenbruch in Argentinien reichen der Wirtschaftsminister und die übrigen Mitglieder des Wirtschaftsteams ihren Rücktritt ein.
1. Feb.	Staatspräsident de Klerk verkündigt die Aufhebung der wichtigsten Apartheid-Gesetze und das Ende der Rassentrennungspolitik.
2. Feb.	Übergangspräsident Ali Mahdi Mohamed vereidigt die „provisorische Regierung der nationalen Einheit" in Somalia.
4.–11. Feb.	Vorbereitungskonferenz für die 1992 geplante Umweltkonferenz in Chantilly (USA).
12.–13. Feb.	Die Staatschefs der Wirtschaftsgemeinschaft Westafrikanischer Staaten treffen in Lomé (Togo) zusammen, um über die Beendigung des Bürgerkrieges in Liberia zu verhandeln.
18. Feb.	Die Staatspräsidenten von Ruanda und Uganda haben sich auf einen Waffenstillstand im Grenzbereich ihrer beiden Länder geeinigt.
19. Feb.	Bei den ersten freien Parlamentswahlen in Benin seit 21 Jahren erreicht keine Partei die absolute Mehrheit.
23. Feb.	Die Regierung von Ministerpräsident Choonhavan in Thailand wird durch einen Militärputsch gestürzt. Die Macht wird von einer Militärjunta übernommen, die über das gesamte Land das Kriegsrecht verhängt.
23. Feb.	Beginn der Landoffensive gegen den Irak zur Befreiung Kuwaits, am 27. Februar Bekanntgabe der vorläufigen Einstellung der Kampfhandlungen.

25. Feb.	Rückzugsbefehl an die irakischen Truppen aus Kuwait.
27. Feb.	Bei den Parlamentswahlen in Bangladesh siegt die Nationalistische Partei von Khaleda Zia vor der Awami-Liga unter Führung von Sheik Hasina Wased.
1. März	Amtsantritt der Regierung des uruguayischen Staatspräsidenten Lacalle.
3. März	Bei einem Bombenanschlag kommt der Hauptverantwortliche für den Kampf gegen die tamilischen Rebellen in Sri Lanka, der stellvertretende Verteidigungsminister Ranjan Wijeratne ums Leben.
3. März	Beginn der Unruhen im schiitischen Süden des Irak gegen den Staatspräsidenten Saddam Hussein, ab etwa 10. März Rebellion im kurdischen Norden.
6. März	Der indische Premier Chandra Shekar erklärt seinen Rücktritt.
21. März	Das irakische Parlament hebt die Annexion Kuwaits formell auf.
26. März	Nach 23jähriger Herrschaft wird der Präsident Malis, Moussa Traoré, in einem Volksaufstand gestürzt.
4. April	Verhandlungen der Regierung von El Salvador und der Guerilla sowie Vertreter der Vereinten Nationen über einen Waffenstillstand.
6. April	Die Nationalversammlung des Irak nimmt die UN-Bedingungen für einen Waffenstillstand an.
8. April	Bruch der Demokratischen Allianz in Panama.
20. April	Bewaffnete Einheiten der amerikanischen Marineinfanterie beginnen im Nordwesten Iraks mit der Einrichtung von Schutzlagern für kurdische Flüchtlinge.
24.–25. April	Erstmalige Direktgespräche zwischen Vertretern der Regierung von Guatemala und den Aufständischen über die Beilegung des Konflikts.
26. April	Einigung der Fraktionen des kambodschanischen Widerstandes auf eine provisorische Feuereinstellung in Bangkok.
29. April	Billigung eines Planes von UN-Generalsekretär Perez de Cuellar zur Lösung des Westsahara-Konflikts durch den Sicherheitsrat.
29.–30. April	Frühjahrskonferenz von Weltbank und IWF in Washington.
30. April	Bei einem unblutigen Putsch in Lesotho wird der Chef der Militärjunta, Metsing Lekhanya, abgesetzt.
1. Mai	Friedensgespräche zwischen der angolanischen Regierung und der Widerstandsorganisation UNITA unter Vermittlung Portugals, der USA und der UdSSR führen zur Unterzeichnung eines Friedensabkommens.

1. Mai	Wirbelsturm über Bangladesch, der nach Schätzungen bis zu 300 000 Opfer forderte.
1. Mai	Die Republik Taiwan beendet die Periode der nationalen Mobilisierung gegen die VR China.
2. Mai	Aufhebung des nach dem Militärputsch vom 23. Februar verhängten Kriegsrechts in Thailand.
12. Mai	Erste freie Parlamentswahlen in Nepal seit 32 Jahren. Sieg des Nepali Congress bei hohen Stimmanteilen der Kommunisten.
15. Mai	Tagung der Arabischen Liga in Kairo. Der ägyptische Außenminister Abdel Meguid wird zum neuen Generalsekretär gewählt.
17.–18. Mai	5. Gipfelkonferenz der Andenpakt-Staaten in Caracas.
18. Mai	Die Nationale Bewegung Somalias verkündet die Unabhängigkeit Nordsomalias und setzt eine Übergangsregierung ein.
20. Mai	Beginn der auf mehrere Tage angesetzten indischen Parlamentswahlen. Am 21. Mai wird der Führer der Kongreßpartei und frühere Premier Rajiv Gandhi Opfer eines Attentats.
21. Mai	Flucht des äthiopischen Staatschefs Mengistu Haile Miriam nach Zimbabwe; sein Stellvertreter, Tesfaye Gebre Kidran, wird zum Staatschef ernannt.
22. Mai	Nach wochenlangen Protesten gegen die südkoreanische Regierung reicht Ministerpräsident Ro Jai Bong seinen Rücktritt ein.
24. Mai	Wiederaufnahme der Verhandlungen der salvadorianischen Bürgerkriegsparteien.
27. Mai	Gespräche zur Beseitigung des Bürgerkrieges in Äthiopien.
28. Mai	Die Revolutionäre Demokratische Front des Äthiopischen Volkes (EPRDF) dringt in die Hauptstadt ein und übernimmt die Macht. Der Führer der EPRDF, Meless Zenawi, leitet vorläufig die Regierungsgeschäfte.
31. Mai	In Lissabon unterzeichnen der angolanische Staatspräsident dos Santos und der UNITA-Führer Savimbi den am 1. Mai abgeschlossenen Friedensvertrag zur Beendigung des Bürgerkrieges.
3.–4. Juni	27. Gipfeltreffen der Organisation für Afrikanische Einheit. Der nigerianische Staatspräsident Babangida wird zum neuen Vorsitzenden der Organisation gewählt.
5. Juni	Nach blutigen Zusammenstößen zwischen den muslimischen Fundamentalisten und der Polizei in Algerien wird der Ausnahmezustand verhängt, und die Regierung unter Premier Mouloud Hamrouche tritt zurück.

	Er wird abgelöst durch den früheren Außenminister Ghozali.
15. Juni	Fortgang der indischen Parlamentswahlen. Der Kongreß scheitert knapp an der absoluten Mehrheit.
17. Juni	Das südafrikanische Parlament hebt das Gesetz zur Bevölkerungsregistrierung auf.
23. Juni	Putschversuch von Teilen der Armee in Mozambique.
26. Juni	Das algerische Militär besetzt die Plätze der Hauptstadt, die als Hochburg der radikalen Islamisten gelten.
26. Juni	Die Konferenz der Parteien im kambodschanischen Bürgerkrieg in Pattaya über einen Waffenstillstand geht ohne Ergebnis zu Ende.
27. Juni	Mit der Wahl Do Muois zum neuen Generalsekretär geht der Kongreß der Kommunistischen Partei Vietnams zu Ende.
30. Juni	In der Republik Südafrika werden die verbliebenen Apartheidsgesetze abgeschafft.

GESAMTREGISTER 1983–1992

(Die Jahreszahlen 1983 und 1984 beziehen sich auf die Jahrbücher 1 und 2)

Grundprobleme der Dritten Welt

Peter J. Opitz (Hrsg.)
Grundprobleme der Entwicklungsländer
1991. 240 Seiten, zahlreiche Abbildungen, Tabellen. Paperback
Beck'sche Reihe Band 451

Josef Herkendell/Ekkehard Koch
Bodenzerstörung in den Tropen
1991. 184 Seiten, 19 Abbildungen mit 15 Tabellen. Paperback
Beck'sche Reihe Band 436

Volker Matthies
Kriegsschauplatz Dritte Welt
1988. 234 Seiten. Paperback
Beck'sche Reihe Band 358

Peter J. Opitz (Hrsg.)
Das Weltflüchtlingsproblem
Ursachen und Folgen
1988. 238 Seiten. Paperback
Beck'sche Reihe Band 367

Manfred Wöhlcke
Umweltzerstörung in der Dritten Welt
1987. 123 Seiten. Paperback
Beck'sche Reihe Band 331

Judith Ennew/Brian Milne
Kinder, die nicht Kinder sein dürfen
Leben und Überleben in der Dritten Welt
Mit der UNO-Rede Richard von Weizsäckers
1991. 174 Seiten. Paperback
Beck'sche Reihe Band 443

Verlag C. H. Beck München

Dritte-Welt-Länder

Klemens Ludwig
Bedrohte Völker

Ein Lexikon nationaler und religiöser Minderheiten
2., überarbeitete Auflage. 1990. 201 Seiten, 10 Abbildungen
2 Karten. Paperback
Beck'sche Reihe Band 303

Bassam Tibi
Konfliktregion Naher Osten

Regionale Eigendynamik und Großmachtinteressen
2., erweiterte und aktualisierte Auflage. 1991. 279 Seiten. Paperback
Beck'sche Reihe Band 384

Friedemann Büttner/Inge Klostermeier
Ägypten

1991. 220 Seiten, 12 Abbildungen, 2 Karten.
Beck'sche Reihe Band 842

Oskar Weggel
Indochina

Vietnam, Kambodscha, Laos
2., überarbeitete Auflage. 1990. 204 Seiten, 8 Abbildungen
4 Karten. Paperback
Beck'sche Reihe Band 809

Manfred Wöhlcke
Der Fall Lateinamerika

Die Kosten des Fortschritts
1989. 152 Seiten. Paperback
Beck'sche Reihe Band 394

Manfred Wöhlcke
Brasilien – Anatomie eines Riesen

Ein Reise- und Studienbegleiter
3., neubearbeitete Auflage. 1991. 184 Seiten, 10 Abbildungen
3 Karten. Paperback
Beck'sche Reihe Band 804

Verlag C. H. Beck München